辽宁文化旅游产业 发展研究

D evelopment of Cultural Tourism
Industry in Liaoning

于锦华 著

经济管理出版社
ECONOMY & MANAGEMENT PUBLISHING HOUSE

图书在版编目（CIP）数据

辽宁文化旅游产业发展研究/于锦华著. —北京：经济管理出版社，2016.7
ISBN 978-7-5096-3744-9

Ⅰ.①辽⋯　Ⅱ.①于⋯　Ⅲ.①地方旅游业—旅游文化—旅游业发展—研究—辽宁省
Ⅳ.①F592.731

中国版本图书馆 CIP 数据核字（2015）第 080759 号

组稿编辑：张永美
责任编辑：张永美　尚　南
责任印制：司东翔
责任校对：王　淼

出版发行：经济管理出版社
　　　　　（北京市海淀区北蜂窝 8 号中雅大厦 A 座 11 层　100038）
网　　址：www. E-mp. com. cn
电　　话：（010）51915602
印　　刷：北京九州迅驰传媒文化有限公司
经　　销：新华书店
开　　本：720mm×1000mm/16
印　　张：24.5
字　　数：467 千字
版　　次：2016 年 11 月第 1 版　2016 年 11 月第 1 次印刷
书　　号：ISBN 978-7-5096-3744-9
定　　价：79.00 元

序　言

　　世界已经进入了旅游形象文化时代，旅游形象不仅是一个国家文明的标签，也是一个地区文化的标志，更是旅游地竞争的标尺。在我国经济社会发展进入新常态的背景下，旅游作为感受大自然最直接的方式，形成了文化生态最自然的属性。旅游业是旅行者享受精神文化、提升文明素质的全景体现，是促进人类全面发展进步的国际事业，旅游业对世界和我国的经济社会及文化发展具有重要的战略意义。

　　文化旅游是传播一个国家和地区的文明程度、文明形象及文化友谊的重要载体，是民众生活水平提高的一个显性指标，旅游的文化特性决定了旅游是软实力，而旅游业的经济属性和产业功能又决定了旅游是硬实力。旅游产业的综合特征和开放维度体现国家形象的程度高低和反映生态文明建设的支撑强度，最终决定了文化旅游是一个国家和地区的综合竞争力。要形成旅游产业独特的竞争力，就要充分发挥文化旅游资源优势，开发文化旅游特色产品，拓展文化旅游市场空间，强化文化旅游的产业地位。基于辽宁文化旅游产业发展规划省域调研的背景，从文化生态的视角出发，以文化旅游为研究对象，遵循文化旅游可持续发展的理念，通过理论、案例和调研分析，从文化旅游的概念界定、旅游和文化的产业融合及产品互动关系，对世界文化旅游与中国文化旅游经典案例，辽宁历史文化（清文化）与"五古"旅游发展路径，发展中的辽宁民族、民俗和宗教文化旅游，辽宁工业遗产与工业旅游发展新动向，辽宁乡村与黑土地文化旅游的展望，旅游发展与辽宁饮食文化，辽宁主题公园与文化创意产业园区的探索，辽宁文化旅游新引擎（会展、节事、演艺）和新态势（辽宁文化旅游产业集聚区），辽宁旅游工艺品与纪念品的原真性保护及开发，辽宁红色旅游资源评价与发展思路等进行理论与应用研究。并以此为依据，提出辽宁文化旅游产业发展的可持续战略，推进从研究"旅游经济是体验经济"、"旅游经济是特色经济"向"旅游经济是文化经济"的角度转化，确定辽宁文化旅游的发展思路和空间集聚，打造出具有辽宁特色的文化旅游精品项目，推动文化旅游产业的可持续发展，实现辽宁旅游强省建设的最终目标。

目 录

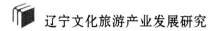

第一章 世界文化旅游与中国文化旅游经典案例

"十二五"时期，文化产业作为"国民经济支柱性产业"，与作为"战略性支柱产业"的旅游业紧密融合发展。"十三五"期间，文化旅游产业将是促进地方文化、完善旅游产业、促进经济结构调整、促进地方经济腾飞的新增长点。

本书围绕建设"全地域、全史迹、全季候、全年龄、全感观、全生态、全形象、全集聚"八个维度全方位支撑的"全景式"文化旅游目的地，以建设"文化旅游强省"为中心，以辽文化、清文化、民族文化、辽河文化、温泉文化等资源为基础，充分利用辽宁独特的自然环境、丰厚的文化底蕴，将辽宁打造成为"文化生态集聚地"、"中国文化产业与旅游产业融合发展典范"和"具有世界影响力的文化旅游目的地"的旅游强省。

一、文化旅游发展现状

（一）国外文化旅游发展现状

随着知识经济的发展和文化产业的兴起，文化旅游产业在国民经济中所处的地位日渐重要，成为许多国家和地区的支柱产业之一。根据世界旅游组织以及欧洲旅游与休闲教育协会的定义，文化旅游是指人们为了满足自身的文化需求而前往日常生活以外的文化景观所在地进行的非营利性活动。

在西方，文化旅游业蓬勃发展，从而成为被关注的热门领域，已积累了许多研究成果。据有关研究显示，欧洲有超过 50%的旅游活动都是由历史文化遗产旅游拉动。可见，历史文化遗产层面的旅游活动在文化旅游乃至所有旅游活动中均占有举足轻重的地位。素称"音乐之都"的维也纳，凭借众多著名音乐家的遗迹成为欧洲著名的文化旅游中心；布拉格、威尼斯、巴黎卢浮宫、敦煌莫高窟等也分别以音乐会、电影节或艺术节而成为举世闻名的文化旅游胜地。随着全力打造文化旅游产业的呼声日渐高涨，文化旅游产业正发展成为新的增长极。

从世界范围来看，历史文化博物馆主要分布在历史文化悠久的亚欧地区，美洲和非洲地区分布较少。

（二）国内文化旅游发展现状

目前，中国的旅游业正处在转型时期，文化与旅游结合的需求越来越明显。文化旅游产业作为文化产业的一个特殊组成部分，有着自身的特殊性，其开发模式与一般的文化产业不同。现阶段，为实现旅游产业利益最大化和不断发展，积极开发利用各种文化资源，满足人们对旅游产品和服务的文化需求，在深度挖掘旅游文化内涵的基础上，建立产业良性的内部运行机制和外部发展关系，从而提升产业素质，获得可持续发展。21 世纪中国旅游的发展方向直指文化旅游，文化旅游产品以其丰富的文化内涵、一定的发展规模和精深的人文底蕴独占鳌头，成为最具竞争力的优势产品。

对旅游产业的研究一直是学术界关注的热点问题，但对文化旅游的研究时间较短，仅有 20 多年的历史。作为人的一种行为和体验，文化旅游活动古已有之，但自从 20 世纪 80 年代以来，文化旅游才成为国际旅游市场的重要组成部分。如今随着工业社会的完善发展以及人类对休闲追求的不断提高，旅游业得到蓬勃发展，并在文化产业带动下，开始逐步实现旅游的休闲化和生态化。在打造文化旅游发展的进程中，需要确立宏观的文化保护意识与文化保护措施，更需要中、微观层面共同努力。

从我国世界文化遗产的分布来看，我国的世界文化遗产主要集中分布在华北地区、中原地区，其他地区分布较少。

近年来，我国文化旅游产业呈持续、快速的发展态势，在资源基底、经济实力和市场拓展方面具有广泛的相对优势，但也存在着众多的不足，主要表现在四个方面：一是文化旅游资源开发、保护不当。我国拥有丰富的文化旅游资源，可供观光的旅游景区约 1 万余处，现已开发并可接待国内外游客的仅有 1800 余处，不足 1/5，文化旅游资源价值尚未得到充分的挖掘。二是文化旅游产品雷同性高。现代文化旅游产品创意性不足，存在产品雷同性高的特点。在旅游过程中，由于没有对文化内涵进行深入挖掘，很多景区体验内容雷同，体验方式一致，主题模糊，特色体验项目少，文化资源特色没能充分表现出来。同质化的文化旅游吸引物极易导致消费倦怠。三是文化旅游基础设施落后。文化旅游基础设施不仅包括传统意义上的旅游交通业、饭店业，也包括融入新技术的旅游信息化基础设施。当前我国在基础设施建设方面还存在着很多问题，集中表现在交通、饭店旅店、文化旅游信息化等方面，尤其在一些经济欠发达地区，这些问题表现得更为突

出。四是法规体系不健全。中国旅游法律体系应是以《中华人民共和国旅游法》
居主导地位的完整的法律体系，除旅游基本法外，还应当包括旅游业各方面的内
容。但是，就目前的实际情况来看，这一体系在框架结构上还存在着一些问题，
同时各旅游专业法规体系也不健全，跟不上行业发展的步伐，具有暂时性，后续
法规缺乏。由于旅游业监督和管理法律的缺失，导致恶性竞争、虚假广告、合同
欺诈以及破坏旅游资源等各种违法现象的出现。

（三）辽宁文化旅游发展现状

辽宁历史悠久、文化古老、文化旅游资源丰富、资源类型多样，是我国的文
化大省，远古文化、清文化、红色文化、工业文化、宗教文化、民俗文化和奇观
文化吸引力巨大，文化旅游产业发展前景广阔。

辽宁现有 6 处世界文化遗产。2013 年，辽宁共有 75 处不可移动文物入选第
七批全国重点文物保护单位，第一批至第六批全国重点文物保护单位共计 53 处。
截至 2013 年，全省共有 128 处全国重点文物保护单位，省级以上文物保护单位
220 余处，市级、县级文物保护单位有 1000 多处。文化旅游设施设备较为齐全，
如图 1-3 所示。目前，辽宁文化旅游产业尚处于初级阶段，文化与旅游结合度不
高，文化旅游产业潜力有待进一步挖掘。2013 年中国文化产业发展"十强"中，
辽宁位于第十位（见表 1-1）。2014 年中国经济发展转入新常态，中国文化产业
指数发布描绘了各省文化产业的发展现状和发展趋势，从城市文化产业整体发展
和文化消费两个维度展示了我国文化产业的发展实力与影响力（见表 1-2）。

表 1-1 2013 年中国文化产业发展"十强"

排名	省市
第一名	北京
第二名	广东
第三名	浙江
第四名	江苏
第五名	山东
第六名	上海
第七名	天津
第八名	湖南
第九名	福建
第十名	辽宁

资料来源：胡惠林、王婧主编：《2013：中国文化产业发展指数报告》，上海人民出版社 2013 年版。

表1-2 2014年中国省市文化产业发展指数得分及排名

排名	综合指数		生产力指数		影响力指数		驱动力指数	
1	北京	82.1	广东	83.9	上海	84.7	北京	83.5
2	江苏	81.1	江苏	80.8	江苏	84.6	辽宁	81.5
3	浙江	79.7	山东	80.8	北京	83.6	青海	80.3
4	广东	79.6	北京	79.1	浙江	83.6	宁夏	80.1
5	上海	78.8	浙江	78.3	广东	79.7	西藏	78.9
6	山东	77.7	四川	76.8	湖南	79.0	江苏	78.0
7	辽宁	77.2	上海	76.1	山东	78.1	浙江	77.1
8	河北	75.2	河北	75.7	江西	77.6	山西	76.5
9	湖南	75.1	河南	74.9	辽宁	76.5	河北	76.5
10	江西	74.2	辽宁	73.8	安徽	76.3	上海	75.4

资料来源：胡惠林、王婧主编：《2014：中国文化产业发展指数报告》，上海人民出版社2013年版。

　　辽宁把发展文化产业作为振兴东北老工业基地的重要举措，辽宁省政府先后出台了《辽宁加快发展文化产业的若干优惠政策》、《辽宁文化产业振兴规划纲要》、《关于促进文化产业发展的若干政策规定》等一系列措施，积极推进具有辽宁特色的文化产业发展。2011年辽宁实现文化产业增加值200亿元，连续4年以30%的速度增长。2012年，辽宁文化产业实现增加值262亿元，比2011年增长了31%，文化产业招商引资达101.3亿元。

　　辽宁区域文化产业格局特色鲜明，中部地区发挥沈阳中心城市的带动作用，重点发展新兴文化产业；辽东半岛地区以大连为龙头，发展外向型文化产业；西部地区发挥历史文化资源优势，打造"辽西历史文化走廊"，重点发展文化旅游等产业。在产业结构上，重点发展以出版印刷、影视音像、演出娱乐、文化旅游、动漫游戏等为代表的优势文化产业。

　　未来，辽宁将加快文化体制改革步伐，培育新型市场主体；创作一批贴近实际、贴近生活、贴近群众的文艺作品；重点打造10个旅游演出品牌；打造一批具有国际竞争力的外向型文化企业；加大对动漫等创意产业的推动力度；力争"十二五"期间实现文化产业增加值500亿元、年递增30%的发展目标。

二、文化旅游的概念及内涵

（一）文化旅游的概念

根据世界旅游组织以及欧洲旅游与休闲教育协会对文化旅游的定义，文化旅游是指人们为了满足自身的文化需求而前往日常生活以外的文化景观所在地进行的非营利性活动。在西方，文化旅游业蓬勃发展，对其研究也成为长期被关注的热门领域，积累了许多研究成果。概括来讲，西方对"文化旅游"概念的理解有广义和狭义两种观点：广义的观点认为，文化旅游包括旅游的各个方面，旅游者从中可以学到他人的历史和遗产，以及他人的当代生活和思想；狭义的观点认为，文化旅游是一种对"异质"事物的瞬间消费，经常是比较异常的"那一个"。Jamieson 认为，文化旅游包括手工艺、语言、艺术和音乐、建筑、对旅游目的地的感悟、古迹、节庆活动、遗产资源、技术、宗教、教育等内容。

国内最早提到"文化旅游"这一概念的是魏小安，但并没有明确界定"文化旅游"的概念。理论界普遍认为，文化旅游是一种以消费、体验与享受文化为核心的旅游活动类型，是一种商业性的活动；它既不是一种产品，又与旅游文化大不相同，所谓文化旅游，关键在于文化，旅游只是形式。文化旅游是我国旅游产业由简单的观光游向多元化的休闲度假游发展过程中的必然产品。文化旅游游客在旅游过程中能认识其他民族生活的自然环境，并通过绘画、音乐、文学、工艺品等了解民族习俗、特征。

创意的本质在于寻求特色和差异，与旅游的本质一致，旅游创意是文化旅游的核心。一般旅游主要是从资源的角度出发寻找差异和特色，不管其挖掘过程是否考虑了市场需求和竞争关系，着眼点仍不能脱离资源。文化旅游则在一定程度上摆脱了资源的束缚，它能够综合各种因素，包括资源、环境、市场、社会背景等诸多方面进行创造，亦即创意，离开了创意，文化旅游也将会失去生命力。

（二）文化旅游的内涵

一般而言，文化旅游分为四个层面：①以文物、史迹、遗址、古建筑等为代表的历史文化层；②以现代文化、艺术、技术成果为代表的现代文化层；③以居民日常生活习俗、节日庆典、祭祀、婚丧、体育活动和衣着服饰等为代表的民俗文化层；④以人际交流为表象的道德伦理文化层。

以历史文化为核心的文化旅游的主要依托物为世界遗产。世界遗产分为自然遗产、文化遗产、自然遗产与文化遗产的混合体（双重遗产）、文化景观以及非物质遗产五类。世界文化遗产主要包括三部分：一是文物，具体是指从历史、艺术或科学角度看，具有突出的普遍价值的建筑物、碑雕和碑画以及具有考古性质成分或结构的铭文、洞穴及其综合体；二是建筑群，指从历史、艺术或科学角度看，在建筑式样、分布均匀或与环境景色结合方面具有突出的普遍价值的单立或连接的建筑群；三是遗址，指从历史、美学、人种学或人类学角度看，具有突出的普遍价值的人造工程或人与自然的共同杰作以及考古遗址。截至 2013 年 6 月，中国已有 45 处世界遗产，其中世界文化与自然双重遗产 4 处、世界自然遗产 10 处、世界文化遗产 28 处、世界文化景观遗产 3 处。

从国际与国内文化旅游发展态势看，第一类是基于文化保护的文化（文物）展示模式，利用特色的历史文化遗存、民族文化、民族手工艺开展特色旅游，目前国内大部分的文化遗址、古城、古镇、古村落都属于这一类。第二类是文化主题公园开发模式，利用一定的历史文化底蕴，将其打造成为浓缩的文化景观，如深圳锦绣中华民俗村、世界之窗、宋城等。第三类是文化旅游房地产模式，以文化和旅游打造品牌，凝聚人气，由此抬升地产市值，深圳华侨城是这一模式的典型代表。第四类是创意策划包装的艺术开发模式，如《印象》系列、禅宗少林音乐大典。第五类是文化创意产业园开发模式，如 798、宋庄、桂林接力数码动漫中心等。第六类是高科技模拟创新模式，如应用数字仿真模拟和动画合成等技术创新的历史文化巨片《圆明园》。

文化作为旅游的灵魂，蕴含于旅游活动的全过程，具有极大的精神魅力。纵观旅游的发展史，虽然各个时期都有自己独特的表现形式，但在本质上却有许多共同之处，即旅游者在旅游活动中所追求的文化享受。

（三）文化旅游发展模式

表 1-3　文化旅游发展模式及复合功能

模式	定义	案例
博物馆	有关征集、典藏、陈列和研究历史文化遗产实物的场所，为民众提供学习、教育、欣赏和娱乐的公共机构	卢浮宫博物馆、秦始皇兵马俑博物馆、香港历史博物馆、北京国家博物馆
遗址公园	以重要考古遗址及其背景环境为主体，具有科研、教育、游憩等功能，在考古遗址保护和展示方面具有全国性示范意义的特定公共空间、休憩和文化体验空间	墨西哥玛雅文化遗址公园、日本吉野里历史公园、日本的平城京遗址公园、圆明园遗址公园、春秋淹城遗址公园、大明宫遗址公园
旅游古镇/村	已经进行旅游开发且保存比较完整的历史聚落形态与生活风貌的村镇	周庄、同里、宏村、西递、张壁古堡

续表

模式	定义	案例
文化主题公园	以历史文化内容为主题、以市场为导向的现代人文景区和以历史文化体验为目的的主题公园	锦绣中华——中国民俗文化村、韩国民俗村、杭州宋城、热高、陕西大唐芙蓉园
文化商业街区	以"休闲、创意、时尚"等现代文化元素为基调,具有历史文化底蕴和传统特色的街区型休闲娱乐场所	上海新天地、成都宽窄巷子、成都锦里、天津古文化街、沈阳铁西兴顺夜市
文化旅游综合体	以文化为主导,融合旅游、创意、地产、会展、商贸、娱乐等三个以上产业的相关产业,形成的多功能复合型综合体	日本秋叶原、泰国全球风情购物中心
文化产业园区	在具有明显区位优势的地理空间区域内,形成的集政策、企业、创新、孵化、投资管理、后勤服务和产权交易等系列功能于一体的文化产业园	西安曲江文化产业园区、开封宋都古城文化产业园区、四川德阳三星堆文化产业园、大连创意文化产业园、沈阳铁西工业文化产业园
文化旅游城市新区	以多个大型文化旅游项目带动新型城镇化发展,集聚人气、商气、财气等要素,形成宜居宜游、具有辐射周边地区能力的城市新区	西安曲江新区、"马丁岛模式"、"圣淘沙模式"、上海闵行开发区、中国药都

表 1-4 文化旅游复合功能

模式	复合功能	适宜的历史文化遗产类型
博物馆	文化 + 旅游	保护要求较高的遗址遗迹、可移动的文物珍品
遗址公园	文化 + 园林业 + 城市公共空间	大遗址、历史遗迹
旅游古镇/村	文化 + 旅游	历史文化古村(镇)
文化主题公园	文化 + 娱乐	不易感知的各类历史文化遗产
文化商业街区	文化 + 旅游 + 商业	历史文化街区、历史文化记忆地
文化旅游综合体	文化 + 旅游 + X	保护要求较低的历史文化遗产
文化产业园区	文化 + 产业	非物质文化遗产、工业文化遗产等
文化旅游城市新区	文化 + 旅游 + 城市	遗产聚集区、历史文化厚重地

三、国外文化旅游案例研究及启示

从国际和国内知名文化旅游目的地入手,结合目的地的文化旅游特色产品与文化创意设计,对当地文化旅游发展的模式与成功经验进行全方位的总结,以形成对国内外知名文化旅游目的地的全面深刻认识。

（一）美国好莱坞环球影视文化

1. 发展概况

好莱坞环球影城位于洛杉矶市区北郊，坐落于电影之都——好莱坞，占地212公顷，共有48个摄影棚，是全球最大的电影、电视制片厂。

20世纪初，好莱坞因其理想的拍摄环境而被电影制片商发现，之后便陆续集中于此，使这块土地逐渐成为世界闻名的影城。1912年起相继建立制片公司，到1928年已形成了以派拉蒙等"八大影片公司"为首的电影企业阵容。之后好莱坞进入了鼎盛发展时期，摄制了大量在电影史上极具代表性的优秀影片，并使美国电影的影响遍及世界。同时，好莱坞亦发展为美国的一个文化中心，众多的作家、音乐家、影星及其他人士会聚于此。

好莱坞环球影城不仅是美国环球电影制片厂下属的主题公园，同时也是一个再现电影场景的主题游乐园，全年游客如织。在环球影城可以参观电影实际的幕后制作及特殊的摄影技巧，体验经典电影中的场景，在行人徒步购物区可以购买经典影视题材的纪念品。景区以高科技为主，以著名好莱坞电影串起参观流线，如《怪物史莱克》、《木乃伊归来》、《侏罗纪公园》等。游客可以直接参观摄影棚、工作室等影视作业区，游览好莱坞大片的制作源头。

2. 发展定位

好莱坞环球影城定位为全球最大的电影、电视制片厂及以电影题材为主的主题游乐公园。好莱坞环球影城以再现电影场景为核心，以多部大制作电影为主题，观众可以参观电影的制作过程，回顾经典影片片断。

3. 功能分区

环球影城除了摄影棚外，还有三个游览区，分别是电影城之旅、影城中心和娱乐中心，多样化的娱乐体验活动，使环球影城成为好莱坞最吸引人的去处。①摄影棚。摄影棚是好莱坞众多电影的主要拍摄基地，每天都会有影片在这里进行拍摄，产生过《基督山恩仇记》、《大白鲨》、《勇敢的心》等一系列经典影片。②影视游览区。游客可以乘坐电影车开启全程40分钟的电影游览之旅，有熟悉、怀念的《回到未来》影片中的时钟广场，《飞越杜鹃窝》中的房子、汽车旅馆，纽约的百老汇、墨西哥街道……突然间，电车遭受到洪水的袭击，出现《十戒》中海水倒灌、竹桥崩塌等紧张刺激的景象。③影视广场。游客可亲身体验电影中部分场景是如何拍摄的。电影魔幻世界把《回到未来》和希区柯克的电影中的特殊拍摄效果重新展现，并请观众客串演出剧中的情节；电影舞台可参观影片中常出现的场景现场；在ET外星人这里拜访影片中并未出现的ET故乡……④娱乐中心。有"穿越未来"、"远古时代"、"海洋战争"等娱乐项目。

4. 经验启示

好莱坞环球影城作为文化、旅游、经济、高科技的交集，以引人入胜的节目、良好的口碑来吸引游客，达到艺术与票房的统一，是文化旅游产业的成功范例。好莱坞环球影城对我国文化旅游具有极大的借鉴意义，主要体现在以下几方面：

（1）确立鲜明的文化旅游主题。主题公园的体验营销实施过程中，应围绕一个能够满足顾客需求的主题来开展相应的旅游活动。好莱坞环球影城以文化为主线在造型、动态等多角度重新设计、改造、编排游乐节目，使游乐活动更具立体感、时代感，赋予了静态文化强大的生命力。

（2）加快更新体验型旅游项目。体验是体验营销实现其宗旨的载体，在主题公园中，项目的内容和设备是体验最有力的表现方式。为了吸引游客，景区必须不断创新旅游产品，及时推出新的文化旅游项目。

（3）提高游客的参与度。体验营销人员应抓住游客进入主题公园的每一刻，将活动的参与视为增加体验质量的有效手段，适当地引入一些参与性、互动性的旅游活动内容，提高游客的参与度，满足旅游者寓求知于娱乐的需要。游客的参与也应体现在点滴细微之处。

（4）建立游客反馈体系。游客反馈体系可以使主题公园的工作人员更准确地掌握游客的需求，使经营者有据可依地改善现有产品与服务，及时有效地反馈意见和建议，迅速高效地处理好服务投诉。

（二）夏威夷波利尼西亚文化

1. 发展概况

波利尼西亚文化中心位于夏威夷欧胡岛北岸，是一个非营利性机构，它是为了保护波利尼西亚文化而设立的。

夏威夷州是美国唯一的群岛州，由太平洋中部的 8 个大岛和 124 个小岛共 132 个岛屿组成。陆地面积 1.67 万平方千米，首府是位于欧胡岛上的檀香山。岛上波利尼西亚文化中心占地约 42 英亩，是为了保留宝贵的波利尼西亚文化而设立的非营利机构。波利尼西亚文化中心由来自夏威夷、萨摩亚、塔希提、汤加、斐济、新西兰、马克萨斯 7 个太平洋岛屿上的波利尼西亚人分别组成 7 个村庄，通过村民的日常生活，反映他们原居住的 7 个岛屿的文化传统与风土人情。

2. 发展定位

波利尼西亚文化中心定位为了解波利尼西亚文化的文化公园，可参与性强的文化场所。

3. 主要项目

夏威夷波利尼西亚文化中心自成立以来，就以大型夜间歌舞秀闻名于世，一度成为波利尼西亚的重点文化表演项目。表演由来自 7 个不同种族、超过 100 多名的波利尼西亚青年男女，展示热情、优雅、美丽且精湛的歌声与舞艺，时间长达 90 分钟，是世界知名且得奖无数的大型歌舞表演。夏威夷波利尼西亚文化中心的旅游项目主要由三部分构成：①卢奥晚宴。卢奥晚宴是夏威夷最大及最真实的盛宴，也是夏威夷最具传统的宴席。既可享受夏威夷地道的饮食，还可欣赏独一无二专为皇家服务的现场表演秀。在闪烁的灯光下，由当地原住民表演的舞蹈，让游客身临其境地感受夏威夷真正的贵族传统文化，为游客展示最古老的火坑烤猪的传统仪式。②太平洋彩虹舞蹈表演。波利尼西亚文化中心拥有著名的水上选美舞蹈表演，身着艳丽传统民族服装的各个波利尼西亚村落的俊男美女们，将现身于双身独木舟上，表演精彩欢快的民族舞蹈。③圣殿访客中心之旅。美丽宁静的"耶稣基督后期圣徒教会圣殿访客中心"又被称为"太平洋之圣殿"。夏威夷圣殿是由教会兴建的第一座设在美国大陆以外的圣殿。1919 年，圣殿曾为太平洋圣徒使用，之后又成为拉叶（Laie）小区波利尼西亚圣徒聚集的地方。

4. 经验启示

（1）发掘独特的文化内涵。文化是旅游目的地的灵魂，夏威夷拥有独特的文化氛围，既是东西方文化的融合，也是传统文明和现代文明的汇集，这种文化氛围只有挖掘出来才能为旅游者服务。

（2）打造知名的旅游项目。夏威夷旅游部门充分利用当地的文化特色，开发了一大批知名的旅游项目，其中以波利尼西亚文化中心最为著名，不仅体现现代的文化气息，也富含原始文化的芳香。

（3）将生态环境与古老建筑完美结合。夏威夷十分重视环境保护工作，坚持在发展的同时保护环境并创造更美好的环境。政府不仅对各种原住民建筑的密度和高度进行严格的限制，而且尽可能多地造绿地，积极保护各种植被、海水、沙滩、空气和海洋生物。

（三）法国蓬皮杜国家艺术文化中心

1. 发展概况

蓬皮杜国家艺术文化中心坐落在法国巴黎拉丁区北侧、塞纳河右岸的博堡大街。占地 7500 平方米，建筑面积 10 万平方米。

整个国家艺术文化中心分为工业创造中心、大众知识图书馆、现代艺术馆以及音乐音响谐调与研究中心四大部分。中心大厦南北长 168 米，宽 60 米，高 42 米，分为 6 层。大厦的支架由两排间距为 48 米的钢管柱构成，楼板可上下移动，楼梯及所有设备完全暴露。大厦内部设有现代艺术博物馆、图书馆和工业设计中心，南面小广场的地下有音乐和声学研究所。蓬皮杜中心外貌奇特，钢结构梁、柱、桁架、拉杆和涂上颜色的各种管线都不加遮掩地暴露在立面上。红色的是交通运输设备，蓝色的是空调设备，绿色的是给水、排水管道，黄色的是电气设施和管线。人们在街道上抬眼可见复杂的内部建筑设备，五彩缤纷。

2. 旅游项目

蓬皮杜国家艺术文化中心主要包括四个部分：①公共图书馆。公共图书馆建筑面积约 16000 平方米，完全不是传统意义上的旧式图书馆，它拥有当代书籍 30 万卷，期刊 2400 种，幻灯片 20 万张，微缩胶卷 15000 个，唱片 1 万张及各种电影、录像、地图、磁带等。馆内设施一律开放，读者可随意翻阅开架图书，也可以通过录像机随意选看介绍各国文学艺术、科技、民俗等情况的电影、录像，音乐爱好者可以戴上耳机自由欣赏自己挑选的唱片。馆内到处都设有放大阅读机和复印机，读者可随时查阅微缩胶卷和复制资料。该馆还附设有语言学习室，共有 40 个小房间和 40 种语言的有关教材、资料，供游人听录音、看教材、选学各种语言。②现代艺术博物馆。现代艺术博物馆占地约 18000 平方米，为展示其与传统艺术博物馆的不同，集中突出"现代"二字，博物馆专门介绍、展示 20 世纪以来西方的各种造型艺术，包括立体派、抽象派、超现实主义派、结构派、概念艺术及流行艺术等各种流派在内的共 2000 幅作品。其"现代"的特点也表现在馆内藏品的陈列方法上，以一条主要线路按时间序列排列着各个艺术流派的代表作，周围分设许多小展室，分别介绍某流派某作家的作品，使观众既可了解现代西方艺术的概貌，又可针对某一感兴趣的流派或作家进行深入的研究。馆内还设有可以升降移动的板架，挂有未出展的作品，一按动电钮，这些自动板架便可将那些观众所需而未展出的藏品展示在游人眼前。③工业美术设计中心。工业美术设计中心占地约 4000 平方米，在"工业创造中心"中，主要通过各种展览会和图书资料向观众介绍有关市政建设、生活环境及各种工艺产品的发明创造情况，同时还向观众提供各种日常消费品的资料与咨询。④音乐—声学协调研究所。音乐—声学协调研究所占地约 5000 平方米，为避免噪声干扰而修建于大厦旁的地下，其主要功能是让音乐工作者能够利用现代设备和技术来从事研制新乐器及各种音响设备的工作。

3. 经验启示

（1）注重文化普及，保护历史文化遗产。在法国，文化的普及教育被称之为"文化民主化"，是法国文化工作的一项基本政策，其目的在于努力促进公民积极参与文化活动，享受文艺作品，尤其要为那些社会地位较低、经济收入较少或远离大城市的人提供更多接近文化生活的机会。为了普及文化教育，法国致力于历史文化遗产的保护以及发展文化建设的工作。

（2）实施多样化文化战略。一直以来法国在欧洲带头抵制美国文化的冲击，提倡文化的多样性。法国将文化活动、资金和设施分散到全国各地，而非集中在首都巴黎或其他个别大城市，以促进不同地区文化的均衡发展。他们提出要努力实现三个平衡，即巴黎和外省的平衡、城市和乡村的平衡、市区和郊区的平衡。

（3）积极实施文化旅游促销宣传。每年法国旅游部门在入境游价格优惠的宣传上要花费约 6000 万美元。法国以制定低于意大利、英国、德国和瑞士的旅游价格来吸引国外游客来法国旅游和消费，使其在国际旅游市场上更具竞争力。此外，旅游地增加服务设施，同时加强对服务人员的再培训，以争取用更高质量的服务吸引国内外旅游消费者。

（4）强调环境保护与可持续发展。环境的可持续是文化旅游业长盛不衰的重要因素，自 1987 年联合国环境发展委员会首次提出"可持续发展"的概念以来，"可持续"在旅游业受到高度重视。为了使旅游政策和环境政策相互衔接，法国采取了一系列措施，修订各种法案以保护社会文化的持续性和完善性。

（四）英国文化创意产业

1. 发展概况

英国是最早提出"创意产业"定义的国家。英国曾经是"世界工厂"，1997年 5 月，英国政府为调整产业结构和解决就业问题，成立了创意产业特别工作小组，这个特别工作组分析英国创意产业的现状并提出发展战略，提出把创意产业作为振兴英国经济的重要手段。1998 年英国政府出台了《英国创意产业路径文件》，明确提出了"创意产业"（Creative Industries）的概念，并积极采取措施推动创意产业的发展。到 2000 年，英国创意产业已获得了一定发展。据英国跨部门商业注册机构（Inter-Departmental Business Register，IDBR）统计显示，英国创意产业企业已达 122000 家，约占企业总数的 7.6%，其中 3/4 集中于软件与计算机服务业、音乐、视觉和表演艺术方面。经过几年的发展，到 2005 年，英国已拥有超过 12 万家创意企业，与创意产业相关的从业人员数量占英国就业人口的一半。发展创意产业已成为英国推动经济增长与降低失业率的有效策略。此外，以伦敦为代表的几大城市逐渐发展成为全球"创意城市"的典型。创意产业有力地推动了城市和周边地区的经济发展。

2. 发展特点

英国文化创意产业的发展开始时间早、经历时间长，政府的重视程度相对较高。1997 年到 2007 年，英国创意产业年均增长率都维持在高于 5%，而同时期英国的经济年均增长率仅为 3%。1997~2000 年，英国创意产业年均增长率为

9%，高于同期 GDP 增长 6.2 个百分点；出口总额达 87 亿英镑，占所有服务和贸易出口额的 3.3%；2000 年的产值占 GDP 的 7.95%。纵览英国创意产业的发展模式，有以下几个特点：一是政党政治的产物。创意产业的概念在 20 世纪 90 年代中期一直以表达工党的话语权的形式出现。这一阶段创意产业作为一种概念，一直与英国工党政府的"新工党"的原则与政策保持一致。领衔"新工党"运动的托尼·布莱尔以及他的工党同僚们，在面对经济现代化以及英国的后工业时代到来的前提下，将市场作用运用于刺激文化和艺术的发展。相较于旧工党的原则与政策，文化创意产业概念的提出将市场的角色与全球资本主义更好地结合在了一起。二是创意产业研究细化、深化。英国作为一个老牌的资本主义强国，早期便在人文社会科学研究上拥有强大的优势，加上现今较高的数字化、网络化水平以及政府政策的大力扶持，有力地促进了创意产业的相关研究。三是以批评发现问题为主的评价机制。在英国众多研究创意产业的文章中，不乏一些以评价为主的报告，这一系列文章大部分都带有批评性的意见，而较少具有吹捧英国创意产业成就的内容。这种评价机制有利于改进英国的创意产业，同时也彰显出英国民主国家的风范。四是注重产权问题。创新和创造力在现代社会被赋予极高价值，是社会经济增长的发动机，企业创建市场优势的核心。知识产权制度则是鼓励创新、保护创造力的社会基础。从文化创意产业本身发展来看，其产品具有创造成本高、投入高，但复制成本低的特点，在网络技术飞速发展的今天，更能体现出这一特征。

3. 发展成就

一是带动大批就业，引领经济发展。在 20 世纪 90 年代，英国经济长期处于停滞状态，社会保障负担过大，社会就业压力增加，英国政府亟须突破经济发展的瓶颈，寻求新的经济增长点。文化创意产业经过几年的发展，已拥有超过 12 万家创意企业，相关的从业人员数量占到了英国就业人口的一半。在 2008 年创意媒体就占全国总附加值的 5.6%，创意产业出口额一项就有 173 亿元英镑。

二是形成产学研相结合的一套系统体系。人才是第一生产力，创意产业成功的关键在于人才，发展创新产业需要创新型人才。英国的历史悠久，创意产业发展时间长，人才的培养是英国创新产业的根基。

三是推动产业转型，缓解经济衰退的压力。推动英国创意产业快速发展的一部分原因在于英国后工业社会的来临。英国的一些传统工业城市，比如利物浦、曼彻斯特、格拉斯哥、谢菲尔德等在 20 世纪八九十年代都面临着丧失传统制造业优势的困境，失业人口增加、工厂倒闭、就业机会锐减等危机，因此政府在当地的经济生活中赋予了文化新的角色，创意产业在这样的环境下迅速发展。

4. 经验启示

一是建立双向交流培训机制。英国是最早开始研究创意产业的国家，并且赋予了创意产业更深刻的含义。英国政府认为创意产业能够刺激经济带动就业，同时增强国力。如今英国创意产业的规模位居欧洲第一，在世界范围内对 GDP 的贡献极大。

二是学习相关国际法规，顺利地走向世界。创意产业要打"走向世界"这副牌，就必须学习国际上关于创意产业的法规。只有掌握了规则、摸清了底线，才能在创意产业世界范围内立稳脚跟。

三是明确政府在创意产业发展中的地位，同时强化社会、民间企业与公民的作用。文化创意产业在英国取得如此巨大的成功，与英国政府在其中发挥重要作用是密不可分的。政府在宣传推广创意概念的同时，也制定了配套的政策体系和市场准入机制，通过税收、对相关人员进行培训等方式加强对英国创意产业的引导与扶持。

四、国内文化旅游案例研究及启示

（一）海南省文化旅游

1. 发展概况

海南省文化资源种类繁多，类型丰富，开发利用潜力巨大。近年来，海南文化旅游发展规模逐步壮大，打造了一批文化旅游景区、文化旅游产品、会展旅游品牌及节庆赛事活动，并推出一批文化旅游商品和纪念品，推动海南国际旅游岛先行试验区建设。同时，海南文化旅游发展的政策环境得到改善，出台了《关于加快推进文化改革发展的决定》等三个关于文化发展的地方性文件。

2. 发展阶段

一是在国家政策引导下，以热带海岛独特的椰风海韵、阳光沙滩为特色的跨越式发展阶段。

二是利用已有品牌，进入"生态与文化融合发展、以实现海南旅游长久发展目标"阶段。

海南文化旅游发展的内容以海南文化旅游资源为依托，重点发展六大文化旅游产品，分别是：以鉴真东渡日本、道教南宗玉蟾故事为依托的南山佛教旅游区；以海南岛生态文化、民俗文化为依托的印象海南岛；以侨乡风情和温泉资源为依托的万宁兴隆温泉；以海南黎苗族建筑文化、国际品牌依托的呀诺达旅游区；以天涯海角的人文传说、苏东坡等名人、黎苗族民俗文化所策划的特色节庆为依托的天涯海角文化旅游区和天涯海角婚礼节。

3. 空间布局

海南省基于旅游资源所打造"一区三带九重点"的文化旅游产业发展布局。

一是东线现代产业带。行政区域包括海口、文昌、琼海、万宁、陵水、三亚等东线沿海地带。发展方向是重点打造国际旅游岛先行试验区，博鳌亚洲论坛，国际旅游论坛，高尔夫、游艇等文化体育休闲品牌和航天科技、影视娱乐等系列主题公园品牌。

二是中线绿色产业带。行政区域包括五指山、琼中、保亭、白沙、屯昌、定安等中线内陆地带。发展方向是重点建设热带雨林国家公园、黎峒大观园等一批民族民俗文化旅游、徒步探险旅游、健身养生以及风情小镇旅游、乡村旅游等项目。

三是西线特色产业带。行政区域包括儋州（洋浦）、澄迈、临高、昌江、东方、乐东等西线沿海地带。发展方向是重点规划建设东坡文化园、尖峰岭国家森林公园等主题公园，推动发展现代工业观光游项目，建设一批古村古镇古街型、城郊休憩型和健身养生型等示范项目和基地。

4. 经验启示

一是高端定位，高起点谋划。

二是优惠的政策措施。"特区建设"、"离岛免税"等特殊政策是其发展的根本动力。

三是引入、移植国际文化。并通过国际品牌的进入，提供国际水准的产品与服务，推动全岛文化旅游的国际化发展。

（二）湖北鄂西生态文化旅游圈

1. 发展概况

湖北鄂西圈地域辽阔、资源丰富、生态良好、文化多样，在全省及我国中部地区具有重要的战略地位。圈域人口总量、版图面积分别为 2930.21 万人、127878 平方千米，分别占全省 6070 万人、185900 平方公里的 48.27%和 68.77%。圈域拥有两个省域副中心城市——宜昌市、襄樊市，又有湖北省唯一的少数民族自治州。由于受地理环境、交通、产业分布等因素的影响，鄂西圈集老、少、山、边、库区为一体，经济发展相对滞后。鄂西圈是全国重要的生态功能区、水电基地、农产品基地和制造业基地，圈域生态资源丰富，历史文化积淀深厚，具有依托生态文化资源实现经济社会可持续发展的后发优势。

2. 空间布局

湖北省规划并确立鄂西圈"一圈三系六线八中心"的文化发展空间布局。一是立足圈域丰富的历史文化和现代科技文化资源特色及优势地理位置，建设鄂西圈民族民间文化资源与生态建设、文化旅游发展整体活态保护的国家试验示范圈；二是结合经济建设进程，配套建设鄂西圈文化遗产保护、公共文化服务和文化产业发展三大体系；三是根据文化资源的分布情况，重点建设神农炎帝文化线、巴土民俗文化线、楚文化线、三国文化线、宗教文化线和现代科技文化线六大文化线；四是根据圈域8市（州、林区）不同的资源禀赋，确立差异化的文化发展定位，建设宜昌、荆州、襄樊、恩施、十堰、神农架、随州、荆门八个大区域文化中心。将宜昌建成世界水电文化展示中心和圈域综合性文化展示中心，将荆州建成中国乃至世界级的楚文化展示和研究中心，将襄樊建成三国旅游文化展示中心，将恩施建成湖北和华中土苗民俗风情文化展示中心，将十堰建成现代汽车文化和宗教文化展示中心，将神农架建成高山高端生态疗养和文化旅游中心，将随州和荆门建成楚文化旅游与山水休闲旅游的综合性旅游中心，并成为"两圈"的门户和通道。

以"一圈"为平台，以"六线"为网络渠道，发挥八个文化中心区的拓展效应、带动效应、辐射效应和示范效应，实现对圈域文化发展的引领和促进作用，形成点、线、片相结合的梯度发展结构，逐步形成互动强势、协作紧密、优势互补、利益共享的文化发展共同体。

围绕"一江两山"的空间结构，形成特色鲜明、优势突出的"一江两山"生态文化旅游板块、荆楚文化旅游板块、清江土（家）苗民俗生态旅游板块三大旅游主题板块和长江三峡观光休闲度假旅游区、武当山世界文化遗产观光体验旅游区、神农架养生康疗度假旅游区、清江民俗风情体验旅游区、楚文化及三国文化体验旅游区、汉江流域重点区段风光观光及生态文化旅游区六大旅游功能区。

3. 经验启示

一是充分发挥政府的主导作用。政府的主导作用具体体现为：制定旅游业专项规划；合作开展旅游业转型升级模式的战略研究；破解旅游业发展的体制障碍；培育和巩固重点旅游节庆品牌；积极开展旅游标准化建设；加大对重点旅游景区建设的投入；多层次、多方位地培养旅游人才；建立旅游业发展联席会议制度；实现从国家旅游局到省市旅游局的纵向合作；地区旅游业的横向合作以及国际性的跨界合作等。

二是推进文化与旅游协同发展。在文化内容的建设上，通过打造一批反映本地历史文化、民俗风情的精品节目，丰富区域内旅游产品的内容；美化一条城市绿色长廊，建设一条集中展示本地特色饮食和特色旅游商品的街道，为特色旅游产品提供空间支撑。配合三峡文化展示和宜昌旅游目的地建设，打造宜昌三峡国际旅游节；以武当武术为载体，打造武当国际武术节；结合鄂西土（家）苗民俗风情旅游，打造恩施国际摆手节，搭建文化建设与旅游发展的公共平台。

三是通过资源整合实现品质提升。以旅游目的地重点景区建设为核心，提供产业整合平台形成产业集聚，实现鄂西圈由差异到整合再到整体的旅游产业竞争力的全面提升。

（三）陕西大唐芙蓉园

1. 发展概况

大唐芙蓉园（Tang Paradise）景区是西安曲江文化旅游股份有限公司下属的国家级 AAAAA 景区。大唐芙蓉园位于古都西安大雁塔之侧，占地 1000 亩，其中水面 300 亩，是中国第一个全方位展示盛唐风貌的大型皇家园林式文化主题公园。早在历史上，芙蓉园就是久负盛名的皇家御苑。今天的大唐芙蓉园建于原唐代芙蓉园遗址上，以"走进历史、感受人文、体验生活"为目的，展示了大唐盛世的灿烂文明。全园景观分为 12 个主题文化区域，从帝王、诗歌、民间、饮食、女性、茶文化、宗教、科技、外交、科举、歌舞等方面全面展现了大唐盛世的灿烂文明。大唐芙蓉园独特的文化魅力和无可比拟的历史地位，是华夏子孙寻根追梦和重温盛世的精神家园，是中国唯一的盛唐文化之旅体验地。

2. 功能分区

大唐芙蓉园分别从帝王文化区、女性文化区、诗歌文化区、科举文化区、茶文化区、歌舞文化区、饮食文化区、民俗文化区、外交文化区、佛教文化区、儿童娱乐区共 11 个景观文化区，集中展示了盛唐王朝的文化艺术。一是帝王文化区，以全园标志性建筑——紫云楼为代表，展示了唐代帝王风范。二是水秀表演区，位于紫云楼观澜台前的湖面，是大唐芙蓉园集水幕电影、音乐喷泉、激光火焰、水雷水雾为一体的世界级大型现代化水体景观。展区拥有全球最大的水幕，表演时以激光辅助，组成了音乐、喷泉、激光三者相结合的水上效果，使旅游者从视觉、听觉、触觉上感受到真实的水秀表演。三是歌舞文化区，位于紫云楼南的凤鸣九天剧院，是一个蕴含盛唐风韵的现代化皇家剧院。剧院的保留节目是以中国最佳编导阵容编排的歌舞剧——梦回大唐。四是饮食文化区，是展示唐代饮食文化的中心，集饮食、美器、美酒、美乐为一体的大型主题餐饮区。五是民俗文化区，面积 12022 平方米。是以商业文化氛围为核心，集观赏、游乐、消遣、体验、交流、消费为一体的唐朝风俗文化街。六是女性文化区，以位于芙蓉池北岸的仕女馆及彩霞亭为代表，展示了唐代女性"巾帼风采，敢与男子争天下；柔情三千，横贯古今流芳名"的精神风貌。是展示唐代女性传奇故事，反映唐代女性生活百态的文化故事长廊。七是品茶文化区，是一个由帝王茶艺、文人茶艺、世俗茶艺、茶艺表演所组成的综合性高档茶艺会所。八是科举文化区——杏园，在科举文化区展示唐代进士文化、仕途文化，历史上的杏园因盛植杏林而得名。九是诗歌文化区。唐诗是我国古典诗歌的瑰宝，也是世界文化遗产的明珠。以诗魂及唐诗峡为代表组成的诗歌文化区，是运用中国园林造景、中国雕塑、中国书法、中国印章刻字、图形纹样等多种传统艺术手法塑造出的大型景观艺术雕塑区。十是外交文化区，展现盛唐时期各国使节的频繁往来，及民间"商贾云集、内外通融"的商业文化氛围。十一是儿童娱乐区。唐代神童不胜枚举，以"神童文化"为核心，通过妙趣横生、寓教于乐的娱乐设施，形式多样的景观手法，展示唐代神童故事、传奇，以及丰富多彩的唐代少儿游乐活动。

3. 经验启示

一是浮出地下文化。西安古城以辉煌灿烂的盛唐文化闻名于世，西安文化多为隐性文化，因为历史悠久，文化遗存更多地保存在地下和书本里。大唐芙蓉园是中国第一个全方位展示盛唐风貌的大型皇家园林式文化主题公园。再现辉煌历史，"使地下文化浮出"。

二是显现隐性文化。大唐芙蓉园在使隐性文化显性化方面创下了多项纪录——中国首个"五感"（视觉、听觉、嗅觉、触觉、味觉）主题公园，拥有全球最大户外香化工程，拥有中国最大规模仿唐建筑群，拥有中国最大的展现唐代诗歌文化的雕塑群，拥有中国单体规模最大的仿唐建筑——紫云楼，园内仿唐建筑包括了唐时期所有建筑形式，拥有全球最大水幕电影。

三是让历史文化资源效益最大化。大唐芙蓉园是西安一个重要的文化景观。大唐芙蓉园的成功经验就是依托文化遗产，整合历史文化资源，通过集聚效应，创新文化旅游。

（四）河南鲁山大佛文化旅游区

1. 发展概况

鲁山大佛选址位于河南鲁山县赵村乡境内，占地 11700 亩。景区紧临 311 国道，西靠石人山国家名胜风景区，东临昭平湖水上公园，南靠秘洞山庄，是河南省伏牛山旅游重要的集散地，天然温泉旅游的轴心。佛像坐北朝南，总高 151米，其中金刚座高 25 米，莲花座高 20 米，佛高 108 米，佛像从金刚座至上共分 16 层，总建筑面积约 20000 平方米。

2. 发展定位

以"佛泉胜境"为理念，以大佛为核心，以"人性化"为主线，将整个旅游区定位为"世界佛教圣地，未来的世界文化遗产"。在有序的空间内，通过景观、建筑的打造，实现文化展示与环境体验的功能，成为佛泉文化体验旅游区。

3. 空间布局

根据发展定位、空间机理和游人活动的需要，形成"一轴一带、一山一都"的空间格局，拉动形成"七区"。

（1）一轴：世界佛教文化观光朝圣主轴。大佛山朝圣主轴被规划为：许愿行道（九祈）—朝佛大道（七净）—六度莲花（六度）之旅。作为景区的重要脉络，充分利用现代高科技手段，突破时间与空间的局限，将河南深厚的文化内涵通过具有强烈震撼力的佛教文化景观加以表现，形成佛教园林序列，在开放的环境中，体现朝圣佛祖全身心的体验过程。以此，通过设计佛法传播的佛教文化脉络，成为具有鲜明地域特征的佛教文化景观，展现佛法弘扬的轨迹和佛文化的精深内涵。

（2）一带：沙河温泉滨河休憩度假水带。把沙河丰富的温泉资源和中原地区的历史文化紧密结合在一起，打造一个滨水旅游休闲水带。"泉道"是一种以泉为媒的沐浴文化，借鉴中国传统的"茶道"思想，以鲁山温泉的独特疗养价值为基础，以"禅意生活"为主线，融合现代时尚的康体养生文化，给到访鲁山的宾客、游人提供一种健康、时尚、远离尘嚣、怡然自得的温泉休闲养生空间。

4. 经验启示

一是从旅游者和创造者角度出发开发旅游产品。从旅游者的体验出发，实现旅游者全身心的感受；从规划设计者角度出发，实现旅游产品全方位的创造。

二是文化旅游创新。创新需要创意，创意需要追求差异，差异产生特色，特色产生吸引力，吸引力提升竞争力。

五、对辽宁文化旅游发展的借鉴

（一）创新文化旅游开发理念，强化旅游体验性

辽宁作为文化旅游资源赋存数量多、品位高的省份，在发展文化旅游的过程中，要积极创新，通过立足文化旅游资源优势，进一步解放思想，打破传统思维定式，用产业融合、跳出旅游做旅游的思维，以新的理念适应新的发展环境。同时，要优化资源开发理念，不盲目追求"高开发利用率"，而是有所选择、走资源开发内涵式发展的道路。辽宁文化旅游资源的开发还要树立"选择资源、注重体验"的理念。优先选择资源禀赋好、开发价值大、审美愉悦价值高的文化资源进行开发，注重旅游产品体验性设计，应尽可能符合旅游者的体验要求，开发能

够满足旅游者需要的文化类旅游产品。

（二）探索文化旅游发展新路径，寻求产业融合

辽宁应积极创新文化旅游发展路径，主动融入经济社会发展的大格局，实现旅游与文化及相关产业融合发展，形成大的产业链。推动文化与旅游产业融合发展，就是要按照游客的审美要求，在开发设计旅游产品时，注重对景区历史文化背景和当地风土人情的介绍，突出文化差异；注重发挥游客作为促进文化交流传播使者的作用，让游客在体验、感受和认知不同文化的过程中传播文化，实现文化交流融合，扩大文化影响力，增强文化软实力。推动文化与旅游产业融合发展，是旅游产业提质升级，实现从观光旅游为主的初级阶段向文化旅游为主的高级阶段转变的重要途径。

辽宁应因地制宜、因时制宜地逐步开展文化旅游产业与相关产业的融合，政府在制定文化旅游产业融合政策时，要综合考虑，因地制宜，与当地的其他特色产业联系起来，如温泉产业、农林产业、工业产业等，充分发挥优势产业的特色。在农业发展较好的平原地区提倡文化旅游与农业的融合，以沈阳重工业城市为依托，加强文化旅游与工业的融合。在时间上，应优先倡导与旅游开发价值高的产业进行融合，同时促进与具有广泛融合要素基础的产业进行融合，从而达到更好的融合效果。

（三）优化文化旅游产品体系，打造文化旅游精品

辽宁应借助现有的文化旅游资源优化、创新文化旅游产品体系，在文化旅游产品的设计上有所区别，突出重点。着重开发能激发游客兴趣的体验型旅游产品，提升辽宁旅游的品牌知名度。通过完善和提高旅游规划建设水平，引入最新理念、最新经验、最佳模式，将辽宁省政府的意志、资本的意图、民众的意愿和专家的意识"四意"理念，融入文化旅游产品开发建设的各个环节，推动辽宁文化旅游产业实现大提升、大发展、大跨越。

目前，辽宁已经形成了遗产文化、工业文化、娱乐文化、生态文化等文化体系，并进一步形成了各具特色的文化，如满清文化、工业文化、海洋文化、玉石文化、枫叶文化、红山文化、化石文化、宗教文化、玛瑙文化、生态文化、湿地文化等。文化旅游体系现已基本建立，未来辽宁应借助世界文化遗产的资源优势，注重培育文化旅游品牌，大力加强旅游宣传促销工作，塑造文化旅游精品。

（四）加大辽宁旅游营销宣传力度，扩大市场影响力

辽宁要进一步加大文化旅游市场营销宣传力度，继续扩大市场影响力和知名

度。把报纸、杂志画刊、电视、广播等传统传媒手段与网络、广告等现代传媒手段相结合，营造良好的舆论空间，提升辽宁旅游知名度。

另外可以借助筹办会议、会展等方式增加文化旅游市场推广，例如就旅游信息、旅游人才、旅游智业三个主题领域，会聚国内外相关单位和个人，进行合作、交易、交流；积极参加国内外旅游相关组织，加强与这些组织的交流与合作，争取在辽宁开展相关活动；建立以优惠政策、待遇和发展空间吸引世界范围内优秀旅游人才，尤其是高端及商务旅游等急需的旅游人才的"人才绿色通道"；建立通过网络等手段的"客源信息绿色通道"和通过设立发展顾问制度的"专业咨询绿色通道"来进行信息和资源的交流；建立信息双向通道，通过"辽宁旅游发布"等形式向国内外相关方面传播辽宁旅游的信息和发展经验，创造发展机遇，提高市场影响力。

（五）完善辽宁文化旅游基础设施配套建设

基础设施和景区景点建设是影响文化旅游业发展的关键因素。辽宁应始终遵循"保护为主，抢救第一，合理利用，加强管理"的原则，坚持"保护文物就是发展旅游"的观念，全方位加强文物保护工作。遵循修旧如旧的原则，对古建筑遗迹采取修旧如旧的做法，保持原有的历史文化和建筑风格，使游客能感受真正的文化内涵获得满意的旅游体验，形成良好的口碑，进一步促进辽宁旅游文化经济的良性发展。

同时，辽宁应加强文化旅游配套服务设施建设，保障并完善景区景点的交通、电力、通信、用水等相关配套设施的供应，完备"吃、住、行、游、购、娱"六大产业要素。旅游市场功能的完善，方便游人更深刻的感受现代与自然，古朴与文明的有效结合。

（六）加强辽宁文化旅游人才队伍建设

辽宁应坚持文化旅游人才优先发展策略，以推动文化旅游快速发展。要创新人才机制，培养一支专业精、善经营、会管理的人才队伍，重视高层次人才的引进和培养。允许有特殊才能的专业人才和管理人才以其拥有的知识产权、创作成果和科研技术成果等无形资产参与收益分配，促进文化旅游产业跨越式发展。

对于文化旅游产业部门的管理干部和从业人员，要实行上岗培训和持证上岗制度，保证领导队伍的高效领导水平和从业人员的高质量服务水平。此外，要选派旅游相关从业人员，尤其是管理人员到国内外其他旅游业发达国家和地区、高水平旅游相关研究机构、院校等进行交流、学习。选派专门人员到国外会展业发达地区学习运行方式和先进经验，鼓励辽宁会展企业到发达国家和地区参加国际性会展，学习成熟的经验和做法。不断提高旅游从业人员的思想道德素质，树立文化旅游产业新形象。

（七）落实辽宁文化旅游发展支持政策

认真贯彻落实国家和辽宁关于加快发展文化旅游的方针政策，制定出台促进辽宁文化旅游产业发展的一系列政策措施，积极推进辽宁文化旅游业健康、快速、持续的发展，在保护文化遗产与环境、开发文化旅游设施与休闲环境、开发基础配套设施、加强旅游市场营销、鼓励招商引资等方面制定出台相关的政策与法规；制定促进文化旅游景区、文化旅游产业园区和支持旅游交通、旅行社、旅游宾馆、酒店等旅游企业发展的扶持政策，为旅游投资者在土地出让、税收、信贷等方面提供优惠政策。

深入贯彻《中华人民共和国旅游法》和《辽宁旅游条例》等法律法规，建立健全具有行政执法授权的旅游业相关执法队伍，完善文化旅游执法机构和人员的职能，加强对旅游服务质量的监管力度；完善全省旅游质量监督管理体系，加大执法力度。

加强省市各级政府在政策制定、旅游规划、整顿和规范旅游市场秩序、旅游信息服务和旅游宣传等方面的主导作用。旅游管理部门要充分发挥规划、指导、协调、监督、服务的职能；文化、宣传、国土、建设、交通、农业、林业、水利、海洋水产、新闻出版、广播电视等部门，要按照各自的职能分工，与旅游管理部门密切协作，形成合力，改善文化旅游发展环境，壮大文化旅游产业。

建立文化旅游专项工作推进领导机构，针对辽宁文化旅游品牌和系列精品路线，建立文化旅游专项工作推进小组，根据各文化旅游产品的特色和重点，有的放矢地实施品牌战略，合理配置人力资源，切实调动各方面的工作积极性，有效构建辽宁文化旅游体系。

优化各级文化旅游管理机构和人员配置，积极调整旅游行政管理部门的职能。充分发挥文化、旅游行业协会的桥梁和纽带作用。建立健全行业管理标准和自律机制，完善旅游行业协会的职能，强化行业协会在规范市场秩序、维护行业形象、协调各方利益、提供公共服务等方面的职能和作用。

（八）完善辽宁文化旅游发展资金保障

各级财政、税务、金融等部门应深入贯彻落实《国务院关于加快发展旅游业的意见》（国发〔2009〕41号）和《辽宁人民政府关于加快发展服务业的若干意见》（辽政发〔2012〕28号）等文件对旅游业在财政、税收方面的相关扶持政策，加大对旅游基础设施建设、旅游宣传推广、人才培训、旅游扶贫、规划编制、公共服务的支持力度；加大对文化旅游的支持力度，发挥政府投资的引导和带动作用，提供发展专项基金；鼓励增加对文化事业和文化旅游产业的信贷支持，支持旅游企业或旅游项目申报中央和省财政，以促进服务业发展专项基金、中小企业发展专项资金；广开旅游业投融资渠道，积极利用各种融资手段，逐步形成多渠道、多层次、多方位的旅游业投融资体系，不断改善招商引资的软环境；培育多元化的投资主体，充分吸纳民间资本，鼓励和支持包括个体、私营在内的公司和企业兴办文化旅游经济实体；积极推动国有商业银行及地方金融机构增加对文化旅游产业的信贷支持。

重点建设文化旅游安全保障体系，建立文化旅游安全预防体系、旅游经营者安全管理责任制度和旅游紧急救援及事故应急处理制度，完善旅游保险体系，落实旅游景区（点）对外开放前的安全验收制度，广泛开展安全生产宣传教育工作，严格制定事故报告和统计程序。

（九）寻求文化旅游区域协作，共同发展

辽宁可推进文化旅游资源整合，打造无政策障碍、无市场障碍、无交通障碍、无服务障碍的无障碍文化旅游区。加强与周边省市区域间的旅游合作，联合沈阳经济区、沿海经济带、京津冀、环渤海、东北亚几大经济圈，形成辐射效力，实现合作共赢。

建立完善省内各市间文化旅游合作机制，在政府层面开展合作对话，形成区域旅游协调发展机制；在旅游主管部门层面建立统一的行业规范制度；建立立体化、现代化的大交通网络；创建区域旅游一体化大品牌；创建完善的公共服务体系。

加强与周边省市的合作，辽宁在旅游、交通和经济等方面与周边的河北、吉林、内蒙古、黑龙江、北京、天津等省市（区）有着较强的地缘联系和经济联系，应进一步推动多边合作发展，推进跨省区文化旅游资源的联合开发；强化航空、铁路、水路等交通合作；建立客源互动、互换机制；联合打造跨省区文化旅游产品和线路。

深化与东北亚各国开展区域文化旅游合作，加强与各国间文化及旅游的交流与合作；开辟更多的国际航线及旅游包机；合作开发东北亚跨国文化旅游线路；与朝鲜共同开发鸭绿江主题文化旅游产品。

综上所述，辽宁文化旅游的发展应积极借鉴国内外文化旅游发展的成功案例，汲取成功的经验和做法，积极推进辽宁文化旅游的全面发展。

第二章 辽宁历史文化（清文化）与"五古"旅游发展战略路径

以清史、满乡、民俗、围猎、战场、古都等作为切入点，为加快清文化与"五古"资源的深入融合，以沈阳、鞍山、抚顺、本溪、辽阳、铁岭、锦州等城市为重点建设地区，联动辽宁其他城市"五古"与清文化旅游产业发展。从不同的角度挖掘辽宁"五古"旅游清文化内涵，推动辽宁文化旅游产业发展，丰富辽宁历史文化内涵，将辽宁清文化和"五古"旅游建设成"文化生态聚集地"的优势品牌。

一、发展背景、资源条件和现状基础

（一）发展背景

旅游与文化有着不可分割的关系，而旅游本身就是一种大规模的文化交流，所以旅游开发与历史文化如影随形。"五古"资源由于其丰富的文化内涵和特殊的历史意义，成为文化旅游活动的空间载体，科学地开发和保护"五古"资源将有助于辽宁旅游快速发展。

文化旅游产业作为体现国家综合国力的重要因素，其创意与发展和国家整体的文化软实力息息相关。而"古城、古镇、古村落、古宅、古街区"作为组成旅游业的重要因素，其保护与发展便尤为重要。开发是为了更好地保护，旅游开发是对"五古"保护的延续和发展。

历史对文化的记载有两条并行的主线：一条是文字历史，另一条是建筑历史，两者相辅相成，时空对仗，浑然一体。抽象的文字和直观的建筑构成了既可以展开思维想象，也可直接触摸的"文明史"。白族文化与大理古城、徽商文化与徽州古街、桥文化与江南古镇、茶文化与婺源古村、盐商文化与盐商古宅，全国各地的文化与"五古"都在融合发展，深入联系。中国历史文化悠久，保存下来了丰富的"五古"资源，但也存在着"五古"内老旧建筑较多的情况，由于年代较久，存在景观改造问题，而且"五古"形象与特色不够鲜明，文化融合的深度和契合度不高。

近年来，辽宁旅游业发展迅速，取得了良好的社会和经济效益。2013年辽宁旅游总收入为4648.1亿元人民币，同比增长18%，国内旅游收入4432.5亿元人民币，同比增长18.5%，国内旅游人数达40427.2万人次，同比增长10.5%；入境旅游收入347713.6美元，同比增长3.2%，入境旅游人数503.1万人次，同比增长4.8%。辽宁"五古"资源丰富，底蕴深厚，有着独特的清文化色彩，保存也相对完好，具有很大的开发潜力，具备成为世界一流文化旅游基地的实力。辽宁"五古"资源的遗存大多和古文物遗址相联系，"五古"资源得到保护的地方也多是省级、市级文物保护点，古文化资源和古文物的保护息息相关。

（二）资源条件

一是垄断性清文化底蕴深厚。"清文化"是指清朝入关前在现在的辽宁地区崛起的这段历史文化，因此也可以称为"清前文化"。清文化包括入关前清朝在今天辽宁地区崛起时的政治、经济、军事和文化等领域，其中尤以政治最为重要，可以说是清文化的核心内容。与清文化关系比较密切的是满族文化，两者关系虽然十分密切，但清文化并不等同于满族文化。清文化是以满族文化为主，同时融合了汉族、蒙古族，以及当时生活在清政权周边的其他少数民族的文化。

辽宁拥有众多的文化旅游资源，仅历史文化遗产方面就有6项世界文化遗产，省级以上文物保护单位180处（其中国家级35处，省级145处），发展文化旅游条件得天独厚。作为满族的故乡，清王朝的发祥地，辽宁的清文化底蕴深厚、源远流长。清朝曾四次定都，其中前三次都在辽宁：兴京（赫图阿拉）、东京（辽阳）和盛京（沈阳）。辽宁保存有清王朝统一中国的众多史迹，具有满族特色的风物传说和辉煌优秀的宫廷建筑等，这些深厚的文化底蕴，构成了辽宁打造清史文化的坚实根基，为辽宁清文化旅游提供了众多丰富、鲜活的历史素材。

二是"五古"资源丰富，类型多样。辽宁古文化底蕴深厚，资源数量较多，分布广泛，类型多样，有得天独厚的历史文化资源优势。历史上辽宁曾长期作为东北的政治文化中心，拥有历史文物古迹约1.13万处，其中全国重点文物保护单位35处，省级文物保护单位201处，市级文物保护单位451处，县级文物保护单位1140处。截至2012年，辽宁共有"五古"资源76处，其中包括古城33处，古镇11处，古街区10处，古村落4处，古民宅18处。

三是"五古"资源蕴含深厚的历史和文化气息。辽宁"五古"资源因独特的历史条件、良好的发展环境，蕴含了深厚的文化底蕴并保存至今。锦州市的古塔区包含清入关以前的锦州城，而现在仅存的广济寺就坐落于该区；葫芦岛的兴城是在历代战火纷飞中不停地重新修建、布局形成的；鞍山的牛庄拥有很多个"东北第一"，同时它也是宗教圣地、禅林寺院，还是甲午战争的陆战场之一，是抗日战争的根据地，解放战争的总后方，现在的中国爱国主义教育基地；营口的盖州古城因历代在此建立行政机构，管辖范围相对稳定，故文物保存完好且种类丰富。

（三）现状基础

2011 年，辽宁省旅游局为响应省政府十七届三中全会的精神，实施文化强省、文化强国战略，促进辽宁"五古"旅游和谐发展，尽快把辽宁文化遗产、遗迹资源优势转化为旅游产业优势，推动辽宁古文化旅游业的发展，壮大辽宁古文化旅游产业，省旅游局专门组织专家对辽宁的"五古"资源情况进行了实地调研。调研结果表明，辽宁"五古"资源极其丰富，古文化底蕴深厚，古文化资源数量较多，分布广泛，类型多样，有得天独厚的历史文化旅游资源优势，保护和开发价值高，经济优势明显。辽宁盘锦田庄台拥有种类繁多的"五古"资源，集辽河文化、古建筑文化、宗教文化和民俗文化于一体，史上有"九庙同镇，五教合一"的盛誉；阜新发现了远古时期的遗址，产生了"黄帝曾在辽河边上居住"的猜测，为辽宁"五古"文化发展奠定了良好基础。辽宁"五古"资源保存完好度差别较大，有些保存较为完好，以原式、原格架形态保存；有些除了几处断墙、几块石头外，几乎面目全非；有些经历多次修复，原有的总体外形、布局结构等已被改变，原有面貌已无处可寻。保护和开发的力度不一致，导致辽宁古文化资源的破坏、消失。地方各级政府对"五古"保护开发的认识都高度统一，有些地方政府已出资购买处于消亡中的古遗存，对"五古"资源的保护做出了突出贡献。辽宁"五古"资源的遗存大多和古文物遗址相联系，"五古"资源得到保护的地方也多是省级、市级文物保护点，古文化资源和古文物的保护息息相关。

辽宁"五古"旅游资源虽得到省政府、各市县区政府的大力保护，取得了一定的效果，但是随着经济社会和城镇化建设的快速发展，古城、古镇、古村落大规模拆迁改造的实施，古民宅、古街区拆除改建工作的进行，也使得古文化资源受到严重破坏，主要表现在以下方面：

一是保护意识淡薄，管理机制不健全。主要表现在一些部门和一些基层领导重经济发展，轻古文化资源保护，一旦两者发生冲突，便将保护古文化资源的工作规定弃之一边。基层群众对古文化资源保护的工作意义认识不足，对古文化资源保护的价值持怀疑态度，全民依法保护古文化资源的社会氛围尚未形成。古文化资源保护工作的管理机制不够健全，责任落实不明确，特别是属地管理原则没能很好落实，保护管理网络仍未形成，"五古"资源的保护在一定程度上仍流于形式，因此，保护不力、抢救不力、文物流失、损毁的现象时有发生。

二是古城等资源的改造对古文化资源造成开发性破坏。随着城市化进程的加快，辽宁古文化资源的保护工作面临着极大的挑战。长期以来，省有关方面没有将古文化资源的保护纳入经济社会发展规划，城乡建设规划管理不到位。城镇在改造、复建过程中，不顾资源保护的需要，强行拆除、破坏具有很高价值的古建筑，造成极为严重的损失，致使部分古文化资源加速蜕变、消解，更有许多古文化资源被毁弃和遗失。并且，这种情势的遏制力度不够，仍有蔓延之势。

三是保护经费严重不足，保护工作举步维艰。辽宁目前每年投入在古文化保护方面的资金与社会经济发展的水平大不相称，远远低于国家平均水平。古文化资源保护资金的严重不足，使得古文化保护工作捉襟见肘。调查发现，目前每年投入的古文化资源的保护费用，远低于古文化保护要求的资金水平。一些古建筑只能任其衰朽，连简单的维修都缺乏资金，更不用说大的整修装饰。虽然辽宁财政用于古文化资源保护方面的资金每年都有增加，当地政府在保护资金筹措方面也各出其招，但总体上讲，资金缺乏仍是制约辽宁古文化资源保护工作的重要因素。

同时随着旅游发展的深入，"五古"旅游资源也面临着保护与发展矛盾突出的问题。随着国家城市化进程的加快，城镇人口增加，建设发展较快，加之旅游开发的推动，现代的文化要素给"五古"风貌带来威胁，保护难度加大，加强"五古"保护更为迫切。商业化是每一个"五古"都不能回避的问题。

四是专项规划滞后，违章建筑破坏了自然风貌。由于保护力度和重视程度不够，辽宁古文化资源的规划建设滞后。区域城乡一体化的速度缓慢，周边农村建设发展较快，由于缺乏统一规划，土地利用率低，总体建设和整体环境质量差。目前，大多数古城、古镇、古村落等都没有完整的规划，不少古文化资源没有得到应有的重视。近几年，古村落居民的住房改建呈上升趋势，极大破坏了古村落的风貌。一些古镇古村落周边建起了一些不伦不类的现代建筑，严重破坏了古村落古色古香的自然风貌。古文化资源被包围在各种杂乱建筑物中的不在少数。一些古民宅由于年久失修，门面破旧，一片凋敝。加之一些古民宅常年出租，人员混杂，卫生条件差，垃圾遍地，浊水横流，给古民宅的保护带来了更大的困难。

五是专业人才匮乏，文化研究滞后。辽宁古文化资源相当丰富，但古文化保护专业人才极为缺乏，专于文化保护的人才也寥寥无几。在基层，这种现象更为严重。据了解，长期以来，各个区、镇大都没有设立古文化保护专业机构，也没有配备专业人员。大量有价值的古文化资源得不到研究，更谈不上合理开发利用。

总之，辽宁"五古"资源开发建设存在的问题可以概括为：过分重视经济发展，忽视古文化保护；古文化保护意识淡薄；管理机制不健全；保护经费严重不足；古文化专项发展规划的编制不完善；专业人才队伍极度缺乏。如果这些问题得不到及时有效的解决，将严重影响辽宁古文化的发展。

二、发展优势、关键挑战和基本研判

（一）发展优势

一是地理区位突出。辽宁地处东北亚地区，是全国和东北的战略要地。南临黄海、渤海，东与朝鲜一江之隔，与日本、韩国隔海相望，是东北地区唯一的既沿海又沿边的省份，也是东北及内蒙古自治区东部地区对外开放的门户。作为东北地区的经济中心和重要出海口、连接欧亚大陆桥的重要门户和前沿地带，拥有沿海、沿边的地缘优势。随着辽宁立体交通网络的快速发展，区域格局、经济格局得到改变，同城化效应显现，加速人流、资金流、技术流等要素流通，架起了区域合作的桥梁，加速区域一体化，活跃了辽宁经济发展，为旅游发展奠定了良好的基础。

二是交通设施发达。辽宁拥有全国密度最高的铁路、四通八达的公路、通达世界的沿海港口和航空线，已形成了以港口为门户，铁路为动脉，公路为骨架，民用航空、管道运输、海上运输相配套的四通八达的综合立体交叉运输网，为文化旅游业的发展提供了便捷的交通条件。海、陆、空立体交通发达，交通网络发达，城市间互通高速公路，与主要景区之间道路便利畅通。全省有沈阳、大连、鞍山、锦州、丹东、朝阳和长海 7 个机场，其中沈阳桃仙国际机场、大连周水子国际机场作为东北地区航空枢纽和国际旅游的主要进出口岸发挥了重要作用；作为运输重要的交通工具，铁路遍布全省，辽宁成为全国铁路密集度最高的地区，水上交通配套和安全设施正不断完善。在有着如此便利的交通条件下，"五古"文化的发展前景令人看好。

三是保护措施不断加强。省委、省政府先后出台了《辽宁旅游业发展"十一五"规划》、《"十一五"辽宁文化产业发展纲要》和《中共辽宁省委、辽宁人民政府关于进一步加快发展旅游业的意见》，省人大则专门出台了关于文化旅游产业发展的条例和《辽宁旅游条例》，为文化产业的发展提供了良好的政策环境支持，有力地支持了"五古"文化旅游产业的发展。各市针对不同的情况采取了不同的措施，加大资金投入以修葺破损的文物，提高政策保护力度，不断完善立法以加快对文物的保护，推动文化旅游产业政策的制定和完善来推动"五古"文化旅游产业的发展。

四是市场体系不断优化。辽宁在扩大国内旅游客源地的同时，也不断扩大国外旅游客源地。国内市场上，重点开拓东北、华北客源市场；大力发展华东、华南客源市场；积极培育中西部客源市场；国际旅游市场则继续深入开发日本、韩国客源市场；大力开拓中国香港、澳门、台湾及东南亚、俄罗斯客源市场；积极发展北美洲、欧洲客源市场。形成国内外近、中、远多层面客源市场的开发格局，实现了旅辽客源市场全面快速的发展，同时也促进了有丰富历史内涵的"五古"文化旅游产业发展。

五是资源丰富，类型多样。辽宁"五古"旅游景区有着丰富的文化资源，除古建筑外，不乏历史文化类的旅游资源，主要资源包括红山文化、燕辽文化、明清文化、藏传佛教文化、古生物化石文化、湿地文化、滨海文化、温泉文化等。葫芦岛兴城古城自明宣德三年（1428年）始建，经历了570多年的风雨侵蚀和战争摧残，有着不可磨灭的战争遗迹和气息；建昌县的药王庙拥有得天独厚的温泉资源，通过挖掘药王庙传说故事，可打造温泉养生度假休闲娱乐第一镇；朝阳市的佛教文化继锭光佛舍利之后，又发现了七宝塔。丰富且类型多样的文化资源，为辽宁"五古"文化发展奠定了良好基础。

六是宣传方式不断加强。辽宁为支持旅游发展，积极创新市场营销手段，大力拓宽营销渠道。加大市场营销投入，设立政府旅游营销专项机构和专项基金，确保市场开拓的人力和物力。明确市场营销目标，开展针对性营销，提高旅游软实力。针对不同的资源情况加大宣传力度，以扩大知名度和美誉度。在目前的情况下，网络成为各市文化厅首选的传播方式。通过网络这种新兴媒介，使景观得到最大限度的传播。与此同时，召开宣讲会、新闻发布会等方式也对推进文化产业发展起到了促进作用。

（二）关键挑战

一是文物破损严重。据调查，辽宁包含"五古"文化产业地带的文物均受到不同程度的损坏，既有自然因素影响，也有人为的破坏。锦州市的古塔区正在失去昔日的魅力，一座古老的文化底蕴浓厚的城市，原本应该将自身的特色在步行街上展示和体现，然而现有的古城步行街脏、乱、差。盘锦田庄台的古迹，由于中日甲午战争以及海城大地震等多重原因遭到破坏，现古镇区内得以留存下来的传统古建筑为数不多，大多属于近现代原址复建、原貌恢复的产物，原始建筑大量减少。

二是缺乏高起点的旅游规划。"五古"文化旅游产业发展比较缓慢的一个重要原因就是没有狠抓规划建设，缺乏相应的详控规划和子规划，"五古"资源基本上处于粗放经营阶段。在城市总体规划中对历史古城、文物保护的战略重点强调不足。

三是辽宁利用网络宣传力度不够。辽宁现拥有线上旅行社 50 余家，以国际性为名头的有 40 余家，但实际具有国际性的文化旅游产业网络很少，而文化旅游产业发展繁荣的国家或地区在对文化旅游的宣传和管理方式上大多采用网络形式。城市中的宣传网还不到位，比如车载广告、街道以及公共环境中的旅游宣传不到位。

四是文化产业市场化程度低。随着改革的深化，一大批文化机构由事业单位转制为企业，成为市场的主体。目前，市场成为发展的基础条件，一些已经试点和将要推行试点改革的单位开始感觉到由于市场建设滞后带来的新问题。①资源配置不合理。资源配置是市场经济的基本特征，如果没有一个分工充分、各种专业化资源都可以自由配置的市场，就会极大地束缚企业的手脚。在目前的文化市场上，还存在大量行政垄断性资源（如书号、刊号、报号）；产品价格信号往往被严重扭曲（如演出票和电影票价虚高）；商品流通不遵循等价交换原则（如无偿使用影视制作机构提供的产品）；资产转移时常被低估甚至无偿占用（如为了组建集团，以划拨方式合并资产）；专业化的中介机构发育不完善等。这些现象所造成的结果是，不少文化机构尽管已经"转制"为企业，但还要时时处处受到"事业化"的监管，依赖政府出面组织提供各种专业资源，最终导致这些企业不能根据市场需求及时和充分地提供适销对路的产品和服务，不能根据发展的要求自主地实行兼并和重组，潜在的文化生产力不能有效释放。②公平竞争环境不完善。公平竞争是市场经济的基本规则，如果市场主体没有平等起点，市场竞争环境就是不公平的。改革开放以来，越来越多的文化事业单位转变为企业，但是还有更多的文化事业单位没有改制，管办不分、政企不分的现象仍然存在，辽宁的文化部门不能成为企业，就无法实现本省文化产业经营运作的市场化。

五是辽宁文化产业区域发展不平衡。从整体上看辽宁文化发展虽然较快，但在许多方面存在不平衡现象，如城乡文化发展不平衡，特别是农村文化建设问题突出，农民的文化生活还很贫乏。经济条件较好地区与经济发展较慢地区的文化发展也存在差别，经济发展较慢地区的文化工作困难较多，一些市县尤甚。就全省范围来看，文化产业发展较好的地区主要是以沈阳和大连为龙头，其他市区文化产业发展步伐落后，文化资源分布不均，当地的文化产业优势资源未能得到充分的发展。辽宁文化产业区域发展不够均衡的状况将影响本省文化产业发展的质量。

六是文化产业专项人才短缺。当前，辽宁不论在文化人才结构方面还是在人才培养、使用方面都存在许多亟待解决的问题。辽宁虽然涌现出一批在全国有较高知名度的文化人才，但文化队伍整体素质不高，结构不够合理，人才环境亟须改善。①文化人才整体素质不高。目前，在辽宁文化艺术工作者中，高学历人才短缺，专业技术人员的文化结构有待进一步优化。专业技术人员中高学历人员，特别是研究生以上学历人员明显不足，只有63人，占人员总量的0.6%；大学本科学历1251人，占人员总量的12%；其他均为大学本科以下或无学历人员。②文化人才分布不合理，大部分人才主要集中在省直、沈阳和大连，中小城市人才严重缺乏，高层次、高素质管理人才和复合型人才普遍紧缺，部分专业已经出现断档。话剧导演、指挥、演出经纪、艺术科研、古籍整理、社科咨询以及群众文化、文博拔尖人才严重不足。③文化人才专业分布不均，部分专业已经出现断档。如省直艺术单位的指挥、导演、编剧、编导等专业高级人才严重短缺，分别只有2人、5人、3人和6人，更为严重的是以上几个专业的后备人才严重短缺。这些都极大地阻碍了艺术生产，并在一定程度上影响了艺术作品的质量。④文化人才流失现象还没有得到有效的控制。辽宁现行的人事制度不活，政策不配套，特别在艺术人才的引进、培养、使用、待遇上缺少优惠政策，难以形成吸引人才，稳住人才的社会环境。自1998年以来，仅省直四个院团出国和被中央、北京、广东、上海、深圳、部队、学校挖走的艺术人才就达百余人。同时，由于省直院团的月平均工资收入低于国内同行工资水平，不仅每年从辽宁考入中央艺术院校的毕业生不愿回到辽宁工作，就连沈阳音乐学院的毕业生也不愿到艺术团体工作，现有的人才又不断外流，影响了辽宁省文化艺术事业的发展，人才环境有待于进一步优化。

（三）基本研判

辽宁"五古"文化旅游，拥有相当丰富的清文化资源、"五古"文物资源优势。在中国休闲时代、大众旅游时代、体验经济时代全面到来，环渤海经济圈、东北经济体、俄罗斯经济体快速发展的大背景下，依托环渤海、东北广阔的腹地客源，辽宁"五古"文化旅游可以通过科学的规划，紧扣清文化大主题，对重点项目进行建设，注重营销策略的运用，使辽宁"五古"文化旅游快速发展，成为世界一流的"五古"文化旅游基地。

一是"五古"资源保护力度不够，但资源开发面广。由于多年来受战争、中国社会经历的各种历史浩劫影响以及经济社会发展的客观需要，还有人们对历史文化重视程度的不够等各种社会矛盾的纠葛，致使先人们留给后代的宝贵的历史人文遗存及精神财富遭到了不同程度的毁坏。但辽宁的"五古"资源还是保存下了很多，而且类型丰富，完全有条件开发不同的"五古"文化旅游项目。

二是"五古"资源与清文化融合深度不够，但是发展潜力巨大。辽宁"五古"资源与清文化融合建设的深度还不够。辽宁文化旅游产业尚属起步阶段，开发阶段还有待提升，同时也就意味着辽宁"五古"文化资源旅游有着很大的发展空间，通过科学恰当的规划，辽宁有实力提升"五古"文化旅游发展水平。

三是历史文化优势突出，有利于打造个性化"五古"旅游主题。辽宁历史文明犹如奔流不息的辽河源远流长，原始文明的繁荣、大清王朝的发祥、工业基地的创建、共和国"长子的确立以及近年来全新辽宁的崛起等历史篇章无不彰显着辽宁历史文化的悠远厚重"地位和经典传奇。要根据各地区"五古"资源的本身特色，来合理挖掘其内涵文化，促使整个辽宁文化旅游产业快速发展。

三、发展定位、总体目标和战略路径

自中共"十七大"召开至今，我国对文化产业、文化旅游产业发展的重视度逐年提高，各省份地区各级政府对文化旅游产业的投入逐年增加。辽宁"五古"文化旅游应把握文化观光、文化休闲度假、文化体验、文化深度等文化旅游活动市场需求量增大的发展时机，力争成为世界一流的文化旅游基地，成为辽宁文化旅游产业发展重要的增长极。

（一）发展定位

辽宁"五古"旅游以"前清的不同入口"为发展定位。以多维展示、创意项目、挖掘文化为理念，将辽宁前清文化"五古"旅游看做一个大整体，依托不同的资源条件，将重点项目作为不同入口，从不同角度感受清文化，感受不同的特色资源，完成休闲度假、娱乐运动、体验观光等功能。

"前清的不同入口"的具体大项目建设包括：沈阳方城清文化广场、前清史记王国、天龙洞满族民俗文化村、岫岩满族民俗博物馆、东京都城、风云古战场、清代围场。依托深厚的清文化底蕴和独特的文物资源，在做好文物保护和生态环境修复保护工程的基础上，通过资源挖掘、时空转化、情景物化和景观优化等现代开发手段，把本区域建成中国前清文化旅游核心区和国内外知名的"文化生态集聚地"。

（二）总体目标

以清史、满乡、民俗、围猎、战场、古都为关键点，大力发展辽宁"五古"

清文化旅游，整体上提升辽宁14个城市的"五古"文化旅游发展水平，重点建设7个城市的清文化"五古"旅游区，打造7大重点旅游项目，使辽宁"五古"清文化旅游区之间相互呼应，形成"文化生态聚集地"的知名文化旅游品牌，全面提升辽宁文化旅游产业竞争力和市场影响力，进而推动文化旅游经济走向全国的前列，并成为全国名列前茅的前清文化旅游基地。同时能够丰富人民精神文化生活，对已经受到破坏的"五古"资源也是很好的保护。

（三）发展思路

立足"五古"资源保护，牢固清文化与五古旅游基础。在经济高速发展的今天，文化遗产保护迫在眉睫，很多古城古镇古村落都面临严峻的生存考验。彰显自己的特色魅力，把自己做大做强，是亟待解决的课题。许多文化遗产因不能及时调整，被视为城市化进程中的包袱而被破坏、拆除。辽宁"五古"资源很多都被破坏，如果不能及时修复，很多资源将会流失。

立足特色项目规划，充分发挥清文化资源优势。从满族的崛起到清朝逊国，三百多年里辽宁境内有太多清文化遗存。如铁岭的西丰地区是清代围场，现在完全可以开发为冬季滑雪狩猎、夏季围湖垂钓的景区。锦州是满族入关前松锦大战的古战场，这里可以开发战场表演，再现当年八旗军骁勇征战的场景。同是满族风情园，同是满族自治地区也必然拥有不同的文化特点，在开发旅游资源时，必须挖掘独具特色的项目，与其他地区形成鲜明的差别。

立足清文化品牌，进一步加强宣传力度。辽宁的清文化品牌虽已确立，但作为文化旅游产业，宣传和促销的力度仍然需要加大。首先，要通过报刊、电视、电台、网络等大众媒体，利用文学作品、影视艺术、名师讲座等方式先把清文化灌输到人们的心目中，进一步激发人们对辽宁清文化的好奇和向往，从而带动相关旅游业的发展。其次，利用营销的手段，把项目推向市场。营销的范畴很广，包括市场调研、形象塑造、市场开拓等，要利用各种途径进行宣传促销，注重建立乡村旅游网站，印发旅游景点图书，联合媒体、旅行社进行项目推广等。

（四）开发模式

一是多元化综合开发模式。即整合一个区域的旅游文化资源或者多个区域的多种旅游文化资源，做好包装和提炼，采用人造景观的方式再现传统文化的开发型模式。例如，北京中华民族园集中表现了中国的传统文化和民族民俗文化，台湾九族文化村集中表现了中国台湾地区的传统文化和民俗特征，云南民族文化村集中表现了云南境内的少数民族的传统文化等。

二是仿古复原开发模式。即对已失传的传统文化，按照历史记载，挖掘题材，恢复历史面貌的一种开发模式。复原历史型模式也往往和整合提升型模式相结合，以人造景观的方式再现历史民族文化。如美国的"活人博物馆"通过仿照当年格式建造的房屋、棚圈、碉堡、果园组成的"移民村"，向游客表演用方形的扁担挑水、用原始农具耕作、用独轮车运输等古老的传统习俗以及各种民间舞蹈，再现了几百年前欧洲抵美移民的生活、劳动和风俗习惯，吸引了大量国内外游客。杭州的宋城、吴文化公园等，国内外各类民俗村都是这类开发模式。另外，一些传统文化旅游资源丰富独特的地区由于时代的发展已在建筑、服饰、风俗等方面有所淡化，不再典型，一些重要文化活动原本在特定的时期才会呈现，令游客不能完全领会当地文化旅游的风韵，故当地政府或投资商应选取合适地段建设以当地文化旅游为主题的主题园，集中呈现其文化的精华，如海南中部的苗寨和黎寨风情园等。

三是基于原貌开发模式。即直接把现有的文化旅游资源开发成旅游产品，并保持其原貌的开发模式。法国著名的旅游城市斯特拉斯堡就属于这类模式，它没有巴黎富丽堂皇的凡尔赛宫，也没有以收藏美术珍品而闻名于世的卢浮宫，但是，城市里充满了浓厚的生活和文化气息。斯特拉斯堡的博物馆繁多，有考古、历史、装饰艺术、美术、圣母院、民间艺术等各类博物馆。城市以各时期的建筑为主线，构成了一个个耐人寻味的旅游景点，显示出文化旅游城市的特征。城市内还有歌剧院、露天剧场、爵士乐舞厅和众多的流行音乐厅以及各式各样的免费露天音乐、诗歌活动和定期的书市等。如此丰富的多元化设施营造了斯特拉斯堡浓郁的文化旅游情调，每年吸引了大量的游客到此观光旅游。

四是创意表现开发模式。如苏州名园"网狮园"传统上仅白天对外开放，让游人欣赏江南园林的造园艺术和文化内涵，夜间不对外开放。但随着"网狮园"推出"古典夜园"活动，其游客吸引力大增。景区利用园内各厅堂分别表现一两段苏州评弹、昆曲等不同类型的地方文化艺术，同时游客可以领略苏州园林在夜色下的意境。

五是以节事活动为主的开发模式。节事旅游强调系统的策划和整合包装，形成具有独特形象和吸引力的节事旅游产品，根据地方的资源特色和其表现主题的不同，我国的节事旅游主要可分为八个类型：①地域文化型，以当地的历史文化为载体而举办的节庆旅游活动，如平遥古城文化节等。②历史人物型，为了纪念某位或某些具有重大历史影响的人物而兴起的节庆旅游活动，如为纪念屈原而产生的端午节。③民俗文化型，依托具有地域特色的民俗风情而举办的节庆旅游活动，主要是向游客展示独具特色的传统民俗文化，如内蒙古的"那达慕"大会、回族的"古尔邦节"、白族和彝族的"火把节"等，其本意并非是为了发展生态旅游业，故不会长年存在，但在节庆期间会吸引大量的旅游者。④餐饮文化型，依托地方特色饮食而发展起来的节庆旅游活动，如青岛国际啤酒节。⑤自然资源型，即依托当地独特的自然条件、自然资源而举办的节庆旅游活动，如哈尔滨冰雪节。⑥工艺品文化型，依托特色手工艺品等兴起的节庆旅游活动，举办此类节庆的目的一般是为了打开手工艺品的市场，扩大知名度，在客观上也有利于传统手工艺的传承和发展，如潍坊国际风筝节。⑦运动休闲型，以各类体育赛事、竞技活动为依托，辅以其相关的参观表演的节事旅游活动，如奥运会、世界杯等。⑧特殊事件型，依托各类特殊事件、重大庆典活动以及各种会展活动的一系列旅游活动，如世博会、旅交会等。

辽宁可结合自身特点，综合分析借鉴五种开发模式，形成对这五大类开发模式兼而有之的旅游产品形态。

（五）战略路径

一是要政府更加重视"五古"资源的开发。辽宁大部分的古城、古镇、古村旅游业刚刚起步，发展理念还不太完善，开发模式还不太成熟。因此，在引导古城、古镇、古村旅游业发展过程中，各级旅游行政主管部门要认真做好调研工作和科学规划，加强对古城、古镇、古村旅游业的引导和管理。政府可以通过提供相应的资金支持和税惠政策来促进其发展，通过制定切实可行的战略规划来引导其发展，推进区域旅游资源的整合，形成更大的合力，带动旅游业整体的发展。

二是对"五古"资源加强保护。综观国内外"五古"资源文化旅游，存在太多开发与保护间的矛盾。从性质上看，古城、古镇、古村首先属于历史文物，然后才是发展旅游业的重要载体。没有高质量的古城、古镇、古村资源，发展"五古"旅游业也就是无本之木、无源之水。因此，加强对古城、古镇、古村资源的保护和管理，成为了发展旅游业的基础性工作。可以通过设置专门的人员、设置评估体系、加强监管力度等方式来实现。同时，加强对当地人民的宣传力度，让广大群众能积极主动地加入到文物保护和古城、古镇、古村旅游业开发中来，让古城、古镇、古村旅游业的开发真正成为深受广大群众欢迎的一项民心工程。

三是加强基础设施建设，提升"五古"项目区的娱乐服务功能与产业发展层次。旅游是人们为寻求精神上的愉快感受而进行的非定居性旅行和在游览过程中所发生的一切关系和现象的总和。因此，建设完善的基础设施是极为重要的，各种服务设施的增加会进一步推动旅游业的发展。为旅客提供能够满足物质和精神需要的过程中，创造一种和谐的气氛，产生一种心理效应，从而触动旅客情感，唤起旅客心理上的共鸣，使旅客在接受服务的过程中产生惬意、幸福之感，进而乐于交流，乐于消费的一种活动。

四、经典案例、重点项目和精品线路

（一）国际案例

表2-1 国际区域历史文化与"五古"案例研究

案例	案例概述	特色历史文化景观	经验和启示
越南会安古城	古城中主要的建筑有日本廊桥、新奇屋、中华会馆、福建会馆和福清寺等。会馆建筑雄伟壮丽，金碧辉煌，在会安里分别供奉着吗祖、关公、伏波将军等。在会安城随着着吗祖、关公、伏波将军等的建筑，且保存完整，且保存着古式武的建筑，也没有因修建高楼大厦遭到战火的破坏，古而拆过。现今完好保存下来的古街道体现了中国、日本和越南文化的融合。街道的布局、建筑的式样，既展现了中华建筑的古朴和优雅，又融入了当地人的自然审美景观的融合。会安古城已经被联合国教科文组织列入《世界文化遗产"保护名录》	①街巷古建筑。受法国殖民统治的影响，建筑将法式风格、东方优雅古朴建筑的神秘感与浪漫欧式风情有机，巧妙地融入越南原住民的审美与生活习性之中，十分和谐，不相排斥。简朴的两层木屋里，陈列着很多古代商船的模型，会安典型建筑的模型及介绍，渔民生活的用具以及全今畅销的黄丝、刺绣制品等。②盆秋河畔老屋。秋盆河 (Thu Bon River) 的东西各有一座小桥通向对岸的居民小岛。会安的会馆很多，会安的汉字与龙凤雕刻的建筑也很多，老房子往往往咖啡店、服装店混合，有着很深的文化历史内涵。例如101号，Tanky 的老房子。会安人世世代代复一年，守候与修复着家园，谱写着家族的历史	①突出古城独特的文化个性。随着全球经济一体化的推进，国际化程度的提高，古城必须挖掘、突出其民族特色，渲染其民族曾经化个性和文化品位。会安古城曾经是一个大型的贸易中心，集东南亚许多国家特色在古文化于一身，国外的许多神奇的建筑风格融合在一起，还有当地神奇的文化组合了会安的特色。②开发特色专题旅游。现今完好保存下来的会安许多古建筑、古街道，是中国、日本、越南文化与建筑风格的有机结合。街道的布局，建筑风格展现了中华建筑的古朴和优雅，既融现了中华建筑的古朴和生活情趣。这种融合东南亚文化的特色，使得会安古城从其他古城中脱颖而出。③树立创新意识。会安古城通过节事活动中一些有吸引力、创新性的活动的融合以吸引更多游客

续表

案例	案例概述	特色历史文化景观	经验和启示
西班牙潘尼斯科拉古镇	潘尼斯科拉位于西班牙著名的港口城市瓦伦西亚（Valencia）以北，地中海一片阳光海岸陆地上。自罗马时代潘尼斯科拉就已经是一个繁荣的港口城市，后来为摩尔人所占有。在13世纪末，摩尔人退离西班牙不久，腾普拉奥骑士出资修建了这座城堡。此完好当然经过了几番翻修，呈现人们面前的是漫长海岸线形成的海景及休闲的生活气息	①潘尼斯科拉古堡。13世纪末，腾普拉奥骑士出资修建了这座城堡。19世纪初，爆发了一次小规模的战争，虽然当年小镇和城堡都在战争中遭到不同程度的损坏，但现在在任何在战争过多次修整，看不到当初战争留下的任何残缺了。②古堡。半岛上古镇的民宅，形状是一幢幢浅色的单纯几何体，沿等高线排列在一起构成高低错落的台阶式组团建筑群，道路穿行在上下等高线之间，迷宫般的房子、浅色的城墙、绵延的空间形态，与周围碧蓝色大海的妙调和，构成了整个古镇的岛屿空间特色。那些特色的小店招牌、门牌，拱朴而富趣味的图案造型展示着潘尼斯科拉古镇的特点	西班牙潘尼斯科拉古镇和国内外其他著名古镇一样存在保护与开发的矛盾问题。潘尼斯科拉古镇因古堡的盛名和地中海的风情，外围早已成为度假胜地，沿岸密名麻布满了各种等级的旅馆建筑，以四五层楼为主，但建筑显然没有经过科学规划，与国内江南农村和江西婺源破坏了旅游地区的美景。德等旺季来自英、美等缺乏自然海滩之海景的游客非常多，供不应求使私立西班牙政府对这类出现，西班牙政府通过控制游客流量来完成对古镇的保护，政府由此制订出方式法值借鉴。西班牙的预售系统，政府由此制订出过售网的预售门票系统，实现游客分流，调控全年的客流量计划
日本奈良古村	明日香村是日本奈良县中部的村，这里发现了大量飞鸟时代的宫殿与遗迹，被称为"日本人心灵的故乡"，也是日本作为中央集权制全国家的诞生地。日本的文化与中国有很深的渊源，明日香村曾是中国文化传到日本的第一站。明日香村被葛城群山环绕的一片古村落，有6000多居民。这是日本唯一个整个行政区域都受《古都保存法》保护的行政区域。此村落曾是"天皇"与"日本"这两个词汇诞生源地的发源地，也是天皇的诞生由此汇集	①飞鸟寺是佛教第一个在古坟内画上壁画的寺庙。壁画中有明显的中国痕迹。②古墓和人物全都和中国一样。③古墓中发现大量壁画、古钱、陶器、瓷器。源自明日香村的样子打日本最早的货币完全按照汉字有"富本"，故名富本钱，因为日香村作坊的复制造，明日香村发现可以看到巨大的造币作坊的复制造，在文化馆展示厅可以看到巨大的造币遗迹、石坑相连，中间有流水槽等，真实地再现了当时造币的壮观场景	日本的文物立法健全，除了一般立法外，还有许多专项立法，如出土文物中建设中的文物保护等。日本重视保护建筑物中古香村的外表景观，允许对建筑物内部的生活空间进行现代化改造，解决了居民的生活与历史地段保护之间根本性的看法。日本的历史文化遗产保护工作，特别强调将当地居民的协助支持和明确居民的权利与义务，激发民众的历史遗产保护的古迹保护观念和自豪感，也非常注重对民众的宣传教育。日本在对古村等"五合"方面的历史保护、能够制定相对完备的法律政策，有着较强的保护、能够制定相对完备的法律政策，有着较强的块行力度，同时日本国民也有着较强的保护意识

续表

案例	案例概述	特色历史文化景观	经验和启示
英国伦敦古书街	在英国伦敦，古街老巷宽窄不一，纵横交错，曲径通幽。几十年来城市无论是拓宽街道，还是兴建新的公共设施，建筑部门都毫无例外地在努力保护古街老巷古老特色的前提下进行	①古书店。查林十字路是其中最有名的古街之一，地处城市中心。读书迷和藏书家们可以在那儿找到各种类型和规模的书店，其中既有陈设阔气的大书店，又有早年狄更斯时代遗留下来的小书铺。②名人故居。在伦敦数的古街老巷，600多座挂着门楣上挂有蓝牌。英国人认为，挂蓝牌象征着莫大的荣誉，符合英国尊重和爱护历史文化遗产的民族传统	根据英国政府的有关规定，凡是挂有蓝牌的故居都属于受国家保护的文物，任何人不得改建，甚至拆除。这就是英国的"蓝牌制"保护制度。因此，这些故居依然保存完好，清爽整洁。从欧洲工业革命前欧洲大陆对有形的、单个的文物古迹的文化遗产的集中保护，到近代以来对文物古迹周边环境的保护，其后又扩大到对以某个历史城镇为主体的历史街区、历史文化遗产的"五古"资源的保护，英国对"五古"资源入拓展趋势，值得学习借鉴
加拿大白求恩故居	白求恩故居坐落在加拿大安大略省的格雷文赫斯特镇。白求恩故居曾长期作为长老会的牧师住宅，由于1972年白求恩获得"加拿大历史名人"称号，1973年加拿大联邦政府出资购买了这所房子，并按白求恩出生时的原貌进行了修缮，命名为白求恩纪念馆，1976年正式对公众开放。1996年这里被列为加拿大历史名胜，故居内部按照当年白求恩在此生活时的状态进行布置。很多来自中国的移民，留学生、旅游者都到白求恩故居去参观	白求恩纪念馆中展出珍贵的手稿原件、书籍等，是营造一种"斯人已去，音容犹在"的氛围，让游人有如身临其境的感觉。为了方便各国的参观者，有的博物馆里还提供多种文字的说明书	名人故居作为古宅与文化结合的一种旅游景点。国内已开放的故居主要靠政府拨款来维持。而在加拿大等许多国家，资金来源则多渠道化，开放的故居里维持故居维修等的开销，对公布为名人故居的私产房，要求房主按规格进行定期维修，政府给予适当补贴。此外，政府还将一些古堡巨宅"零转让"方式、给私人，条件是有的采取最低价将政府制定的保护标准的保质复和经常性地维护，违反规定者会受到历史的惩罚

（二）国内案例

表2-2　国内区域历史文化与"五古"案例研究

案例	概述	特色历史文化景观	发展现状和存在问题	经验和启示
白族文化与大理古城	大理是一座风景秀丽、历史悠久、文化灿烂，具有较高的民族文化综合价值和城建艺术整体价值的历史文化名城，是历经千百年沧桑、至今仍焕发着青春活力的城市。古城呈方形，开四门，上建城楼，下有卫城，更有南北二条溪水作为天然屏障，城内自西向东纵穿了八条街巷，整个城市呈棋盘式布局。同时它也是白族文化的积淀圈，是白族先民创造的集儒家文化和中原汉文化、周边少数民族文化等多元文化于一体，又是白族先民精神文明创造的载体与标志。在旅游成为时尚文化的今天，大理旅游成为感知白族文化和精神文明的首要景观	①古城楼。位于大理古城南门外1千米的文献楼，素有"古城第一门"之称，是大理古城的标志性建筑。始建于清康熙四十年（公元1701年）所题的"文献名邦"匾额。故名文献楼。文献楼横跨在南面进入大理古城通道上，道路两旁柳树成荫，拂面依依，颇有诗情画意。文献楼也是官府迎送达官贵人的门户。②古街道。古城内两层楼是山式土木石结构的筒楼，蔚立在砖石结构打了型的民族建筑特色。古街道，古街人街，东西走向的护国路，被称为"洋人街"。这里与一家接一家的中西餐馆、咖啡馆、茶馆、工艺品商店、招牌、字书，吸引着众多善眼的"老外"在这里流连忘返，寻找东方古韵，形成一道中随处可见白族老的白族传统民居院风景。③白族环境、细腻、淳朴。白族居民表屋至尊。白、居屋八月，整个古色、黄色的花朵平满本城，整个古城雅芳香四溢，小巷边垂柳依依，清凌凌的水渠、石砌的水渠、青苔的巷道，让古城充满了生活的情趣	"五古"与苍山、洱海的大生态系统最具特色优势，但由于同边地区无序发展，"五古"与苍山、洱海的空间联系被隔离，优势没有得到体现。在建设过程中，"五古"内的建筑高度、建筑风格等基本得到控制，总体休闲貌得到合适的保护。存在问题：道路建设已失去了历史的沧桑和厚重感；试图恢复历史上"家家流水，户户养花"的生态环境，但水景的设计干于法繁琐，更多的是现代景观表现，而缺少"五古"水乡天然协调的特色。"五古"内需保留下纯正的民族建筑的印痕，一直是争论多，由于年代已较久，改造后的旧建筑景观，架空线路，影响景观；"五古"形象与特色不够鲜明	①与白族文化深度融合。资源科学、合理地整合利用，大理古城与白族文化的开发融合具有前瞻性、战略性与可操作性。大理文化旅游的发展能够做到点到面，由分到合、整合整理、集聚旅游要素、打造板块、连点成线、整体推出。大理现有国家级重点文物保护单位2处、省级重点文物保护单位12处、州级6处、县级32处。这些文物古迹是这座古城的魅力所在，也是进行文化旅游开发的重要资源。它不但是城市文化延续的标志，也是城市空间环境特色的灵魂。②营造文化旅游氛围。大理古城是滇西地区文化传播创造的中心，众多居民在这里根据旅游需求、大理古城的建设据造为有形的文化景观。大理文化内涵将性建设成其实就是为文化旅游开发的保护性建设成为有形的文化载体，避免文化旅游的同化、异化和商品化。在古城的文化旅游呈现出鲜明的民族性，要使古城的文化旅游就其实就呈现出鲜明的民族性、原朴的地方性、质朴和时空的真实性，只有丰富的历史和文化内涵和展示出来的真实性、生活性、生动性的历史和文化内涵和展示才能够给予旅游者最为直观、真实、强烈的视角冲击和文化震撼

续表

案例	概述	特色历史文化景观	发展现状和存在问题	经验和启示
桥文化与江南古镇（以周庄为例）	江南水乡古镇是指长江下游苏南和浙北地区的历史古镇，"小桥流水人家"是江南古镇的真实写照，也是江南古镇鲜明的特色因素，水乡成为江南古镇的重要名片。江南古镇多，如周庄、同里，随处可见而且有各自的文化渊源。周庄是有名富安桥、太平桥、双桥、全功桥、福洪桥、隆兴桥、通秀桥、梯云桥、青龙桥、报恩桥、蚬园桥、富安桥等14座古桥，其他基本上建于明清，包括闻名世界的双桥。江南水乡古镇桥桥相连，共同构成了水乡古镇恒久而永远的文化景观	①双桥。双桥是苏州也是中国的水乡文化符号。它案出了历史文化价值、经济价值，艺术美学特征。双桥由石拱桥世德桥和石梁桥永安桥组成，湖面的倒影与桥形成一个标准的圆。桥面一横一竖、桥洞一方一圆，看上去很像古代的钥匙，故又名钥匙桥。双桥建于万历年间，乾隆年间都曾重建。②富安桥。富安桥始建于元至正十五年(1355年)，后由沈万三之弟沈万四出资重建，成石拱桥，改名富安桥，期望既富又安，心诚可见，后人永不忘怀。富安桥身四侧的桥楼临波拔起，为江南水乡仅存的立体型桥楼合璧建筑，气势非凡，刻有浮雕图案，石栏东西两侧平面、刻有浮雕图案，桥身四面有桥楼。桥上有五块江南一带罕见的人坐歇楼，较长的一块在桥东以作为行人坐歇之石，较短的三块的栏杆石，一块用作桥阶，足以证明该桥历史悠久。武康石采自浙江德清县的山崖间，石面铺在桥西两侧，颜色深褐，不易磨损。几百年来不知道过了多少脚步仍基本保持原状，雨雪天也不打滑。现在同侧桥楼保存完好，飞檐朱槛，雕梁画栋、古色古香，楼内设茶室、餐馆和商店，游人既可歇息，又可赏景，别有情趣	自1989年4月1日古镇周庄第一个景点沈厅开门迎客以来，周庄旅游一直呈现迅速发展的态势，知名度逐渐来越高，自然资源极具地域特色，人文资源具有深厚的历史与文化底蕴。此外，近些年"五古"旅游对周庄的吸引力愈来愈大，也是周庄旅游发展良好的一大因素。周庄作为著名古镇，交通方便、旅游人性较强，当地经济发展态势良好。存在问题：①过度商业化。近些年古镇的开发，对周庄的旅游利用很大的损耗，环境质量下降。环境造成了很大的损耗，旅游区域狭小，资源保护力度不足，影响旅游的可持续利用。②旅游产品单一。周边同类似旅游产品众多，类似旅游景区不断竞争激烈，类似旅游产品开发。③旅游接待设施数量已达饱和状态，当地旅游容量过多，旅游接待设施数量己多，但缺少高质量的接待设施。④文化旅游产品开发度不够，桥文化与古城旅游利用率较低，桥文化资源的旅游产品的契合度还有待提升	以周庄为代表的江南古镇不但保持着儿百年来的江南的基本面貌，在时代变革中延续着某些元明清时的文化传承，把兼具文化特色的具有特色的商业文化、土特产发扬光大。声名远扬的水乡周庄每年吸引着众多游客，让文化在积极发展中收益，赢得了新生。事实证明，只有以自身特色文化为核心竞争力的文化遗产才能更好地保存，在保护中变迁中不断焕发新的生命力。周庄对时代自身发展同时赢得时代的生命力，能够顺应时代发展的要求，又展示了自身最大的魅力

案例	概述	特色历史文化景观	发展现状和存在问题	经验和启示
茶文化与婺源古村	婺源县位于赣东北（江西省东北部），上饶市北部。婺源为徽州文化的发祥地之一。婺源东西分别与两座国家历史文化名城——衢州、景德镇毗邻，南隔铜都土饶德兴市与世界自然遗产"江南第一仙山"——山相望，北枕国家级旅游胜地黄山和国家历史文化名城古徽州。婺源素有"书乡""茶乡"之称，皖三者交界处的绿色明珠，是全国唯一以行政地名命名的国家级旅游景区。同时，婺源正以打造建设为"中国最美乡村，世界文化生态大公园"而不懈努力	①"书乡"。婺源不仅自然风光秀美，还有着深厚的文化底蕴，自古有"书乡"的美称，从宋代以来，婺源走出了文学家朱弁、理学家朱熹、篆刻家何震、铁路工程专家詹天佑等文化名人。婺源是我国古建筑保存最完整的地方之一，青林古木之间处处掩映着飞檐翘角的民居，其中江口俞氏宗祠气势雄伟，工艺精巧，被专家誉为"艺术宝库"；紫阳古街上保留着朱熹祖居；建于隋代的詹氏一世祖墓至今已有上百万的台湾詹氏后裔每年都吸引着回乡祭祖。②"茶乡"。婺源绿茶以"颜色青而浓郁，回味香而洇厚"著称的婺源绿茶，早在1915年就获得巴拿马万国博览会金奖，1935年被美国《茶叶全书》誉为"中国绿茶品质的最佳者"。1999年荣获"中国茶叶品质之星"金奖，婺源茶叶荣获"99昆明世博会"赞	2001年以来，婺源抢抓机遇，提出了"优先发展旅游产业，建设中国最美乡村"的目标，经过几年的持续努力，先后开发建设了江湾、李坑等20余个旅游景区，其中国家4A级景区5个，形成了东、西、北三条精品旅游线路。目前，婺源旅游产业取得源飞速猛进发展，知名度越来越高，具有很高的研究价值。①生态环境无视规划的重要性，将景区盖建筑"精品化"建设造成了很多景区"城市化"，原有生态环境的安谧却被破坏了。②文物古建保存了大量明清时期的古建筑，但由于岁月风化失修，这些经过明清时期的古建筑存在着明显的危险，而日久失修多古建筑遭遇到人为的破坏。③村民素质。一些村民利用管理者利开发商看油民对待游客，个别利用游客好客素质等来卖花等行为进行敲诈勒索等。此外，婺源村为近几年新开发的旅游村，相关的教育宣传力度还不够。④基础设施。婺源乡村不能满足游客在旅游旺季等位车等建设也都不能满足增长的需求日益增长的需求	婺源旅游的发展迅速，成效显著引起了国内外的普遍关注，对婺源旅游产业的发展进行认真总结，对于辽宁历史文化与旅游都有重要的意义。①将推出的历史文化与旅游线路设计融合。整合县推出文化专项旅游产品占全县旅游产品总量的90%以上，依托"文化游"开发的旅游景区占95%以上，乡村旅游形成了以文化体验为主导产品的旅游圈，唱响了中国茶文化节等节庆旅游品牌。将区域特色产品融合到旅游中。促进旅游产业链联动发展。②将历史文化嵌入相关产品中。在建的婺源朱子龙尾砚文化产业园是目前中国最大规模的"砚街"；砚山文化子一体有全国闻名的砚文化产业江湾镇大畈村建有全国最大的砚台等，全村2300人，80%从事砚台生活生产，人均年收入超过1万元，这"砚池"里流淌的全是"金子"；茶文化、雕刻文化、婺源文化产业也在出壮成长。目前，婺源历史文化等企业（作坊、店铺）达1139家，文化产业增加值占GDP的4%。③将历史文化注入村民生活中，形成文化旅游氛围。组织文化工作者深入生活，深入基层，创作一批优秀文艺作品，如原创舞剧《祈福》等文艺精品获全国大奖；积极推动主要抓文化下乡，以农村文化活动为主要抓手，坚持为农民送戏、送电影、送文化下乡，送文化、送科技知识，丰富群众文化生活

续表

案例	概述	特色历史文化景观	发展现状和存在问题	经验和启示
徽商文化与徽州古街	在古徽州的秀美山川、锦绣田野，古徽州先民聚族而居，精心营构了数个如诗如画的徽州古村落。随着这些古村落的兴盛繁荣，出现了一条条古街，徽风徽韵，代表着辉煌的徽州古街。据不完全搜索，徽州各区县乡村完整的古街就不下一百条，有的徽州古街，名气还超过了所在县镇，诸如，大大小小林宁安所谓"小小休宁县"等民谣。这些徽商古镇成长创业的历史见证，许多徽州古街堪称徽派建筑的杰作，同时又是徽州文化的重要展示平台	徽州古街条条纵，一条街差不多就是这个古村镇发展变化的一本厚重的历史书。①水街。单就徽州水街著名的就有唐模水街、龙川水街、桂林水街、冯村水街、坳头水街等。唐模水街中街流水，十桥九级，千年银杏郁郁，小西湖澄于园增木街之美，长1100米，既是一条古街、商业街，又是一条历史文化街。绩溪龙川古街、龙坑、凤街沿龙川水向前伸展，溪水潺潺、杨柳依依，龙凤呈祥、祠堂、民居、店铺自然协调，和远山近水、绿树蓝天相映成趣，成为徽州最美的街区。缕溪冯村水街500多米长，13座古桥连通街面，8座官赐高岭府第而立，5座牌坊依山就势铺了两三里石板，每年农历六月二十四"灵山庙会"人山人海之时还在溪上出溪沿溪差不多三里路，成为徽州最独特的山村水街。②茶巷古老街。又名老街，曾名中山正街，新中国成立后改为人民路，1985年定名老街。古时徽商著名汇集地，有着"屯绿"品牌，在当时是名副其实的茶务都会。屯溪老街的主要地段，西起山水街，东至老街牌坊，是历史上形成的一条比较完整的综合商业街，元末明初，辛口人程维宗（1332-1413年）在屯溪兴建4所店房，屋47间，除部分自营商贾外，其余作为客栈，招徕商贾，存放货物。清初，屯溪	作为徽州古村落核心部分的徽州古街，千百年来历尽沧桑，像古街的风貌依旧，至今仍是得到了较好的保护，重要商贸场所，被列为旅游景点。而更多的是难逃岁月的磨蚀，人世多情是徽州古街的劫难，面目全非，残垣断端，满目疮痍。许多古徽州的古街人文生态正面临逐步消亡的危机。屯溪中心城区的柏树老街和黎阳老街，在新一轮的旧城区改造中，被规划为新商贸林树中心，古街中成片徽派居民宅被拆毁，街头街尾的"程氏三宅"和程大位故居，成了孤零零的两个"文物"，老街区的原来风貌和历史文脉基本被破坏这也就带来了徽州老街发展中的问题，即保护与开发度的看法的问题。许多徽州古村落的当政者、建洋楼、翻石板路、铺水泥洼，一些著名在热心搞新村规划，"乡村记忆"将随着古街的不复存在而永远逝去	①选取相应"五古"资源，进行旅游复古修建。对于一些著名的、别具特色的徽州古街，加以调查研究，发掘整理，进行保护性的保护，修旧如旧，保持原始文化生态，像唐模水街、万安古街等，是徽州文化考察体验旅游的特色景点。②深入挖掘古街人文景观。对发掘打造、像徽州名人故居、古书院、古私学、古文会等古建筑的利用，都有利于在徽州古村落乡村环境中产生各种徽州古街这一特定人文生态环境内涵。通过产生有种徽州民间艺术、徽州民俗风情表演、徽州文房四宝、徽州盆景、徽菜、徽州四雕等，举办相应的节事活动促进了徽州旅游的发展。辽宁"五古"文化旅游，对农村产业结构进行调整，转变村民发展观念。同时也是完成对徽州历史文化的守护，是对徽州个性风貌的另外一种展示

续表

案例	概述	特色历史文化景观	发展现状和存在问题	经验和启示
徽商文化与徽州古街	自隋代大运河开通以来，扬州成为商人荟萃之地，这也成就了扬州的繁华。"扬州繁华以盐盛"。明清时期，扬州盐商以自己的杰出成就实现了雄踞中国商界三百余年的辉煌，成为中国封建社会经济发展史上的一大奇迹。扬州以浓郁的盐商文化，描画着扬州独具特色的城市风貌	屯溪街发展到"镇长四里"。清末，也有屯溪茶商崛起，至民国初年，屯溪街已有"沪杭大商埠风"。民国18年4月，也溪街毁于一炬，修复后，街道较先拓宽一倍。1954年，市政府投资，全面翻修街道石板路面。1984年，再次整修街道，全用浅赭石色大条石铺设。同时，修复出新街片面，恢复传统老字号，开辟古街，发掘老街经营的特色，不仅繁荣了商业，而且成为旅游胜地		
盐商文化与盐商古宅		①个园是全国重点文物保护单位，国家4A级旅游区，首批国家重点公园，中国四大名园之一。由清代嘉庆二十三年，盐业商总黄至筠在"寿芝园"基础上兴建，园内现存保存最多叠石技术价值的古典园林，因园内景色四季皆有竹，园主人同陈斗陈先生爱竹如命，宅名取"个园"。②何园是全国重点文物保护单位，国家4A级旅游区，国家首批重点公园。由前湖北汉黄德道台何芷舠于清光绪九年建造，以园内廊复道中西合璧的精妙架构而著称，被中国文物学会名誉会长罗哲文称为"中国晚清第一园"。③卢氏古宅，也是目前保存得最为完整、装修最为精巧、文化底蕴最深厚的盐商大宅门。其厅堂布局玲珑剔透，庭园清幽，卢氏古宅现在集餐饮、参观、商务、休闲于一体，已成为品尝正宗淮扬菜肴、品味淮扬饮食文化的清雅之处	扬州老城中147处文物保护点和30多处私家住宅园林，成为扬州发展文化旅游的深厚基础，随着盐商古宅不断的开发建设，扬州盐商古宅现在已经是扬州古城旅游的重要亮点。古宅虽然有法规进行保护，但维修与保养还存在问题：少部分古宅被私人收购，建筑修缮，但更多的古建筑依然缺少资金进行必要的维修同时也缺乏关注和管理，这可能会使得古宅所蕴藏的文化也一并流逝	①创新发展，联动发展。卢氏古宅"百宴厅"的名声，在对利用卢氏古宅的同时，发挥自身优势，在古宅内增加了餐饮业务，将文化与游人开放的同时，宅内增加了餐饮、文化与卢氏古宅深旅游巧妙地融为一体，体现卢氏古宅的运作方式，使厚的文化。这种创新性地结合古宅游客，使古宅吸引了一大批游客，取得了良好的古宅吸引了一大批游客，取得了良好的成功效果，是文化与饮食文化成功融合。辽宁"五古"旅游可以结合自身景区特点进行增值。盐商古宅可以根据游客需求，挖掘商文化内涵。②把握游客的心理和辽宁"五古"的需求进行开发建设，把新的旅游需求要进行开发建设，带来新的旅游发"舌尖"的需求要进行开发建设，把盐商的心理化融入精美的建筑中，为辽宁"五古"建设带来了成展动力，为辽宁"五古"建设带来了成功经验

（三）重点城市

表 2-3 辽宁清文化"五古"旅游重点建设城市

城市	发展定位	发展要点	支撑项目
沈阳	沈阳市是东北历史上唯一一个建立了统一王朝的地区，作为中国最后一个封建王朝的满清的发祥地，其承载孕育的满文化从沈阳走向了北京，甚至走向世界。沈阳方城也是辽宁知名度最高的清文化城，因此，沈阳的"五古""五古"旅游区，定位为清文化"五古"旅游中心	①添加更多具有民俗文化内涵的旅游活动，丰富清文化旅游内涵。游客可参与具有清代皇宫特点的歌舞、饮食、竞技和其他面的活动来举办一些体现满皇太极》吸引了很多游客。②拓展市场。韩国、日本和俄罗斯是我国主要的国际客源市场，具有很繁，这些清文化和古城旅游的动机。针对这部分客源群体，可采用多种媒体形式进行广泛宣传，在宣传中要注重打"地缘牌"和"历史文化渊源关系牌"	高端收藏品市场：为民间宝物、文物收藏爱好者提供一个相互交流的空间，如五一劳动节期间开展交流活动：以政府为主导，进行清文化精品博览馆免费开放
抚顺	除了比较知名的永陵和赫图阿拉外，抚顺清文化"五古"资源丰富，比较重要的还有六祖城、费阿拉城、古勒山城、界凡城、萨尔浒城等，新宾现有县级文物保护单位239处，其中保护比较完好的古建筑、古城堡和古遗址107处，因此，定位为满族前历史文化中心	①资源的保护与利用。例如"一字王衙门"、宫殿建筑与古的原建筑相差不大。另外，一些非物质文化遗存也在消逝，抚顺市最后一位跳"火神"舞艺人已经去世。技艺没能流传下来。加强清文化开发力度。抚顺清前历史文化遗迹非常丰富，依托雄厚的历史文化资源，积定和保存的大量满族民间活态文化活动，宗教祭祀等主题的民俗风情。②注重完善产业链条，打造集旅游观光、餐饮娱乐、民俗风情、富有地域特色和民族风情的国内满文化旅游胜地和满族文化产品交易中心	满族剪纸书画基地项目、满族博物馆项目、满族风情王国项目等
本溪	清前身女真部落曾居于此，八旗兵丁在这里驻军屯垦荒。后金时，皇亲贵族所有。在清朝，而被封禁。因此，这里又因"龙兴之地"而被封禁。因此，本溪满族自治县的大部分土地为皇亲贵族所有。因此，本溪定位为满族乡乐休闲中心	①增强宣传力度。辽宁打造清文化品牌已经有十个年头，人们耳熟能详的恐怕只有"一宫三陵"等几大知名景观，许多清文化中重要的事件人物并不为人们所知。如本溪桓仁的五女山，本溪市桓仁五女山风景区除了自然景观的驻军外，为努尔哈赤统一女真各部，进而统一全国奠定基础。②注重满清旅游活动集中在每年的4月至10月大多集中于旱季，如颁金节、虫王节等，旅游的淡季。许多设施无法得到合理利用，资源浪费现象严重，盛大节日也大多集中于旱季，整个漫长的冬季都是辽宁满族文化旅游的淡季。吸收辽宁其他以满清民俗活动为向旅游发展方向的民俗村的经验，本溪可以在淡季积极开展冬季旅游其冰雪旅游	天龙洞满族民俗文化村、满清滑雪基地等

城市	发展定位	发展要点	支撑项目
鞍山	岫岩满族自治县成立了满族民俗博物馆，展出了大量体现满族民俗文化的实物。同时岫岩满族自治县有着丰富的诺如刺绣、民间故事等非物质文化遗产。因此，定位为清民俗赏玩中心	①挖掘特色项目。景区缺乏垄断性特色旅游资源。虽然拥有丰富的满族文化旅游资源，但是资源个性不够高，资源品位不够明显。②基础设施应该加强，提升接待能力。由于和省内其他地区的满族民俗的相近或相似，可能导致在旅游产品开发的定位和形式等方面的雷同，带来外部同质竞争的威胁	满民俗博物馆，民俗工艺展览会等
辽阳	多年前曾努尔哈赤定都辽阳时在这里建造都城，虽然遗址破坏严重，但所蕴含的清文化资源仍然有很大开发价值。因此，定位为古都参观体验中心	①拟定科学规划。根据东京城遗址的实际情况，以遗址保护和利用为基础，兼顾各方利益，综合考虑资金筹集方式。进行更加科学合理建设规划的规划，找到适合东京城的发展路线是首先要确定的作为方向。②保护与开发的问题亟待解决。政府、文物部门、老领导、专家和普通市民等也有着不同的观点，关注、关心遗址的保护与利用的加快，该遗址现状面貌与新城形象反差较大。随着河东新城建设步伐的加快，该遗址现状面貌与新城形象反差较大	东京城复建，古街街区等
锦州	锦州是满族人关前松锦大战的古战场，开发为战场旅游项目，如战演再现当年征战的歌剧，举办冷兵器展等。因此，定位为前清古战场娱乐中心	①做好硬环境和软环境建设。政府应积极创造一个具有激励性和较强吸引力的软硬环境。交通上，修建网状公路；治安上，制定相关法规，投资环境上，制定各种优惠政策。②加强宣传力度，提高知名度。锦州古战场的知名度比较低，需要全方位、多渠道宣传辽宁满清民俗的形象品牌。如举办新闻发布会，邀请记者采访、邀请旅行商考察等	古战场，清文化苑，满清客栈等
铁岭	铁岭的西丰地区是清代围场，现在完全可以开发清时代体育项目和复古围场狩猎运动。因此定位为激情狩猎运动中心	①游客的参与性。根据铁岭较清文化项目开发实际，要对旅游产品加入旅游者的参与、尝试、体验，学习到的成分。②资金支持。铁岭清文化旅游产品的包装与促销不到位。"五古"中有很多优秀的旅游资源开发，加大对其资源开发的资金支持，是清文化项目的重要因素	清代围场，满清体育公园，清味餐厅等

（四）其他城市

表 2-4　辽宁其他城市清文化"五古"旅游现状研究一览表

旅游区	概述	特色历史文化景观	发展现状和存在问题	发展方向与策略
大连金州区石河满族镇	石河满族镇位于大连市金州区北部，周边与普兰店市、向应镇、三十里堡镇、北乐镇交界。西濒渤海，海岸线长 32.9 千米，镇政府驻石河街道。石河为古代著名拜站（见石河驿）。全镇面积 84 平方千米，人口 2.8 万人。曾获"全国小城镇建设试点镇""中国乡镇之星"等称号	大连东沟村利用石河满族镇满族文化的优势，可供游客观赏参与的"五坊"（油坊、酒坊、粉坊、水坊、豆腐坊）为仿古建筑，颇具满族文化色彩，以及满族文化商品购物长廊和满族文化展示厅，让游人在领略具有民族特色的传统满族文化魅力之余，还可以品尝购买各色产品和购买各种旅游纪念品	①开发进程。和辽宁其他城市开发中的"五古"景区一样，随着开发进程的深化，目前的满族文化景区开发暴露出"城市化、人工化、商业化"的问题。这影响了其原始满清文化的展现。如过去满族衣家睡的通铺火坑也已经被床和暖气、地热、空调取代。②景区规划落后，不能及时并且正确地处理"五古"景区发展与资源保护的关系，这不利于满清经济发展与满清文化遗产融合。②文化内涵挖掘。大连东沟村对满清文化的开发深度不够，重视程度和开发力度不足，未形成发展状况同其具有的潜力相比，同辽宁省内其他城市的品牌效应，满族清文化"五古"旅游的发展还有差距。其开发满族产品相对单一，同辽宁省内其他的民俗村相比缺少核心竞争力，与其他旅游景区的联系也不够	可以在镇内东沟村内建满清民族文化广场，以民族文化广场为核心，以节庆民俗文化旅游为契机，以突出古镇文化旅游观光、开展古镇文化观光、历史文化教育、休闲娱乐等旅游活动，集怀古、休闲、观光、探胜、休闲、娱乐、购物于一体
丹东民族文化与满族民俗村	丹东市拥有众多的满族人口，拥有着许多民俗文化传统资源的满族民俗文化传统，现在正在开发鸭绿江畔的民俗村。结合满清文化与朝鲜族的古村落文化，形成新的丹东该民俗村落所在的虎山景区风景优美，山水秀，明代长城、高句丽古建筑群和辽代古庙群能够与其形成整体吸引力，具有很大的发展潜力	①明代长城。虎山长城，始建于明成化五年（公元 1469 年），距今已有五百多年的历史。虎山长城现已修复 1250 延长米，过街城楼、烽火台、敌台、马面等十二座，恢复了当年明长城首段的山顶，会让人充分理解"不到长城非好汉"的深刻含义。②最绝妙的自然风光。"一步跨"，物景观尽收眼底。"一步跨"就能跨朝鲜而得名。因最近处一步就能跨越到朝鲜，人不但能近距离看到朝鲜人民生活、劳动以及工作的场面，还可以朝鲜服装在"一步跨"石前拍照留念或乘船自由游览两国之间，使人不出国门便能体验到出国别样的感受	丹东市是满族和朝鲜族聚居地，自然风光和少数民族文化是其卖点。目前中国东北地区缺少能够集中游览到这两个民族习俗的旅游景点，因此，有着很好的社会经济效益。存在问题：丹东市鸭绿江虎山景区满族民俗村项目建设得利益分配与协调机制不合理。在鸭绿江虎山景区满族民俗村开发中，民俗文化应开发得到当地居民的认同与参与，民俗资源才能得到更好的保护和传承	鸭绿江虎山景区满族民俗村还停留在满清文化与"五古"旅游的初级阶段。因此，发展方向与策略集中在科学开发建设上。由政府附有责组织有关专家，对满清文化资源进行科学评估，制定环境保护政策和具体实施方案，有层次有步骤地开发满清文化旅游。此外，既要注意到满清文化的传承性，将相祖辈相承下去，又要注意满清文化的变异性，避免满清文化资源被同化

续表

旅游区	概述	特色历史文化景观	发展现状和存在问题	发展方向与策略
营口南历史文化与盖州古城	盖州古城自古为商贾之所，素有"名闻人间，声达三江"。几千年来，以汉民族为首的人民在这里创作着丰富的历史文化。汉朝以来，各朝代行政管理机构，在此建立地方行政管理机构，盖州一直作为这一代的政治、经济、军事、文化的中心，没有动摇。明建立之初，立即着手扩建城郭，稳固形势，发展经济，成为东北的重要城市。盖州古城遗存下来的几座古建筑状况最多之一。而城内保存古旧建筑存况最多的只有盖州	①钟鼓楼。居于盖州古城南北中轴线上，距南城门约350米，距东西两城墙各约340米。钟鼓楼建在高台上，东为观音阁，西为钟鼓楼，中为观音阁，南为大慈圣殿，宝殿左、右各有一配殿。这组古建用材及木架结构特点，均有明代风格，现基本保持原貌"民众图书馆"，很有保存价值。②盖州古街。全长420米，保存有明清时期木构架铺面建筑25栋，共88间。迄今为止，在国内一些历史名城或县城里面，没有发现保持完整的明清街面。明清一条街的发现，为研究古代建筑街貌，历史沿革提供了依据	营口的盖州古城因历代在此建立行政机构，所以管辖范围丰富。但是对盖州的经济发展、城市结构调整的促进作用还不明显，利用古城效应还不明显。发展第三产业缺乏"拳头产品"	盖州古城旅游产品的包装与促销不到位。古城有多处国家级重点文物保护单位，省级文物保护单位和县级文物保护单位，但省内其至周边地区的知名度并不高。因此，加大对古城的宣传与营销力度，能够充分挖掘盖州古城的旅游发展潜力
阜新辽文化与塔营子古城	辽代所建的古城，金、元沿用，又名土城子，位于阜新市东北54千米的饶阳河西岸的塔营子乡塔营子村。在辽显州西北96千米，西北至上京280千米。1991年孙太学者经考察实测，认为古城是长方形，城墙周长4632米，西墙571米，北墙1323米，东墙门向南85米为东清晰可见。北墙东北转角处100米清南排列的两个台子，俗称"点将台"；台子向南100米为辽砖塔。该城曾出土金代造像碑和元代懿州学田碑、地表散布着孔白釉（粗、细瓷胎）、瓷片绿釉和钧瓷釉瓷片和铜钱	①塔营子塔，也叫懿州城塔，位于阜新蒙古族自治县塔营子古城址内，为省级文物保护单位。关于塔的建造年代，现有关塔营子古城的造型风格，但从塔的造型来看，可以推断，该塔应建在懿州城修建的同时或稍后，约在辽太平三年（1023）以后至辽清宁之间。辽代建有宝严寺，应为塔寺合一。②张三丰仙居，据《明史》记载，张三丰名全一、号三丰、辽东懿州，即现今辽宁省阜新蒙古族自治县塔营子古城址人。懿州始建于辽太平三年（1023），是著名的萧太后的孙女燕国长公主的私城，后来改为国家行政州	政府对塔营子古城的开发力度不够，缺少相应的资金进行保护，缺少相应的规划进行建设。塔营子古城蕴含着丰富的辽代历史文化资源，但没有有力度的保护措施，导致"五古"相关资源的损耗。旅游产业链关联不强，缺乏有效的分工与协作，存在管理体制不顺等问题，直接威胁旅游业的高效发展	提高主要领导保护的意识，利用各种宣传工具，采取多种形式，大力宣传保护塔营子古城的重要意义，形成整体的保护古城的意识，使古城保护得到进一步的开发。落实古城保护资金，为塔营子古城的开发提供坚实的支持，可以采取各级地方财政拨款，企事业和社会集资捐助等方式获得资金

续表

旅游区	概述	特色历史文化景观	发展现状和存在问题	发展方向与策略
朝阳新石器时代文化与红山文化遗址	红山文化是距今五六千年一个在燕山以北、大凌河与西辽河上游流域活动的部落集团创造的农业文化。因最早发现于内蒙古自治区赤峰市郊的红山后遗址而得名。红山文化全面反映了我国北方地区新石器时代文化特征和内涵。其后，在邻近地区发现或相似的文化特征峰红山后遗址的诸遗址，统称为红山文化。已发现并确定属于这个文化系统的遗址，遍布辽宁西部地区、儿近千处。其内涵的玉器丰富，多是猪、龟、鸟、蝉、鱼等动物形象	①喀左县东山嘴遗址。喀左县东山嘴遗址坐落在山梁顶部中央，面向东南，俯瞰大凌河开阔的河川。这是一处用大石块砌筑的成组建筑遗址，呈南北方、中心两侧对称的形制。南部圆形祭坛旁出土的女性裸人像中，有在我国首次明确发现的陶塑形器具，伴随出土的陶器如镂孔塔形器等器具造型奇特，显然不是日常生活用具，可见这是神圣的祭祀所在。②牛河梁。与东山嘴相距仅三四十千米的凌源、建平两县交界处，分布着大规模红山文化遗迹——牛河梁女神庙、积石冢群。女神庙已出土大量泥塑人像残块，可辨别出至少分属六个人像个体，与泥塑猪龙残块以及采绘庙室建筑构件、墙壁残块等，都是杰出的艺术杰作品，是我国文明黎明时期艺术高峰的标志，也是亿万华夏子孙第一次看到他们五千年前用黄土塑造的祖先形象，对中华文明起源史、原始宗教思想史的研究有极其重要的意义	牛河梁红山文化遗址列入中国世界文化遗产预备名单，2008年正式启动申遗。它是具有世界知名度的全国100个大遗址之一，考古和文化旅游价值极高。国家投资3亿元对牛河梁遗址进行保护和开发，在遗址核心区建设占地面积8平方千米的国家考古遗址公园，经几年时间已接近完成。朝阳市的"五古"文化旅游产业也在红山文化发展着。存在问题：对古镇的保护等问题，应只局限于建筑结构等物质形态，还应包括非物质形态，像红山文化遗址的开发与女神遗产的保护。朝阳市对红山文化遗址的开发与保护程度已经在不断提升，而对其所包含文化的开发和利用还不够深入	在国家、省有关部门的支持下，朝阳市将组织开展牛河梁第一地点（女神庙）深度挖掘工作。目前，让牛河梁红山文化遗址正式成为国家红山文化遗址公园挂牌单位是发展的一大目标，提高学术研究水平，加大对外宣传力度，积极做好牛河梁遗址申报世界文化遗产的各项前期准备工作

续表

旅游区	概述	特色历史文化景观	发展现状和存在问题	发展方向与策略
盘锦辽河文化与盘锦田庄台古镇	盘锦田庄台集中辽河文化、古建筑文化、宗教文化和民俗文化为一体，史上有"九庙同镇、五教合一"的盛誉，历史文化底蕴深厚，人文资源富集。从清朝中叶至民国年间，田庄台是在省内外有很高知名度的商贸码头。田庄台是最早于营口的辽河航运最集散地。被清政府称为"商贾辐辏之地"。当时可是八里河岸，泊船上千；市井繁华，铺户栉比。有各种行业多年持续经营，特别是永裕昌、广永茂、人合号、泰合高、天一堂、双兴合、双顺华八大商号，更是蜚声关内外。还有东粮市、柴草市、席市、肉市、鱼市、菜市、估衣市、进口市、上市市等十分兴旺的常年性专卖市场	①关帝庙。大连县田庄台镇关帝庙俗称"老爷庙"，始建于清乾隆末年（1795年），后经1797年和1869年两次增修，改建形成了具备大殿、过厅、山门、配殿、钟鼓楼、戏楼、马殿、净室、祭房等完整的古代建筑群。新中国成立后，曾改作学校学生宿舍，1958年"大跃进"时被全部拆毁。1993年成立修复古迹筹委会，逐步修复了大殿三间，山门及两侧角门，后又增修中殿五间。院内树木成荫，碑志精湛，古风幽雅。为继承传统的民俗文化，每年农历5月13日恢复庙会，唱戏三天，为活跃田庄台镇人民文化生活，促进经济繁荣与发展发挥了作用。②崇兴寺南北双塔，间距42米。东塔47米，西塔45米，均为八角十三层密檐式实心砖塔，是我国三千多座古塔中一对著名的姐妹塔。因外形别致，秀丽典致，被誉为"禅塔双标"。崇兴寺双塔每座基座面览7米，基座上雕有各种花纹，下部雕有狮子、负重力士和莲瓣，座上承托塔身，塔身每面有拱龛、内雕坐佛，外立协待，上饰华盖、飞天和铜镜，每层檐角俱挂有风铃，随风摇动，声音清脆悦耳。双层塔顶的莲花座、宝瓶、鎏金刹杆、宝珠、塔轮均保持得相当完好	近年来以"文化立镇、商贸活镇"为战略思路，积极发展旅游、文化产业，致力于打造生态历史文化名城将建设成集旅游、房地产开发、商业贸易、娱乐休闲、温泉疗养等为主的多功能项目，既有古城区，又有新城区，交相辉映存在的问题：文化遗产的发掘和保护还未成体系，不能完整地展现的历史文化韵味。古镇的历史文化底蕴很深，但散落在民族的历史文化底蕴很深，但是挖掘整理不足，对文物、典故、传说古于缺少资金而不能完整收集整理，对于历史再现的历史博物馆的打造，及完整再现的历史原貌带来极大的困扰和制约	盘锦田庄台的古迹由于中午日甲午中日战争等的破坏，以及海城大地震等多重原因，古镇区内得以留存下来的传统古建筑为数不多。因此，盘锦田庄台古镇在开发建设一品中除了树立辽河文化古镇这一品牌外，还应该落实资源的修缮、维护"复古"相关资源的修缮、维护作为第一大发展方向

续表

旅游区	概述	特色历史文化景观	发展现状和存在问题	发展方向与策略
葫芦岛历史文化与兴城古城	葫芦岛兴城古城自明宣德三年（1428年）始建，经历了570多年的风雨侵蚀和战争摧残，有着不可磨灭的战争遗迹和气息。葫芦岛的兴城是在历代战火纷飞中不停地重新修建，布局形成的，明末在这里经历过宁远大捷、宁锦之战	①兴城文庙。古城景区内有国家重点文物保护单位兴城文庙，占地16800平方米，内有古老的一座文庙、状元桥、至圣先师门，状元桥、大成殿、论语墙等。古城景区内的每一个景点都诉说着古城500余年沧桑历史、风土人情和灿烂文化。②钟鼓楼。鼓楼楼高17.2米，分为三层。基座平面为正方形，全部用大青砖砌成，下砌通向四条大街的十字券洞，上为两层楼阁。上为两层，西、南、北各筑拱形通道。第二层游廊悬挂历年来兴城的图片，内部辟为和国家领导人及重要外宾的图片，第二层辟为兴城出土文物陈列馆，三层为民族英雄袁崇焕将军蜡像馆	通过对兴城古城的环境、历史遗存、保护价值分析及现状问题进行分析后不难看出，兴城存在众多的历史遗存，具有极高的历史文化与景观价值，能够给城市与区域的发展带来动力。但古城在整体上是一个传统文化正在逐渐走向衰落的历史街区。现代发展的冲击与保护观念的局限，使整个古城区的传统城市格局与建筑处于半残破坏状态。目前兴城古城存在比较突出的问题是在城市规划层面改革开放以来，关于古城整体保护观以来，关于古城整体保护观念的方法较少。而目前整体保护控制的方法还没有建立、完善	从古城区的规模特征、存在状态和社会环境等综合条件分析，古城首先确立正确的保护思想与策略，其次使用有效的实施方式逐渐恢复，使其成为较为完整的、能够全面展现地域文化特征的中国传统城市环境

(五) 重点项目

表2-5 辽宁清文化"五古"旅游重点旅游项目一览表

项目名称	项目选址	项目定位	核心卖点	策划要点	建设内容
沈阳方城清文化广场	沈阳方城	辽宁清文化与"五古"旅游的中心	互动体验趣味性,深入感受清文化	满清龙兴之地,也是辽宁清文化与"五古"核心资源所在。对现有著名景点进行深入、创意性开发。此外,开发参与性的藏友趣味性活动和清文化节事活动广场,方便各种创意性活动的开展	①完善著名古建,做好保护工作。②以满清文化为主题,在广场上兴建会馆,满清书画区,逐渐把方城建成全面反映清前满清文化的胜地。③在购物环节上,沈阳作为清文化与"五古"旅游的核心,应该捆绑辽宁其他地区特色的清旅游"五古"旅游特产,如岫岩的玉石,阜新的玛瑙,大连的紫砂,铁岭的陀勾蛋等,可以将这些工艺品融入满清文化的内涵,丰富本身题材,加强清文化的推介
前清史记王国	抚顺新宾	清朝溯源,历史文化为重点	核心卖点集中在满族物质文化遗产上	提升文化体验功能,集度假、文化、休闲、旅游干一体,打造古城至纯习俗的基地。高标准建设供水、污水处理、电信网络等基础设施,整个清文化氛围的营造。注重趣味地进行文化项目建设,让抚顺丰富的清史文化资源得以面向更广阔的市场	①清陵祭祀项目。依托抚顺市新宾丰富的古城和遗址资源,通过祭祀场地和活动作为主要项目,来展示清文化。②饮食梦工厂。以满清饮食文化为主,融合辽宁其他清文化民族的饮食文化,作为王国中展示满族的餐厅。③清文化工艺作坊。在作坊速满民间故事,服饰等工艺。同时传递满族资源特点,作为王国中的重点小项目。④根据抚顺的资源集中营。根据抚顺的重点特色,适合前清文化爱好者集中研究,提供学术交流相关支持设施
天龙洞满族民俗文化村	本溪	做一次古代满族村民	衣、食、住,原汁原味的清朝体验	①让游客自由走访满族农家,住满族的"口袋房",睡满族的"万字炕",吃满族的"农家饭","衣家饭","之宠"。②吃满族的饭包"衣介";③让游客穿"衣介"在长髮上戴黑青色緞纱等制成的鏈形扁冠之冠,女士还可穿上"花盆鞋",亲身感受满族文化的魅力	①满族古村的口袋房以及院子中特色的附属建筑,院落尽量按照历史还原。②影视城建设。在满族村建设影视基地,具备影视拍摄管理,配套服务设施,以此来吸引游客。③通过萨满舞,秧歌和高跷等满族歌舞与游客互动,并以此吸引更多的游客。③食的环节上,增加满族文化。④食的环节上,学会制作一样满族饮食一次乡村,让游客亲身制作

续表

项目名称	项目选址	项目定位	核心卖点	策划要点	建设内容
岫岩满族博物馆	鞍山	满族民俗文化博物馆	丰富翔实的民俗参观资源	①对现有博物馆进行完善，设施进行完备，馆藏进行创意开发。②以博物馆为核心，公共服务畅通，带动更深层次旅游，推动"五古"满清文化旅游向更深层发展。③作为民俗资源、工艺为核心，以民俗资源，展示满清中心、工艺为核心，展示满清文化	①餐饮环节，可以将满族传统住房的构建模式融入餐厅设计中。满族餐饮一般涉及的农家饭菜较多，多可将"炕"作为餐厅的主流元素，并可根据屋内方向设计大小。服务人员按照满族的餐礼仪和着装进行服务。②博物馆人口处设置租赁柜台，游客可以租适合自己满族服装在馆中参观，也可拍照留念。③完善博物馆，丰富馆藏，博物馆内珍藏有各类满清资料，可供游客取阅，提升满族自治县的文化内涵
东京都城	辽阳	古都复建	清前的历史都城	在坚持修复文物古迹原则的基础上，履行相关报批手续恢复或重建。完成对人角度，尽可能按照原址原状建筑进行复建，城门、城墙、水井等建筑的复建，在历史原址的基础上做适当修改	①以清文化体验城为主要功能。重点小项目有古城风貌再现，清都生活体验。主要分区包括：宫殿区、宫殿区为复建的古卫戍区、离宫区等。市井区即为古城街区，开展清民民俗风情表演，清前剪纸、清前剪纸、织吊、美人物雕塑展示等活动；卫戍区可开展努尔哈赤演武、铸剑、绘漆器等工艺表演以及民俗资源，商业一体、设民俗馆，进行趣味民俗表演，清前满族最本真的民俗风情故事
风云古战场	铁岭	体验清前古战场主题旅游目的地	辽宁大型清古战场主题旅游目的地	依托景区"五古"资源类型，发展各类战场，鲜明的主题特色发展。积极谋划举办各类古战场赛事如开展古战车雄风，斗兽惊魂等表演和体验活动	①用前清时的装备、兵器进行现代化的拓展训练，设步兵营寨、水兵营寨和骑兵营，提供表演和参与的平台，设瞭望台等供观演。②建设努尔哈赤博物馆，展示出清军事器物相关知识，设清努尔哈赤博物馆，成为清旅游标志性建筑之一。③运用当年清前风云、电影战争风云，激光表演、水幕影视等现代军事手段复原古战场。再通过音乐喷泉、通过科技手段复原古战场，达到震撼的视觉效果

续表

项目名称	项目选址	项目定位	核心卖点	策划要点	建设内容
清代围场	铁岭	开发辽宁大型清代围场项目	清围猎、体育运动项目，激情与热血是其卖点	①新建各类清朝体育运动项目设施，设置讲解员、教练等，举办清朝体育运动比赛。②以围场项目为主进行建设，紧扣清文化，配套交通、供水供电、电信、环卫等设施	①狩猎休闲项目。模仿清代围场，进行狩猎活动，配置专门的讲解员和教练传播狩猎文化，活动为弓弩狩猎，围场烧烤。②体育相关项目。开设专门的森林跑马场，成为马术运动基地。开发满族的传统体育项目，如双飞舞、水上竞技、赛船、蹴鞠踢子等。③节赛旅游项目。根据围场的项目设置，配合详细的策划书举行赛事，吸引游客到此旅游，并配合节狩猎比赛

（六）精品线路

一是"前清史探秘，盛京、兴京和东京一线"。前清三大都城都坐落在辽宁，沈阳、抚顺都有着非常丰富的古迹遗址，同时也都有着重要的历史研究价值，以"古都"为关键词，以故宫、关外三陵等知名历史古迹为重要景点项目，满足历史古迹游的需求，联动三大城市，形成整体的吸引力，共同策划节事活动项目，成为中国前清文化历史第一旅游目的地。

二是"满清文化体验，民俗古村线路"。以鞍山、本溪为代表，包括沈阳陨石山满族民俗村、棋盘山满族风情民俗村、大连金州区石河满族镇东沟村、抚顺新宾中华满族风情园、抚顺新宾满族民俗村等旅游地。开发特色饮食文化，如满汉全席、八碟八碗等；开发满族民间工艺品，如满族刺绣；开发特色旅游纪念品，如旗袍、旗鞋、马褂、嘎拉哈和香荷包等；开发满族非物质文化遗产，乡俗民风，传统节日以及民间小故事。策划满族乡衣食住行体验活动，旅游目的地丰富，线路丰富，方便安排。

三是"前清风云录，特色'五古'线路"。以铁岭、锦州为代表，一些以激情运动、娱乐围场为主要功能的景点汇聚成线，对古乡、古迹旅游做补充，更进一步激发游客的兴趣。开发古战场、围猎场等项目与周边其他旅游资源整合开发，形成立体式的开发网络，以清文化旅游点为基点，由点连成线，再由线发展成面。使得'五古'清文化类历史性很强的旅游也同样富有激情。

五、重点设施建设、发展建议和行动计划

（一）重点设施建设

一是交通设施建设。要对机场进行升级扩建，还要积极开辟新航线，开通辽宁至北京、上海等机场的旅游航线。要对城市环线进行建设，加快城市快速环线及大外环线的建设。重点建设"五古"清文化旅游景区之间的通道，加快形成由沈阳作为中心的向外延伸连接其余六大重点项目的通道。

二是旅游客运集散中心。以交通为基本要素，以旅游线路和班车为基本手段，是实现旅行者出游和以人流带动资金流、信息流，实现旅游中心聚集辐射作用的基本功能载体，能提供大量旅游班车。

三是旅游交易推广中心。以旅行社批发业务为主，批零兼营的集中交易场

所，成为旅游批发与零售中心。可引进国际国内知名旅游企业，促进旅游批发与零售业务有效开展；提供旅游展示平台与场所推介旅游线路等相关信息，实现企业与市场的最佳结合；提供旅游文化表演场所和设施。

四是旅游商品购物中心。实现旅游商品现场购物与旅游商品网上交易的联合交易场所。为游客提供有较高诚信度和良好服务的旅游购物服务，带动旅游商品的生产；逐步建立旅游商品网上交易平台，建立全国性的旅游商品交易网。

五是旅游咨询服务中心。为旅游者提供详细的旅游咨询服务，推介旅游线路，介绍景区、景点；受理旅游投诉，维护旅游者、旅游企业的合法权益。

六是旅游信息中心。设立票务中心、旅游信息中心。票务中心应用先进的、标准化的销售软、硬件系统，建立销售网络，联网售票，为游客和市民提供方便快捷的服务。信息中心实时发布各类旅游信息，并引进旅游地理信息系统（TGIS）。

（二）旅游发展建议

一是坚持政府主导、市场运作的机制。古城、古镇等古文化保护开发是一项任务重、投入大、风险大的系统工程。古文化资源保护开发过程特别是启动阶段，要将政府主导与市场运作相结合，联袂行动、互为支撑。政府要完成规划编制、宣传发动、立项审批等前期准备工作；同时，要靠市场运作来筹集资金，加快推进项目建设。此外，古文化建设在资金筹措上也要突出市场运作的特点，除了在力所能及的范围内将城市建设、新农村建设、文化产业、旅游发展项目和资金进行最大限度整合，投入古文化建设外，综合运用贷款贴息、参股、担保、以奖代补等手段，鼓励和吸引外来企业和资本、引导金融资金和社会资金投入辽宁古文化建设，将成为重要的资金来源。古文化保护开发的实践表明，单靠政府力量投入运作远远不够，必须创新体制和工作机制，走政府强势主导与市场有效运作相结合的路子。

二是制定"五古"开发扶持政策，完善管理体制。制定持续有效的古文化扶持政策，具体包括土地、税收、信贷等优惠政策，充分调动企业和管理部门的积极性，加大市场投入，建设大规模景区和优秀景点。成立由政府主要领导任组长，市政府、市人大、市政协分管负责同志为副组长，有关部门负责人为成员的古文化保护开发工作领导小组；成立古文化保护开发管委会作为项目责任单位，负责项目的组织、协调、推进和管理；设立古文化保护开发建设有限公司，作为项目的实施主体，负责项目融资和建设。各级相关部门针对地区古文化管理政出多门的问题，应完善相应的管理体制，在体制机制上进行大胆创新，具体做到设立统一的古文化管理部门，形成统一的合力和产品，明确职责，避免风景管理局、森林公园、文物管理处以及村集体等多家部门同时管理的情况出现。使"五古"的投资、开发、营销、保护等环节在明确统一的管理体制下进行，做到权力高度集中、目标责任明确、运转顺畅高效。

三是探索多元投融资渠道，增加保护经费。在投融资渠道上，辽宁省政府首先要向国家争取资金，要及时向国家政府汇报，积极争取国家、省、市促进旅游业发展方面的专项政策和重点资金支持。其次要向城市经营要资金，省、市各级政府应拿出部分经营性土地、国有资产作为古文化保护开发建设的资本，申请部分银行贷款。再次要发挥地区财政局的作用，以帮促单位的身份积极努力争取古文化资源保护资金。最后要广泛宣传，借助社会力量，解决部分开发建设资金，要进一步加强与帮促单位的联系，互通信息，多渠道争取资金。

四是制定完整的古文化保护开发工作步骤和政策措施。古城镇等古文化的保护开发不是一朝一夕的事情，要立足当前，从长计议，既要有紧迫感，又不能操之过急，要循序渐进，稳扎稳打。古文化的保护和开发应当有先有后，有轻有重，要坚持保护中开发和开发中保护的原则，但是要以古文化资源的保护为前提。在修复保护建设古城镇等古文化遗产的同时出台配套的政策措施，制定切实可行的古城镇等古文化保护管理实施细则，强化对古街区、古民宅的保护以及对房屋翻建、新建的管理，防止产生新的破坏；研究制定古城等核心保护区经营业态管理办法，规范商户引进机制。在保护政策方面，要积极探索、完善适合古文化保护和开发的具体政策。古城、古镇发展建设在不断探索中完善政策，通过完善政策实现可持续发展，古城镇保护开发才能保持持久的生机和活力，才能带动地方经济的发展和人民生活水平的提高。

五是利用特色资源，开发优势产品，丰富文化内涵。"五古"具有深厚的文化积淀，以此为灵魂的旅游资源也各具特色，有待进行深入挖掘和开发。辽宁在对古城、古镇、古村落、古街区等文物古迹保护开发过程中，应高度重视古文化的保护工作，同时在不同的街区，引进特色各异的非遗项目，对原住户中的特殊人文素质和保持街区活力的因素做出统一安排，如一些"活地图"、"活字典"等当地传统民俗技艺的匠人安排在未来统一的业态规划中。在资源开发过程中，注重地方特色，力求与众不同，避免雷同，防止过度开发，突出文化内涵。各地政府要秉承尊重历史、尊重文化的理念，把保护放在第一位，着力于体现以文化性和独特性见长的历史文化底蕴。同时，还要解放思想，适当进行古文化资源的开发建设，丰富"五古"景区的文化内涵，增添景区卖点，提高景区整体效益。

六是科学编制并完善"五古"旅游专项规划。辽宁省政府应科学编制古城、古镇等古文化资源保护开发规划和相关旅游发展专项规划。高起点、高水平、大手笔的保护开发规划是确保项目顺利实施、取得实效的坚实基础。应抓紧推进古城镇等古文化修建性详细规划和控制性详细规划的编制工作。在古文化资源的保护开发工作中，要结合各地实际，严格遵守"先规划、后实施"的原则，把编制高水平的规划作为古文化保护开发前期准备工作的重中之重，力求规划一步到位。景区的建设需要有科学合理的专项规划作为指导，各市级单位应根据自身"五古"资源特点进行相应旅游规划的编制。旅游规划中应包括详尽的资源调查分析、具体的景区建设项目、资金投入预算、收益预算、招商项目和近期的行动计划等具体的指标。"五古"的调研是规划编制中的重点环节，应给予高度重视，因为资源的调查分析是旅游规划的编写基础，影响着规划的科学性、客观性和可操作性。高标准规划，高起点建设一批高品位的利民惠民工程，确保每一个工程都能够充分展现当地的历史文化，才能保证古文化资源保护开发工程的顺利实施，确保保护工作取得良好的效果，为全省大旅游的发展增添新的亮点，注入新的活力。

七是重视"五古"资源开发与保护的同步性。旅游资源的开发和保护必须同时进行，并且资源的保护才是"五古"旅游景区开发的前提。各级政府在建设规划的编制过程中，应同时拟定"五古"资源的保护规则，具体制定出资源的保护步骤和相应的维护经费，保证开发与保护工作的同时开展。辽宁省政府要严格制定保护和开发原则，硬性规定古文化的发掘方式和保护建设时限，把古文化资源的保护性开发和尊重历史真实性的开发工作放在首要位置。古文化保护工作要争取主动，创新思路，变围墙式的消极保护为开放式的积极保护，要充分利用独有的历史文化，在保护中谋发展，进一步作好规划，通过对"五古"资源的保护和修缮，达到开发利用的目的，同时为百姓提供一个休闲娱乐的活动场所，提高人民群众的生活质量和生活水平。

八是加大宣传力度，制造品牌效应。品牌既是形象，又是竞争力，保护古文化资源、发展旅游业必须实施品牌战略。为此，辽宁在抓"五古"保护开发项目建设、打造精品景区的同时，要将塑造品牌和旅游促销放在同等重要的位置。要明确营销定位，设计特色鲜明的宣传口号。建议将宣传促销经费列入省、市财政预算，加大投入，想方设法，全方位、多渠道、多层次地开展宣传、营销，争取把"五古"保护开发的过程变成宣传促销的过程，打造古文化精品，聚集人气。在具体方式上：一是要立足辽宁古文化旅游资源，举办各种文化、节事活动，并尝试举办形式新颖、内容丰富的古文化商品展等会展活动；二是要将旅游宣传促销经费列入市财政预算，每年拿出适当的专项资金在高端新闻媒体进行有效的宣传推广；三是借智营销，通过专业机构的智慧和资源优势进行宣传促销；四是通过参加各种旅游会议、活动等进行宣传促销。在全方位的宣传战略上，应加大在报纸、电台、电视台、网络等各种媒体上的宣传促销力度，打造具有特色的古文化品牌。

九是加大人才培养力度，强化创新人才支撑。辽宁"五古"资源的保护要重视人才培养，进一步修订、完善人才培养计划，积极争取财政对人才培养的投入力度，完善相应的人才政策，把大学生就业同古文化保护结合起来，采取多种鼓励政策，推进各地区与高校定向、订单培养相关专业人才，充实古文化保护专业人才队伍。要加大对相关专业高端人才和创新人才的引进，加大对古文化方面专业人才的配套服务。开放各级各类人才库，为各地古文化发展提供广泛的人才信息服务。

（三）主要行动计划

一是加快形成政府主导、市场运作的长效管理机制。首先要理顺旅游事业行政管理体制，例如，营口百年老街通过企业化管理，成立公司，但企业只以利润最大化为目的，所以应将企业和政府紧密联系。其次建立科学合理的政府行政管理机构，从主"办"文化向监"管"文化转变，由直接管理向间接管理转变，通过"服务、咨询、监督、调控"等方式，把文化旅游市场的管理纳入规范化、法制化轨道。最后要实现政企分开，建立一个国有资产授权机构负责文化资产的经营管理，这种文化资产公司承担文化资产的经营管理，通过该机构代理行使国有文化资产出资者权利和法人产权，实现所有权、财产权、监督权分离，从而明确投资主体与产权的关系。还有要在文化行政部门职能方面，形成政府支持文化发展，构建文化服务体系的新局面。特别是大力推进行业协会建设，强化其功能与国际接轨。要大力推进文化旅游的各类协会和相关中介组织建设，形成科学化、规范化的管理体制。

二是修订及完善文化旅游产业发展规划。第一要全面做好申报历史文化名城及古城等文物保护工作，通过申报工作带动城市建设等各项工作，促进精神文明建设和全民素质的提高。第二要从保护古城，发展旅游经济的角度出发，开发一个更加完善，且有竞争力的专业性市场，来充实旅游环境及配套功能。

三是以可持续发展理论来协调和处理文物保护与旅游开发的关系。这点在辽阳东京古城项目的开发上体现得尤为明显。在处理文物保护和旅游开发利用的关系上，必须确立可持续发展的思想，即要以保护为主，旅游开发利用为辅；以长期利益为重，发挥文物的永续作用，绝对不能急功近利，竭泽而渔；以国家和全民族利益为重，而不能只顾地方利益和集团利益；以发挥文物的社会效益为重，而不能为了单纯追求经济利益，千方百计地榨取文物的经济利益。

四是要加深思想重视。七大重点城市应该成立专门的"前清文化的入口"旅游开发工作领导小组（指挥部），负责重点项目的开发建设工作，落实主管领导、分管领导、具体工作人员，明确工作职责，召开专题会议，研究、部署旅游工作，制定发展的长期规划和短期方案。在体制机制上进行大胆创新，做到了目标责任明确、运转顺畅高效，在规定的时间内即完成项目融资，使项目建设工作顺利推进。

五是加大宣传推介力度，将清文化"五古"旅游品牌推出去。通过广告、媒体、网络的各种有效途径和形式，全面加大辽宁清文化"五古"旅游的宣传力度，进一步提高其在全省，乃至全国的知名度和影响力。加大投入，与旅行社联合、与旅游网站、报纸杂志合作。制定出景点的整体宣传推广方案，设计完成景点的标识（LOGO）、宣传语（SLOGEN）、三维动画宣传片等。通过新闻、专题、访谈、广告等多种形式对辽宁的前清文化和特色"五古"旅游项目进行宣传。

六是加强对现有从业人员的培训，为旅游发展提供人才保证。连同安全、卫生等部门，引导业主提升餐饮质量及旅游配套服务设施建设，提高游客对清文化"五古"旅游服务的满意度。提升在形象礼仪、经营理念、创新意识、服务质量等方面的水平。旅游服务人员的综合素质与服务水平的高低直接关系到旅游业的声誉和效益，如果一个地区想要持续不断接纳游客以带动本地区经济的稳步提高，就需要吸收较多的专业管理人才，提高宾馆、酒店服务人员的文化水平、素质、涵养等诸多方面，对服务人员进行专业的培训，以提高形象礼仪，从而使经营理念、创新意识和服务水平都有所提升。还有要有步骤地建立完备的人才培养机制。可以采取制定科学的旅游院校发展规划等方式，有计划地培养旅游开发规划、经营、管理以及服务等方面的人才，利用旅游企业，加快人才的培养力度和效果，使旅游企业成为人才培养的摇篮。

第三章 发展中的辽宁民族、民俗、宗教文化旅游

围绕辽宁民族、民俗、宗教文化旅游进行研究，从发展背景、资源条件、发展现状、成功案例等方面分析研判辽宁民族、民俗、宗教文化旅游，提出辽宁文化旅游的发展对策，进行精品线路设计，致力于把辽宁建成闻名海内外、文化多样性的旅游目的地。

一、发展背景与资源条件

（一）辽宁文化旅游发展背景

文化是旅游的灵魂，旅游是文化的重要载体；没有旅游的文化没有活力，没有文化的旅游没有魅力。20 世纪 90 年代前后，文化旅游业渐成趋势，发展的热潮高涨，不论是发展中国家还是发达国家，都将发展文化旅游提升到旅游业竞争力的战略高度，集中优势力量发展优势产业，以此为龙头，全面带动旅游产业国际竞争力。开发辽宁文化资源、发展文化旅游经济，既有以文化产业统筹发展旅游经济的内在需要，又有保护、发展、繁荣区域民族文化的社会意义。

文化旅游已经成为各个国家发展最快的旅游业增长点。世界旅游组织预测，到 21 世纪原市场份额较大的自然风光旅游产品增长率将下降，而文化旅游将有强劲的发展势头，它将与探险旅游等成为最有吸引力的旅游产品。经济发展全球一体化使得区域文化现象的差异表现得愈发突出，不同国家地域的文化差异对旅游者的吸引力越来越大。澳大利亚 2007 年的文化旅游者达到 2400 万人次，其中国际文化旅游者占国际旅游人数的 51%。韩国从 1996 年开始试行"文化旅游节庆"政策，经过近 17 年的发展，在促进地区经济发展、满足群众文化精神需求等方面发挥了重要作用。山水若相同，文化各有异。无论有无享誉世界的自然景观，各个国家都在致力于把本国独特的文化展现在世人面前，打造一个文化多样

性的旅游目的地，吸引八方来客。

中国文化旅游业也已经进入全面启动和加速发展阶段。改革开放以来，我国的经济发展和社会建设取得了重大进步，为文化旅游发展奠定了坚实的物质基础，更提供了广阔的消费需求。目前，我国人均 GDP 已经突破 4000 美元，进入了转型发展，产业创新的发展阶段。"十八大"报告指出，旅游业与文化产业密切相关，两者的发展可以说是互为前提的，因此旅游业的发展必将成为社会主义文化强国建设的重要组成部分。我国历史悠久，幅员辽阔，文化资源极为丰富，物质、非物质文化遗产众多，更有许多珍贵的文化资源有待挖掘，是旅游产业发展的重要载体和开发源泉。同时，旅游业在开发利用文化资源的同时，也为人们了解、体验和深入研究我国丰富多彩的文化资源提供平台，使文化更多地被人们所感知，在提升文化软实力、建设文化强国的方面具有突出优势。通过发展文化旅游，一些鲜为人知，或者晦涩难懂的文化知识可以被消化吸收和再创造，使文化教育更具创造性和趣味性，在潜移默化中使全国各地独特的文化为人所接受，并深入人心，形成中国式文化意识与标记，增强民族文化认同感。

全国各地文化旅游异军突起。从长城、故宫到秦始皇兵马俑，从敦煌莫高窟到布达拉宫，数以千计的文物、文化型旅游景区让中外游客为精深博大的中华文化所折服。据不完全统计，我国文物、文化型旅游景区点已由"十五"末的 4000 家左右增加到现在的 6000 家左右，累计接待国内外游客达 10 亿人次。平遥古城、丽江古城、阳朔、乌镇、西递、宏村等数以千计的古城、古镇、古村逐渐走出封闭和贫穷，焕发出新的生命力和活力。苏州评弹、侗族大歌、新疆维吾尔族木卡姆艺术等已经成为当地的文化名片和旅游品牌。"只有民族的，才是世界的"，越来越多的少数民族地区因发展旅游业而更好地传承了民族文化，璀璨的民族文化也成为重要的旅游吸引物。

近年来，辽宁旅游业发展迅速，取得了良好的社会和经济效益。2013 年辽宁旅游总收入为 4648.1 亿元人民币，同比增长 18%；国内旅游收入 4432.5 亿元人民币，同比增长 18.5%；国内旅游人数达 40427.2 万人次，同比增长 10.5%；入境旅游收入 347713.6 美元，同比增长 3.2%；入境旅游人数 503.1 万人次，同比增长 4.8%。辽宁省政府在 2010 年制定的《辽宁文化产业振兴规划纲要》中明确提出力争"十二五"期间文化产业增加值年递增 30%，作为主导产业之一的文化旅游业将迎来更大的机遇与挑战，必将有更大的发展。

（二）辽宁文化旅游资源条件

一是民族文化资源多样。满族于明朝末年在辽东地区崛起，在抚顺新宾满族自治县境内建立大金政权，并创建军政合一的八旗制度。从那时以后的近四百年间，满族始终是辽宁地区人口最多的少数民族。根据第六次全国人口普查资料统计，辽宁的满族人口为5336895人。自1985年起，辽宁相继建立了新宾、岫岩、凤城（1995年3月撤县建市）、清原、本溪、桓仁、宽甸、北镇（1995年3月撤县建市）等满族自治县，成为全国满族自治县最多的省份。满族有自己的语言文字，属阿尔泰语系满——通古斯语族满语支，现今辽宁的满族已经全部通用汉语汉文。满族是一个善于学习和创新的民族，人才辈出。关外三陵和沈阳故宫是闻名遐迩的满族特色古建筑。耐存好吃的酸汤子、美观合体的旗袍、民间剪纸刺绣等都蕴含着满族人民的淳朴和智慧。

辽宁的蒙古族多是元代起从西北地区及内蒙古草原的唐奴乌梁海、喀喇沁、土默特、蒙郭勒津和科尔沁等部南迁而来的，已有600余年的历史。根据第六次全国人口普查资料统计，辽宁蒙古族人口657869人，人口数在全国仅次于内蒙古自治区，主要集中在阜新、朝阳、沈阳、葫芦岛等地。辽宁的蒙古族文化源远流长。开创蒙古族文学长篇小说创作先河的清代著名文学家、史学家尹湛纳西就出生在辽宁北票市。喀左东蒙民间故事、阜新胡尔沁说书等蒙古族传统民间艺术先后列入国家级、省级非物质文化遗产名录。辽宁蒙古族民俗风情异彩纷呈，马头琴悠扬悦耳，舞蹈优美动人，流传于民间的大量民歌、民谣和传说，记录和传颂着英雄的故事。蒙医蒙药是我国少数民族四大医药体系之一，设在阜新蒙古族自治县的蒙医药研究所、蒙药厂饮誉一方。"那达慕"大会是蒙古族特有的传统节日。阜新"敖包文化节"已成为传播文化、增进各民族群众情感交流、促进地方经济社会发展的盛会。

辽宁现有回族人口245798人，主要生活在沈阳、本溪、锦州、鞍山等城市，呈现小集中、大分散的居住特点。信仰伊斯兰教的回族，在居住较集中的地方建有清真寺，由阿訇主持宗教活动，位于沈阳市沈河区的清真南寺是辽沈地区规模较大的清真寺。按伊斯兰教历，每年12月10日为古尔邦节，每年的10月1日为开斋节。土葬是回族丧葬习俗的特点。回族服饰有鲜明的民族特点，最显著的特点是男子多戴白帽，女子戴各种花色的头巾。回族善于经营商业、手工业和饮食业。风味独特的清真菜肴精细考究，回族餐饮名品马家烧卖多次被评为全省风味名店。位于沈阳市沈河区的清真饮食街是回族餐饮业较为集中的地方。

朝鲜族以重视民族文化的传承和尊师重教而著称。辽宁的朝鲜族人口为239537人，在较为集中的地区都建有朝鲜族文化馆和以母语授课的朝鲜族中小学。朝鲜族能歌善舞，有着独特的民族风俗，节日或劳动之余，喜欢用歌舞来表达自己的感情。今天的辽宁朝鲜族依然延续着很多古老的传统和礼仪。著名的朝鲜族民间舞蹈"乞粒舞"、为60岁老人举办的寿礼（花甲礼）已被列入全国非物质文化遗产名录。摔跤、荡秋千和跳板是朝鲜族喜爱的体育和娱乐活动。朝鲜族擅长水稻种植，改革开放后更是勇立潮头，积极参与国内外经济文化交流。

锡伯族于 16 世纪末就已经在辽河流域繁衍生息，辽宁的锡伯族人口有 132431 人，主要分布在沈阳、大连、丹东等地，沈阳市沈北新区是锡伯族聚居的地区。1764 年农历四月十八，清政府征调居住于辽宁各地的锡伯族官兵远赴新疆的伊犁地区屯垦戍边。从那时起，形成了辽宁和新疆两大锡伯族聚居地。锡伯族人民把这一天定为"西迁节"，辽宁锡伯族同胞每年这一天都举办活动，至今已有两百余年的历史。位于沈阳市和平区皇寺路的锡伯族家庙是锡伯族人民举行祭祀和节日庆典的重要场所。

辽宁自古以来就是北方民族的聚居地，以上五个世居少数民族拥有深厚的历史渊源和独特的地域性，丰富了少数民族文化旅游的内容。

二是历史文化资源丰富。辽宁历史文化资源丰富，在发展的过程中逐渐形成了以远古遗存、历史遗迹和近代战争纪念地为代表的三大类历史文化资源。辽宁历史文化资源分类如表 3-1 所示。

表 3-1　辽宁历史文化资源

远古遗存	古生物化石	辽宁西部相继发现大量鸟类、鱼类、爬行类、植物类等化石
	原始人类活动的足迹	庙后山遗址、金牛山遗址、鸽子洞遗址、仙人洞遗址、沈家台遗址、西八家房遗址、前阳遗址、查海遗址、新乐遗址以及牛河梁遗址等
历史遗迹	燕文化	燕城址、燕长城、燕人青铜器、燕人铁制农具、燕货币等
	汉魏文化	汉城遗址、汉人铁制生产工具、汉墓葬及壁画墓等，其中，壁画墓最为著名。这些壁画墓大都属于辽东大族公孙氏几个世袭人物的墓葬，如东汉晚期的北园墓、汉魏之际的大青堆子墓、魏晋之际的三道壕车骑墓。此外，还有属西晋的三道壕 1 号、2 号墓等
	鲜卑文化	龙城及龙腾苑遗址、鲜卑墓葬、佛教遗迹以及文物等，墓葬主要有北燕冯素弗墓、北魏刘贤墓等。在出土的众多文物中，最具代表性的是在北票和朝阳鲜卑墓葬中出土的金步摇。比较著名的佛教遗迹是义县万佛堂石窟
	高句丽文化	重要的历史遗迹主要有：高句丽都城，即纥升骨城（今桓仁县五女山城）；高句丽山城（现存可考的有近 70 座）；高句丽墓葬及壁画墓。此外，还发现了大量的高句丽重要文物，如陶器、瓦当、金属器、兵器、马具部件等
	契丹文化	东京辽阳府基址；朝阳耶律延宁墓、法库叶茂台墓等；在朝阳、锦州、沈阳等地发现的辽代陶瓷器；佛教遗址，有义县奉国寺、辽阳白塔、北镇崇兴寺双塔、锦州大广济寺塔、朝阳三塔和云接寺塔等
	满族文化	古战场遗址，其中最为著名的是萨尔浒古战场、宁远（今兴城）古城、松山杏山战迹；关外三京，即兴京（新宾老城）、东京（辽阳）、盛京（沈阳）；关外三陵，即新宾永陵、沈阳的福陵和昭陵。此外，还有寺观、牌坊等
近代战争纪念地	旅顺口军事要塞、营口西炮台、张氏帅府九一八事变展览馆、桓仁老虎顶东北抗联遗迹、锦州辽沈战役烈士纪念塔等	

辽宁历史文化资源起源早、积淀深，品位高、知名度大，遗迹分布广、数量多，是不可多得的旅游资源。在文化旅游开发时，针对这些历史遗存的特点和优势，深入挖掘其文化内涵，将会大大提升辽宁旅游产品的品位。

　　三是非物质文化遗产众多。辽宁是一个多民族的省份，广大劳动人民在长期的生产生活实践中不仅创造了大量灿烂辉煌的物质文化遗产，同时也创造了内容丰富、形式多样、异彩纷呈、具有鲜明民族民间特色和强烈时代感的非物质文化遗产。这些非物质文化遗产根植民间，活态传承，生生不息，闻名遐迩。让它们与旅游相结合，可以更好地展现辽宁历史、经济、文化、科技等各方面的发展脉络和成就。辽宁省级以上非物质文化遗产如表3-2所示。

表3-2　辽宁省级以上非物质文化遗产名录项目

类别	项目名称	项目级别
民间文学	谭振山民间故事、锡伯族民间故事、喀左东蒙民间故事、北票民间故事、古渔雁民间故事、满族民间故事	国家级
	沈阳东陵满族民间故事、沈阳新民间故事、沈阳民间传统灯谜、薛天智民间故事、锡伯族民间故事、王树铮民间故事、庄河民间故事、抚顺满族民间故事、本溪满族民间故事、医巫闾山民间文学、辽阳王尔烈民间传说、铁岭朝鲜族民间故事、辽西古战场传说	省级
传统音乐	海洋号子（长海号子）、笙管乐（复州双管乐）、千山寺庙音乐、蒙古族民歌（阜新东蒙短调民歌）、唢呐艺术（丹东鼓乐）、辽宁鼓乐、笙管乐（建平十王会）、辽宁鼓乐	国家级
	白清寨传统唢呐、朝鲜族传统说唱艺术、大连吹咔乐、金州古琴音乐、复州鼓乐、大连新金民歌、普兰店鼓乐、庄河双管乐、辽南古诗词吟咏、金州单鼓音乐、岫岩满族民间歌曲、岫岩单鼓、本溪鼓乐、丹东单鼓、蒙古勒津马头琴音乐、建昌鼓乐	省级
传统舞蹈	龙舞（金州龙舞）、高跷（海城高跷）、秧歌（抚顺地秧歌）、朝鲜族农乐舞（乞粒舞）、高跷（辽西高跷）、高跷（盖州高跷）、朝鲜族农乐舞、高跷（上口子高跷）	国家级
	张氏皇苑舞龙技艺、锡伯族灯官秧歌、复州高跷秧歌、金州狮舞、本溪全堡寸跷秧歌、本溪县太平秧歌、丹东上打家什高跷、营口津式高跷、辽阳地会、铁岭伞灯秧歌、凌源高跷秧歌、哨口高跷、辽西太平鼓、兴城满族秧歌	省级
传统戏剧	评剧、京剧、皮影戏（复州皮影戏）、皮影戏（岫岩皮影戏）、海城喇叭戏、木偶戏（辽西木偶戏）、皮影戏（盖州皮影戏）、皮影戏（凌源皮影戏）	国家级
	评剧（沈阳鑫艳玲）、沈阳关氏皮影戏、庄河皮影戏、鞍山皮影戏、海城皮影戏、抚顺皮影戏、京剧（本溪徐派毕谷云）、宽甸八河川皮影戏、锦州皮影戏、黑山皮影戏、陈桂秋评剧表演艺术、凌海民间皮影戏、喀左皮影戏、金开芳评剧表演艺术	省级
曲艺	东北大鼓、北京评书、东北二人转、乌力格尔、盘索里	国家级
	新民二人转、沈阳相声、庄河东北大鼓、陈派评书、蒙古勒津好来宝、辽阳二人转、建昌大鼓	省级

类别	项目名称	项目级别
传统体育、游艺与杂技	朝鲜族传统"掷柶"竞技游戏、沈阳北市"摔跤"、螳螂拳、锡伯族欻拉哈、金州梅花螳螂拳（六合棍）、凤城满族珍珠球、大刀张举刀拉弓杂技表演艺术、辽阳逍遥门武功、通背拳、鸳鸯拳	省级
传统美术	建筑彩绘（传统地仗彩画技艺）、剪纸（庄河剪纸）、剪纸（岫岩满族剪纸）、岫岩玉雕、满族刺绣（岫岩满族民间刺绣）、剪纸（新宾满族剪纸）、石雕（煤精雕刻）、剪纸（医巫闾山满族剪纸）、满族刺绣（锦州满族民间刺绣）、阜新玛瑙雕、剪纸（建平剪纸）	国家级
	初春枝满族剪纸、沈阳"面人汤"、瓦房店东岗剪纸、普兰店传统手工布艺技艺、马驷骥根艺、桃核微雕、抚顺琥珀雕刻制作工艺、本溪桥头石雕、凤城满族荷包、孤山泥塑、黑山玛瑙雕、传统锡雕、传统泥塑彩绘、盖州风筝、营口木浮雕工艺、营口陈氏面塑工艺、彰武民间剪纸、朱月岚剪纸、蒙古勒津刺绣、指画艺术、铁岭王千石雕、西丰满族剪纸、朝阳红土泥塑、烙画艺术	省级
传统技艺	蒸馏酒传统酿造技艺（老龙口白酒传统酿造技艺）	国家级
	沈阳胡魁章制笔工艺、古建筑彩绘技法、书画装裱修复技艺、辽菜传统制作技艺、老边饺子传统制作技艺、马家烧麦制作技艺、桃山白酒传统酿造技艺、普兰店田家黄酒酿造技艺、大连老黄酒酿造技艺、海城牛庄馅饼制作技艺、本溪永隆泉满族传统酿酒工艺（铁刹山酒）、本溪松花石砚雕刻技艺、凤城老窖酒传统酿造技艺、道光廿五白酒传统酿制技艺、锦州小菜制作技艺、沟帮子熏鸡制作技艺、千山白酒酿造技艺（麸曲酱香酿酒法）、民间香蜡制作技艺	省级
传统医药	蒙医药（血衰症疗法）	国家级
	德记号中医药文化、海城苏氏正骨、张懋祺中医整复点穴骨盆复位疗法	省级
民俗	民间信俗（锡伯族喜利妈妈信俗）、民间社火（本溪社火）、朝鲜族花甲礼、民间社火（义县社火）、民间社火（朝阳社火）	国家级
	旅顺放海灯、海城庙会、大石桥迷镇山庙会、蒙古勒津安代、蒙古勒津婚礼、蒙古勒津祭敖包、广佑寺庙会、铁岭朝鲜族秋夕节、喀左天成观庙会、辽西朱碌科"黄河阵"、建昌灯会	省级

三是工业文化资源独有。辽宁是著名的工业省份，是我国主要的重工业和原材料生产基地。过去是"共和国工业的摇篮"，石化、冶金、装备制造等方面规模、技术都居于前列；当今以振兴东北老工业基地为契机，工业发展日益繁荣。现有反映过去工业文化的铁西工业博物馆、工人村生活馆、铸造博物馆、老龙口酒文化博物馆、铁西人物馆、蒸汽机车博物馆等，还有展现当下工业发展的沈飞航空博览园、大连盛道玻璃制品厂、鞍山钢铁公司、大连新船重工有限公司、丹东太平湾发电厂、本溪市南芬区露天矿等观光项目。

四是宗教文化资源独特。辽宁是佛教东传路线经过地，佛教三大建筑——佛塔、寺院、石窟俱全。义县万佛堂石窟是我国最北部的石窟；义县奉国寺是中国最著名的佛教寺庙之一；本溪九顶铁刹山是东北道教的发源地；千山佛道教和谐共存。其中奉国寺、朝阳北塔、崇兴寺双塔、辽阳白塔、万佛堂石窟等都是国家重点文物保护单位。宗教建筑、宗教艺术、宗教礼仪、宗教节日等宗教文化，都是吸引旅游者的因素。

二、发展现状

近些年，伴随旅游业整体发展态势，辽宁坐拥丰富深厚的历史文化资源，在世界文化遗产申请、"十七大"《中共中央关于深化文化体制改革，推动社会主义文化大发展大繁荣若干重大问题的决定》以及"十八大"要求增强全民族文化创造活力等文化发展背景下，辽宁文化旅游业得到了前所未有的发展。

（一）世界物质文化遗产项目持续升温

名品效应在文化旅游业表现得十分明显，带有世界级物质文化遗产头衔的旅游产品总是能吸引更多的游客前来。沈阳故宫，又称盛京皇宫，在清代则称盛京宫殿、陪都宫殿或留都宫殿等。其始建于努尔哈赤时期的1625年，建成于皇太极时期的1636年，后经康熙、乾隆皇帝不断地改建、增建，形成了今日共有宫殿、亭台楼阁、斋堂等建筑100余座，屋宇500余间，占地面积达6万平方米的格局面貌。这是清王朝亲手缔造的第一座大气庄严的帝王宫殿建筑群，其浓郁多姿的满族民族风格和中国东北地方特色，都是北京明清故宫所无法比拟的，是满汉建筑艺术融合得尽善尽美的范例。位于辽宁的盛京三陵（永陵、昭陵、福陵），是开创满清皇室基业的祖先陵墓。盛京三陵加上已列入世界遗产的清东陵、清西陵，构成了一组清朝帝陵体系，浓缩了清朝的历史。故宫还定期举办皇家礼仪表演，集历史遗迹、宫廷礼仪演艺、满族民俗为一体，是目前辽宁文化旅游样式最全、发展最好的项目。五女山坐落在辽宁东部，桓仁满族自治县城北，是古代高句丽民族和满族重要发祥地之一。山上现存的近百处历代遗址和几千件出土文物证明了人类在五女山上繁衍生息已有数千年。优美的环境、深厚的历史吸引越来越多的游客。

（二）少数民族民俗游方兴未艾

一是满族民俗游。辽宁六个满族自治县和两个享受自治县待遇的县级市纷纷以满族为依托，开发少数民族民俗文化游项目。岫岩满族自治县2011年建立了非物质文化遗产博物馆。抚顺市多次举办了集商贸、旅游、文化交流等内容的

"满族风情节"，满族特色旅游文化吸引了八方来客。省民委与省文联、北镇市共同举办全省满族剪纸展，设立了满族剪纸产业项目基地，丰富了文化旅游纪念品种类。

二是辽西蒙古族地区传统文化游。2009~2011 年阜新市政府举办了三届"蒙古族敖包文化节"。蒙古族敖包文化节吸引了来自全国各地近万人参加。文化节期间，敖包祭祀、那达慕大会、海棠山歌会、篝火晚会等活动悉数登场，使游客在辽宁省内体验到原汁原味的蒙古族传统文化。

三是朝鲜族饮食、风情游。沈阳市西塔地区、丹东市朝鲜族特色饮食饭店较多，比较有特点的饭店还附带朝鲜族文艺演出，往往能给游客留下深刻印象。值得一提的还有丹东宽甸满族自治县下露河朝鲜族乡的朝鲜族民俗风情园。该园收集了数千件朝鲜族人民过去使用的生产、生活用品，模拟了朝鲜族传统工艺场景，在当地原有民居的基础上复原了早年间朝鲜族传统居住建筑，并且不定期地进行朝鲜族传统舞蹈表演。经过两代园主的努力和政府的支持，已经发展成可看、可吃、可住的多功能生态体验地。由于文化意识强、着手较早，展馆有很多现在不可多见的朝鲜族传统民俗展品，具有很高的观赏性和不可多得的文化价值。

（三）历史文化遗迹旅游如火如荼

以古生物化石、原始人类活动足迹为依托的远古遗存文化游刚刚起步，比较典型的是朝阳古生物化石地质公园。公园位于辽宁西部的朝阳市，总面积 2300平方千米，主要地质遗迹面积 207 平方千米。主要地质遗迹为古生物化石、含化石地层、地质构造。地质公园由上河首古生物化石园区、四合屯古生物化石园区、凌源大杖子园区（均为著名的"热河生物群"化石的主要产地）、AAA 级的凤凰山园区及槐树洞风景区组成。中生代古生物化石丰富多样，迄今为止已发现了最早的鸟类和开花的植物，朝阳因此被誉为"第一只鸟飞起的地方，第一朵花绽放的地方"，在国际上具有独特性、完整性、稀有性，是世界级的古生物化石宝库，具有极其重要的科学研究价值。园区内人文古迹丰富多彩，曾是燕辽时代的佛教圣地，有迄今为止东北地区有记载的最早的佛教寺院，还有牛河梁红山文化遗址，其中出土有女神像、玉猪龙、女神庙、积石冢和祭坛遗址等，它的发现将中华文明史提前了一千多年。地质公园集人文、历史、风景名胜和地质遗迹于一身，是理想的休闲、旅游及科普教育基地。其中的朝阳鸟化石国家地质公园总面积 2300 平方千米，核心区 207 平方千米，中心园区位于朝阳市龙城区七道泉子镇上河首村，占地 9.1 平方千米。朝阳古生物化石分布广，种类多，数量大，已知的化石产地近百处，最著名的有已被列入国家级鸟化石自然保护区的北票四合屯和龙城区上河首、凌源大王杖子、朝阳县的胜利、大平房、联合、杨树湾等。分布区域达一万多平方公里，主产地核心区为 1136 平方公里。朝阳古生物化石地质公园的建成，将给全国和全世界的古生物学家提供一个近距离研究和了解古生态环境、古气候、古地理的基地，成为国内和国际地质学家、古生物学家进行学术交流的场所。将为全世界的科学家提供最翔实、最直接、最难得的古生物地质信息。国家鸟化石地质公园、朝阳古生物化石博物馆和四合屯地质长廊的建成开放，以及周围诸多地质地貌及人文历史景观的逐步完善，将使朝阳形成独特的地质文化旅游格局。

历史遗迹文化游、宗教文化游多依赖自然山水而行。对古代遗迹和宗教文化，多数游客都是寄情于山水之余，顺便游览驻足，满足文化猎奇心态。比较典型的例子是鞍山千山和锦州医巫闾山。千山以奇峰、岩松、古庙、梨花组成四大景观。千山仙人台名胜古迹其多，历史悠久，五大禅林、无量观中会、大安、香岩、三大寺均建在这个景区内。医巫闾山以寺院为中心形成了十大景区，北镇庙、观音阁、白云观、玉泉寺、药王庙、望海寺、药师殿点缀在峰峦翠色、千丈危岩之间。人们在流连山水之间，体味宗教文化的魅力。省内很多风景名胜区，都有历史遗址和正规宗教场所被开发成旅游景点，供人们通过旅游的方式加深文化的印记。

位于市区、人口密集、交通便利的近现代史遗迹文化旅游项目知名度较高，游客到访率较高。辽宁主要有沈阳的张氏帅府、"九一八"历史博物馆等；抚顺的抚顺战犯管理所、平顶山惨案遗址、雷锋纪念馆等；铁岭的周恩来少年读书旧址银岗书院；锦州的辽沈战役纪念馆；丹东的抗美援朝纪念馆、鸭绿江断桥等。它们往往作为爱国主义教育阵地呈现在旅游者的视野中。

（四）民俗节庆文化多姿多彩

民俗节庆旅游可分为传统节庆旅游、现代节庆旅游、新兴节庆旅游、假日旅游（如双休日、黄金周等）。辽宁民俗节庆旅游丰富多彩，主要的旅游节庆有大连国际服装节、大连啤酒节、沈阳清文化旅游节、沈阳国际冰雪节、抚顺满族风情节、营口望儿山母亲节、鞍山千山国际旅游节、盘锦国际湿地旅游节、本溪国际枫叶节、丹东鸭绿江国际旅游节、铁岭民间艺术节等。这些节庆活动在形式和内容上都渗透着浓厚的民俗文化内涵，同时在传播文化、促进旅游、扩大知名度、树立旅游形象等方面也发挥了积极而深远的作用，其中大连国际服装节最为著名。大连国际服装节是集经贸、文化、旅游为一体的颇具规模的盛大节日。每届都吸引着五大洲众多国家和地区的客商及海内外政界要人、外交使节、新闻记者、旅游者前来参加。其开幕式晚会气势恢宏，狂欢节暨巡游表演欢快热烈，服装博览精品竞秀，出口洽谈商贾云集，设计大赛佳作生辉，世界名师时装展演光彩照人，国际服饰文化论坛颇有见地，游园会热闹非凡，闭幕式晚会别致新颖。截至 2012 年，大连已经成功举办了 23 届国际服装节，使世界了解了大连、让大连走向了世界。

三、国外文化旅游成功案例

（一）澳大利亚文化旅游

澳大利亚的建国史不过百余年，西方殖民史 200 余年，土著定居的时间不超过 5 万年，其历史、文化资源谈不上丰厚，本以享誉世界的自然景观闻名于世，但因拥有众多散布于各地的文化旅游吸引物而成为文化多样性的旅游目的地，悉尼、墨尔本、珀斯等城市以及北昆士兰、阳光海岸、皮特曼诸地区等已成为澳大利亚最主要的文化旅游地。这与澳大利亚各级政府、企业界和学术界对文化旅游的高度关注是分不开的。

澳大利亚文化旅游发展现状：澳大利亚文化旅游创造的价值较高。从 1997 年、1998 年到 2000 年、2001 年，平均每年约有 2200 万访客（其中国际游客 210 万、国内游客 30 万、国内一日游客 1060 万）参与文化旅游活动。这些文化旅游者年均总花费 182 亿澳元，占全澳年均旅游花费总数的 29%，总计为澳大利亚附加值总额贡献了约 70 亿澳元，占旅游业附加值总额的 28.1%，全澳附加值总额的 1.2%。文化旅游还为澳大利亚创造了年均 146200 个就业岗位和 43 亿澳元的工资收入。从 20 世纪末到 21 世纪初的 10 年，澳大利亚文化旅游的规模伴随着旅游业的发展稳步增长，文化旅游者在国际旅游人数中稳定在半数左右。值得一提的是，与所有旅游者的人均消费相比较，文化旅游者的消费水平更高；文化旅游者年均花费的增长率超过所有旅游者年均花费的增长率，而国际文化旅游者的消费水平更是远高于国内文化旅游者。文化旅游在区域旅游中扮演着重要角色，成为区域旅游营销和规划中备受关注的焦点。

澳大利亚文化旅游内容：

（1）博物馆和美术馆。博物馆作为收集、保有和展览有突出文化价值的藏品的场所，是非常重要的文化旅游吸引物。根据 ABS（澳大利亚统计局）的调查，2007~2008 年约有 3070 万人次参观了博物馆。截至 2008 年 6 月，澳大利亚共有 1184 座博物馆在运营中，其中 14% 是美术馆，其余 86% 则包括了社会历史博物馆、历史建筑或遗址博物馆以及自然、科学博物馆等。这些博物馆中共有 5250

万件藏品和艺术品，博物馆雇用的员工有 7856 人，另有 23426 名志愿者为博物馆工作。由于博物馆大多是免费开放的，其 2/3 的收入来自于政府。2007~2008年联邦政府和州/领地政府以及地方政府投入博物馆的资金合计达 9.18 亿澳元。2008 年访问澳大利亚的绝大多数国际文化旅游者，参观了历史/遗产建筑、遗迹或纪念建筑（占 61%）或者参观了博物馆或美术馆（占 57%），参观土著艺术/手工艺和文化展览以及访问土著遗迹/社区的比例（分别为 22% 和 11%）合计达到33%；而国内部分则以参观博物馆或美术馆的比例最高，44% 的国内文化旅游者和 35% 的一日游文化旅游者参观了博物馆或美术馆。

（2）演出和节庆。观看演出和参加节庆活动是澳大利亚文化旅游的重要内容，无论是国际、国内文化旅游者还是一日游文化旅游者参与这两项活动的比例都仅次于参观博物馆和历史地点。ABS 提供了澳大利亚演出单位和节庆活动的历史统计数据。1997 年全澳有 881 个商业演出单位，1996 年至 1997 年有 1210 万人次付费观看了这些单位的 65408 场演出。

（3）历史遗迹、遗产和土著遗迹。截至 1997 年 6 月 30 日，《澳大利亚国家地产》中登录的历史地点有 9124 处，包括房屋，公园、花园树木，墓地和沉船遗迹，其中房屋占到 30%，主要分布在新南威尔士、塔斯马尼亚和维多利亚。土著地点有 888 处，它们大多都包含了多个土著遗址，主要分布在新南威尔士、昆士兰和南澳，其中有 207 处（23.3%）是艺术遗迹，另外还有各个州登录的历史地点。

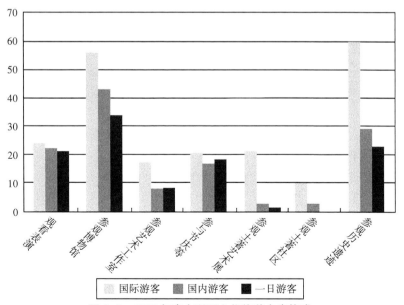

图 3-1 2008 年澳大利亚文化旅游内容构成

澳大利亚文化旅游的政府支持如下：

（1）文化旅游研究项目。文化旅游现象受到澳大利亚政府和公私机构的密切关注，由政府和公私基金项目资助，围绕文化旅游的操作性定义、内容、文化旅游者的界定、文化旅游的动机、文化旅游的规模以及经济影响等问题开展了一系列的研究工作。其中 1998 年发布的《澳大利亚的文化旅游——特征与动机》、2003 年发布的《澳大利亚文化旅游的经济影响》和 2005 年发布的《澳大利亚各地区的文化旅游》等都是内容翔实厚重的研究报告。这些研究报告通过第一手调研资料和从旅游卫星账户得到的可靠数据，对文化旅游的规模、内容、热点城市与地区、客源地、入境旅游者对澳大利亚文化吸引物的态度与动机等进行了详尽的分析，为文化旅游的政策制定、规划、管理、营销提供了扎实的科学依据。

（2）文化旅游促进项目。为了促进旅游业的发展，澳大利亚政府出资以旅游项目的形式帮助公私旅游机构更好地经营和进行科学研究。土著文化是澳大利亚应对竞争激烈的国际旅游市场的一张王牌。政府将土著参与旅游业纳入国家长期旅游发展战略中，并推出了"土著旅游商务解决方案"项目。该项目计划在 4 年中投入 380 万澳元为土著旅游企业提供指导，使之具备旅游业经营的知识和技能，能够独立生存，其 2008 年的预算还额外增加了 180 万澳元用于土著旅游的国际营销。

澳大利亚文化旅游给我们以下启示：

（1）进行务实的文化旅游研究。在澳大利亚，政府和专业委员会主导的一系列关于文化旅游的研究项目，以翔实的数据雄辩地说明文化旅游的经济贡献，使旅游业各界迅速、清醒地认识到文化旅游对于澳大利亚旅游业，特别是入境旅游（相当于出口贸易）的重要意义。不仅如此，这些项目成果还厘清了本国文化旅游的基本内容，深入揭示了国内外游客参与文化旅游活动的动机，为旅游业界指引了方向。反观我国，理论研究务虚多，务实少，对实践帮助不大，文化旅游更多地还是停留在概念上。

（2）加大对文化产业的投入。澳大利亚国家历史不长，地广人稀，客观地说，其历史文化资源并不丰富，从供给角度看，这是发展文化旅游的天然缺陷。一方面，旅游业者通过对历史文化资源巨细无遗的发掘利用在一定程度上弥补了先天的不足，另一方面，通过大力发展文化产业来强化文化旅游供给。文化旅游吸引物不仅包括文物古迹、民风民俗，还包括各种艺术表演、节庆活动、各种类型的博物馆，甚至剧场、影院、图书馆等文化设施都有吸引游客的功能。澳大利亚文化旅游的发展告诉人们发达的文化产业是文化旅游的强大后盾，各级政府的巨资投入使文化产业成为澳大利亚文化旅游强有力的支柱。

（3）政府扶持与指导文化旅游开展。政府主导发展旅游业是我国已经确立的战略方针，但"主导"不仅是一种导向，甚至也不仅是在用地、税收、融资等方面给予优惠政策，现实中许多文化旅游项目的投资者、经营者不懂文化旅游的特质，缺乏管理技巧，盲目投资，经营不善，造成人、财、物的浪费乃至文化遗产的破坏，而相当一部分文化资产的拥有者（如少数民族社区居民、非物质文化遗产传承人等）也因为缺乏资金、欠缺管理能力等原因，在文化旅游开发中被边缘化，权益受到损害，其所保有的传统民俗、民间艺术沦为廉价商品，失去活力，澳大利亚政府通过项目帮助企业主、土著居民掌握经营技能的做法值得借鉴。

（二）韩国文化旅游节庆政策分析

韩国从 1995 年开始试验、1996 年试行"文化旅游节庆"政策。经过近 20 年的发展，韩国文化旅游节庆政策取得了显著效果，韩国文化旅游节庆政策积累了宝贵经验，对我国开展文化旅游节庆建设具有重要启示及借鉴意义。

韩国文化旅游节庆概念：在韩国，文化旅游节庆概念并非文化、旅游与节庆三个词的简单组合，而是具有特定含义和内容。在韩国各地大大小小的千余种节庆中，并不是所有节庆都属于文化旅游节庆。根据韩国文化体育观光部的解释，文化旅游节庆是指充分利用地方土特产、地方传统文化与民俗、地方旅游资源等地方特色资源，积极吸引外来游客，振兴地方经济并被文化体育观光部选定、接受资金等各项支持的节庆。韩国文化旅游节庆需具备文化固有性、旅游商品性、节庆活动性和政策支持性四个基本属性。韩国文化旅游节庆一定是在满足上述基本属性的基础上，经过层层评选，最终胜出并获得政府资金等支持的节庆。

表 3-3　1996~2012 年韩国文化旅游节庆数目及政府预算支持

年份	节庆数（个）	总预算支持（亿韩元）	折合人民币（百万元）
1996	8	2.5	1.4
1997	10	3.4	1.9
1998	18	3.5	1.9
1999	21	3.6	2
2000	25	15.8	8.9
2001	30	18.5	10.3
2002	29	16.5	9.2
2003	30	18.4	10.3
2004	37	21.6	12.1
2005	45	25.3	14.1
2006	52	35	19.6
2007	52	35	19.6
2008	56	71	40.2

续表

年份	节庆数（个）	总预算支持（亿韩元）	折合人民币（百万元）
2009	57	70	39.2
2010	44	72	40.6
2011	44	67	37.5
2012	45	69	38.9

由表 3-3 可知，1996~2012 年，韩国文化旅游节庆共计 603 个，政府总计预算支持达 548.1 亿韩元，折合人民币共计 3.077 亿元。

韩国节庆等级与现状：韩国文化旅游节庆政策从 1996 年开始试行，但正式实施文化旅游节庆等级评级制度始于 1999 年。1996~1998 年处于文化旅游节庆的萌芽期，文化旅游节庆通过文化旅游观光部的指定来命名。从 1999 年开始，对文化旅游节庆进行等级评价，依据节庆不同等级予以政府资金等各方面的支持。1999~2001 年，文化旅游节庆划分为奖励支持节庆、集中培育节庆和地区培育节庆三个等级。2002~2005 年文化旅游节庆划分为最优秀节庆、优秀节庆、地区培育节庆三个等级，从 2003 年开始实施"预备节庆"制度。2006~2007 年，文化旅游节庆划分为最优秀节庆、优秀节庆、有潜力节庆三个等级。2008 年至今，文化旅游节庆划分为大韩民国代表节庆、最优秀节庆、优秀节庆、有潜力节庆四个等级。

韩国节庆现状：为了进一步提高文化旅游节庆质量，韩国政府从 2008 年开始在原有的文化旅游节庆评价等级基础上引入"大韩民国代表节庆"制度，旨在评选出充分反映韩国文化特色的最突出节庆活动，对其进行重点培育和支持，使其成为世界知名节庆活动。2008~2012 年评选出的大韩民国代表节庆如表 3-4 所示。需要说明的是，由于从 2008 年开始增加了文化旅游节庆支持年度限制规定，连续三年被评选为大韩民国代表节庆的"保宁美容泥浆节"和"安东国际假面舞节"从 2011 年开始不再被评选为大韩民国代表节庆，被韩国政府指定为"大韩民国名誉代表节庆"。韩国政府对这些名誉代表节庆予以宣传费用等方面的间接支持。

表 3-4　2012 年韩国文化旅游观光部评选出的文化旅游节庆与预算支持

序号	名称	类别	政府预算
1	康津青瓷文化节	大韩民国代表节庆	8 亿韩元/每个
2	晋州南江流灯节	大韩民国代表节庆	
3	锦山人参节	最优秀节庆	3 亿韩元/每个
4	金堤地平线节	最优秀节庆	
5	闻庆茶碗节	最优秀节庆	

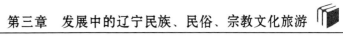

续表

序号	名称	类别	政府预算
6	襄阳松茸节	最优秀节庆	
7	天安兴打令节	最优秀节庆	
8	河东野生茶文化节	最优秀节庆	3亿韩元/每个
9	咸平蝴蝶节	最优秀节庆	
10	华川山川鱼节	最优秀节庆	
11	加平龟岛爵士音乐节	优秀节庆	
12	江景海鲜酱节	优秀节庆	
13	广州追忆7080忠壮节	优秀节庆	
14	南原春香节	优秀节庆	
15	潭阳绿竹节	优秀节庆	
16	釜山札嘎其节	优秀节庆	
17	茂州萤火虫节	优秀节庆	1.5亿韩元/每个
18	永同兰溪国乐节	优秀节庆	
19	利川大米文化节	优秀节庆	
20	珍岛神秘海路节	优秀节庆	
21	丰基人参节	优秀节庆	
22	春川国际哑剧节	优秀节庆	
23	高灵大伽倻体验节	有潜力节庆	
24	光州泡菜节	有潜力节庆	
25	槐山辣椒节	有潜力节庆	
26	大邱药令市节	有潜力节庆	
27	宝城茶香节·绿茶节	有潜力节庆	
28	扶余薯童莲花节	有潜力节庆	
29	奉化银鱼节	有潜力节庆	
30	山清智异山韩方药草节	有潜力节庆	
31	水原华城文化节	有潜力节庆	
32	淳昌酱类节	有潜力节庆	
33	灵岩王仁文化节	有潜力节庆	0.5亿韩元/每个
34	蔚山鲸鱼节	有潜力节庆	
35	仁川PENTAPORT摇滚节	有潜力节庆	
36	西归浦七十里节	有潜力节庆	
37	济州正月十五野火节	有潜力节庆	
38	昌原菊花节	有潜力节庆	
39	太白山冰雪节	有潜力节庆	
40	统营闲山大捷节	有潜力节庆	
41	平昌孝石文化节	有潜力节庆	
42	浦项国际烟花节	有潜力节庆	

续表

序号	名称	类别	政府预算
43	韩山苎麻文化节	有潜力节庆	
44	咸阳山参节	有潜力节庆	0.5 亿韩元/每个
45	釜山海云台沙滩节	有潜力节庆	

表 3-5   2008~2012 年大韩民国代表节庆

年份	代表节庆
2008	保宁美容泥浆节 安东国际假面舞节
2009	保宁美容泥浆节 安东国际假面舞节
2010	保宁美容泥浆节 安东国际假面舞节
2011	康津青瓷文化节 晋州南江流灯节
2012	康津青瓷文化节 晋州南江流灯节

　　节庆是文化与旅游融合发展的重要载体。大量理论和实践也证明了节庆在国家和地区政治、经济、社会、文化等方面发挥积极作用。截至 2014 年，韩国文化旅游节庆政策实行了近 18 年，成效显著，积累了宝贵经验，对我国文化旅游振兴和发展有重要启示意义。

　　韩国文化旅游的启示借鉴：一是文化旅游节庆有明确的定义和内涵。"文化旅游节庆"并非是"文化"、"旅游"、"节庆"三个词的简单叠加，一定要有明确的定义和内涵。目前国内"文化旅游"、"文化旅游节庆"等词语滥用现象很普遍。似乎只要是旅游，都可以称为"文化旅游"，只要是节庆，都可以称为"文化旅游节庆"。二是文化旅游节庆政策的实施与推进是一个渐进的过程。任何一项政策在最初设计时都不可能十全十美，需要不断修订与完善。韩国从实行文化旅游节庆政策以来，政府会根据文化旅游节庆发展的实际情况进行调整，保障文化旅游节庆政策在实施与推进过程中的动态调整。三是文化旅游节庆多元评选机制保证了文化旅游节庆等级评定的公正性和科学性。四是政府主导、预算资金等多方支持是文化旅游节庆得以健康发展的保障。

四、发展辽宁文化旅游的对策思考

（一）政府扶持、指导文化旅游开展

政府主导发展旅游业是我国已经确立的战略方针，但"主导"不仅是政策导向，不是简单地在用地、税收、融资等方面给予优惠政策就可以。现实中许多文化旅游项目的投资者、经营者不懂文化旅游的特质，缺乏管理技巧，盲目投资，经营不善，造成人、财、物的浪费乃至文化遗产的破坏。而相当一部分文化资产的拥有者（如少数民族社区居民、非物质文化遗产传承人等）也因为缺乏资金、欠缺管理能力等原因，在文化旅游开发中被边缘化，权益受到损害，其所保有的传统民俗、民间艺术沦为廉价商品，失去活力。澳大利亚政府通过项目帮助企业主、土著居民掌握经营技能的做法值得借鉴。

政府主导、预算资金等多方支持是文化旅游得以健康发展的保障。由于文化具有公益性和市场性双重属性，并且是长期性的事业，所以推进文化建设必须坚持政府主导。如果完全放任市场操作，根据市场规律，投资者为了追求利益最大化，必然不会完全遵从文化的发展规律和人民群众的需要，牺牲文化换经济。如果文化资源在旅游开发中遭到了破坏，就完全违背了文化旅游的宗旨。政府必须创新思路，提高认识，把文化旅游上升到文化建设的层面上，给予足够的重视和资金支持。

（二）科学合理制定规划，开发与保护相结合

文化旅游的兴起在一定程度上刺激各级政府大打"旅游牌"的信心和决心，但也会导致政府对旅游市场结构分析的不全面和对可行性论证的忽视，致使文化旅游贪多求大，项目雷同。甚至有些抱着急功近利的思想，想在短时间内出成绩，出效益，在没有旅游管理理论和理念指导的情况下，盲目上项目，不但难以实现对旅游资源的合理开发、优化利用，反而容易造成对新建设的破坏。旅游规划是一个庞大的工程，耗费巨大的人力、物力、财力，不是单个旅游开发者可以承担和实施的。为了避免文化资源浪费，政府更要承担起总体规划、协调发展的责任。要在国家相关法律法规的指导下，由政府来制定区域文化旅游规划，同时加强地方旅游的立法工作，要从依法旅游的高度来认识民族文化旅游的开发，杜绝由于旅游资源的无序开发而造成的严重资源浪费和恶性竞争。坚持开发与保护

并重，自觉地促进旅游业的健康发展。

（三）找准定位，差异化发展

辽宁的某些文化资源可能与其他省有相似之处，在这种情况下，必须根据地域特点，找准方向，差异化发展，做到人无我有，人有我精。比如满族文化，关外有帝都北京，向北有早期满族文化资源地吉林、黑龙江，而辽宁发展满族文化旅游必须抓住"前清故里"的地域特点，抓住满族共同体形成于辽宁、发展壮大于辽宁、在入主中原前三建其都的特征，加大突出宣传。再如蒙古族文化游，辽宁与内蒙古自治区在旅游资源形态上差别不大，但是辽宁的蒙古族人口居全国第二，较早从游牧文明向农耕文明过渡，大致相同而又独特的文化定能吸引游客的到来。

（四）创新宣传方式

目前，辽宁的文化旅游业正处于快速增长阶段，与已进入稳步发展阶段的北京、上海、浙江、山西等旅游强省相比，还存在一定的差距。当地政府要加强市场宣传和促销力度，不断扩大辽宁文化旅游产品的知名度，首先，要动员全民保护区域民族文化旅游资源，做好旅游规划的舆论宣传工作，动员全社会力量来做好区域民族文化旅游资源的开发。其次，应改变传统的营销观念和方式，在营销策略、内容、方式等方面有针对性地创新旅游宣传模式，除了电视、报纸等传统媒体外，积极运用互联网等多种形式开展营销活动，提高辽宁的文化旅游形象。精心制作和推出辽宁文化旅游宣传片，按文化脉络拍，按地理区域拍，多角度全方位地展示辽宁文化旅游精品。除了把宣传片投入中央电视台、凤凰卫视等主流电视媒体播出外，还要充分利用互联网。网络面对的对象广泛，数量巨大，在各大门户网站和海内外点击率高的网站上免费推出辽宁文化旅游宣传片，吸引海内外游客"慕名而来"。

（五）培养旅游从业人员对辽宁文化的自豪感，提高文化素质

游客开展的旅游活动第一项就是接触旅游从业人员，无论是导游还是服务人员，他们的态度潜移默化地影响着游客的态度。文化旅游是文化传播的过程，传播媒介除了旅游物外，主要就是旅游从业人员。广博的知识和精湛的业务自是必不可少，而由内而外散发出的对辽宁文化的自豪感更能激发游客对旅游项目文化内容的关注，甚至对辽宁的热爱。己所欲，才可以施于人。很多省市已经着手制定这方面的要求和开展相关培训，并且由游客进行相应的量化填表评价。比如山西太原，当地导游除了介绍景点相关信息外，还要把城市的历史文化、风俗特点

详细介绍一番，游客离开之前派代表填写有关的评价表，内容详细，要求严格。

（六）充分利用非物质文化遗产打造辽宁特色演出

观看演出是文化旅游的重要内容，无论是国际、国内文化旅游者还是一日游，文化旅游者几乎都愿意参与这项轻松愉悦的活动。《云南映象》、《魅力湘西》、《醉美贵州》等一台台集省域文化精华的大型文艺演出名声斐然。它们把传统文化与现代表演艺术相结合，加上数字化的舞台效果，给游客带来感官的冲击和心灵的震撼，记忆绵长。目前，辽宁丹东宽甸青山沟景区虽然有满族歌舞演出，然而就规模和层次均无法与上述地区相比。人们到一个陌生的地方旅游，想体验的是当地富有特色的东西，非物质文化遗产正好能满足这一要求，而且通过演出的方式展现，人们更能够接受和宣传。截至 2012 年，辽宁非物质文化遗产名录项目数量大，有国家级 60 项，省级 130 项，大多数都处于养在深闺、不为人知的状态。传统音乐、传统舞蹈、传统戏剧、传统曲艺等类别的非物质文化遗产完全可以搬上舞台，成为辽宁演出的特色元素。国家对于非物质文化遗产传承人每年按级别给予相应的资助，那些处于被动等待状态、濒临灭绝的传统文化，如果能够走出来表演给世人，变被动为主动，将更有利于文化的保护和传承。

（七）发展"两极"，辐射周边

沈阳和大连的旅游业收入远高于其他城市，成为辽宁的两个增长极。两个城市依托便捷的交通条件、知名度较高的旅游资源、优越的旅游接待设施、较高的旅游创汇能力等优势，打造了辽宁文化旅游发展的"两极"。辽宁文化旅游的发展应采取"先极化后扩散"的战略，先开发核心旅游区域，集中力量包装旅游精品，打造区域品牌，形成文化旅游增长极，完成文化旅游发展空间格局的扩散，形成互促互进、均衡发展的文化旅游发展体系。从资源禀赋和现有基础等因素综合考察，辽宁文化旅游精品战略的突破口可以选定为对"两极"（沈阳、大连）的打造。之后，以沈阳为中心城市，带动本溪、鞍山、铁岭等周边城市，发挥中部城市群旅游服务功能优势，使其成为游客的集散地。辽东、辽南地区以大连为示范，加快文化旅游的步伐。

（八）引导区域内广大青少年走进博物馆

博物馆作为收集、保存和展览有突出文化价值藏品的场所，是非常重要的文化旅游吸引物。以小学生为例，相当一部分学校会组织以一日游为主春游或者秋游。有些商家会主动联系学校，学校也会选择适合学生年龄特点的旅游项目，比如参观海洋馆、动物园。政府可以进行引导，把学生们引导到各种博物馆中去，体验"活的历史书",寓教于乐,培养辽宁文化自豪感。一方面,即使学校不组织,学生们进行旅游活动时,去海洋馆、动物园的概率也很高。但学校不引导,学生进博物馆的概率就小得多。学生进博物馆,是培养他们从小养成文化自觉,文化自信,是现代公众文化教育的重要手段。另一方面,虽然学生年纪小,但是对家庭的影响力很大。引导学生走进博物馆,就是引导一家人迈开文化之游的脚步。辽宁的公共文化教育以此为依托,会迎来更美好的前景。

五、凸显辽宁文化旅游特色的主题线路

(一)清文化主题游

辽宁是中国最后一个封建王朝——清王朝的发祥地,清前史迹众多,本区著名的"一宫"(沈阳故宫)、"三陵"(永陵、福陵、昭陵)及"三京"(抚顺新宾兴京赫图阿拉古城、辽阳东京城和沈阳盛京城)等清入关前的历史遗址已形成完整系列,许多文物唯其所有,全国独一无二。以世界文化遗产"一宫三陵"为契机,辽宁中部旅游区的清文化旅游产品必将成为辽宁文化旅游走向世界的"敲门砖",并带动相关旅游产品的开发。目前来看,沈阳、抚顺的清前文化游品牌比较响亮,而辽阳清代文化开放方面尚未得到足够的重视。辽阳的东京城始建于后金天命六年(1621年),为清太祖努尔哈赤从赫图阿拉迁都辽阳时修筑。该城平面略呈菱形,占地面积0.75平方公里,每面城墙各置两座城门,共设八门;城内两个高点各建"八角龙殿"和"寝宫";城内东侧建弥陀禅寺。现仅存"天佑门"及断断续续的夯土墙心,城内发现的汉、满文石门额及琉璃建筑饰件等物存于辽阳博物馆中。东京陵是清太祖努尔哈赤迁都辽阳后,于后金天命九年(1624年)将其祖父、弟、子等十余人的陵墓由赫图阿拉迁至东京城东北4华里的阳鲁山上建立,成为后金祖陵,故称"东京陵"。清顺治十一年(1654年),复将努尔哈赤祖父辈的陵墓迁回故土赫图阿拉永陵。东京陵现存努尔哈赤胞弟舒尔哈齐、长子褚英、庶母弟穆尔哈齐及其子达尔差等人的四座陵园。1996~1997年重修陵道。此陵有缭墙、山门、碑亭等建筑。碑亭保存完好,建于舒尔哈齐墓前,是四券单檐歇山式建筑,内有彩绘藻井,亭中立有大理石《庄达尔汉把兔鲁亲王碑》,用汉、满两种文字刊刻,字迹清晰,雕刻精美。东京陵曾在清朝先祖建业辽沈期间一度为王室的祖陵。有东京城和东京陵,辽宁清前史迹文化游才完整。

在清文化旅游产品开发中要采取区域联合的策略,以沈阳为中心,将抚顺、辽阳等地的清前史迹串联成线，坚持统一领导、统一规划、统一开发、统一宣传，整体推出，共同打造文化旅游精品。同时，在旅游产品开发中还要注意区际之间的联系，特别是同辽西地区的明清战史遗迹、清帝东巡遗迹旅游产品的协同开发，使清文化旅游成为辽宁旅游的主打品牌和特色项目。

（二）满族民俗文化游

以满族民风民俗为代表的辽宁民俗游具有浓郁的地方色彩，是辽宁在全国最具垄断性的民族民俗文化旅游产品之一，在国际市场上有着良好的开发前景。如果清文化游是满族宫廷文化的展现，那么满族民俗游就是民间文化的写照。辽宁各地保有的满族民俗资源丰富，文化烙印深刻。现在深入到辽宁农村，依然可以找到"口袋房"、"万字炕"、"落地烟囱"的满族老房子，依然可以寻出老旗袍、烟袋锅、乌拉鞋，依然可以看到祖宗板、挂笺、家谱、"插佛朵"，依然可以吃到黏饽饽、酸汤子、白肉血肠。政府可以充分利用浓厚的民俗文化传统，选取合适地点建设生态博物馆，把辽宁满族的衣、食、住、行、礼仪、手工艺等特色传统以最原生态的方式展现在游人面前。另外，满族非物质文化遗产数量多，级别高。辽宁共有国家级非物质文化遗产60项，其中少数民族类国家级非物质文化遗产16项，满族占6项，省级非物质文化遗产（不包括国家级）130项，其中少数民族类24项，满族10项。生态博物馆、演出都是文化旅游带给非物质文化遗产的保护、创新模式，两者相得益彰。

（三）古城、古镇探古寻幽文化游

古城、古镇旅游是当前辽宁发展文化旅游较为忽视的地方，而国内外却有相当多的名城、名镇已经成为当地的品牌或者符号，收获了巨大的经济效益和社会影响。

首先是古城游。丽江古城、平遥古城成名很早。葫芦岛的兴城古城与之相比，历史文化底蕴、区位优势毫不逊色。兴城古城背倚辽西丘陵，南临渤海，雄踞辽西走廊中部咽喉之地，是辽东地区通往中原的交通要道。兴城古城与西安古城、荆州古城（今江陵县城）、山西平遥古城同被列为我国迄今保留完整的四座古代城池，且是唯一一座方形卫城。城墙高8.8米，周长3200米，城墙设有东、南、西、北四门，城内正中有钟鼓楼、明代祖氏石坊和文庙等古迹。由于古城多年来没有进行很好的规划开发，城内商铺多出售廉价服装日用品，古老的牌坊、街道带来的历史文化气息几乎全被冲散。只有进入古城深处，一处处历史遗迹方显它的厚重。综合来看，兴城具有得天独厚的旅游资源，在42平方公里的区域内，集"城、泉、山、海、岛"五大景观于一体，形成了北方沿海风景旅游区独特的风姿，成为辽宁古城文化旅游的第一品牌。

其次是古镇游。国内古镇文化游也非常成熟，西塘、乌镇、朱家角、青岩、镇远等知名古镇以独特的魅力吸引了众多游客。辽宁有中国历史文化名镇名村两座，分别是抚顺新宾永陵镇和海城市牛庄。省级历史文化名镇有大连瓦房店市的复州城、丹东东港市的大孤山镇、葫芦岛市绥中县的前所镇、普兰店市的城子疃四座。辽宁古镇历史悠久，文化古迹众多。省级历史文化名镇大多位于沿海地带，依托所在地经济发展，发展古镇游大有可为。以城子疃为例，它原为明王朝海防线上的归服堡所在地，现仅明代城堡残存的一段外包石条和青砖的北城墙下部得以保留。20 世纪初，随着山东移民的迁入，这里发展较快，以一条商业街为干线的民居群，沿碧流河延伸近千米，建筑多为单层硬山式，有二层楼房式建筑夹于其间，其中还包括了一幢当时的海关建筑。而且城子疃周围古代遗址较多，附近的貔子窝青铜时代遗址于 20 世纪 30 年代初有过规模较大的考古发掘，并于 1928 年出版了中国最早的一部考古发掘报告书，在中国考古学史上较为著名。辽宁可以把城子疃开发为黄海沿岸集古代遗址、古代建筑与包括殖民建筑在内的近代建筑和民居为一体的、历史文化内涵较为丰富且具有时代特点的历史文化名镇。

（四）"辽西走廊"历史文化游

"辽西走廊"属于辽西丘陵地区，是内蒙古高原和辽河平原间的过渡地带，区内以历史古迹为主体的多种文化旅游资源分布密集。山海、大漠瑰丽雄浑，历史遗存内涵丰富，古生物资源世界罕见，在全国亦属独具魅力的文化旅游资源富集地区。由山海关沿辽西走廊东行北上，名胜古迹如星光璀璨，规模最大的秦汉碣石宫遗址，卧水横波的九门口水上长城，古朴的晚清古城兴城，沙软滩平的兴城海滨，北方良港葫芦岛，辽西中心城市锦州，中国最北的石窟建筑群万佛堂石窟，辽代名寺奉国寺，雄奇的医巫闾山。辽西的古代文明，以"红山文化"为发端，朝阳牛河梁遗址，标志着辽宁地区是中华民族文明的起源地之一；阜新查海遗址，丰富的文化内涵，在中华文明起源的过程中先行了一步，堪称"中华第一村"。辽西走廊自古为兵家必争的战略要地，明清宁锦之战、松锦之战均发生于此，而且留下了众多清帝北上祭祖的人文足迹。锦州辽沈战役纪念馆形象地再现了当年辽沈大地的斗争风云和红色革命精神。

客观地讲，辽西走廊中任何单一的城市都不足以形成文化旅游强势竞争力，各级政府必须统一思想，转变思路，改变辽西走廊文化产业开发各自为政的状态。打破城市和行政区划界限，进行跨区域的文化资源整合，制定辽西走廊线性文化产业发展总体战略规划，提高对文化资源的利用效率和开发水平，打造辽西走廊历史文化品牌和核心竞争力，使辽西走廊逐步走上文化产业化、集群化发展之路。充分利用辽西查海文化和牛河梁红山文化等代表着中华民族文明发祥的资源优势，打造辽西走廊中华文化发祥的起源文化品牌；利用辽西作为"世界最大的古生物化石宝库"这一宝贵资源，打造物种起源文化品牌。而且要把朝阳的化石和阜新的玛瑙作为辽西走廊文化旅游标志性的旅游纪念品来精心打造。

第四章 辽宁工业遗产与工业旅游发展新动向

随着我国工业产业结构的调整和旅游业的蓬勃发展，工业旅游在我国各地逐步开展起来，已成为旅游业产业链上一道亮丽的风景线。辽宁是全国闻名遐迩的老工业基地和工业强省，有"共和国长子"的美誉，拥有一批规模大、品位高的工业遗产地，有历史悠久、技术先进、实力雄厚的工业企业。而且辽宁工业文化历史地位高、品牌响，铭刻了新中国60多年的工业奇迹，具有难以比拟的工业旅游资源优势。如何合理整合、深入挖掘这些得天独厚的工业文化遗产和工业产业资源，培育打造一批重点工业旅游基地，把辽宁建设成为全国工业旅游强省，是当前需要着重研究的课题。以辽宁工业遗产旅游为基础，对辽宁工业旅游资源进行归纳分析，并通过案例研究，提出辽宁工业旅游的发展对策。

一、资源条件和现状基础

（一）辽宁工业遗产基本情况

辽宁作为中国东北老工业基地的重要省份之一，在长达一个多世纪的工业化进程中留下了大量的工业建筑物、工厂车间、矿山矿井、机械设备等宝贵的工业遗产，其中许多工业遗产具有较高的社会、历史、文化、科技价值，是中国工业化进程的一个缩影。这份独特而厚重、不可复制的工业遗产，是辽宁老工业基地的一张特殊名片，是推动辽宁文化与旅游产业成为国民经济支柱性产业的一个重要支撑点，是辽宁建设文化旅游强省的一笔宝贵财富。

辽宁工业遗产种类丰富，初步统计有矿山、冶金（钢铁）、煤炭、石油、化工、航空、铁路、港口、船舶、装备制造等多种品类。工业遗产产权归属多为企业，工业遗产涉及面广，隶属文化（物）部、国家发展和改革委员会（简称发改委）、经济和信息化委员会（简称经信委）、财政部、国家住房和城乡建设部（简称住建部)、国务院国有资产监督管理委员会(简称国资委)、旅游局等20多个部门。在第三次全国不可移动文物普查中,辽宁共登录工业遗产类文物遗存269处,其中有7处被国务院公布为全国重点文物保护单位。工业遗产作为新增文化遗产品类,在全国第三次文物普查以后被广泛纳入文物保护范围内,辽宁从2003年起已开始注意到这类文化遗存的价值,先后将抚顺龙凤矿竖井、辽河油田第一口探井等工业遗产作为近现代重要史迹及优秀建筑品类纳入省级文物保护单位进行管理。根据"规划先导"原则,辽宁积极开展工业遗产的保护和工业旅游的开发工作,辽宁省政府与英国HBA城市和规划公司签订了合作申报世界工业文化遗产的框架协议。根据全省第三次全国文物普查的结果,参照《下塔吉尔宪章》关于工业遗产范围的界定,遴选了价值较高、保存较好、有展示利用前景的183处工业遗产(群),编制了《辽宁工业遗产名录》,为全省开展工业遗产的规划编制、开发保护工作以及对工业遗产的合理利用奠定了坚实的基础。

2013年3月,国务院下发《关于核定并公布第七批全国重点文物保护单位的通知》,核定公布了第七批全国重点文物保护单位,辽宁的本溪湖工业遗产群、南子弹库旧址、旅顺船坞旧址、老铁山灯塔、辽宁总站旧址、奉海铁路局旧址、中东铁路沿线历史建筑7处工业遗产列入其中。

1.辽宁工业遗产保护现状

大体可以分为四种情况:

一是少数工业遗产保存状况较好并得到了有效的展示利用。例如,沈阳铸造厂旧址和铁西工人村旧址等地已改造建设成为"中国工业博物馆";在铁道部的大力支持下,整合全国铁路系统资源,投资2亿元,在原沈阳蒸汽机车陈列馆的基础上改造建设了"中国铁路博物馆"。

二是多数工业遗产保存状况较好,但由于没有科学、合理的保护利用思路和规划,目前仍处于闲置状态,没有发挥其应有的作用。例如,鞍钢近现代工业建筑群、本溪湖小红楼、本溪湖大白楼、本溪煤矿中央大斜井、抚顺石油一厂等。

三是少数工业遗产由于年久失修,自然损毁比较严重,长此以往将丧失其自身的价值。例如,阜新海州矿机修厂。

四是少数一些工业遗产,已经或正在被人为拆毁,现状堪忧。例如,本溪湖工业遗产群的本钢一铁厂旧址、本钢第二发电厂冷却水塔等。

除了列入各级保护的183处工业遗产(群),辽宁各地还有许多有待保护利用的工业遗产项目。

2.辽宁工业遗产保护存在问题

工业遗产保护与合理利用整体上还处于起步阶段,虽有巨大的发展空间,但还存在诸多问题。

一是保护意识和保护理念有待加强。工业遗产作为新型文化遗产品类，由于其研究历史较短，与传统的文物遗存相比，社会对工业遗产保护认识不足，保护意识薄弱，保护理念参差不齐，需要加大宣传力度，提高法规意识。

二是管理主体复杂，规划保护工作难度较大。工业遗产产权归属多为企业，上级管理部门纷杂，各企业往往出现为了追求利益而忽视保护的状况，规划保护困难。以本溪湖工业遗产群为例，其归属于6家不同性质的产权单位，难以统一规划。另外，多数工业遗产位于城市内，与城市建设、城区改造存在冲突，一些经营困难的老企业在改制和搬迁改造过程中，附属于土地上的工业遗产往往也伴随着土地转让和企业搬迁而遭到遗弃，保护难度较大。

三是保护资金需求大。工业遗产往往点多面广，规模较大，甚至形成集群。如本溪湖工业遗产群，包括本钢一铁厂旧址等8处遗存，相关的保护经费投入巨大，维护庞大的工业遗产，不但要靠技术还需大量资金支持，仅靠地方政府或企业财力非常困难。因此，需要广泛争取多渠道的资金支持，用于工业遗产的保护。

四是利用程度有待进一步提高。目前辽宁工业遗产得到一定程度的开发利用，但有待进一步提高。尤其是工业遗产与创意产业、旅游产业的对接方面，还有很大的发展空间。

（二）辽宁工业旅游资源概况

辽宁工业基础雄厚，国有大中型、特大型工业企业多，发展工业旅游的条件得天独厚，主要具有三大特点：

1. 辽宁发展工业旅游的优势

一是资源分布广，类型多样。涉及多个资源型城市，以及冶金、煤炭、石化、非金属、黄金等多个行业。辽宁现有工业企业31893家，占全国总数的10%。在国家统计局工业统计的39个行业中，辽宁44个地方工业企业覆盖了37个行业，是我国最大、发育最完善的工业密集群。辽宁工业企业还保留有从20世纪初至今长达一个多世纪的中国工业化进程中各个时期大量的工业建筑物、工业厂房、设备、在全国有影响的工业技术等，可称为中国工业发展史的"百科全书"。

二是历史地位高、积淀深。辽宁工业旅游记录了新中国60多年的工业奇迹，是新中国工业的摇篮。这个"共和国工业的长子"在新中国60多年的工业史上创造了无数辉煌。这里诞生了共和国第一台汽车、第一架飞机、第一艘万吨轮、第一个火车头、第一炉钢水、第一台数控车床、第一套大型输变电设备、第一套大化工等。改革开放30多年来，辽宁的名牌产品层出不穷。

三是工业旅游的发展已经具有一定的基础。工业旅游蕴含巨大的经济价值和社会价值，辽宁凭借雄厚的工业基础，众多的国有大型、特大型工业企业，在发展工业旅游项目方面拥有得天独厚的条件。目前辽宁已有21家全国工业旅游示范点，包括沈飞航空博览园、沈阳老龙口酒博物馆、沈阳妙味食品有限公司、沈阳可口可乐饮料有限公司、沈阳中顺汽车有限公司工业园、沈阳乳业有限责任公司工业园、大连珍奥生命园、大连路明发光科技股份有限公司、大连明清家具艺术品有限公司、辽宁大连港、大连长兴酒庄酒文化博物馆、大连华丰集团、鞍钢工业之旅、抚顺矿业集团西露天矿、辽宁五女山米兰酒业有限公司、丹东太平湾发电厂、辽宁道光廿五集团、锦州沟帮子尹家熏鸡总厂工业园、阜新十家子镇玛瑙城、辽阳葠窝水库、铁岭（铁煤）蒸汽机车博览园等。还有中国工业博物馆、中国铁路博物馆、地质博物馆、酒文化博物馆等文博馆。另有众多企业也开展了工业旅游项目。

2. 辽宁工业旅游资源的分类

按照一定的标准大体可归为五类：①工业遗产类。如沈阳中国工业博物馆、抚顺矿业集团西露天矿、本溪市南芬区露天矿、阜新海州露天矿、铁岭蒸汽机车博览园等。②传统工艺展示类。如沈阳老龙口酒博物馆、大连长兴酒庄酒文化博物馆、大连盛道玻璃制品厂、大连明清家具艺术品有限公司、辽宁五女山米兰酒业有限公司、辽宁道光廿五集团满族酿酒有限责任公司、锦州沟帮子尹家熏鸡总厂工业园、阜新十家子镇玛瑙城等。③科普实训类。如沈阳华晨宝马汽车生产工业游项目、可口可乐饮料有限公司、沈阳妙味食品有限公司、沈阳中顺汽车有限公司工业园、大连路明发光科技股份有限公司、鞍钢工业之旅、本溪钢铁公司工业之旅等。④现代科技园。如沈飞航空博览园、东大软件园、沈阳乳业有限责任公司工业园、大连新船重工有限公司、大连长兴岛光伏产业基地、大连珍奥生命园、大连华丰集团、锦州光伏产业基地等。⑤现代工业成就展示类。如辽宁广播电视塔、大连港（烟大跨海铁路轮渡）、丹东太平湾发电厂、辽阳葠窝水库等。

3. 辽宁工业旅游存在的问题

辽宁目前拥有的"全国工业旅游示范点"数量在东北居首位，但辽宁工业旅游还处于起步阶段，与其辉煌的工业发展历史和在全国工业中的重要地位并不相称，在发展过程中也存在诸多问题。

一是尚未形成众多具有核心竞争力的工业旅游品牌。辽宁被誉为"共和国的长子"，也是工业旅游开展较早且较为成功的省份之一，但发展至今，企业各自为政、独立作战，缺乏系统运作和整体品牌的打造，没有形成真正富有竞争力的工业旅游品牌。譬如沈阳，作为闻名全国的重工业基地，素有"东方鲁尔"之称，目前已经形成了以大中型骨干企业为龙头、以资本为纽带、以规模效益为目标组建的汽车（华晨宝马、华晨中华、一汽金杯）、机床、输变电、长白、东药、特种环保等 18 个大型企业集团。但目前，仅有为数不多的工业企业开办了工业旅游项目。此外，一些城市和地区对于工业旅游资源的挖掘认识不足。辽宁的工业旅游缺少产品宣传、市场开发的主动性，一方面表现在附加效益开发程度不够，缺少宣传载体，出售的旅游商品与企业生产结合程度不够；另一方面则表现在旅游产品的组合程度不高，不能完全融入本地整体旅游宣传的大盘中。

二是缺乏统筹规划，完善的配套设施尚未形成。各地政府和企业对工业旅游未来发展缺少战略性的规划。一方面，在工业旅游产品开发上，基础设施建设不充分。为了工业旅游的正常运行，企业至少要对工厂及周围环境重新规划、调整、改造和建设，以确保游客在旅游中安全和审美的需要。但老工业基地的大多数企业在这方面做得相当不够，企业工业区大都建筑风格单一，环境绿化、美化的水平较低，甚至有的工业旅游企业连像样的宾馆酒店、商业设施和休闲活动场所都没有，这显然不符合旅游活动中人们对审美的要求。另一方面，在向目标市场传递产品信息上，企业宣传力度不够，媒体报道极少，就连企业网站上也很少有具体的宣传和介绍，且企业也不了解游客的需要，难以满足游客对于高品位旅游活动的需求，对工业旅游向纵深发展极为不利。

三是工业文化遗产资源保护存在的问题较为严重。随着城市空间布局结构和功能需求的变化，新型工业建设项目开始向城外拓展，城内的旧工业区日渐废置；许多厂房和设备由于年久失修，正在逐步丧失其遗产价值；由于现代技术的采用、生产方式的转变、产业结构的调整，使传统工业先后遭遇衰退和逆工业化过程，陷入困境，不少企业面临"关、停、并、转"的局面。随着城市建设进入高速发展时期，大规模的城市建设，使一些尚未被界定为文物、未受到重视的工业建筑物和相关遗存没有得到有效保护，大量具有重要历史、社会和文化价值的近现代工业文化遗产已经或正在被大量拆毁，正急速从现代城市里消失。因此，做好工业遗产保护工作对辽宁工业旅游具有必要性和迫切性，势在必行，功在当代，利在千秋。

四是企业开展工业旅游的观念亟待转变。一些企业管理层认为开展工业旅游是不务正业，因而对前来参观旅游的游客抱着敷衍和排斥的态度。其实不然，高效经营的工业旅游不仅能产生可观的经济效益，也能兼顾到诸如扩大产品知名度、树立企业品牌形象、提高产品及服务直销率等目的，同时还可达到文化遗产保护、开展教育等公益性的目的。以大连盛道玻璃制品厂为例，该厂凭借其独特的地理位置与"花园式"的厂容、厂貌，先后接待国内、国外旅游人数达数十万人次，受到了各界人士的一致好评。为此，还向政府有关部门请示在工厂门口专门开设了"水晶通道"，极大地方便了来厂参观的旅游团体。与此同时，大连盛道也成为了大连市旅游定点单位之一。因此，需把转变经营者理念和培养良好管理能力视为工业旅游景点开发与良性运营的必要条件。

二、工业遗产与工业旅游案例

工业遗产旅游作为一种工业遗产资源再利用的方式已经在国外许多资源枯竭型城市中积极开展多年，特别是在欧洲的英国、德国、法国等国家，许多工业城市和地区在开发工业遗产旅游的道路上进行着积极的探索，并最终在开发模式、经营管理、项目设计等方面都积累了丰富的经验。辽宁作为"新中国工业的摇篮"，曾经创造无数奇迹。然而随着历史的发展和资源枯竭城市的产业转型，如何充分利用辽宁宝贵的工业遗产发展旅游产业，国外众多的成功案例为辽宁提供了许多值得借鉴的经验。包括：政府主导，规划先行；多主体参与开发与经营管理；因地制宜，突出特色；积极培育中小企业，创意产业；注重产品的多元开发；多层面多种方式的宣传营销；设立遗产保护基金，多渠道筹措资金；充分利用人力资源促进再就业以及增加对遗产的保护意识和注重环境的治理与恢复等。

（一）工业遗产旅游的源起与欧洲工业遗产旅游的发展

工业遗产旅游起源于英国，最早脱胎于工业考古。作为对人类创造性天赋的证明，开始于 18 世纪的英国工业革命深刻地改变了人们的生活方式和前景——人们运用各种各样的方法选取原材料、开采矿物和开发农产品，很多伟大的成就、宏大的建筑由此而生，而 200 多年后的一个新兴学科的诞生也与此息息相关。"工业"与"考古"这两个词第一次被作为一个整体提出是在 20 世纪 50 年代。当时，英国伯明翰大学教授 Donald Dudley 用它来描述考古学上的一个新兴的分支——明确地以工业为方向，关注那些尚存的工业革命时期及其后的与工业相关的遗迹和建筑物的考古研究。

作为工业革命发源地的英国，许多工业形态提前衰退并遗留下来大批的工业遗产资源。"二战"后，英国工业化遗留下的残存物就被考察研究。随后不久，工业考古迅速蔓延到了欧洲其他工业停滞区。20 世纪 80 年代，工业遗产旅游的概念便被提出。

所谓工业遗产旅游，就是在传统工业区域产业衰退的过程中，基于对工业遗产的保护和再利用并促进产业结构调整和经济转型为目的，在区域工业遗留物的物质基础上发展起来的一种重温或了解工业历史和文明，同时还融合相关旅游功能的新旅游形式。

20 世纪 60 年代，欧洲大多数的传统工业区相继进入衰退阶段，在工业革命时期，这些区域曾经是欧洲最重要的经济增长点，如以纺织、采煤、钢铁冶炼以及其他重工业为支柱产业的区域面临严峻的产业结构调整问题。当地政府想方设法来振兴这些被称为"锈蚀带"的区域，最初的设想是通过优化现存重工业来提高区域竞争力，随后不久，防御性策略就被进攻性策略取代了。以德国鲁尔区为例，20 世纪 60 年代开始的产业结构调整过程表明，继续竭力维持原来没落的煤炭和钢铁等相关产业的"再工业化"政策失败了，而积极培育新兴产业的"新产业化"政策却显示出勃勃生机，老工业区要从经济衰退的阴影中走出来并顺利完成经济转型，发展新产业与产业多样化的发展策略是必要条件，工业遗产旅游就是"新产业化"政策的重要内容。

20 世纪 80 年代，工业遗产旅游还只是偶尔被宣传为区域产业结构调整的战略，到了 90 年代，工业遗产旅游的潜能被高度关注了，这主要是由于工业遗产旅游在鲁尔区的成功实践。1999 年，鲁尔区"工业遗产旅游之路（RI）"的建立将工业遗产旅游形式推向顶峰。受德国发展工业遗产旅游的影响，欧洲越来越多的区域转向发展工业遗产旅游并将其作为产业结构调整的附加策略。

在欧盟成立后，为推动各成员国的合作与交流，欧盟建立了"欧洲工业遗产之路"（European Route of Industrial Heritage，ERIH），它是记录欧洲工业遗产地的网络，包括纺织、采矿、钢铁、制造业、能源、交通运输、水利、住宅建筑、工业的服务设施与休闲娱乐设施、工业景观共 10 个主题旅游线路。网络中共有锚点 66 个，以英国（26 个）和德国（25 个）为主，其中英国的南威尔士和德国鲁尔在欧洲工业遗产之路中是两个特殊的地区，他们作为"世界的工业帝国"，留下了重要的纪念物。

（二）英、法、德三国工业遗产旅游发展的成功经验

国外发展工业遗产旅游已有几十年的历史，积累了丰富的实践经验，以英国、德国的鲁尔区及法国洛林地区的工业遗产旅游实践为例进行重点介绍。三国的工业发展在工业革命时期为国家做出过重要贡献，而之后发展的工业遗产旅游也远远走在其他国家的前面，在工业遗产旅游景点的保护、开发、经营和管理方面积累了丰富经验。

1. 英国工业遗产旅游的发展经验

（1）工业遗产旅游勃兴的背景。英国是老牌工业国家，作为世界工业革命的源头，工业不仅代表了英国，更代表了世界。在工业大发展时期，英国是世界上第一个实现工业现代化的国家，经济和贸易在当时遥遥领先，有"世界工厂"之称，对外贸易也被誉为经济增长中的"发动机"。但到了 20 世纪 80 年代，随着

欧美发达国家相继完成了工业化进程，众多传统制造业基地开始衰落，英国开始进入经济转型期，工业城市受到经济衰退的严重影响，许多城市赖以生存的传统制造业大量倒闭，地方经济发展出现停滞甚至倒退。在英国老工业区衰退的同时，一些随之发展起来的港口地区也出现了严重的衰退，失业人数不断上升，1992 年英国失业人数达到 289 万，占就业总人口的 10%，其中长期失业人数已经超过 100 万，社会问题越来越严重。工业基地的衰败遗留下大量的工业建筑和设备，起初这些工业遗留地成为巨大的生态包袱，压在人们心头，但是后来随着人们观念的不断进步，这些用途单一、功能过时的工业弃置地的历史价值、再生潜力和景观特色越来越受到重视，英国提出了对工业遗产进行保护的想法，并希望通过开发旅游、处理工业废弃地和解决传统工业区衰退问题，从而达到地区复兴的目的。20 世纪 50 年代，随着发端于英国的工业考古学开始流行，工业遗产旅游也慢慢发展起来。

（2）英国工业遗产旅游的开发与管理经验。英国是世界上开展工业遗产旅游最早的国家，从工业考古、工业遗产的保护，再发展到工业遗产旅游，经历了漫长的时间。从初期的谨慎尝试到如今工业遗产旅游发展态势良好，形成成熟稳定的发展格局，英国积累了许多值得参考借鉴的开发实践经验，特别体现在开发目标、开发模式和实施策略等方面。

1）开发目标。英国工业遗产旅游景点的直接开发经营者可能是各级政府、社会团体、民间组织或私营公司，这就使得景点开发的目标不是锁定在某个方面，而是呈现多目标取向的发展态势，其开发目标包括：专业教育、遗产保护、为社区提供休闲设施和经济创收、树立公司及产品高品质形象和提高公司产品市场占有率等，这也表明英国工业遗产旅游在发展中充分注意到了社会、经济、文化多方面效益相结合的价值取向。但在众多目标中，根据景点本身的素质条件和景点开发经营者的属性，开发目标的侧重点也会有所差别。如政府机构、社会团体进行工业遗产旅游项目开发：一般将保护国家或地区文化遗产，为人们提供工业历史知识方面的教育，提高或维护地区知名度，推动城市和地方经济发展等公益性、社会性的目标放在首位，盈利往往是其次要目的；民间组织主要动机是进行文化资源保护和教育，向游客传授知识；而私营公司则把树立公司形象、促进公司产品销售、扩大市场占有率作为主要目标，其经济目的性更强一些，但也不排除对文化遗产保护、开展教育等公益性目的（见表 4-1）。

2）开发模式。1980 年之后，英国政府便开始出资支持工业遗产旅游的发展。在此阶段，工业遗产旅游的发展主要采取以下两种模式：

一是博物馆模式。博物馆模式主要包括纪念型博物馆和体验型博物馆两种模式。纪念型博物馆以什罗普郡的艾恩布里奇峡博物馆最为典型。艾恩布里奇博

表 4-1 英国工业遗产旅游景点的开发目标

开发经营者属性	主要开发目标
政府机构	保护国家或地区文化遗产，提供工业历史知识方面的教育，提高或维护地区知名度，推动城市和地方经济发展
社会团体	保护国家或地区文化遗产，提供工业历史知识方面的教育，提高或维护地区知名度，推动城市和地方经济发展
民间组织	进行文化资源保护和教育，传授知识
私营公司	树立公司形象、促进公司产品销售、扩大市场占有率

物馆是英国工业革命的诞生地，也是举世闻名的文化遗产，现已建成一个大型的露天博物馆式旅游景点。其经营管理者为一个注册慈善机构设立的基金会。该博物馆以"成为世界上最好的博物馆之一"为目标，在保护工业革命诞生地、解说历史、传播文化上发挥了重要的作用。体验型博物馆以苏格兰威士忌文化遗产中心最为典型。该遗产中心是集工业旅游景点与主题博物馆于一身的旅游景点，经营者为涉足威士忌制造业的私人企业公司。遗产中心的目标是"以传授知识和娱乐的方式促进威士忌的销售"，而不是专门推销某个品牌。中心以独特的方式和内容向游客讲述苏格兰威士忌数个时代的发展史，如博物馆式的展览、剧场式的场景和视听节目等。游客坐在形似威士忌酒桶的电动车里环游景区，有导游随时解说威士忌酒的生产过程，一次游览大约持续一小时。中心还设有时髦礼品店，出售威士忌酒和威士忌相关的产品。

二是大型主题公园模式。该模式以斯尼伯斯顿发现者公园最为典型，该公园以介绍莱斯特郡工业史为主题，由英国政府、郡政务委员会及业主出资建成，占地 130 英亩。业主将该公园的特点用"交互"一词来形容，因为这里包括了各种各样的亲自动手活动、"身边的科学"展览，各种以工程、采矿采石、交通为主题的展示当地大学在地方经济中作用的陈列馆。

3）发展工业遗产旅游的实施策略。一是政府大力支持，资助项目开发。旅游业在推动地区经济发展、扩大就业、增加收入方面的乘数效应已成为人们的共识，各级政府也常利用发展旅游业的举措来推动整个区域的经济发展。英国政府为了振兴地方经济，改善经济状况，减轻越来越严重的社会问题，将众多的工业区纳入旅游发展网络中，鼓励工业遗产旅游开发，并采取一系列措施资助旅游景点开发。从 1984 年起，英国政府就投资数千万英镑分别在利物浦（1984 年）、斯托克（1986 年）、盖茨黑德（1990 年）等举办了五次园艺节，努力将衰退的工业区添加到游览图中。此外，国家和地方政府还支持进行城市滨水地区的开发，使老工业城镇焕发出新的发展生机；国家支持各级各类博物馆逐步向老工业城镇转移或建分馆，或直接建立新的国家级博物馆来拉动旅游业的发展，进而推动地方经济的发展。

二是建立多项基金，保护更新工业遗产。工业遗产的保护是进行开发的前提和基础，对于工业遗产进行可持续的管理需要资金的支撑，英国国家机构为此奋斗了很多年，并取得了惊人的效果。工业遗产的保护资金主要来源于基金，由政府或私人创立，主要包括遗产彩票基金、国家信托、国家遗产纪念基金和王子遗产更新基金（见表4-2）。

表4-2　保护工业遗产的资金来源分类

基金组织	基金性质	基金来源	基金用途
遗产彩票基金	政府	来源于英国彩票基金，占英国彩票基金总量的18%，人们每买1英镑彩票就有4.66便士投入遗产保护项目	对国家、区域和各个地方各个尺度的遗产保护项目进行资助
国家信托基金	私人	通过遗产、捐赠、会员费、税收和经营取得资金，并优先得到彩票基金的支持	主要从事建筑与环境的保护工作
国家遗产纪念基金	政府	由文化、媒体和体育部直接资助	拯救全英优秀的濒危遗产，包括土地、建筑、文物等
王子遗产更新基金	私人	主要通过捐赠的方式获取资金	寻找、修复历史建筑，并为其引入新的功能，工业建筑是这家非营利机构运营项目的主体。主旨是促进人们对工业建筑价值的认识，为社区内工业遗产的开发利用提供技术支持

三是宣传营销得力，推动工业遗产旅游发展。在工业遗产旅游的宣传营销上，无论是从政府层面还是从旅游景点自身的层面，英国都在积极推动工业遗产旅游的发展。如在政府层面上，为推动工业遗产旅游的发展，英国政府将1993年定为工业旅游年，他们打出了"英国的缔造"、"工业遗产游"的宣传口号来大张旗鼓地宣传促销工业旅游景点，大大推进了工业遗产旅游的发展。而在景点自身的层面上，各景点都会有计划地拨出专门的款项用以开展营销和市场开发，并制定明确的营销目标和所要传达的主题信息，有针对性地选择营销方法进行具体化的目标市场开发。不仅如此，由于旅游市场竞争日趋激烈，越来越多的景点开始组建营销集团，目的是帮助成员更好地使用有限的资金。景点集团的组成或是景点之间合作的产物，或是由地方当局、地区旅游委员会创办。景点集团通常有两种类型：由类型相似的景点组成，和由某一地理区域内的景点组成。如"六遗址集团"就是20世纪80年代后期出现的一个景点集团，由英格兰西北部的六座工业遗址博物馆（曼彻斯特威根码头、柴郡埃尔斯米尔港船舶博物馆、柴郡斯达尔工厂、兰开夏郡赫米尔斯纺织博物馆、曼彻斯特郡科学与工业博物馆、默西赛

德海洋博物馆）组成。该景点集团由西北委员会组建，并从行政管理上给予支持。同时该集团还开展联合促销活动，包括联合印制宣传册，集团成员景点间订票打折，为参观景点的游客举办一场竞赛，联合进行新闻发布等以提高集团声望。这种有效的经营措施使英国各工业旅游景点较为普遍地实现了良性发展。

（3）典型案例——南威尔士煤矿区。威尔士是大不列颠与北爱尔兰联合王国的一个王国，位于大不列颠岛的西南部，其南部是煤矿聚集区，北部是采石场。在 20 世纪 80 年代初期，英国的煤炭生产和消费逐年下降，大批煤矿关闭，在煤矿就业的人数急剧下降，威尔士就在其中。在 1921 年时，威尔士的煤矿就业的人数曾达到 27.1 万人，占当地就业人数的 24%，而 70 年代时就下降到 6 万人，80 年代下降到 2.5 万人，1992 年则进一步下降到只剩下 400 人，仅占当地就业人口总数的万分之四。面对资源枯竭和传统产业的衰退，威尔士迫切需要调整产业结构。同时，地方政府一开始就认识到煤矿和工厂不仅是工作场所，而且也是信仰和文化传承的媒介，是曾经光辉历史的见证，新产业的培育应该有利于维护区域形象标识。为了挽救经济衰退，同时在面对地区之间激烈竞争的情况下，吸引到适合维护区域形象的投资，工业遗产恰好在过程中扮演重要角色，并扩散"遗产化"地区的形象。吸引的投资用来维护工业遗产资源，恢复遭到破坏的环境，并且还能继续强调区域间的差异化。

为了保护工业遗产、维护和传承区域文化，威尔士创造了一种新的博物馆模式——生态博物馆（Eco-museum）来发展工业遗产旅游。生态博物馆将工业遗产资源完整地保存在原先的环境中，遗产不仅属于旅游者，而且在其所属的社区人民不断参与、使用和创造的过程中延续和发展下去，成为鲜活的有生命的历史遗产。能帮助人们理解人类是怎样和自然界在很长一段时期内相互作用的，这是建造生态博物馆的目的，而将人们融入展示和解说交互作用进程的环境中来才能达到此目的。与露天博物馆不同的是，在生态博物馆中，煤矿建筑物和采煤机械设备并不从原来的地点移走，从而工业遗留物的展示是融入在原先环境中的，这种方式使得空间相对关系和历史进程变得可见。同时工业遗产，比如建筑物、火车车厢等成为旅游项目的载体，在很多情况下通过旅游业的发展来促进经济的发展。威尔士煤矿工业区正是通过这种方式将资源枯竭的煤矿转化为旅游吸引物的。其中最成功的案例是布莱纳文（Blaenavon）工业景观中的大矿坑博物馆（Big Pit Natianal Coal Museum）。

19 世纪末 20 世纪初，南威尔士煤田的煤炭产量达到最高峰。布莱纳文煤矿是最古老的深井煤矿，曾为当地的钢铁和煤矿工业的发展做出了不可估量的贡献。该煤矿从 1860 年开始开采，在最繁忙的时期，此煤矿雇用了 1300 名工人，并且年产 25 万吨高质量锅炉用煤。开采的煤炭大多数通过铁路、水路运送到英格兰、法国、印度或者是南美洲。而到了 1980 年，矿区却只剩 250 名工人，由于煤炭贮藏的枯竭，煤矿宣告破产。

Big Pit 是布莱纳文地区最深的煤矿，煤矿停产后，地表建筑物都保存完好。这些建筑物包括吹风机室、钢制索具、一间鼓风室、一间压缩机室、一间托运机室、焊接厂、锯木厂、电工厂房、经理办公室等，还有一间偏僻的粉碎厂。在主要建筑物之上的山坡上，还有矿工的洗浴中心和餐厅，这些建筑、设施均建于1939 年。洗浴中心还采取了国际现代主义的风格，矿工福利委员对此大加赞赏。它还是威尔士在战争年代建设的唯一洗浴中心，现在还保留下来了烘干衣物的热空气柜、淋浴室、自动皮靴刷和医护室。

1979 年，由 11 家营利机构组成的联合管理组织、当地政府和其他相关机构成立了威尔士旅游委员会（WTB），并制定关于 Big Pit 的中期战略发展规划。规划认为，通过建设作为旅游业载体的大矿坑博物馆，旅游业可以在振兴区域经济中发挥很重要的作用。大矿坑博物馆是按照生态博物馆的理念建设的，还是英国两座可以直接进入地下的煤矿博物馆之一。1983 年 4 月，Big Pit 作为旅游目的地重新开业了，旅游者可以在此参观工业遗产的展示，倾听对煤矿设施的解说，借助输送矿工的升降机，游客穿戴着矿工的装备如头盔、腰带等跟随讲解员降到地下 90 米体验地下深井之旅，还可以参观古老的工厂车间，享受激动人心的试听享受与现代露天开采的大画廊。目前，Big Pit 已是威尔士地区最成功的煤矿旅游目的地，每年大约有 12 万游客来此参观，从一定程度上缓和了地区失业问题。

2. 德国鲁尔区工业遗产旅游的发展经验

德国的工业遗产旅游也是以长期的工业衰退和逆工业化进程为触媒的，但最开始人们没有把闲置的工业遗址和废弃工厂当作工业遗产，并结合旅游业加以开发，工业遗产的价值在德国也有一个逐渐形成并被接受的过程。是否通过旅游开发的方式加以重新利用工业遗产，在德国国内也受到过质疑，然而理智、严谨的德国人在最后认识到对这些工业遗产进行旅游开发的价值所在，并选择了开发工业遗产旅游的方式。

（1）背景介绍。鲁尔区位于德国的北莱茵—威斯特法伦州，处于莱茵河、鲁尔河、利珀河之间，面积 37070 平方公里，不到全国面积的 1.3%，人口约 1770万，占全国的 6.6%，具有发达的内河港口、铁路和公路运输条件。区内煤炭资源丰富，1200 米内硬煤探明储量 650 多亿吨，约占全国硬煤总储量的 95%。煤的埋藏较深，但品种多，煤质好，其中约 3/5 为适于炼焦的肥煤。煤田遍及区内各地，是工业发展的动力和原料基础。

鲁尔区是德国的经济重镇，也是世界知名工业区之一。"二战"后，在"马歇尔计划"刺激下，鲁尔区成为德国经济恢复和增长的"发动机"，在德国重新崛起过程中发挥了重要作用。据统计，当时鲁尔区产煤量约占德国西部总产煤量的90%，钢产量占总量的70%，工业总产值曾占40%。鲁尔区以煤炭开采和钢铁生产为基础，逐渐发展成包括煤炭、钢铁、机械制造、化工、电力等重工业在内的德国乃至欧洲最大的工业区。而进入20世纪50年代中期以后，随着经济的全球一体化和工业在全球的重新布局、科技发展和能源的变化，鲁尔工业区爆发了历时10年之久的煤业危机，导致鲁尔区工业的竞争优势不复存在。1958~1964年，鲁尔区有53家煤矿关闭，将近3.5万名员工失去了工作。1975年之后，钢铁工业的危机也接踵而至。1986年，埃森的关税同盟煤矿成为最后一家关闭的企业。矿业和钢铁工业的衰退与萧条不但摧毁了鲁尔地区的经济基础，也带来了失业等社会问题以及严重的文化认同危机。

（2）鲁尔区工业遗产旅游的兴起。在传统产业出现全面衰退后，工厂大量停产倒闭，如何对待和处理大量废弃的工矿、旧厂房和庞大的工业空置建筑与设施，成为鲁尔区不可回避的重要问题。区域政府最初考虑彻底清除，认为倒闭和废弃的厂房和工矿是经济衰退的标志、是地方污点，甚至是耻辱。清除原来的旧厂房和废矿山，恢复前工业化时期的良好环境，从而发展和建设新设施和新产业。针对鲁尔区存在的经济衰退问题，鲁尔煤管区开发协会（SVR）（现为区域规划的联合机构KVR）于1960年提出了鲁尔区的总体发展规划，作为法令要求全区严格遵守执行。1989年，KVR制订了一个为期10年综合旅游计划——国际建筑展计划（IBA），重点是展示鲁尔区中部核心面积达800平方公里、有200万人口、17个城市参加的工业景观最密集、环境污染最严重、衰退程度最高的埃姆歇地区城市更新工程，使鲁尔区能以令人耳目一新的面貌迈进21世纪。组织者有意通过国际建筑展的形式改造和重新利用旧工业建筑与废弃地，恢复当地的自然和生态环境，进而解决就业和住房等社会经济问题，并希望能够通过样板项目重振整个衰败的工业园区。"IBA计划"以项目分解和国际竞赛相结合的方式，获得了遗产旅游开发的创意源泉。

整个"IBA计划"包含了7个大的主题：①将整个埃姆歇河地区由传统的工业区发展成为一个连贯的生态景观公园。②改建整体埃姆歇河地区的污水系统，将原本作为整个工业区废水污水排放管道的埃姆歇河再度恢复成自然生态景观河道。③对废弃的土地重新利用和组织，建设现代化的商业、服务设施及科学园区，形成"可以生活和被体验的空间"。④保存工业建筑作为历史的见证。⑤在"公园中就业"的概念指导下，将过去工业区土地改建为"现代化科学园区"、"工业发展园区"以及相关"服务产业园区"。⑥以新建住宅以及老住宅的更新现代化带动城区更新。⑦创造新的文化性活动，带动地方活化。

虽然这个国际建筑展计划是针对埃姆歇地区的，但是它的影响力却覆盖了整个鲁尔区。相关部门也提出了整个鲁尔区的工业遗产旅游开发的一体化工作，包括统一的市场营销与推广、景点规划等的想法。经过多方的努力，全区的主要工业遗产旅游景点被串联成了旅游产品，形成"工业遗产旅游之路"。

"工业遗产旅游之路"全长 400 公里，经过杜伊斯堡、埃森、多特蒙德等近 20 个城市，穿过莱茵河、鲁尔河等区内主要河流，包括 14 个鸟瞰全景的观景制高点；25 个主要观景点，其中包括 3 个带有游客接待中心的观景点、6 个国家级的工业技术和社会历史博物馆（见表 4-3）；13 个有代表性的工人居住点；25 条专题旅游线路，覆盖了 55 座城镇，将约 900 个地点的工业遗产串联起来，并做了详细介绍；树立了 1500 个交通路线指示标志，引导旅游者快速准确地到达目的地。同时，还设计了统一的视觉识别符号——斜插在地面上的细长黄色针形柱与黑色金属信息说明牌，统一的宣传手册，建立了 RI 专门网站。此外，还编制了《鲁尔地区工业遗产地图集》，将整个鲁尔地区分为 42 个地块，详细标注了每个地块内工业遗产的位置、名称，并与详细介绍相对应。随着工业遗产旅游的不断发展，加入到"工业遗产旅游之路"的景点逐渐增多。

为强调人和自然的结合，在整个工业遗产游线中，贯穿着一条橙色的自行车专用道路。德国鼓励使用自行车作为交通工具，有专门的组织"ReverRad"可以租到自行车，并且沿途设置服务点。到 2006 年底，"工业遗产旅游之路"设置了总长度为 700 公里的自行车专用路线。鲁尔区工业遗产旅游开发的一体化和整合进程，是一个有意识、有步骤、逐步细化和深化的过程，这种区域一体化的开发模式，使鲁尔区在工业遗产旅游发展方面树立了一个统一的区域形象，这个形象对区内各城市间的相互协作以及对外宣传发挥了重要的作用。

表 4-3　"工业遗产旅游之路"上的城市与景点

工业城市名称	工业景点名称	备注
埃森（Essen）	关税同盟矿井世界文化遗产	2001 年入选联合国教科文组织的《世界遗产名录》
	胡戈尔别墅	
	鲁尔博物馆	国家级博物馆
波鸿（Bochum）	世纪礼堂	
	德国矿业博物馆	国家级博物馆
	波鸿—达赫豪森铁路博物馆	国家级博物馆
多特蒙德（Dortmund）	关税同盟 II 号、IV 号矿井	威斯特法伦州工业博物馆总部
	汉萨炼焦厂	
	德国职业安全与健康展览馆	国家级博物馆
杜伊斯堡（Duisburg）	杜伊斯堡内港	
	德国水运博物馆	国家级博物馆
	北杜伊斯堡景观公园	

续表

工业城市名称	工业景点名称	备注
哈姆（Hamm）	马克西米利安公园	1984 年国家园林展公园
乌纳（Unna）	林登啤酒厂	
哈根（Hagen）	霍恩霍夫博物馆	欧洲最重要的庄园建筑之一，现为现代建筑学博物馆
	威斯特法伦露天博物馆	国家级博物馆
维藤（Witten）	耐廷格尔矿与麻腾谷	
哈廷根（Hattingen）	亨利兴萨特炼钢厂	有鲁尔区历史最悠久的高炉
米尔海姆（Mulheim an der Ruhr）	海水博物馆	
瑞克林豪森（Rechlinhausen）	变电站	
奥伯豪森（Oberhausen）	莱茵工业博物馆	
	煤气罐与购物中心	欧洲最大的展览空间
玛尔（Marl）	化学工业遗存	
瓦尔特罗普（Waltrop）	亨利兴堡船闸	
盖尔森基兴（Gelsenkirchen）	北极星公园	1997 年国家园林展公园

（3）鲁尔区工业遗产旅游的发展经验。

1）工业遗产的多样化开发模式。对工业遗产的开发是在保护的框架下进行的，适度的开发利用而非局限于静态保存更具现实意义，是工业遗产保护的更高层次。在工业遗产的再利用模式上，鲁尔区除了在整个区域上采用了区域一体化的开发模式外，在每个相对独立的遗产区还采取了从零星的局部利用到区域的统筹开发不同尺度层级的模式。主要途径包括：

一是申报世界文化遗产。在鲁尔区，拉莫尔贝格（Rammelsberg）有色金属矿，以及坐落在城市克斯拉尔（Goslar）、位于茨韦布吕肯市（Zweibruecken）的弗尔克林根炼铁厂（Volklingen Iron Work）和位于埃森市（Essen）的关税同盟煤矿Ⅱ/Ⅳ号矿井（Zollverein Ⅱ/Ⅳ）分别于 1992 年、1994 年、2001 年被列入《世界文化遗产名录》。这对遗产旅游的发展有着积极的促进作用。二是建设博物馆。对于那些具有典型代表意义，并做出过重大贡献的工业遗产，通常以博物馆的形式对当年在该生产厂区进行的生产活动进行本身的保护和展示，从中活化工业区的历史感和真实感。同时也激发社区参与感和认同感，使整个旅游区具有一种"生态博物馆"的氛围。如利用奥腾伯格锌制品厂改建的莱茵工业博物馆、利用斯蒂罗姆郊区的水塔改建的水博物馆、Westfalisches 露天博物馆等。三是建设景观公园。主要是对那些占地面积较大，处于住宅区，其厂房、设备等具有较大保留价值的工业遗产，将其改造为景观公园，在工业旧址上建造一些公众可以参与的游乐设施，作为人们休闲和娱乐的场所。如北杜伊斯堡（Norduisburg Park）钢铁厂景观公园、北斗星公园（Nordstern Park）、马克西米利安公园（Maximilian Park）等都是这类景点。四是建设购物中心。在工厂原址新建大型购物中心，旁边仍保存原有工业设施的博物馆，并配套建有饮食文化街、体育中心、游乐园、影视设施等，吸引大量旅游和购物的人流。五是建设新型产业园，将传统的工业区转换成现代科学园区、工商发展园区、服务产业园区等。

2）工业遗产旅游景点的组织管理。鲁尔区从废弃的空置厂房到工业专题博物馆，再逐渐发展到今天的工业遗产旅游景点，相当程度上得益于"IBA 计划"的组织管理。IBA 在统一组织、资金筹措、经营管理上都为鲁尔区的旅游发展提供了重要的帮助。

1988 年，为了挽救鲁尔区的生态与产业危机，北莱茵—威斯特法伦州政府特别提供了 3500 万马克的营运资金，成立了具有私人企业性质的"国际建筑展股份有限公司"（IBA—GmbH）作为实施整个改造计划的机构，开始为期 10 年涉及 17 个城市参与的"IBA 计划"。

IBA—GmbH 由监察会议（主席由德国联邦政府城市发展部秘书长出任）监督，由董事会（主席由州政府的州长担任）进行运作。由州政府代表、每个参加的城市、参与的企业团体与工会以及各种环境保护和专业团体共同组成一个指导委员会，协助各个城市提出改造方案，并加以评审挑选。IBA 展览会主席卡尔·根舍教授带领一个 18 人组成的专家咨询团以及 50 位工作人员，在计划进行规划和实践的过程中协助组织工作团队、协助沟通及解决冲突、协助排除法令制度的阻碍，以及协助不同计划建立适宜的组织运作形式和人才培训等。

在资金的来源上，鲁尔区采取了政府与企业共同投资的方式。但在经费的分配与使用上，IBA—GmbH 有着很大的决定权。计划的经费主要来自于各级政府的各项投资计划，属于地方政府的计划案则由各地方政府遵循正常制度编列预算支应，私人部门则在"公司伙伴关系"的架构下合作投资各单项计划案。当一个计划案的基本趋向及内容符合 IBA 的精神，并被指导委员会挑选命名为 IBA 的计划案时，他们便在各级预算的编列与支应上享有最高优先的权利。在计划实行的 10 年间，IBA 的计划案共获得了 100 亿马克的支持，其中有 2/3 的资金来源于公共部门，1/3 则来源于私人企业的投资。

而在经营层面上，IBA—GmbH 也会提供各种顾问和咨询的中介服务，并促成各种计划通过设计竞赛、研讨、组织协助等方式来实现。IBA—GmbH 本身也协助地方行动团体或个人，以现代化的经营管理理念将他们的计划构想加以包装成为具有生产力的产品，以申请成为政府的正式计划。IBA—GmbH 更以其专业和统合的能力，以扩大计划案影响效应面的方式，协助各计划案取得各级政府或各有关单位如联邦政府、欧洲共同体和世界银行等奖励措施的补助。

（4）典型的工业遗产旅游案例。

1）埃森的关税同盟煤矿。关税同盟煤矿位于北莱茵—威斯特法伦州，它是鲁尔地区工业发展过去、现在和未来的集中体现。过去，关税同盟曾经是欧洲最大的煤矿，鼎盛时期曾经有 5000 多名职工和他们的家属生活在这里，传送带、振动筛、翻车机房以及各种货车，人工和机械混合作业。这里的新建筑被称为"世界上最漂亮的煤矿"的代表。1847 年，这里就有挖煤矿井，1956 年煤矿生产达到巅峰状态，年产量 1.5 亿吨。然而随着煤炭逐渐失去作为生产原料的优势，使得煤矿面临的危机很快变得明显。随着资源的枯竭，终于在 1986 年圣诞前夜停产关闭。停产以后，北莱茵—威斯特法伦州政府没有拆除占地广阔的厂房和煤矿设备，而是将其列入历史文化纪念地。1989 年由州政府的资产收购机构（LEG）和埃森市政府共同组建成管理公司，负责该项目的规划和策划，1998 年州政府和埃森市政府还成立了专用发展基金。

关税同盟保存着历史上完整的煤矿开采装备设备，并且保留了 20 座具有杰出建筑成就的建筑物。被原封不动保留下来的工业遗产被重新定位为文化休闲中心，在原厂房内建立博物馆供人参观体验，博物馆里的视频录像再现当年深井下矿工的生活状况。锅炉房变成了设计中心和学校的一部分，5 个锅炉不但得以保留，还成为了旅游观光项目，游客可以通过观光电梯步入其中，这里还曾举办过世界上最大规模的现代设计展。车间厂房摇身变作当代艺术画廊和艺术设计场所。贮煤场在原有的建筑上添加了自动扶梯，可以出租用作特殊氛围会议场所或者舞厅，游客可以在其中购买图书和品尝咖啡。炼焦厂也被整体保留了下来，利用原有设施改造成的餐厅和剧场、儿童游泳池、公园（滑冰场、滑雪场、摩天轮、瞭望塔等）用于举办会议和各种节日活动。炼焦厂内的八角冷却塔也变成了艺术家们搞创意的摄影工场。

关税同盟煤矿注重维护原建筑物、大型设备之间的关系，同时在主要工业特征的基础上还设计出了很多新的使用方法，厂区的每一个建筑都被赋予了新的功能、新的用途。这里除了吸引游客，还吸引着众多的艺术和创意、设计产业的公司、协会、团体等，成为他们的办公场所和作品展览场地，比如像戏剧排练舞台、市政府会议中心、设计工作室、私人艺术画廊和失业人员培训中心等。未来这里将发展成为德国的工业艺术与现代设计产业中心，成为一个科技园和艺术园区。

关税同盟煤矿一方面整体上得到了重新利用，另一方面这个工业遗产的各个功能单元依然清晰可见，前世和今生很好地结合在一起。每年有组织的旅游者约10 万人光顾这里，而自己来这里的游客更多达 50 万人，现在这里已经成为德国甚至国际上一个重要的景点。

2）北杜伊斯堡景观公园。北杜伊斯堡景观公园位于杜伊斯堡市北部，总占地面积 230 公顷（2.3 平方公里），利用原蒂森公司的梅德里希钢铁厂（Meiderich Iron Works）遗迹建成。该钢铁厂 1903 年投产，总产量共 3700 万吨，仅 1974 年生铁产量就达 100 万吨，是高产量的钢铁企业。1984 年为应对欧洲产品配额限制的要求，工厂 5 号高炉为现代化改造付出了高昂的成本。1985 年，由于欧洲整个钢铁市场产量过剩而不得不关闭，曾经与杜伊斯堡市共存了大半个世纪的工厂面临着拆除或保留的抉择。最终城市选择了后者，对工业遗迹予以保留，赋予其新的功能，并在景观美学意义和生态特质上加以强化。1989 年，北莱因—威斯特法伦州政府机构在一项房地产基金的支持下购买了钢铁厂的用地，组建了开发公司；杜伊斯堡市也调整了规划，将用地性质转化为公园用地。工厂改造项目被纳入"国际建筑展埃姆舍公园"计划的景观公园系统中。该公园占地面积约 200 公顷，28 公里长的环形漫步道贯穿公园整体。1994 年，该公园正式对游人开放，每年接待 50000 名游客。公园采用合伙制管理，由州和地方政府资金支持，并得到了来自各地方非政府组织的赞助。

公园保留了中心动力机房、送风机房铸造车间、老办公楼、仓库、5 号高炉煤气柜等工业建筑和设备，设计师贯彻了"生态化"的设计理念，最大限度地减少了对新材料的需求，最大限度地保留了工厂的历史信息。在设计上主要有以下特色：保留原有错综复杂的铁路系统，建立一条贯穿全园的游览和漫步系统；工厂中的植被均得以保留，荒草也任其自由生长，公园变成一个大型植物园；工厂中原有的废弃材料得到尽可能的利用，如将厂区堆积的焦炭、矿渣作为一些植物生长的介质或地面层的材料。

在水的循环利用方面，通过自然生态循环和人工处理措施使埃姆歇河在几年的时间里由污水河变为清水河。在功能设置上，公园主要以演出、展览和各种体验式活动为主。如利用发电机房、东风机房以及室外剧场举办各种类型和规模的活动，包括音乐会、戏剧表演、电影、室外演出、新产品发布、大型艺术展览等，为企业和社会团体服务，这也是公园最大的亮点。同时，公园还请到世界著名的灯光设计师设计了绚烂多彩和极富表现力的灯光照明。

除此之外，设计者还将 2000 立方米容积的煤气罐改造为欧洲最大的室内潜水池，并成立了潜水训练中心，为了训练潜水员还放置了人工暗礁、失事的游艇、老旧汽车的骨架和其他装饰。在矿石料仓里还设有攀岩花园、儿童活动场所，并创造了攀岩道路和模拟的"山脉的轨迹"，呈现出山峰、水槽、墙壁和桥梁，道路两边有钢索用来保护孩子们的安全。

在生态系统的保护上，公园还设计了雨水收集系统和净化系统，营造了良好的微气候，创造了舒适宜人的生态环境。另外，公园还注重新能源的利用，如在水渠岸边搭建"风塔",利用风力将水渠中净化的水从底部提升到高架步行高层,作为旱季灌溉植被用水;在其他季节,经过提升的水又回灌到水渠中,通过这一循环过程一方面营造了富有意趣的水的流动、跌落的视听环境;另一方面通过增加了水体与氧气的接触来提高净化质量。"风塔"装置中的关键组件是"风轮",它能保证即使在风力较弱时也能产生较高的输出效率。

3. 法国洛林地区工业遗产旅游发展

(1)洛林地区概况。洛林位于法国东北部,与德国接壤,包括默兹省、孚日省、摩泽尔省和默尔特—摩泽尔省4省,面积2.35万平方千米,人口约231万。该区是法国矿产资源富集区,铁、煤资源十分丰富,占法国总储量的一半以上。摩泽尔河以东有重要煤田,河西有巨大铁矿,其储量达60亿吨,占法国铁矿资源的80%以上,且埋藏较浅,便于开采,但铁矿品位较低,平均含铁量仅为30%。洛林地区的煤储量也很丰富,正因如此,洛林地区成为法国重要的煤、铁矿区和主要的钢铁工业区。

(2)洛林地区发展工业遗产旅游的背景。第二次世界大战后,洛林的钢铁、煤炭生产有了很大的发展。然而,近30年来,洛林铁矿一直面对着世界铁矿石生产的激烈竞争,随着世界经济危机的到来,洛林地区的经济逐渐衰退,而最先受到冲击的便是能源。由于洛林地区煤炭产量逐年下降,开采难度不断加大,开采成本高于进口煤炭到岸价格的3倍左右,造成洛林煤炭工业长期亏损,国家无力支付巨额补贴。同时,20世纪60年代以来,由于廉价进口高品位富矿的冲击,铁矿产量不得不逐年下降,使洛林这个老钢铁工业基地的发展呈萎缩趋势。不仅如此,随着石油的大量开采和使用,煤的国际市场竞争力也开始日趋下降,陷入低谷。洛林地区的经济可持续发展面临严峻考验。与此同时,伴随着工业资源的耗尽,洛林地区出现了工作岗位减少和不稳定、工人收入减少、提前退休、失业等一系列社会问题,洛林地区陷入了严重的经济危机,在这种情况下,洛林地区不得已开始了长期而持久的工业转型过程。

法国国土整治与地区行动署联合洛林地区的官员和专家对形势进行分析后得出了三个结论:第一,传统工业可以继续发展,但已经不可能成为当地经济的龙头,新工业、新技术、新发明和新产业的推广应用才是洛林地区经济复兴的关键,因此必须尽快发现和建造能够带动整个地区经济发展的新"火车头";第二,洛林地区经过多年建设,基础设施好,与国内外联系广泛,作为法国工业基地的名声较大,科研力量较强,完全具备支柱产业转型的基本条件;第三,目前,环境工业及与人类健康有关的产业正方兴未艾,而作为这些产业基础的化学工业在洛林地区又有突出的优势,也就成为洛林经济发展的新的增长点。以上三个结论即是洛林地区工业转型的基本思路,同时也暗示了发展工业遗产旅游的方向和必要性。

在洛林工业转型的过程中，曾做过很多积极的尝试，但最终人们发现简单地重复以前的工业化道路是行不通的，而是要通过多方面的努力才行。与此同时，由于旅游业具有"一业兴，百业兴"的特点，法国的旅游业开始大规模发展，越来越多的人开始对休闲旅游加以关注。在这种形势的影响下，发展旅游业就变得顺理成章，而雄厚的工业基础决定了洛林地区终将走上发展工业遗产旅游之路。

（3）洛林地区工业遗产旅游的高级形式——经济探索旅游。为了走出困境，法国政府早在1966年就提出整顿洛林冶金区，但收效仍然十分有限。直至1984年，洛林等东北部老工业区的整顿和改造才全面展开，目前还在进行之中。

与其他国家直接利用工业建筑遗存发展旅游的形式不同，洛林地区在经过多年的探索之后提出了一种新型的发展旅游观念——经济探索旅游。这种新型的旅游在内容上远远优于传统概念上的工业遗产旅游，正逐渐地将其取代，成为最能突出地区重要的和特有的旅游资源的一种旅游形式。所谓经济探索旅游就是包含了现代企业旅游、工业文化遗产旅游和科技旅游的一种旅游方式，从时间上来看，这种旅游形式的研究内容包括了对旅游区过去、现在和未来的展示。尤其是科技在工业遗产中的应用，使原始的工业建筑与新时代的信息工业相结合，既为工业遗产注入了新的活力，也使工业遗产与未来接轨，能够满足游客日益增长的旅游需求。

洛林地区丰富的工业遗产为发展经济探索旅游提供了基础，但是经济探索旅游的开展并不是完全按照过去的工业历史简单复制出来的，而只是选择了工业遗产中的重点与亮点进行重点发展。如洛林北部地区是工业老区，经济相对比较落后，因此政府决定对该区的经济探索旅游着重定位于发展工业遗产旅游，以此活跃地方经济。如在该区建立了 Neufchef 铁矿井博物馆、Aumetz 铁矿井博物馆和 Le Carreau Wendel 煤炭博物馆来展示工业遗产。

经济探索旅游不但充分利用了地区的资源，也成为活跃地方经济的一种有效手段。近十几年来，经济探索旅游的发展在地区发展和加大就业率上产生了明显的效应。

（4）洛林地区发展经济探索旅游的措施。由于洛林地区的经济探索旅游是以工业转型和促进经济发展为前提的，故洛林政府积极制定各项措施，大力支持经济探索旅游的发展。

1）积极制定旅游发展战略，促进工业遗产旅游产品开发。为了推动城市转型，洛林地区积极谋划旅游发展战略，大力促进旅游业的发展。同时，为了支持旅游发展战略，洛林地区政府成立了旅游地区经济发展战略委员会（SRDET），并制定了一系列的具体发展方案。其中特别提出了要促进工业遗产旅游的发展，发展世界级的"记忆旅游",保护和开放工业文化遗产。要通过纪念和开发历史文化遗产的方式让全世界的人都可以重温洛林地区的过去,从而达到发展世界"记忆旅游"的目的。

2)　创办公益机构,保护工业遗产。法国政府为开展经济探索旅游积极创造条件。在洛林,有许多工业遗产保护协会,如洛林工业文化保护协会(MECILOR)、洛林铁矿工会(AMOMFERLOR)、洛林、奥恩、Fensch联合会(ESFOLOR)等,这些工业遗产保护协会大部分都是由民间自由组织而成,其成员都是工业遗产保护的志愿者。这些协会往往会得到一些私人、政府或其他一些团体的资助,他们制定的工业遗产保护方案、再利用计划都为工业遗产旅游的开展起到了重要的作用。

3)　建立企业孵化器,培养中小企业。洛林在转型的过程中,十分重视中小企业的发展。为了培育中小企业,法国政府在洛林地区成立了16个企业孵化器。其主要任务是帮助成立新公司,制订公司起步计划,并在初期为之提供各种服务。新创立的公司可以在孵化器内实习两年。企业孵化器内设有专家团,为在这里创办的企业提供专家顾问,随时帮助企业解决发展过程中出现的问题。等企业主积累了一定的生产经营经验后,再出去发展。这有力地促进了中小企业的发展,对洛林地区工业转型起到了积极作用。

4)　加强职业技术培训,促使劳动力转岗再就业。工业转型使得原来的大量矿工面临再就业,工业遗产旅游的开展对转业者的职业技能提出了新的要求。曾经在传统行业工作的工人掌握的技能比较单一,不适应工业转型和发展旅游业的需要。针对这种情况,政府积极为转业者进行技能培训,根据再就业和产业发展的需要,组成了不同类型、不同专业、不同所有制和不同层次的培训中心,并有针对性地分门别类地进行培训,在培训后为每位职工提供职业选择。通过培训,职工的专业过程变成了提高素质、增加技能的过程,为旅游业的发展奠定了基础,地区的失业率也会大大降低。

5)　政府积极搭建旅游发展的资金平台。在资金上,洛林地区争取到了联盟和法国中央政府的资金投入。在资金的供给模式上,采取政府直接资助、设立特别基金、争取国外资金援助和吸引外资等多种方式。如1984年,法国政府就出资成立矿区工业化基金,1900~2000年每年提供1500万欧元,帮助矿区改善基础设施和发展高技术产业。在吸引外资方面,政府投入大量资金大力进行环境整治,改善生存环境,还制定了一系列对外开放的优惠政策(包括税收支持、地皮价格优惠、投资补贴等),吸引外资在洛林"筑巢"。

6)　广泛开展国际合作。除以上措施外,洛林地区还将国际合作作为政府的优先项目,吸引周边和邻近国家参与洛林地区的旅游业发展。如在1995年9月,欧盟委员会批准了洛林与德国的部分州合作 5 年计划，1996 年 4 月开始实施，计划的主要内容中就包括发展旅游业。对于跨国计划，欧盟委员会给予了大量的补贴，保证了发展经济探索旅游的资金来源。

（5）洛林地区经济探索旅游的案例。

1）以保护和传播工业遗产为主的 Uckange 高炉群。Uckange 是 Fensch 谷地的一个工业遗产景点，这里主要收集了曾经被淘汰的工业高炉。自从 Uckange 的最后一个高炉于 1991 年被淘汰后，地区文化事务部和市政当局就开始积极地尝试保护高炉和所在地，并把它们列入文化遗产的保护名单中。经过各方面的努力，Uckange 地区这些曾经被淘汰的高炉终于在 1995 年被正式列入了 Fensch 谷地历史博物馆文化遗产的补充名单里，成为了正式被保护的工业遗产。

为了保护原有的工业遗产，Fensch 联合会（ESFOLOR）倡导了"文化教育计划"，以"曾经的辉煌"为主题，围绕着 3 条主线展开："历史"，洛林和欧洲的 100 年钢铁历史及其发展趋势；"技术"，工业生产工具和铸铁炼铁的技术；"社会"，工人的生活。该计划由 Uckange 政府和地区文化事务部负责落实执行。通过执行"文化教育计划"，政府希望可以丰富群众对冶炼钢铁业的认知，同时通过一些对景点项目的科学规划来引导游客在参观过程中亲自参与，更进一步地了解本地区的工业历史。这个计划并不针对某一个景点，而是整个洛林地区。通过这个计划所延伸出的活动，可以促进地区的经济城市文化和旅游的发展，同时可以起到保护、活跃景点气氛的作用。

"文化教育计划"与洛林整个大地区的旅游发展计划保持一致，并演变成一个地区宣传旅游的附加促销手段。"文化教育计划"出台之前，由于缺乏保护遗产的意识，该地区很多乡镇的熔炉都已经被熔化毁坏，"文化教育计划"出台之后，该地区乡镇的工业遗产得到了有效的保护。Uckange 的"文化教育计划"是一个颠覆矿业城市曾经辉煌的革新计划，它使城市大部分的工业文化遗产再次体现出了它们的历史、文化和旅游价值，并通过实施该计划促进了工业遗产景点的集中发展。该计划以"增强人们对工业城市的记忆"为另一个主题，被纳入"2000~2006 年的国家地区建设计划"。由于 Uckange 高炉景点的开发而带动了周围景点的发展，同时促进了城市规划的合理化。该计划涉及原工业地区的城市规划，即在工业遗产的破坏停止以后，在地区内部和周围开展治理工作。该计划的主要目标是：效仿德国鲁尔地区的规划，展现钢铁冶金业过去的痕迹，重新恢复曾经生产用的工业厂房，使参观者可以在一个特定的环境里、在行走的过程中参观这些工业厂房。

2）特色工业遗产旅游项目。洛林地区在开发工业遗产旅游的项目上也积累了大量的经验，如 Neufchef 和 Aumetz 的铁矿传统文化博物馆、Le Carreau

Wendel 的煤炭博物馆都是通过博物馆模式，设计了丰富多彩的参与性项目来发展工业遗产旅游的。

Neuf Chef 铁矿传统文化博物馆全长 17 公里，由洛林铁矿工业记忆公司开发，公司始建于 1984 年。自 1986 年起，洛林铁矿工业记忆公司就开始和矿道所在地区的有关部门和居民进行协商，之后通过地方担保得到了银行对景点开发的贷款资助。这个传统文化博物馆全年开放，主体是 1.5 公里长的地下展示馆。该展示馆着重体现已经被废弃的工业荒地在旅游中的价值，形象地再现了洛林地区的工业技术历史和旧时的矿工生活。这里不仅展出了 30 种矿工曾经用过的工业工具，还展现了 1840~1920 年、1920~1955 年以及从 1955 年至今 3 个时代的矿山照片。除了地下展示馆外，地上还有接待大厅、纪念品部、一个多功能厅和两个陈列室。在多功能厅里游客可以观看关于矿山历史的幻灯片，第一个陈列室展出了地质、矿物和钢铁材料；第二个陈列室展示了矿工的业余生活、工人工会的照片等。此外，博物馆还设有学生教育园地、餐馆（出租经营）等。

1986 年，在一些地方企业的扶持下，洛林铁矿工业记忆公司在 Aumetz 建立了第二个博物馆，并于 1989 年对外开放。自此，博物馆在每年的 5 月 1 日开放，9 月 30 日关闭。这个博物馆主要展出几个曾经在采矿过程中被使用过的井架和已修缮的机器。另外，还展现了工业产品的制作，游客可以参观到一些工业产品和炸药的生产过程，看到工人在工作中的真实情形，如将提炼出的矿石送到熔炉中去熔化的过程。除此之外，馆中还播放一些小电影，使游客能进一步了解工人的生产生活。博物馆还计划让游客通过井架下到矿井里，参观"马奇诺防线"中的一段军用区域。为了使 Neufchef 和 Aumetz 的铁矿传统文化博物馆相连通，公司还建立了一条铁路连接了 Aumetz 和 Neufchef，铁路沿线上会经过一些其他的景点，如矿产博物馆、教堂等，游客可在途中自行选择去参观自己所感兴趣的地方。洛林铁矿工业记忆公司建立这两处博物馆的主旨是要保存矿产遗址，并把它们与旅游联系起来，发展以遗留的矿产资源为主题的工业遗产旅游。据统计，这两个博物馆每年可接待 30000 人次的参观者。通过建设及开放 Neufchef 和 Aumetz 的铁矿传统文化博物馆，洛林铁矿工业记忆公司有效地保护并修复了洛林的历史矿山景点，这不但使洛林传统的历史文化得到了传播，而且让越来越多的人开始重新认识洛林。

Le Carreau Wendel 是法国最大的矿区旅游景点，也是洛林地区唯一一个较完整的展示法国煤矿开采历史与过程的景点。Le Carreau Wendel 矿井于 1991 年起永久地退出了历史舞台，随后被有关部门作为工业遗产保护起来。1988 年，Le Carreau Wendel 矿井被改建成了工业技术科学文化中心，同年又被改造成为了煤炭博物馆，维护它的工人协会也于该年正式成立，从此，Le Carreau Wendel 景点逐步焕发出新的活力。2006 年 6 月，该博物馆正式向法国大众开放，游客可以深入矿井深处去参观矿工的工作环境。在 Le Carreau Wendel 的煤炭博物馆暨矿山文化中心内，每个展厅都有自己的特殊功能，主要展现原工业生产重要部门的生产场景，如矿井、提炼室、加工车间等。游客可通过乘坐参观小火车（原矿工乘坐的交通工具）自由穿梭于每个展厅之间。Le Carreau Wendel 博物馆希望向大众展示一个比较完整的矿工工作场景。游客可以在地下参观名为"矿山，自然的伟大"的矿道，矿道里展出了图片和一些工人生产所用的器具、机器等；而且，游客还可以参观一些以怀旧为主题的地下作业环境。例如，游客乘坐经过改造过的舒适的运煤车进入地下矿道时首先映入眼帘的是一个荧光的地下区域介绍模型，这种方法可以很好地、直接地使游客初步了解矿道的基本情况。在参观展览过程中，游客由专业的矿工陪伴，矿工会全程讲解，游客可以在展览中认识和触摸一些机器设备，也可以通过穹幕电影从视觉上感受矿工的生产生活，还可以和矿工学习简单的机器操作，感受真实的采矿生活。同时，博物馆还为游客们增添了出售纪念品的商店、可供参观的车间和展览大厅。博物馆会不定期举办一些不同主题的展览，如以科学技术历史为主题的展览，展览内容囊括了天文、人类起源和技术发展等内容。

（三）辽宁可借鉴的国际经验

通过以上对英国、德国鲁尔区及法国洛林地区的工业遗产旅游发展情况进行梳理可以发现，这些国际上有代表性的工业遗产旅游区都曾是各国工业大发展时期的"功臣"，在当时都为各国的经济发展做出过极为重大的贡献，而辉煌过后，它们都曾在黑暗中迷茫过、失败过，但最终都走上了工业遗产旅游之路，并以这种形式重新塑造了城市的形象，成功地让城市再现活力。这一过程与辽宁抚顺西露天矿、阜新海州露天矿的情况极为相似，两个露天矿也曾有过十分辉煌的过去，是"共和国长子"的代表，而如今正逐渐走向衰败，面临如何转型的问题。而上述各个国家发展工业遗产旅游的成功经验正是为辽宁指明了方向，它们几十年的实践为辽宁的工业遗产旅游发展提供了许多值得借鉴的宝贵经验。总结一下，有如下几点。

1. 政府主导，规划先行

从国外的发展经验来看，任何老工业基地的转型都是政府直接干预的结果，这种大尺度的转型改造，没有政府的大力支持是不可能完成的。如德国、法国政府在推动老工业区重振的过程中从中央到地方均设有从事老工业区重振工作的专门机构，拥有一批专业性很强的队伍，各级政府在老工业基地重振工作中分工明确。同时，国外遗产旅游发展的经验表明工业旅游的开展首先需要有专门的机构负责，同时需要编制专门的规划来指导其发展。如英国的布莱纳文工业区，在1979年由11家营利机构组成的联合管理组织、当地政府和其他相关机构成立了威尔士旅游委员会（WTB），并制定关于Big Pit的一个中期战略发展规划。鲁尔区为发展工业遗产旅游制订了区域综合整治计划（IBA）。鲁尔区的成功转型，很大程度上得益于德国政府的科学性、前瞻性规划。为促进鲁尔区转型，德国政府专门成立区域规划联合机构，对区域资源和发展进行全面整合及规划，对鲁尔地区改造的基本原则、发展目标、改造重点和产业布局调整等都做出详尽的安排，这些规划成为鲁尔区产业结构调整的重要行动纲领，也是鲁尔区成功转型的保障。因此对于辽宁而言，一定要坚持政府主导，由政府成立专门的领导部门，完成统一的规划工作，并在此基础上完成基础设施、生态环境、投资环境及市场环境的营造等。

2. 多主体参与开发经营与经营管理

从国际经验可以看出，很多工业遗产旅游景点是由各级政府、社会团体、民间组织、私营企业等多主体经营开发的方式来避免开发目标单一的弊端。因此，辽宁在对工业遗产旅游进行开发时，可考虑政府、社会团体与工业企业部门联合开发，从社会效益、工业遗产保护、科普教育、社会休闲场所建设的角度开发景点，力争得到工业企业提供的包括资金、场所等必要的资源支持，这对于景点的建设和管理都具有十分现实和重要的意义。

3. 因地制宜，突出特色

工业遗产旅游的开发要依托一定的工业遗产旅游资源，应该注意突出各遗产资源的特色，忌同质开发。从国际经验来看，各国工业遗产旅游景点都是根据各地的特点，采取针对性的开发模式和开发策略，如Big Pit煤矿由于具有典型的代表意义，并做出过重大贡献，英国布莱纳文地区就其进行相关用途的再利用，以博物馆的形式进行保护和展示。同时，Big Pit矿坑借助输送矿工的垂直升降机将游客迅速坠入黑暗的矿井中，给游客以特殊的体验，这既有利于展示矿工的工作经历，同时又能满足游客猎奇的体验。而北杜伊斯堡景观公园因其厂房面积很大，周围的环境是住宅区，不容许高强度的利用，且其厂房、设备等具有较大的保留价值，因此将其改造为景观公园，并依托其巨大的空间开展室内外的演出活动、儿童游乐场等。因此，辽宁在对工业遗产旅游进行开发时，也要因地制宜，选择适当的开发模式与管理方案，当然对其开发可学习借鉴但不必完全效仿国外的模式，可根据实际情况开创新模式，关键是要依靠自身拥有的工业遗产的具体形态来开展旅游项目策划，从而塑造差异性，突出辽宁的特色优势。

4. 制定优惠政策，积极培育中小企业

中小企业是国民经济和社会发展的重要力量，在城市转型过程中，重视中小企业的发展对于吸纳退出行业的老职工具有重要作用。从国外的经验看，在发展工业遗产旅游的过程中，国外十分重视中小企业的发展，在培育中小企业上表现出很高的积极性，特别是在法国洛林地区还专门成立了中小企业孵化器，这有力地促进了中小企业的发展和洛林地区的工业转型。抚顺西露天矿的工业遗产旅游开发也要考虑对中小企业的培育，政府可组建一些为中小企业发展提供应用新技术、人力资源开发培训、拓展市场、咨询服务等多方面的专业化服务机构。此外，政府还应该运用一些优惠的财政税收政策，对特定项目的重点资助、对风险投资的鼓励等促进吸纳劳动力的劳动密集企业、中小企业和创意企业的发展。

5. 拓宽发展思路，注重产品的多元化开发

发展成熟的工业旅游景点其发展目标是多样的，其所提供给游客的产品是系统丰富的。英国、德国、法国三个国家在进行工业遗产旅游开发的过程中都在利用旧工业区的基础上充分注重多目标和多元化产品的开发，在吃、住、行、游、购、娱各个方面都有体现，如建设儿童游乐园、多媒体和影视中心、展览馆、饮食文化街、购物中心等，甚至有的景点将高科技技术融入景点的开发建设中。因此，抚顺西露天矿的开发也应该拓宽思路，把发展目标从创收为主的经济效益型向兼顾经济效益、社会效益的综合效益型转变，把教育功能、文化遗产保护功能等纳入发展目标中来；把产品的开发从单一的观光型旅游产品拓展到系统的包括餐饮、住宿、娱乐、购物等多元化的具有深度体验的产品开发上来，这对于西露天矿的长久发展具有重要的意义。

6. 多层面、多种方式的宣传营销

从国外的工业遗产旅游实践经验可以看出，工业遗产地采取了自上而下的全方位的宣传营销。如在英国地区，从国家层面，政府为宣传工业遗产旅游，设计了一系列的宣传方案和口号，积极推动国内旧工业区整体的工业遗产旅游发展；而从景点自身的层面上说，各景点又会根据自身的特色有计划地进行营销活动和市场推广。在德国的鲁尔区，"IBA计划"也对各旅游景点进行了一体化的营销和推广。因此，辽宁工业遗产旅游的营销手段也可借鉴国外的经验，多动脑筋，从多层面、多种方式入手，如可采取产业联合，实现类似于英国"六遗址集团"的组团式营销。

7. 设立遗产保护基金，多渠道筹措资金

资金是进行遗产保护和开发的必备条件，从上述三个国家开发管理工业遗产旅游的资金来源看出，各地区主要采取政府、私人直接投资、建立基金和吸引国内外投资等多种方式获得资金。其中一个重要的部分就是建立基金，如英国就建立了政府与非政府性的多项基金，保证有充足的资金进行工业遗产的保护与再利

用。而在法国洛林地区，不仅建有特别基金，还通过获得外国援助和吸引国外投资方式获得资金。对于辽宁而言，也要多渠道筹措资金，大力争取政府的重视和资金支持，制定优惠的招商引资政策吸引私人投资开发。可设立专门的工业遗产保护基金，或者申请利用国家的福利彩票基金设立遗产彩票基金，让公众参与到遗产的保护中来。同时，也可考虑与查尔斯王子基金会在中国设立的分部合作，从而获得国外的资金支持。另外，还可考虑申请与国外工业遗产旅游地结为"兄弟景点"，从而获取国外的资金援助。

8. 充分利用人力资本，促进劳动力再就业

从国外工业遗产旅游的发展历程来看，工业遗产旅游的缘起是由于地区经济的逐渐衰败，大量的员工处于失业状态，社会问题严重。而各国在最终选择以开发工业遗产旅游的形式进行城市转型时，为了解决下岗失业问题，将旅游开发和职工培训结合起来，充分利用工业区的原有矿工，通过开展职业教育和技术培训实现再就业。另外，各地区也充分发挥大量技术人员能力，如在许多景点都由原工业区的工人担任导游，通过他们的陪同讲解，游客可以享受到深度的工业遗产游体验。这种方式既较好地解决了转变发展方式过程中富余人员的就业问题，也为游客的游览消费增值。因此，在开发工业遗产旅游时，要利用好辽宁充足的人力资源，通过统一的培训，使其实现再就业。

9. 增强保护意识，注重环境整治与恢复

工业遗产不仅具有广泛的价值，同时又是工业遗产旅游发展的物质载体，两方面的原因都需要加强管理和保护。通过国外工业遗产旅游的实践可以看出，所有景点工业遗产的开发都是在保护的基础上进行的，都经历了发现、保留、研究、规划和再利用的过程。正是通过加强管理保护，各景区景点才成功地发展了工业遗产旅游。而从工业遗产旅游景点资金来源也可以明显地看出国外对于保护工业遗产的重视程度。由于工业遗产地往往都是环境比较差的地区，因此在保护工业遗产的同时，国外也很注重景点的生态环境恢复治理。辽宁在发展工业遗产旅游时也要充分重视对工业遗产的保护，只有保护好那些有限而又宝贵的资源，才能延续他们的功能，展现他们的价值，实现由废至宝的转变。同时，要特别注重环境的治理与生态保护的问题，它是发展可持续旅游的前提和必要保障。

三、辽宁工业遗产保护与工业旅游发展思路及对策研究

（一）总体思路

辽宁应转变发展工业遗产保护利用和工业旅游发展的观念，充分利用辽宁工业大省的工业遗产和工业产业优势，围绕老工业基地振兴，大力推进旅游与工业的融合联动发展，做大做强工业旅游产品生产、加工、销售产业链，带动实现工业产业增收和工业结构升级，同时加强不同类型工业旅游和工业遗产旅游项目的开发建设，构建旅工融合发展产业链，实现"旅游拉动工业，工业促进旅游，工旅互动、优化增效"的目的。特别是要依托沈阳铁西区工业遗产、鞍山钢铁工业等重点大型工业企业，彰显辽宁工业历史悠久、地位独特、规模巨大、品牌突出等特点，重点打造工业旅游产品体系和产业体系：充分利用废旧厂房及工业设施，发展类似于北京"798"的主题化工业遗产文化创意基地；依托沈阳铁西、沈飞航空、阜新风电、铁煤集团等大工业和特色工业，开发工业观光旅游；依托大连等港口，结合滨海、海上旅游项目开发港口观光旅游；利用蒸汽机车等工业遗产结合婚纱摄影、生活体验等主题，开发怀旧特色旅游，创建主题影视基地；利用辽宁特色地方资源，打造鞍山岫玉、阜新玛瑙等传统工艺品和辽阳皮革制品等特色商品的系列主题线路。

（二）发展建议

1. 集合社会各方力量，多方提供政策与资金保障

工业遗产的保护和合理利用离不开政府各相关部门、企业和社会各界力量的共同努力。因此，要从根本上确保工业遗产保护与合理利用，就必须发挥社会各方力量参与。

（1）各级领导和相关部门的高度重视是关键。各级政府应转变观念，政府应在工业遗产保护和工业旅游发展中发挥主导作用。明确工业旅游与城市发展的关系，对工业旅游资源统一进行规划，将其作为城市旅游经济新的增长点，分期进行开发，促进城市的整体发展。同时，要加强对外宣传，为工业遗产保护和工业旅游发展创造更为有利的环境。政府要协调解决工业旅游开发中出现的各种问题，创造良好的政策环境，加强工业旅游的宏观管理和规划指导。在资金投入、

优惠税收和提供信贷等方面对工业旅游的开发与经营给予支持，对一些经济效益不太好却有旅游开发价值的企业给予有效的扶持。帮助企业做好旅游宣传促销、业务培训和服务质量管理工作。利用"振兴东北老工业基地"的政策，高效率发展政府主导型工业旅游。

（2）多部门协作的工业遗产保护机制是保证。多部门协作的机制，有利于更好地推进工业遗产保护利用工作。工业遗产保护管理不应只是文物部门的事情，同时也需要国家发展和改革委员会、经信改革委员会、财政部、住建部、国资委、旅游部等相关部门合力推动，才能取得更好的效果。以本溪湖工业遗产群为例，在各级领导的高度重视下，由本溪市委、市政府成立了由 22 个成员单位参与的"本钢一铁厂旧址保护开发利用"领导小组，通过多部门协作，本溪湖工业遗产群成功入选第七批全国重点文物保护单位、中宣部第二批全国红色旅游景点，并从国家发改委申请到专项资金进行道路和环境整治，有效地加强了对工业遗产的保护。

（3）充分调动产权单位参与保护的积极性，产权单位积极保护利用态度是工业遗产保护利用的内在动力。大部分工业遗产产权归属于企业，它们是工业遗产保护利用的主体，日常维护、看管、健全制度等是保护利用的内在机制。要以具有较大辐射带动作用的企业为核心，重点打造一系列工业旅游基地。结合企业体制改革和产品结构调整，充分调动企业开发旅游的积极性。坚持"双赢法则"，制定合理的价格和利益分配关系，帮助开发工业旅游的企业建立确保主副业协调发展、相辅相成的发展机制。

（4）正确引导社会力量参与保护的主动性。工业遗产的保护利用应激发社会各界关注，应利用多种传媒手段，通过多种形式的宣传，提高民众的文化遗产保护意识，激发民众的保护热情，营造工业遗产保护的舆论氛围，引导社会力量的积极参与，进而形成推进工业遗产保护利用的强大力量。

2. 确定目标市场，搞好客源市场开发

工业旅游的客源市场基本分为三类：学生市场；各类考察、学习、参观、交流人员市场；其他市场。根据调查，目前到企业来旅游的游客中政府官员的考察、取经和相关企业的学习参观人员占相当大比例。广为人们所看好的学生、教师市场；其次，他们一般为开展活动集体组团而来，开展工业旅游应优先抓住这一市场，并采取措施激活这一市场。当然，对于工业旅游来说，仅有这两类市场是不够的，当条件较成熟时，可考虑开发中老年市场和家庭市场。在国外，工业旅游对家庭有很大吸引力。如法国，很多家庭利用周末或节假日参观核电站、啤酒厂、制糖厂和矿山。专业性旅游市场面对的是对工业专门技术、管理等感兴趣的专业人员构成的来自更广泛领域的特殊旅游群体，如沈阳蒸汽机车陈列产品等。农村市场是最有发展潜力的工业旅游市场，富裕起来的农民旅游的需求强烈，游览与他们所处的农村截然不同的现代化城市是很多人的愿望。老年市场是工业旅游市场的重要组成部分。工业旅游还可以通过与旅行社联合推出工业旅游产品来吸引游客，不仅可以扩大异地旅游客源，更可以增强当地的旅游吸引力。

3. 以工业旅游促进城市的发展，提升城市形象

全省各地市旅游局应把工业旅游作为宣传城市品牌、提升城市知名度的一条有效途径，不断加大工业旅游产品开发力度，扩大工业旅游的规模和数量，完善产品质量与配套设施，引导企业将工业旅游与休闲度假相结合，建设集参观考察、餐饮住宿、健身娱乐为一体的综合性旅游产品，真正把工业的魅力渗透到旅游活动的诸要素中，使工业旅游产品走向成熟。进一步整合全省工业旅游资源，促进企业和旅行社联合开拓、完善一日游、二日游和三日游精品线路，构建内容丰富、良性互动的工业旅游产品体系。同时，加大工业旅游宣传促销力度，全面打造"中国工业之旅"品牌，使工业旅游成为辽宁现代旅游业中一道亮丽的风景线。

4. 具体建议

对于推进工业遗产保护利用和工业旅游发展工作，主要有以下几方面具体建议：

一是加强工业遗产的保护和合理开发利用。建议成立专项领导小组，由宣传、文化、经济、建设、规划、国土、科技、环保等部门单位组成联合工作机构，并邀请历史、经济、社会、美术设计、建筑规划、科技工程、环境保护等领域的专家学者组成"智囊团"，提供决策咨询。在全省范围内开展工业遗产的普查、认定，建立工业遗产评估标准，实行分类分级保护，列出清单，建立工业遗产数据库，做到底子清，情况明，为后续工作奠定基础。区别对待，合理利用工业废弃设施的历史人文价值，编制工业遗产保护专项规划，争取将这些工业遗产列入不同级别的文物保护单位，并将工业遗产保护纳入城市建设总体规划。应做到地区保护与发展结合，将保护工业遗产的规划与各地市的经济发展规划相衔接结合。保护与利用相结合，根据工业遗产的重要程度，分类保护，最重要的工业遗产地必须保持其完整性和原真性；一般性的工业遗产可以适度地改造和再利用，使工业建筑获得经济可行的保护。

二是完善相关法规体制，出台相关的优惠政策。工业遗产作为新型的文化遗产，我国还没有专门的法规政策，相关法律和保护政策也不健全，致使工业遗产保护工作中缺乏针对性的法规约束和政策指导，开展保护工作的难度较大。所以，完善相关的法规体制，增加工业遗产保护相关条款，制定《工业遗产保护条例》，可以使工业遗产得到有效的保护与合理利用。出台鼓励企业投入工业遗产

保护的优惠政策，实现工业遗产本体保护与产权单位管理的最佳结合，发挥工业遗产保护与合理利用的最大效能。

三是制定工业遗产保护和工业旅游发展规划。工业遗产保护和工业旅游发展规划应明确发展重点，分阶段逐步推进。依托现有资源开发新的工业旅游产品，对拟建、在建和建成的工业项目全面普查，进行可行性分析论证，把开发工业旅游作为工业企业产业结构调整、加速多种经营、参与市场竞争的开拓性项目来抓。每年筛选一批工业企业，例如在历史上产生重大影响的工业遗迹，以及一批新兴的科技含量高、管理规范的现代化企业，协助申报"全国工业旅游示范点"，争取在几年内实现辽宁的"全国工业旅游示范点"数量倍增，达到 60 个。要确保已经进入"全国工业旅游示范点"的企业在已有基础上进一步丰富工业旅游产品，完善接待设施，强化员工培训等。以重要工业旅游项目为依托，重点打造一批具有鲜明特色的、在全国有影响力的工业旅游基地。

此外，按照全国工业旅游示范点的标准进行管理和规范，促进工业旅游的接待人数、经济效益、社会效益、环境效益等方面协调发展，使企业的旅游产品、旅游设施、旅游管理、旅游经营更加符合工业旅游的特点及要求，进一步改善工业旅游产品的自然、人文环境，加强其可进入性和安全性，确保工业旅游可持续发展。要串点成线，开发一系列工业旅游精品线路。

制定出优先发展的工业旅游项目的 4 条标准：有一定资源基础，文化加工和活动拓展有较大空间；市场前景较好，包含若干旅游卖点，具有市场吸引力；有一定建设基础，开发可行性高，具有一定的发展空间；利于资源整合，强强联合、优劣互补打造旅游精品。确定辽宁未来一段时间要重点建设的 10 大工业旅游基地，即沈阳沈飞航空工业旅游基地、沈阳铁西工业遗产旅游基地、沈阳食品工业旅游基地、大连船舶工业旅游基地、大连工艺品工业旅游基地、鞍山岫玉工业旅游基地、阜新海州露天煤矿工业遗产旅游基地（国家矿山公园）、阜新玛瑙工业旅游基地、铁岭蒸汽机车工业遗产旅游基地、盘锦石化工业生态休闲旅游基地等。

四是以大中型企业为依托来发展工业旅游。大中型企业一般有较长的发展历史，在本地区或全国范围内有一定的知名度，工业产品种类多，工业流程较为复杂，装备良好。以这些企业为核心开发工业旅游，对游客吸引力大，能够产生较好的旅游开发效果。如果在核心企业周围有其他类型的企业，将其联合起来一并开发会取得更好的效果。企业具体应做好以下工作：第一，增强配套设施，完善服务工作。首先，企业要对选择好的工业旅游的景点进行加工美化，开辟旅游通道，建立核心技术的保密措施。其次，要增设与企业相关的历史、文化展馆和科技馆，使游客了解企业文化、企业历史以及与企业生产领域相关的国内外信息、产品发展走向和产品功能、特点、科技原理等，增强趣味性。此外，要建设好接待服务场所，配备舒适、方便的游览专车，为游客创造良好的旅游条件。最后，要大力培养专业的、高素质的导游服务队伍，提供礼品与宣传材料，增进游客对企业、工艺、产品的了解，起到对企业的积极宣传作用。第二，加强企业与旅行社的联合。要想更好地开展工业旅游，工业企业与旅行社必须紧密合作。旅行社要配合工业企业在线路的开发、宣传与市场的推广、客源的组织方面发挥优势。工业企业可以在为旅行社提供旅游吸引物、商品、纪念品，完善旅游配套设施，优化、美化环境等方面施展自己所长。企业与旅行社合作，将工业旅游与绿色旅游、红色旅游等旅游类型融为一体，建立统一的营销系统。

五是加强工业遗产与文化创意产业、旅游产业的对接。加强对工业遗产的合理开发利用，支持工业遗产与创意产业、旅游产业的对接。支持各地和企业利用闲置的老厂房、建立创意产业聚集区，引进文化设计、科技创意、艺术作坊等文化企业，打造地方特色的文化创意园区。工业遗产旅游资源是辽宁许多城市特有的优势资源，带有较强的地域性和垄断性，各城市可以整合工业旅游相关资源，高效利用资源与客源共享，精心打造辽宁工业遗产旅游的品牌和旅游线路，形成区域联动效应。

六是推出工业旅游精品线路。在一定区域内，有旅游价值的工业企业类型不尽相同，同类型的企业中也只有最突出的才具有吸引力。这就需要认真做好工业旅游线路的统筹，在产品组合上形成集聚效应，把几个互有差异、各具特色的工业旅游点组合起来形成"工业之旅"专项产品，纳入城市旅游线路。要加大工业旅游产品创新攻关力度，整合辽宁的工业企业，进行合理的线路开发与设计，精心打造出若干条精品工业旅游线路。

（1）辽宁工业遗产游。工业遗产旅游资源是城市特有的资源优势，带有较强的垄断性和地域性，各城市间可以整合旅游资源，高效利用客源资源，精心打造工业遗产旅游的联合品牌，形成区域联动效应。工业遗产旅游线路的设计开发，可以结合抚顺露天煤矿、阜新采煤工艺、鞍山钢铁、沈阳蒸汽机车、日伪时期的军工企业等，开发辽宁工业遗产旅游，形成区域联动效应。同时，旅游产品的设计还可以进行时空组合，涉及不同的主题，如煤炭、石油、钢铁工业以及玻璃、酿酒、贝雕等手工制品业，时间上可分为洋务运动时期、新中国成立、改革开放之后等不同工业发展阶段。

（2）中国第一工业企业游。辽宁在中国工业史上，曾经创造了100个"第一"。可以从制造这些"第一"的工业企业中选出一定数量的、具有特色的企业进行合理的线路开发与设计，打造出一条"中国第一工业企业"连环游。

（3）蒸汽机车工业遗产之旅。辽宁现有可运行的蒸汽机车50余台，分布在阜新、铁岭、朝阳等地。其中铁煤集团有 20 余台，鞍钢、本钢、阜新煤矿等地也有部分蒸汽机车可运行。沈阳的蒸汽机车陈列馆，陈列了 8 个国家 20 多台旧式蒸汽机车。把这些点串联起来："沈阳（铁西）—铁岭调兵山—清河—本溪—鞍山—阜新—朝阳"，形成动静结合的蒸汽机车旅游线。

（4）"海陆空"运输工业之旅。把大连船舶工业公司（海）和沈阳华晨宝马汽车生产工业游项目（陆）、沈飞航空博览园（空）等工业旅游资源组合开发，在一次旅游中实现探索"海陆空"立体运输工具制造的工业之旅。

（5）多彩工业体验之旅。可以把"阜新十家子玛瑙城（红）—沈阳乳业有限责任公司工业园（绿）—大连港（蓝）—本溪市南芬区露天矿（黑）—沈阳航空博览园（白）"组成一条体验线路。

（6）寻宝之旅。通过串联："中国玉都"—鞍山岫岩、"中国玛瑙之都"—阜新（十家子）、"中国琥珀之都"抚顺，以及大连盛道玻璃制品公司等企业，体验探索玉石、玛瑙、煤精、琥珀、水晶制品等特色工艺品的形成、生产、加工和制作奥妙。也可考虑借助节庆组织短期整合相关旅游资源，推出有吸引力的工业旅游产品。例如，大连旅游局和各家旅行社可以联合打造"大连啤酒节两日游"活动，届时将大连盛道玻璃制品厂、大连珍奥生命园、大连路明发光科技股份有限公司、大连明清家具艺术品有限公司、大连港、大连长兴酒庄酒文化博物馆和大连华丰集团等工业旅游景点与啤酒节活动串联起来，组合成"两日游"，实现旅游资源新的整合。

七是与其他旅游资源开发利用相结合。辽宁除了具有与资源相关的工业旅游项目，还具有独特的自然景观和人文景观，发展工业旅游要注意同非资源型旅游结合起来，在工业旅游中融入吃、住、行、游、购、娱六大要素，带动整个旅游业发展。

八是加大资金投入，建立相应的基金组织。各级财政和金融部门应加大对工业遗产保护的资金投入，为工业遗产的保护提供资金保障。由国家、社会筹资，建立全国工业遗产保护利用基金会，设置社会基金组织，管理基金运行，从而使工业遗产的保护和合理利用走上良性发展道路。

九是加强遗产保护机构和人才队伍建设。重视工业遗产保护机构和专业文物保护队伍建设，构建科学的文化遗产保护体系和工业旅游产品体系，促进文物保护事业、文化创意产业和旅游产业的快速发展。

辽宁老工业城市在工业遗产保护和工业旅游发展进程中应积极朝着区域联合的方向迈进，既包括省内城市的联合，也可以考虑与周边的省区（吉林、黑龙江、内蒙古等）进行联合开发工业旅游产品。打造具有核心竞争力的工业旅游联合产品，彰显辽宁和东北老工业基地的魅力。

第五章　展望辽宁乡村与黑土地文化旅游

　　围绕建设乡村黑土地文化旅游，以休闲度假为核心，加快运动娱乐、商务休闲、历史文化体验、乡村风情观光四大功能建设，完善辽宁 14 个城市的乡村黑土地文化旅游景区：新民乡村文化与黑土地文化旅游、向应街道乡村文化与黑土地文化旅游、唐家房镇乡村文化与黑土地文化旅游、三块石佟庄子乡村文化与黑土地文化旅游、东风湖旅游度假村乡村文化与黑土地文化旅游、凤城大梨树村乡村文化与黑土地文化旅游、河洼村乡村文化与黑土地文化旅游、黄丫口乡村文化与黑土地文化旅游、桃李园民族文化村乡村文化与黑土地文化旅游、瓦子村乡村文化与黑土地文化旅游、鑫峰现代农业观光园乡村文化与黑土地文化旅游、鑫安源绿色生态园乡村文化与黑土地文化旅游、开原象牙山旅游景区乡村文化与黑土地文化旅游、盘锦前所现代农业园区乡村文化和黑土地文化旅游。

　　其中，以铁岭为核心，重点建设八大乡村与黑土地文化旅游区，分别是：新民乡村文化与黑土地文化旅游、唐家房镇乡村文化与黑土地文化旅游、佟庄子乡村文化与黑土地文化旅游、东风湖旅游度假村乡村文化与黑土地文化旅游、凤城大梨树村乡村文化与黑土地文化旅游、黄丫口乡村文化与黑土地文化旅游、桃李园民族文化村乡村文化与黑土地文化旅游、开原象牙山旅游景区乡村文化与黑土地文化旅游。推进规划建设浪漫乡村度假基地、关东农家小院、郊外田园、水上乐园、蔬果缤纷农庄、深山佛庙、桃李园民族文化村、象牙山休闲度假山庄八个对应项目，将辽宁乡村与黑土地文化旅游"黑土地风情、原生态农家"这一品牌唱响。

一、发展背景、资源条件和现状基础

(一) 发展背景

乡村文化旅游资源是乡村旅游资源的一种，是指乡村地域在历史发展过程中创造和发展起来的、能够吸引人们产生旅游活动的物质文化和精神文化的总和。乡村旅游始于法国，其最初的发展是欧美度假旅游发展的一种空间选择，始于一群到乡村度假的贵族，他们品尝野味，乘坐独木船，与当地农民同吃同住。通过这些活动，他们重新认识自然，城乡居民之间的交往变得频繁。后来，各国相继有了乡村旅游。20 世纪 80 年代以来，欧美乡村文化旅游已走上规范发展的轨道，显示出极强的生命力和越来越大的发展后劲。而乡村旅游的本质特征是乡村文化，即假日里在乡村登山、打猎、参与农事及民俗活动，迎合都市人返璞归真、崇尚自然的心理需求。

乡村旅游为都市游客提供的消费价值，主要体现为一种精神的满足，人们通过参观古民居、科技农业园，欣赏民俗文化和田园风光，品尝农家食品、参加务农体验等活动，追求的不是物质上的索取，而是精神上的享受和文化知识的获得，这一点同文化消费完全相同。且从另一方面也丰富了我国生态旅游的内容，符合我国旅游产品结构化调整的客观要求，是旅游开发形式转型的新探索。

我国各地大都已认识到乡村文化旅游的价值所在，我国幅员辽阔，山川秀美，特产丰富，民族繁多，景观独特，发展潜力巨大，是具有悠久历史的农业国家，丰富的农业资源，多彩的田园风光，丰饶的土特产品，多样的民俗风情，为希望亲近农业劳作，贴近自然山水，品尝土特产品，感受恬静悠闲，领略民族特色的人们提供了理想的去处。近年来，各地兴起一大批特色鲜明、形式多样的乡村旅游活动，旅游开发主要以农业观光和休闲农业为主，主要模式有以富有特色的农业景观为主导的观光农业型；以新农村建设典型为主导的现代新农村型；以革命红色资源为主导的红色旅游型；以古村落文化为主导的古村小镇型；以生态资源为主导的绿色森林型；以滨海风景和渔家风俗为主导的海岛渔村型；以浓郁的民族风情为主导的民族村寨型，旅游产品日渐丰富多样。

(二) 资源条件

一是自然资源优势，农业文化资源丰富。辽宁旅游资源丰富，农村景观类型多样，农耕文化久远，拥有发展乡村文化旅游的优越条件。如丹东宽甸的大桃园，利用村里的万亩果园资源，春季赏花观光，秋季采摘瓜果。又如大连石河现代农业园区，本溪市虹鳟鱼良种场利用农业科技文化资源发展旅游。

二是独特的民俗民风，特色文化资源丰富。辽宁既是边境省份，又是沿海省份，地处山海关外，有悠久的契丹文化和满清文化，多姿多彩的关东风情，丰富的民间典故传说，都是发展乡村旅游业不可多得的文化资源宝藏，完全可以打造出国内外知名民俗味乡村旅游品牌，成为辽宁文化旅游产业经济新的增长点。

（三）现状基础

辽宁农业资源非常丰富，农村景观类型多样，农耕文化悠久，具有发展乡村旅游的优越条件。目前，辽宁依靠其独特的民风民俗、地方文化，如富有特色的乡村劳作和生活方式、婚俗习惯、传统节日活动、传统饮食等，形成众多乡村文化旅游景区。

通过研究发现辽宁乡村文化和黑土地文化旅游存在的问题主要包括以下方面：①开发重视程度不够，规划不够科学合理。辽宁乡村旅游相对还不发达，不成熟，开发粗放，仍处于低水平的初级开发阶段，许多地方的景区开发还只停留在很浅的层面，多数乡村旅游景区（点）只重视景区内相关游览项目的布局和建设，而对更深层次的游客参与性、体验性、趣味性项目的设置和建设顾及较少，综合性开发力度不够，资源利用率较低。②不能够满足游客精神需求。乡村旅游追求的是心灵的体验，但目前辽宁很多景区多以低层次的观赏型农家乐为主，将乡村游简单化为在农村过周末，吃农家饭、玩纸牌、聊天，缺少有一定内涵的娱乐节目，无法满足游客更多的心灵需求。③基础设施建设不够完备。辽宁乡村文化和黑土地文化旅游景区多在农村，相对偏僻，由于政府对旅游项目投入的不足，在人、财、物上处于劣势，设施不完善，交通不便，旅游接待服务水平较差，会挫伤旅游者的兴趣和积极性。④相关人才缺乏，景区人员素质不达标。缺乏人才、缺少创新是当前乡村旅游存在的普遍问题。辽宁一些乡村旅游从业人员素质参差不齐，普遍缺少专业知识、经营意识和管理技能。不少景区由当地村干部主持，没有经营理念，对员工也缺少培训，景区从业队伍整体文化水平有限，直接影响乡村旅游的健康发展。⑤缺少健全的利益协调机制。政府、社区、投资者、农户四支力量在乡村旅游利益分配中不平衡，政府、投资者的利益往往占主导，而作为乡村旅游主体的农户，则普遍处在被忽视的地位，直接影响农户参与乡村旅游的积极性。

二、发展优势、关键挑战和基本研判

(一) 发展优势

一是乡村文化旅游资源优势。辽宁的乡村旅游资源十分丰富，不同的农业景观类型和不同的休闲体验项目都为辽宁乡村旅游发展提供了资源支持。同时，辽宁文化旅游资源同样非常丰富，乡村文化与黑土地文化蕴含在不同的旅游景区中，共同构成辽宁乡村与黑土地文化旅游宝贵的物质基础。

二是发展趋势和现状优势。近年来，辽宁依靠其丰富的农业资源、类型多样的农村景观、独特的民风民俗和地方文化以及独具特色的传统饮食等、开发出一系列颇受欢迎的乡村旅游产品。辽宁的乡村旅游注重树立品牌，几年的时间就形成了一批有一定特色的新型旅游项目。比如，辽宁沈阳的农业博览园、大连金科生态园艺场等。辽宁建立在良好发展势头上的乡村文化旅游有着很大的发展空间。

三是区位优势，交通便利。辽宁的大多数乡村旅游地分布在距主要城市100千米范围内，非常适合省内短期游、近地游。辽宁还拥有四通八达的网络公路和稠密的铁路网络，"十一五"期间，农村客运得到快速发展，农村客运网络的通达深度和覆盖范围得到拓展，方便游客出行，为促进乡村旅游发展提供了保障。

四是政策优势，经济发展机遇优势。国家制定的"振兴东北老工业基地"发展战略，把东北振兴和西部大开发放在同等重要的地位，东北有望继珠三角、长三角、京津唐地区之后，成为中国经济第四个增长极。这也需要统筹城乡发展，促进城乡共同繁荣，从而有助于加快乡村旅游的发展，推动新农村建设，提升区域整体的经济实力和优化区域产业结构，加速老工业基地的振兴。

五是游客日益增长的需求。随着大众旅游需求的持续高涨，休闲方式呈现出多元化。旅游业的迅速发展，也让省内游、城郊游等短途旅游越来越受到人们的青睐。到农村去，吃农家饭，体验乡野的农家生活，感受乡村文化，也越来越被众多市民所接受。

(二) 关键挑战

一是乡村旅游产业链问题。辽宁乡村文化旅游产业链条近几年虽有一定延伸，但总体来说产业链条较短，与农产品生产加工销售没有形成较强的关联作用。与其他产业的联动也较弱，表现为乡村文化旅游没有与林业、牧业、工业、康体健身旅游相结合，观光旅游没有与餐饮、住宿、娱乐、特色旅游商品相结合，这在很大程度上降低了乡村旅游的发展速度与经济效益，也限制了游客的多方面旅游需求。

二是从业人员素质问题。相关从业人员对乡村文化和黑土地旅游不够了解。除少数成熟、高档的景点之外，大部分从业人员都存在此类问题。以农家乐为例，很多农舍经营者在公路上拦车、拦截过往游客，使很多外地游客有警戒心理，不敢轻易体验；在乡村文化旅游相关知识方面，也不能从风光介绍、娱乐情趣、民俗风情等多方面进行专业、系统的介绍，没有把景点的秀美风光、活动项目蕴含的乐趣与文化传达给客户，自身对乡村文化和东北黑土地文化的认识程度和了解深度都不达标，不利于乡村文化旅游的发展。

三是经营管理问题。乡村旅游的管理人员水平不够高，管理不规范，相关部门领导对行业管理的指导也不到位。由于乡村旅游的经营者素质普遍不高，又缺乏必要的管理培训，明显跟不上市场对其发展的要求。同时，乡村旅游产业缺乏专业管理人才。没有专业管理人员的统一管理，会使本来就松散的乡村旅游经营者更加松散，没有专业管理人员的引导，也很难加快乡村旅游向前发展的速度。

四是环境保护问题。从业者对乡村旅游景区的环保重视不够，大部分农家乐比较集中的村镇旅游景区没有环保设施。随着农家乐游客数量的增加，汽车尾气、餐馆、客房等排放的废气和生活污水、固体垃圾等，污染和破坏了农村的生态环境，影响了新农村的建设和旅游环境；个别旅游景区没有停车场地，车辆停在路边，存在交通安全隐患。

（三）基本研判

近年来，辽宁乡村旅游发展迅速，"十一五"期间，全省乡村旅游接待总人数 2.29 亿人次，乡村旅游总收入 813.6 亿元。2011 年，全省乡村旅游接待游客人数达到 1.07 亿人次，旅游总收入 436.98 亿元。辽宁黑土地与乡村文化旅游以乡村为载体，在促进乡村旅游的发展中起到非常大的作用。推动黑土地与乡村文化旅游的发展，更好地与乡村旅游契合，使辽宁文化旅游产业更上一层楼。

一是市场需求大，但基础设施建设不能满足需求。一方面，来到乡村的旅游者，大多是常住在经济和文化相当发达、思想观念更新较快、文化素养相对较高的辽宁及其周边省市的都市群体，具有多样化、高层次的审美情趣。另一方面，乡村旅游的目的地资源相当丰富，但受人力、财力、智力等因素的限制，在提供旅游产品和旅游服务上与满足都市旅游者的需求之间，难免存在不同程度的差距。这种差距，有物质上的，也有精神上的，更多的还是文化上的差距，它们成为制约乡村旅游的症结所在。

二是辽宁乡村文化旅游拥有良好的资源条件，但大多停留在低水平的发展状态。辽宁乡村自然景观优美、历史遗迹众多、文化积淀丰厚。同时辽宁又是44个少数民族聚集区，民族风情精彩各异。优越的乡村旅游资源和人文资源，为发展黑土地乡村文化旅游提供优越的资源基础。但辽宁乡村文化旅游整体发展处于探索的起步阶段，规模、产品、服务、从业人员素质等还不能满足日益增长的休闲、度假、会议等市场需求，还有着很大的开发空间。

三是乡村文化旅游文化活动日益丰富，有利于促进农村发展。农事活动是乡村游营销的主要方式之一，辽宁在围绕举办多年的"沈阳苏家屯草莓采摘节"、"大连金州新区国际樱桃节"、"鞍山南果梨采摘节"、"铁岭大甸子羊汤文化旅游节"等40多个乡村旅游节庆活动的基础上，还推出五彩缤纷的秧歌、二人转等节事、赛事活动，满足市场对民间文艺节目的不同需求。在塑造和培育挖掘地方乡村旅游文化品牌的同时，推进城乡交流，激发农村活力，丰富农村文化生活，促进城乡互动，并在互动过程中实现观念转变、素质提高、市场意识增强和城乡文化交流，极大地促进了农村的发展。

三、发展定位、总体目标和战略路径

从"乡村文化旅游产品创新设计、乡村文化旅游格局科学谋划、乡村文化旅游品牌形象与标识系统创意推广、人本服务和智慧管理"等角度推进辽宁与国际一流乡村文化旅游地建设标准的全面接轨，助推辽宁乡村文化旅游的快速发展，成为辽宁文化旅游产业经济新的增长点。

（一）发展定位

目前辽宁旅游产业发展定位为乡村与黑土地文化大主题旅游目的地。以"以点带面、以活动带发展"为理念，以铁岭为核心开发点，带动辽宁其他项目整体贯穿东北乡村的黑土地文化，结合铁岭地区的资源特点和乡村旅游发展现状，通过策划乡村旅游中的节事活动、主题活动、比赛活动和黑土地文艺演出等方式来带动辽宁乡村旅游发展，带动不同的景区展示同样的黑土地乡村文化特色，塑造"黑土地风情、原生态农家"这一大品牌。实现乡村各种旅游产业的积聚和整合，形成一条完整的旅游产业链，实现会议集群、休闲度假集群、餐饮饮食集群、文化演艺集群、黑土地特色观光旅游集群等产业整合打造，形成"吃、住、行、游、娱、购"一条龙的复合全功能乡村与黑土地文化大主题旅游目的地。

联动辽宁乡村与黑土地文化旅游重点建设地区，提升黑土地文化品位，创新乡村文化发展，打造"黑土地风情、原生态农家"这一品牌。以新民乡村文化与黑土地文化旅游、唐家房镇乡村文化与黑土地文化旅游、佟庄子乡村文化与黑土地文化旅游、东风湖旅游度假村乡村文化与黑土地文化旅游、凤城大梨树村乡村文化与黑土地文化旅游、黄丫口乡村文化与黑土地文化旅游、桃李园民族文化村乡村文化与黑土地文化旅游七大景区为主要建设景区，以开原象牙山旅游景区乡村文化与黑土地文化旅游为重点。促使各地黑土地与乡村文化旅游景区积极对接"乡村与黑土地文化大主题旅游目的地"建设这一大战略，打造大主题，同时铁岭也应勇于承担辽宁黑土地文化代言的重任，成为辽宁乡村与黑土地文化旅游发展的核心抓手，推动辽宁文化旅游发展，促进辽宁文化事业发展，力争成为辽宁旅游发展中的"黑马"。

（二）总体目标

以休闲度假为核心，加快运动娱乐、商务休闲、历史文化体验、乡村风情观光四大功能建设，大力发展辽宁乡村与黑土地文化旅游，使辽宁乡村与黑土地文化旅游大幅度发展，建设一批重点旅游项目，推出文化旅游精品，唱响"黑土地风情、原生态农家"的旅游品牌，为辽宁旅游产业的发展做出贡献。辽宁2015年旅游总收入达到6091亿元，2020年旅游总收入力争突破10000亿元。将辽宁乡村与黑土地文化旅游建设成为辽宁文化旅游产业新的经济增长点，成为辽宁文化旅游的新亮点，力争成为国内一流的特色文化乡村旅游基地。

（三）发展思路

一是根据市场需求，定位求实。乡村旅游资源的项目建设应该建立在市场调研的基础之上，根据当地资源环境的实际，以及所面对市场游客的精神需要，制定合理的、有特色的科学发展规划，统筹安排，协调发展。

二是注重产品的深度、个性化开发。根据乡村景区地处偏远、场地小、人口少等特性，整合景区内的资源、角色各要素，区域内各乡村旅游及非旅游的要素，打造组合产品，壮大旅游实力。将乡村旅游产品的开发与文化更深地结合，也要避免雷同和低水平的重复，打造生态个性化的产品，提高乡村文化旅游的核心竞争力。

三是完善管理体制。乡村旅游需要进一步引入现代管理体制，如生态安全监管，运用体制机制对乡村文化旅游的发展进行引导。乡村旅游发展要与生态环境保护相统一，要充分考虑资源与环境的承载力。

四是提供相应的资金支持。要由政府主导，实现联合经营，共同树立品牌。

政府要在协调社会、社区、村落之间的关系，协调村民与投资商之间的关系上发挥应有的作用。提供长期的政策、经济和技术支持，特别是对小型企业在小额贷款、税收政策等方面给予政策倾斜。对规划者和当地居民进行培训教育，给予智力支持和业务指导，引进先进的乡村旅游理念。

（四）开发层次

文化观光层次。以低层次的观赏型项目为主，只停留在观赏、采摘旅游的表面层次上，游客的参与性和互动性不强，是旅游开发的初级模式，也是大多数"农家乐"等乡村文化旅游景区所处的层次。旅游者以观赏田园景观、观看民俗风情文化表演、参观手工艺品、农产品、农具展览等观赏性活动为主，因此经营者兴建了观光农业园、民俗风情主题公园和农具展览馆、手工艺品展览馆等。文化旅游产品简单，形式单一，旅游地吸引力和游客的重游率也不高。在此阶段，存在着游客滞留时间短、花费少、回游率低等弊端，处于乡村文化旅游资源开发的初级阶段。

文化体验层次。以相对高层次的游客体验类项目为主，文化体验层次包括游客亲自从事各种农事活动，或深入农村家庭体验家庭生活文化，或亲自参加某种手工艺品制作，或参加各种民俗风情文化活动，让自己更进一步地融入乡村文化中。在这个阶段，乡村文化旅游集观光、度假、体验、学习、科考等各种活动于一体，能够更好地满足游客的精神需求，提高游客的重游率。

综合创意层次。以集文化观光与文化体验于一身的乡村文化旅游为主，根据市场需求，结合景区特色，推进乡村旅游文化资源的高层次旅游开发建设，在旅游过程中体验农家生产、乡村生活乐趣，体现辽宁黑土地与乡村文化旅游的综合创意。

（五）战略路径

通过借鉴国外发达国家的乡村文化旅游发展经验，预测辽宁乡村文化旅游资源发展可能遇到的挑战和机遇。本节将再次分析国内乡村文化旅游的成功经验启示，来拟定出辽宁乡村文化旅游资源发展的战略路径。

一是增大宣传力度。加大宣传促销力度，根据游客感知规律，选择不同的媒介，提高乡村旅游目的地的市场知名度。乡村旅游目的地应在主要客源地的电视广播、旅游杂志、宣传册、海报、户外广告等传统营销媒介上开展旅游宣传，以高密度、全方位、多层次的营销宣传扩大乡村旅游的市场影响力。注重新媒体的宣传，设立门户网站，扩大景区在国内外的知名度。通过微博营销、手机营销、影视营销等新型营销方式，扩大宣传覆盖面。此外，引入营销理念，利用大型节庆活动、影视剧的拍摄，为辽宁乡村旅游发展造势，迅速扩大市场份额。乡村旅游目的地通过深度挖掘自然资源、传统文化、乡风民俗等文化内涵，策划特色主题节庆营销活动，建立乡村旅游地的品牌形象。

二是基础设施建设中融入乡村文化。不仅是旅游景观融入乡村文化，基础设施建设也应和景区风格协调。以原汁原味的乡村特色吸引游客，而不是城市生活的照搬，避免乡村麦田里建高楼，现代城市文明与乡村文明杂陈。以乡村旅游地、停车场建设为例，汽车是工业文明的产物，乡村旅游离不开汽车。为了不影响乡村整体环境，在建设停车场时可对车位进行隐性处理：可设计成"麦秸垛"，使停车场呈现"麦场文化"；可设计成拱顶绿坡，使乡野大地呈现起伏之美；也可荫蔽于豆棚瓜架之下。其他基础设施如加油站、医疗所、商店等都可如此处理，维护和突出浓郁的乡村文化气息。

三是完善旅游支撑体系。完善的旅游支撑体系是乡村旅游健康发展的基础保障条件。乡村旅游支撑体系应重点建设法律保障体系、政策扶持机制。首先，政府部门应健全和完善涉及乡村旅游的法律法规框架。政府应从宏观调控的角度建立长效的乡村旅游政策扶持机制。其次，政府旅游主管部门应协同其他相关部门对乡村旅游项目在投资、审批、税收、土地、贷款、融资等方面给予更多的优惠政策，以形成鼓励乡村旅游发展的政策环境。

四是引进与培养专业人才。通过宣传教育，将淳朴好客的民风作为乡村文化的一部分融入乡村旅游的建设中去。一方面要设置合理的人才引进奖酬制度，吸引高素质的旅游专业人员；另一方面要重视现有从业人员的定期培训，进而提高乡村文化旅游服务人员的整体素质。

四、经典案例、重点项目和精品线路

（一）国际案例

表5-1　国际乡村文化旅游案例研究一览表

国家	发展概述和乡村景区	经验和启示
日本	20世纪七八十年代，日本乡村旅游由最初的农业观光园逐渐发展为休闲农场、度假农园、农业观光公园等。进入20世纪90年代，在市场需求的推动下，日本乡村旅游逐渐发展成为具有观光、休闲、度假、教育、体验等多功能的旅游产品。日本乡村旅游产品主要有观光农园、农业公园、农家乐、教育农园等产品类型。观光农园主要有位于东京郊外松户、市川与多摩川沿岸的梨园，汤河原、伊东、稻取、西伊豆的蜜柑园，山梨县的葡萄园，长野县的苹果园，岩手县小井农场等。农业公园主要有江永崎农业公园，松阪农业公园，静冈县的葡萄公园等。通过与田园景观、农业生产、农村生态环境有机结合，开发各种不同类型的农业体验项目，为游客提供观光、体验、品尝、健身、教育、购物等多种服务。冈山县的农业主题公园"荷兰村"，熊本县的"老年农村公寓"等，让游客体验各地的乡村民俗和乡土风情	（1）法律保护乡村旅游 日本政府在乡村旅游发展中起着主导作用。日本旅游主管部门通过政府计划、规制、金融支持、国际合作等措施，促进乡村旅游的快速发展。中央政府主要承担技术支持、公共设施完善、财政支持以及国际合作等责任，地方政府则主要负责制定乡村旅游规划、对外宣传促销、旅游教育与培训等。同时，日本出台一系列的法律、法规、政策，对乡村旅游进行宏观调控和规范管理。例如《山村旅游法》、《农业基本法》、《市民农园事务促进法》、《农山渔村旅宿型休闲活动促进法》、《山村振兴法》、《农山渔村余暇法》、《温泉法》、《森林法》、《旅馆业法》等，为日本乡村旅游健康发展奠定了法律基础 （2）拓展乡村旅游细分市场 产品的内涵是乡村旅游发展的关键，日本从一般观光游到参与性极强的休闲农场游，再到提升自我和度假的乡村旅游，发展自我的主题游，均为乡村旅游提供了很好的范例。辽宁乡村游发展不能局限于一般的乡村度假和生活体验，应拓展细分市场，为游客提供更加丰富的产品，更加优良的服务和环境 （3）政府财政政策支持 长野县四贺县早在2000年就建设了四贺有机农场中心，并用于休闲农园村内有机地方的有机农业中，把发酵处理后的家畜粪便和生活污泥制作成土壤改良堆肥，从而构建生态循环农业系统。四贺村的有机农园和管理中心主要利用"山村振兴等农林渔业特别对策项目"的拨款，总投入约55900万日元以上。（其中国库补助率50%）。需要补充的是，上述农园和有机中心的建设除国库补助金以外，剩余一半资金约的70%通过发行债券和征收地方税收补偿，对农园的管理则由村行政机构等出资建立的一个株式会社担任

续表

国家	发展概述和乡村景区	经验和启示
日本		（4）制定恰当的乡村旅游规划 做好乡村旅游的发展规划，包括乡村旅游的发展和休闲农业景区的建设规划，是确保这一产业持续、健康发展的重要基础。日本政府为防止观光休闲农业景区偏离农业本质而颁布《发展观光农业示范规划》和《发展休闲农业规划》，把这些法律法规列入全面规划之中，为保证规划的实施，各级政府的有关部门特别强调旅游业和农业各部门间的配合以及农业与非农业部门之间的协调，形成一整套完整的报批审批和许可证制度
法国	农户是主要的乡村旅游经营主体，他们在经营农业的同时利用农业资源开发乡村旅游产品。企业是乡村旅游供给体系的重要组成部分，他们是联系乡村旅游农户与游客的重要桥梁，也是重要的旅游服务供给者。一方面，协会在农村旅游的行业规范和质量标准、行业自律；另一方面，协会为联系系统信息平台、营销服务等。法国涉及乡村旅游的协会有全国农业协会、全国农民联合会工会、农业商会、全国农民联合会、国际旅游推广协会等。法国政府从宏观政策层面扶持乡村旅游发展。作为推广农业旅游的中央机构，联合其他有关社会团体，建立名为"欢迎莅临农场"的组织网络，还出版专门宣传和指导手册。1955年法国政府启动"农村家庭接待式接待型企业"计划，由政府对实施乡村旅游接待的农户提供资金资助。政府主导实施乡村旅游开发模式。从政策引导主导乡村旅游经营主体以本地的农户、居民为主，以提高当地居民的收入	（1）重视产品的多元化、体验性和原真性 针对不同游客的需求，法国乡村旅游企业创新开发多元化的产品体系。例如休闲农场系列包括农家乐、农产品市场、点心农场、教学农场、骑马农场、探索农场、露营农场、家庭农场、自然保护区、途中华站、青年旅馆、家庭农园等产品形式。住宿设施系列包括乡村别墅、酒店城堡旅馆、露营地等。又如农场村的葡萄园和酿酒作坊，参与酿造葡萄酒的全过程，建筑文化、宗教文化、艺术文化等。葡萄酒历史原真目；游客观光是法国乡村旅游的重要特点之一。法国农场销售的主要农产品必须是农场生产的新鲜食品，其生产加工程序必须在农场内部进行；观光农庄的外观必须与当地建筑风格保持一致，餐具必须用租赁、瓷器或其他具有代表性的乡土特色、农产品采摘、烹饪培训、园艺培训、动植物观赏等项目是法国乡村旅游的重要特色 （2）多主体参与的乡村文化旅游目的地营销 法国乡村旅游企业大多都是小型企业，由于企业规模小、无法独立开展大规模的营销活动。因此，法国乡村专职部门牵头协调多方力量，例如行业协会、会展企业、社会组织等，实施多主体参与的乡村旅游目的地营销，以宣传法国乡村旅游的整体形象。法国有政府性的旅游部门，又如OT（旅游办公室）、CRT（大区旅游委员会）、CDT（省旅游委员会）、SI（旅游联合会）等负责协调乡村旅游营销工作。政府部门一方面花巨额资金用于电视、广播、报纸、杂志、户外广告以及主题村旅游的专项促销经费约600万欧元，另一方面通过举办乡节庆营销、会展活动进行营销，法国政府每年组织乡村旅游博览会，通过节庆营销的方式提高乡村旅游地的知名度

国家	发展概述和乡村景区	经验和启示
美国	1905年美国林务局的成立以及1916年国家公园管理局的成立，使得大片的风景和荒野用地用于保护和游憩。漂流等活动和"二战"后遗留的橡皮筏的使用有关，吉普车用于越野旅行和战后新技术装备的过剩有关。另外，"二战"后乡村旅游的兴起和州际公路网的修建密切相关。道路修好后，门广社区就开始在旅游地周围发展起来。在40年代末及整个50年代，联邦门广社区利用较大的资源利用不断增加，这一时期很多外游憩地的游客使用得到较大的发展。1964年通过的《荒野条例》(Wilderness Act)立法改变人们在旅游早期。旅游被用作其他地资源利用而改变。美国乡村的因地资源利用因很多乡村而改变。在20世纪70年代后期和80年代中期，旅游被看作美国乡村经济发展的手段。此外，在20世纪60年代后期和70年代中早期，一种新型的乡村旅游开始成为成长：人们争相拥有供乡村土地，季节房开始得到援助乡村旅游的发展。20世纪90年代，联邦政府不再援助乡村政策重点放在外部的国际市场。与旅游有关的联邦政策重点放在外部的国际市场。唯一重要的直接与旅游相关的美国联邦立法为1973年的《国家旅游条例》(National Tourism Act)	（1）财政政策支持乡村文化旅游发展 美国各州制定新的税收立法，允许市镇地方政府对旅游经营业征收营业税，旅宿客房税等，以筹资建立乡村旅游服务机构。美国政府对乡村旅游给予大力支持。向从事乡村旅游的个人和团体提供优惠贷款和补贴，以资助乡村旅游项目。一些非营利的行业组织，例如国家乡村旅游基金（NRTF），各地农业部门设有多项基金，为当地的农业协会等，为乡村旅游经营者提供项目咨询与指导、资金募集、宣传推广等服务 （2）因地制宜、特色开发 依托特色资源开发主题产品，美国乡村旅游已经形成形色观光、森林旅游、民俗旅游、家庭旅馆等样化的产品体系。主要有依托农业资源或农场所开发的农产品购物、农作物采摘、农业教育、农业体验、农业观赏，乡村休闲等旅游项目。最著名的是根据梵高的名画《向日葵》创作的20英亩的"生菜田"。依托节事活动开发的"南瓜节"、"草莓节"、"樱桃节"、"大蒜节"、"汉堡节"等乡村节庆旅游。依托自然资源开发的汽车露营、乌类观赏、自然探险等旅游项目。依托废旧农庄、工矿、采伐场、内战遗址、名人住址等历史遗迹旅游项目 （3）创意旅游节事活动 以节庆活动为载体，将田园风光、农业作物、乡土风情、农耕文化融入系列节庆活动中，吸引煤体、社会公众和目标市场的兴趣与关注，以提高乡村的知名度、美誉度。旧金山半月湾南瓜艺术节、北卡罗莱纳州、田纳西州的草莓节、加州吉洛伊（Gilroy）大蒜节、威斯康星州的西摩（Seymour）汉堡节等是美国农业节庆旅游的典型。每年一些地方政府、农民协会或农场还会举办各种主题庆祝活动，如农业博览会、赛马、乡村游行等，以展现乡村的农业、旅游、会展、贸易、广告等行业的发展，而且提高了地方的知名度和美誉度，塑造了品牌形象。有效地拓展了乡村旅游市场。美国在选择节庆营销媒介方面很重视传统节日，广播、报纸、橱窗等宣传节日节庆活动，同时十分重视互联网等高科技营销手段的运用。节庆网站成为美国向全世界宣传节庆活动的重要窗口。旅游者可以通过访问网站了解节庆活动的举办时间、地点、活动安排等情况，同时可以了解当地的旅游信息。业开办节庆活动的举办可以了解相关的旅游信息，待设施并获得相关旅游建议

续表

国家	发展概述和乡村景区	经验和启示
西班牙	西班牙从20世纪60年代开始大力推出乡村旅游，政府出资修建乡村旅游社区，为度假游客提供服务，目前乡村旅游已经是西班牙社会旅游形式之一。西班牙是欧洲乡村旅游的发源地和世界上著名的旅游大国，最早将废弃的城堡改造开展旅游活动，主要有房屋出租型（Roomrenting）、别墅出租型（Cottagerenting）、山地度假型，乡村观光型等，开展徒步、骑马、登山、漂流等多种休闲活动。85%的乡村旅游者周末驾车前往100～150千米外的农场休闲度假	（1）参与性强，旅游方式灵活 经营形式灵活多样，在农场范围内，游客可以把整个农场租下，远离农场主人，自行料理生活上的事务，也可以在农场范围内搭帐篷露营或者利用旅行车旅行，或者选择与农场主人共同生活，有着很强的旅游休闲体验性 （2）保持乡村文化旅游独特魅力 西班牙乡村文化旅游在复兴和提升以使传统社会文化复兴和文化教育培训和文化恢复计划，例如农业部收集和整理传统的食很大的努力，启动了一些对当地社区发展民间歌舞、传统手工艺、音乐。此外，西班牙最初将古城堡收集和整理传统古城堡改造谱，教育部门和旅游部门合作发展改造，传统手工艺、音乐。后对外出租，西欧国家古建筑，历史遗迹点和新区大多分离，城乡建设讲究外部建筑风格的贴近和人居环境的和谐，形成整体风貌的和谐，古建筑集中区和广大的村地区，保存有旅游、文化、科教、修学的多种价值，相生相融，使之村成为多样化文化传承的载体和空间选择，而且功能互补，使乡村成为不同的乡村意境，保持乡村旅游的独特魅力传递了与城市完全不同的乡村意境，保持乡村旅游的独特魅力

（二）国内案例

表 5-2　国内乡村文化与黑土地文化旅游案例研究一览表

案例	发展概述和乡村景区	存在问题	经验和启示
乡村文化与客家文化旅游，以培田古村为例	培田古村落建筑群位于国家 4A 级重点风景名胜区冠豸山下，位于闽西山以西 35 公里，距 319 国道 7 公里。培田古村是一个以客家文化为主的古老村落，同时被称为"福建民居第一村、中国南方庄园"。村落主要由高堂华屋、庙宇道观、书院、宗祠、牌坊和约 1 条千米古街组成，总面积 7 万余平方米。旧时，培田吴氏家族人口只有近百户，五百人左右，但却有非常多的祖祠、书院、店铺。2006 年荣登"中国十大最美的古村镇"排行榜	（1）宣传力度不够强。没有培田古村的门户旅游网站可进行信息查询。到培田古村的游客多为省内游客，省外游客和国外游客对培田古村所知甚少 （2）旅游文化产品开发深度不足。产品与客家文化契合度不高。缺少亲自体验的参与性项目。游览显得单调无趣，缺乏有特色的点的拼凑，只是一些零散的旅游览主题，游览时使人疲倦。旅游商品除村民自产的土特产和自制的手工艺品（多为木雕和根雕）外没有其他可选择商品，并且这些商品缺少深度的客家文化涵蕴 （3）旅游基础设施落后，环境污染加剧。多数游客为非过夜游客，同其主要原因是住宿设施简陋，没有较好的住宿环境，并且得知夜晚没有路灯，旅游厕所少、卫生条件差，通信设施较差等情况。此外，随着游客的增多，已开始出现环境污染，在部分区或出现游客遗留的垃圾未及时处理，对游客造成一定心理影响	（1）丰富旅游产品。游客来培田古村主要以观光层次的活动为主，培田古村旅游产品利用其古村文化特色，开展乡村文化旅游，创造性地开发丰富多样的旅游项目，最大限度地为旅游者提供体验参与性的活动机会，增强对年轻游客的吸引力。如开发民俗表演类节目，农业生产类体验，培田古村婚俗、祠堂祭祖、元宵游灯等项目。根据市场需求目，完善旅游商品的生产与制作，融入培田古村特有的文化气息分清档次，融入培田古村特有的文化气息 （2）完善基础设施。避免国内某些地方旅游开发的失误，争取政府的大力扶持，在突出保护和旅游特色的前提下，将新农村建设与旅游业发展相结合，将改善人居环境与旅游业发展相结合，加强建设新村，完善供水、排水、景区解说系统等，进行停车场建设、景区景观照明的安装、新建旅游厕所和新游区宾馆，引导农家乐实行升级改造。在着眼村内的同时，要注意保护好村落周边的自然生态环境 （3）恰当的形象定位。民居仅是培田古村保留下的静态，而培田古村与云南丽江大研古镇、江南六镇等最大的区别就是保存原真的生活状态。生活理念融贯至今的形象。培田古村的形象，形成自身的特色，取得更多市场群体的认同，形成了"民居瑰宝、人民天堂"、"侨乡培田古村、体验闲暇游"、"八百年客家古村、闽山中桃源胜境"等形象定位

续表

案例	发展概述和乡村景区	存在问题	经验和启示
乡村文化与鲁文化旅游，以九山乡为例	九山乡村旅游区东至上、中、下城隍河，西、南至临朐县边界，北至末王庄村南，总面积约2000平方米。整个旅游区以涧水崖水库和黑松林为中心，最高峰海拔660米，最低生山沟海拔250米，区内峰峦叠翠，密林丛生。山林面积约666.7平方米。旅游区内有5个自然村，总人口4000余人。其最突出的景观资源是涧水崖水库和黑松林景区。涧水崖水库建于1973年，坝体为斜卧式石砌连拱坝，设计新颖，别具一格。整座大坝坐落在高达20米的整体天然花岗岩上，与两端山腰相连，气势磅礴，雄伟壮观。水库四周山秀石奇，树木郁葱葱。主要景点有澄金窝、连绵曲想、三河口水景以及虎石、将军石、迎宾石、元宝石等石景。该景区保留着天然黑松林，曾受到国务院的嘉奖，朴实的风韵，主要景点有槐良基等、黄泥岗和张良基等	（1）当地居民对乡村文化旅游重视程度不够。人们从思想观念上，还没有把它作为一门新兴产业而加以重视起来。尽管乡村文化旅游业伴随着整个旅游事业的发展而不断发展，但在农村经济中应有的地位和作用，还没有广泛地为人们所认识。山东九山乡村有着《水浒传》文化等丰富的文化旅游资源，有些良好旅游资源虽然被开发，但管理机构不健全，缺乏必要的资金投入，目前还停留在低层次的发展阶段，巨大潜力远未开发出来。 （2）基础设施建设尚不健全。旅游交通、旅游餐馆、旅游餐厅，电供应以及水、电供应等不能够满足乡村文化旅游发展需求	挖掘乡村文化内涵，注重营造乡村文化意象。"宜五谷桑六畜"，鲁文化中地区的地理环境，以农业为本，孔文化也有重农主义的思想。通过发掘传统农耕文化资源，在旅游区恢复儿近绝迹的马车、石磨、石碾等，建立农耕文化展室，展示传统农耕历史时期各式的农具，也有弹活动各种生活用具，既有俭朴的家常用具、老式的轧、织、印、染等纺织工具（九山精桑养蚕历史悠久），室内可张挂"四季生产图""农家纺织图"等，来推动文化与乡村乡村旅游的结合，提高基础设施建设水平。点线结合，将更多一日的游客变为过夜游客，组成最佳的旅游线路，以吸引广大游客
乡村文化与书画文化旅游，以三味农庄为例	三味农庄位于富阳市东郊，距富阳市中心7公里，距杭州市区25公里。三面环山、三面环江，北依黄公望国家级森林公园。三味农庄占地40余亩，拥有员工80多人。在公司团队共同努力下，获得杭州市乡村旅游示范点、服务业优秀单位、美丽乡村综合奖、浙江省五星级休闲农业点等、全国休闲农业百佳景、杭州市文化创意旅游、农家乐体验式旅游、书画创作等。富阳三味农庄经过多年的努力发展成为一家以富春山居文化为核心的集农家乐餐饮、婚宴、农家乐体验式旅游、书画作品展示功能于一身、以休闲"口"为休闲、品味、风格、品味"三味农庄以企业文化内涵的旅游服务企业	宣传力度不够，远距市场拓展不够。文化旅游的开发效益很好，但是游客还是具有很大的随机性，游多为省内游客，营销方面还有待于加强，很多优良的旅游景点尚未得到有效的宣传。经营主体营销意识的不足，景点缺乏多渠道、有效的宣传，只是在省内宣传，没有有效利用报纸、网络，广播电视等手段进行有效的宣传。面对党争激烈的旅游市场，乡村文化旅游需要与时俱进，推陈出新，对营销的重视程度的短板，不利于其拓展市场	（1）高调宣扬《富春山居图》文化影响力，围绕书画宣传大做文章。2012年，农庄在农家乐餐饮的基础上，深入挖掘《富春山居图》文化内涵，推出以元代汉民特色婚宴、婚庆为内容的农家乐婚庆体验项目，建设公望宴阁，元代特色婚庆喜庆婚庆影院等具有黄公望时代特征的旅游项目，5D动态体验婚庆影院等展厅。 （2）注重运用科技技术。充分利用现代环保、节能技术，如回收废弃物分类回收以及湿地保护。如铺设电线的布局合理好给布灯具等，不现代生活用品位，又能保护好农庄的生态环境，采用光伏发电、太阳能电站等新能源发电装置为不宜铺设电缆的景点提供电力，在山顶、富春江口等地方，通过太阳能、风能发电

续表

案例	发展概述和乡村景区	存在问题	经验和启示
乡村文化与书画文化旅游，以三味农庄为例			为传感器、数据采集器、安全防卫、实时监控设备提供电力，保护自然景观不受人为侵扰，节约传统石化能源，倡导游客节能减排，宣传低碳旅游理念。例如，在综合办公楼安装50多平方米的光伏瓦屋顶，既增加了建筑的美观度，又可以让游客感受节能科技的特点。在文化体验站为展厅中心，通过10千瓦集中供电式太阳能电站为展厅照明设备提供电力，通过直观的计量装置，现场感受新能源的魅力。 (3) 注重对品牌的塑造。"三味农庄"已经成为国家注册商标，在"三味"品牌建设中，公司将"口味、风味"作为品牌内涵，通过餐饮的特色和知名度，强化"三味农庄"餐饮的美誉度和知名度。在旅游体验项目上，公司通过对旅游的新新性和元代文化特色，增加旅游项目的流程和优质的服务，赢得游客的口碑，提升"三味农庄"旅游项目的知名度。利用黄公望隐居地和《富春山居图》的影响力，培育书画文化流创作平台的影响力，塑造"三味农庄"的文化"品味"，提升品牌美誉度
乡村文化与书画文化旅游，以新华村为例	新华村地处云南省西北部大理州鹤庆县，坐落在县城以北4公里的凤凰山下，由南邑、北邑和于营河三个自然村组成，新政区总面积53.2平方公里，辖区内有1166户，总计5739人，白族人口占到总人口的98.5%，是一个典型的白族村寨，茶马古道的必经之地。有悠久的加工制作金、银、铜、铁器的历史。新华村是一个历史悠久的白族古村落，茶马古道的历史。新中国成立之前，新华村的手艺人就挑着担	(1) 文化开发深度不够。云南新华村虽然拥有特色的文化资源，但这些民族文化资源是以长期的封闭性为代价的，因此这该村地区经济发展相对落后，村民的受教育水平也不高，在发展文化产业的过程中，主动性和积极性不强，文化手工艺仅是手工艺，没有认识到民族文化旅游的发展潜力和经济价值，文化产业也就未能成为民族地区文化新的经济增长点。新华村新的文化旅游开发主要表现在民族工艺品上面，没有较大的科技发生变革	(1) 创新文化旅游产品的内涵。乡村旅游型产品创新可以从产品形式创新、产品类型创新、产品功能创新等方面入手。乡村体验产品形式创新包括运用新的表现方式、创新艺术性装饰、装潢，运用高科技包装乡村旅游产品等，以达到在形式上给旅游者新奇的体验。新华村可以设计旅游者参与制作工艺纪念品的活动，既给人全新的劳动体验，又展示其民族文化特色，又展示新华村民族文化旅游的一大亮点。乡

续表

案例	发展概述和乡村景区	存在问题	经验和启示
乡村文化与民族文化旅游——以新华村村文化旅游为例	子，走村串寨，到处替人干活，哪里有活，他们就到哪里，甚至在那里住下来，他们的足迹遍布东南亚地区。在"文革"年代，手工艺的制作被认为是"搞资本主义"，曾经一度被取缔，但新华的工匠们冒着被批斗的危险，继续偷偷地从事民族手工艺品的制作，才得以使这一古老的技艺保存下来。中共十一届三中全会后，特别是近几年来，国家提倡大力发展私营经济和个体经济，给新华村的手工艺制作和生产注入无限的生机与活力，许多人家靠着根植传的手工艺迅速脱贫致富，在任统手工艺繁荣光大的同时，这一古老的行业也成为新华村的支柱产业。近几年来，随着旅游业的发展，新华村有古老技艺又焕发新的生机。2006年，在"云南十大名镇"活动评选中，新华村又榜上有名。新华村的民族工艺加工自唐朝南诏国时期就有，至今已有一千多年，因此有"小锤敲过一千年"的美誉。2009年，国家旅游局正式批准"银都水乡"新华村为国家4A级旅游景区。随着市场规模的拓展，乡村文化旅游在各类产品的开发方面逐渐得到自己的民族文化品牌。以滇西北为例，整个滇西北围绕着扎染、银铜器制作，以大理古城和丽江古城为主要的工艺品销售地。在产品的提升、产业链的延伸方面又有很大的进步，逐渐形成较完整的规模化，社会化发展趋势，成为当地人民脱贫致富的有效途径江西寨源景区	附加值，文化产品还停留在低端的消费层次，拉动不了高档次的消费，乡村文化旅游也只是停留短暂的时日，游客的消费并不多，而到旅游的淡季，更是惨淡经营，处在产业链低端，属于粗放型增长 （2）文化旅游人才很少。文化旅游是一个知识和人才集中的产业，不论是哪种形式的产业，人才因素必定是其一个关键的核心竞争力，推动新华乡村文化产业的可持续发展主要包括两方面的人才高需求，一是民族文化的传承人，二是文化产业现代化的经营型人才。经营文化市场不仅要熟悉乡村文化，要懂得文化产业发展的规律，同时要懂现代市场经济的知识，能够很好地为当地的文化发展提供调查，营销和推介服务。而现状是这两种类型的相关人员都很少，需要相关政策和资金支持才能够满足其需求	村产品类型的创新要根据旅游市场需求变化，有针对性地开发特色乡村旅游产品。乡村旅游产品功能创新也要根据旅游者需求层次的不同，有针对性地开发乡村旅游产品的休闲娱乐功能，医疗保健功能和学习发展功能，满足游客的娱乐需求，交际需求，自我发展需求等 （2）制定旅游规划，坚持可持续发展。邀请旅游规划研究机构，编制一套行之有效的旅游规划，各项工作严格地按照规划中的内容进行，在目前新华村的文化与民族旅游还处于探索阶段时，就进行长远规划。依据可持续发展理论，将"保护"与开发"并举，按照新旧分治的方针，找到保护与开发的契合点，保护好村中的古代建筑，民风民俗以及村落周围的田园风光和自然山水风貌，才有旅游业可持续发展的依托，才有经久不衰的的吸引力。同时发动村中居民良好的保护意识，鼓励社区居民好的参与，实现主动式的可持续发展

续表

案例	发展概述和乡村景区	存在问题	经验和启示
乡村文化与未子文化旅游、以婺源为例	以其独特的旅游资源，在乡村旅游的新潮推动下，进入发展"快车道"，成为全国重点生态旅游示范区。"生态是核心、文化是灵魂"是婺源乡村旅游的发展理念，并且提出建设"中国最美乡村"的目标，非常注重挖掘和彰显乡村旅游的文化特色，成功地以江湾为代表、高标准建成和完善江湾头景区，使其成为国家高品位、高标准建成和完善江湾头景区，使其成为国家4A级景区。婺源推出3条乡村旅游精品路线，以江湾最为红火。江湾号称"伟人故里"，除修复古祠堂，还新建了"乡贤园""七星园"，把三位名人故居装点成"江湾人家"和名人纪念馆，樾联都"活化"起来，故事、古建、雕刻、智慧、艺术、哲学等方面，给众人以知识，让一个个古村以东线"伟人线""文武世家"的美感。如前国家主席江泽民访问过的江湾的中小学和退休老教师江启宫已经成为游客寻访的必到之处。游客们在古村、古街、古民居等过景中触摸到历史和特定的印记，而且透过景区美丽的自然风光和伟人名人的文化展示领略到伟人的自然人文资源，受到启示和教育。每	江西婺源景区发展迅速，作为新兴的旅游景区，相关配套基础设施建设还不健全，有着游客的住宿需求，旅游旺季不能满足游客的住宿问题。乡村文化旅游政策在许多地区尚未配套。如保护政策、投资开发政策、信贷政策、经济扶持政策、税收优惠政策，鼓励外商投资开发政策等	(1) 重视区域特色文化在乡村旅游中的作用。领悟有关文化的经典论述，树立正确的经营理念，充分认识和准确把握发展旅游经济与提升文化品位的辩证关系。实践证明，旅游靠文化前行，文化靠旅游彰显。它是一个有机的整体，没有乡村文化就没有生命力，没有经济的支撑，文化也提升不起来。乡村旅游是一种到自然、休闲、游览、度假、娱乐的行为，除与大自然的亲近以外，还要产生交流。文化品位越高，人气越旺，经济效益越好，其结果必然导致人流的骤旺，而忽视其至牺牲文化效益，其结果导致旅游业的衰退。因此，从本地的实践出发，来得导探索、不断创新，以更好地发挥旅游目的地的自然景观和文化精华相结合的双重效应，这是促进乡村文化旅游发展的重要前提 (2) 文化旅游设计依据游客精神需求。江西婺源景区文化旅游设计满足了当下游客的心理需求，设计了传递徽州闽文化的相关旅游，寻根文化旅游等，启示着辽宁乡村文化旅游开发要挖掘乡村文化内涵。乡村旅游凭借原真性的乡村文化以满足旅游者的"故乡情结""回归自然""文化寻根"

续表

案例	发展概述和乡村景区	存在问题	经验和启示
乡村文化与朱子文化旅游，以婺源为例	年都要举办文化特色的专项旅游考察项目。如摄影爱好者的"古洞名树探奇"，美术工作者的"徽派建筑描绘"，还有"朱子文化寻考"、"寻根问祖到婺源"等，适合专业性游客的需求。通过四面八方的摄影、美术、影视、网络作品传播者，又将他们"美在婺源"的众多作品向国内外推介和提升了婺源乡村旅游的文化形象，实际上是向国内八方，到四面八方的文化形象		"猎奇心理"等旅游心理需求。原始、真实的乡村文化是乡村旅游吸引力的源泉，是吸引游客从积淀了多姿多彩、独特的乡土文化，包括传统的历史文化、独特的农耕文化、特色的民俗文化、淳朴的民风文化、宁静的田园文化等。因此，深度挖掘乡村旅游的文化内涵是乡村旅游可持续发展的关键。乡村旅游文化应根植于乡村的人脉、地脉、文脉，与乡村的自然、人文、历史相吻合。在建筑形式、设施设备方面，可以设计蕴含乡村文化共鸣、富意的环境造型，从感官上激发游客的文化共鸣，如仿古牌坊、农家小院、古式家具等都能勾起游客无限有的文化遐想。在餐饮产品方面，可以用乡村独有的原料或菜品制作具有浓厚乡土特色的餐饮方面，给游客以乡村饮食体验，在游乐项目方面，可以开发文化体验活动，例如农耕体验、节庆活动、竞技参与、民俗体验等，让游客在旅游过程中去体验、参与，从而更深层次地了解了乡村文化的独特魅力

（三）重点旅游区

表 5-3　辽宁黑土地与乡村文化重点建设旅游区一览表

旅游区名称	发展特色定位	发展要点	特色景观项目
新民乡村文化与黑土地文化旅游	新民市文化资源丰富，17个少数民族交融，自然风光优美，河湖纵横，是重点旅游项目开发地区。定位在综合度假文化旅游区	（1）近一步突出特色乡村旅游文化。以围绕"荷花鱼乡"主题，突出特色优势。荷花、鱼乡是新民市乡村旅游最具号召力的招牌，极具江南水乡之风韵，被命名为"中国荷花之乡"的仙子湖风景旅游度假区广为省内外人民所知。荷花、鱼乡是新民乡村发展乡村文化旅游突出的要点，要充分挖掘其蕴含的文化。以"荷花鱼乡游"为主体，把文化融入农家乐，等旅游产品中，发展观赏荷花、荸荠荡舟、休闲垂钓，全面推进新民乡村旅游项目。 （2）实现乡村旅游联动，延伸乡村旅游产业链条。在发展游览观光、休闲娱乐的同时，积极发展集餐饮、住宿、生产、销售等于一体的乡村旅游产业链，积极发展具有乡村文化特色的餐饮、住宿设施，乡村娱乐设施，满足游客多方面需求，延长游客滞留时间。在发展观光游览的同时，积极发展土特产品、绿色农产品生产、销售、深化农产品添加工，展示乡村文化，为乡村文化与乡村旅游注入文化内涵，实现乡村文化与乡村旅游发展	荷花鱼乡项目、精品农家乐
唐家房镇乡村文化与黑土地文化旅游	风景优美，南国梨采摘闻名全省，而且农家乐旅游发展成效显著。定位在农家体验文化旅游区	（1）注重对乡村文化的保护。可以通过各种层次、各种类型物质或非物质文化遗产的评定和保护工作，通过非遗产的评定来推动乡村文化资源的调查、分类、研究和保护，进一步促进乡土特色文化的学习与继承 （2）乡风民俗文化遗产传承是乡村文化旅游遗产开发。唐家房镇的乡村旅游主要支点在东北黑土地农家生活上，那么，进一步深入开发乡村旅游开发的方向则可以是黑土地农民，人文习俗方面的开发。长期以来依托于东北乡土生活的农民，以乡情为纽带，形成淳朴深厚的感情。因此，深入挖掘乡村的乡情价值，形成特有的"亲情生态"。要发挥乡村风俗习惯的积极作用，优化乡村风俗特有的"风俗生态"	农家院，梨园采摘等
佟庄子乡村与黑土地文化旅游	森林生态资源优越，风景优美，同时也是革命老区。定位在田园风光文化旅游区	（1）保持环境治理成果。佟庄子村针对村主要环境污染水和畜禽养殖业造成污染等为重点 （2）充分发挥乡村社区和乡村旅游合作经济组织的作用，开展品牌建设和营销，控制开发规模，保护旅游资源，协调利益关系，改变游客地农民在外来企业面前的弱势地位	林隐山庄，关东四合院

续表

旅游区名称	发展特色定位	发展要点	特色景观项目
东风湖乡村度假村乡村文化与黑土地文化旅游	大型水上娱乐场和大型养殖和植园是其发展重点。定位在冰雪桃源文化旅游区	（1）提升服务水平，引进专业人才。经营者对乡村旅游的专业知识掌握不够，不懂得如何去钻研相关业务，去揣摩旅游者的心理，提供相应的服务。缺乏专业化旅游人才是制约景区发展的瓶颈。景区需要旅游专业人员对景区进行系统化的开发和规划，员工严格执行管理人员的指示和规定，才能保证景区更好更快地向前发展 （2）开展特色活动。要组织和开展富有本地特色的文化主题活动，塑造和突出农村旅游地的文化形象，切实加强对乡村旅游发展的组织领导，形成发展乡村旅游与乡村文化的相互融合，相互促进 （3）充分发挥政府的作用。政府可以通过立法保护乡村文化资源和历史遗产，通过制定和实施规划确定乡村旅游开发的范围、规模、形式、容量等，做到适度开发，尽量避免乡村景观和文化对乡村文化造成破坏	水上乐园、滑雪场等
凤城大梨树村乡村文化与黑土地文化旅游	我国北方唯一一家"中国农业公园"，风景优美，乡村旅游项目齐全。定位在果蔬花菜文化旅游区	（1）加强队伍建设，注重人才培养。要广纳人才，加强职业道德和管理服务技能的培训，提高员工队伍的整体素质和水平。建立健全乡村旅游接待服务体系，提高乡村旅游的综合服务质量和水平。规范农户家庭的接待服务标准，从接待设施、接待条件和卫生状况等方面进行规范。大梨树乡村文化旅游开发要求以乡村环境抓好培训工作，加强与有关专业院校培训中心的联系 （2）侧重特色体验性，以自然感受为主。大梨树乡村文化旅游开发应做到同质化到旅游的引物异质化，将服务观念、服务设施、服务技能、服务质量等诸多文化要素，突出文化容量，寻求不同文化高度来认识，有机整合传统与现代。城市与乡村等诸多文化要素之间的文化转换和合理连接。在经营中加入大智力投入，提高乡村产品的乡村文化体验性化要素之间的文化转换和合理连接，进一步增强乡村景观和环境的文化表现力，突出乡村旅游产品的乡村文化体验性	农业园区、缤纷果园
黄丫口乡村文化和黑土地文化旅游	原始生态风光，修建效果良好。定位在宗教山寺文化旅游区	（1）突出文化特色。深层次挖掘宗教旅游资源，同时完善娱乐探险等功能，形成景区的特色旅游吸引点 （2）丰富旅游产品。深入挖掘旅游资源，把准"地脉"，"文脉"，打造成一批既具备深刻文化内涵又具有浓郁地域特色的融为一体的旅游产品，参与性和教育性生态性，以"拳头产品"，在现有观光旅游的基础上，形成以山林休闲度假为发展方向，以文化感悟，生态旅游为重点，辅以民俗，节庆旅游等多系列多层次的旅游产品体系	山寺景观、"一脚踏三界"

续表

旅游区名称	发展特色定位	发展要点	特色景观项目
桃李园民族文化乡村和黑土地文化旅游区	乡村旅游文化资源丰富，蒙古族特色相对鲜明。定位在民族风情文化旅游区	（1）进一步完善草莓采摘节。这种采摘活动不仅可以增加农产品的附加值，帮助农民增收致富，还可以推动乡村旅游的发展。然而市场都还需要一个引导过程，这中间，政府们的重视和长远有效的规划及帮扶显得尤为重要。（2）农旅结合，科学规划。桃李园民族文化村乡村文化和黑土地文化相结合，农旅统一规划的前提下，将农业、文化、休闲有机结合，以旅促农，实现旅游和农业双丰收	蒙古包豪饮、水上龙宫、石墨坊木旧

（四）其他旅游区

表5-4　辽宁其他旅游区乡村文化与黑土地文化旅游研究一览表

城市	发展概述和乡村景区	存在问题	发展方向和策略
大连向应街道	向应街道地处大连市金州新区，总面积64.47平方公里，下辖8个村委会，居民16000余人。近年来，具有典型的辽南乡村风貌的向应街道充分发挥地域优势，积极探索"三农"与旅游相结合的新路，乡村旅游逐步向现代农业生产延伸，向农村生态拓展，向农家生活生产推进。乡村旅游已经成为向应街道经济打造向应现代农业园区，我国最大的蝴蝶兰生产基地、富美农业山庄、宝野食用菌基地和万亩樱桃、黄桃种植基地等一大批特色农业精品。拉长农业产业链，提高农业产业附加值，被评为国家级农业旅游示范点。同时也注重乡村文化的开发，让游客在休闲观光中收获美景和历史文化。坚持把游客的乡土民俗和农家文化作为发展乡村旅游的软实力，展示"新农家、新体验、新风尚"，渐成乡村旅游新的增长点	辽宁的地域性明显，有利于形成自己的农业特色，向应街道也是一样，可以展现项目身农业文化。但是，其农业资源优势开发深度还不够，开发利用多限于果园、林地等类型，开发项目也是富美农业山庄、宝野食用菌基地和万亩樱桃加工，这些开发设计和深度体验感和特色不明显。这直接导致新创意引入这些景区后，发现风景、发现美等少新意可言，失去吸引力。向应街道的开发建设应该注重乡村性、农村风光、农事活动，农客民情，这些才是能够体现乡村农业黑土地文化的有效载体	（1）继续增大文化内涵。文化是旅游的灵魂，文化旅游在文化发展乡村旅游中形成的作用，增要充分认识文化发展乡村旅游形式或中形成同的"大使旅游资源的文化内涵和特色，将富美农业山庄、宝野食用菌基地和万亩樱桃等景点的开发结合起来，借助已有旅游背景的吸引力，形成旅游资源，优势互补，特色突出的格局。目前，向应街道乡村游的开发深入挖掘乡村的历史历史、风土人情和生活习惯，将其融入乡村旅游活动，资源，现在至续深度资源的文化特性不流于形式的"大路货"。在"吃"方面，注重乡土特色饮食文化背化挖掘，尤其要搜集这饮食资源的文化挖掘，民间传说等资料，让游客边品尝美味佳故事，重视游客的精神享受，提升乡村餐饮的文化内涵；在"行"方面，要加大投入，加强乡村景点、景区基础设施建设；在"游"方面，游做做到乡村特色，游有品位

续表

城市	发展概述和乡村景区	存在问题	发展方向和策略
大连向应街道			（2）注意旅游的季节性。乡村旅游有很强的季节性，很多旅游项目集中在5~10月，必须使季节性的限制变为乡村旅游经济效益。因此，与大连市金州区其他丰富的乡村旅游景点相结合，相互连动发展，使乡村旅游景区连续贯穿四季而不间断。同时也要注重在街道自身的乡村旅游特色中，突出向道自身的文化特色，体现差异性，实现优势互补。按季节类型发展适宜的乡村旅游产品，与大连春夏秋冬各色彩纷呈的不同季节性旅游。
锦州河洼村	北镇的乡村旅游兴起于2002年，2004年成功通过国家和省、市旅游局的验收，成为全国首批306家工农业旅游示范点之一，也是当时锦州市唯一一家国家级农业旅游示范点。近些年，北镇的乡村旅游发展迅速，深入挖掘当地的人文历史、风土人情等，并最大限度地融入乡村旅游活动中，依托医巫闾山国家级风景名胜区这个得天独厚的优势，突出乡村旅游的地域特色	缺少科学论证及合理规划。河洼村在原有农业基础上建设农家乐旅游，三代农家乐产品都相对简单，缺乏竞争力，缺少科学的规划和市场调查。政府一方面应为其发展提供良好的政策环境，给予足够的重视和支持；另一方面也要制定相应的规划方案，以避免造成项目建设随心所欲，不够科学合理，不利于农家乐旅游的发展	锦州市北镇河洼村的乡村文化旅游上有着值得推广的方式。河洼村通过对妇女组织，引导广大农村妇女提高技能，增强经营理念和创新意识，积极投身到农家乐旅游当中。有的农户做起旅游纪念品的生意，把自家做的老虎、自产的小葫芦、小工艺品摆在路旁，从中获得不少收益。河洼村的农家院中一般都是以妇女为主，不仅能做一手原味的农家饭菜，还能打理庭院，整洁的室内外环境，同时还保持优美、舒适、文明、绿化、美化、厕所、科学的室内生活方式——改厨房、改厕所……农家乐旅游成为全村富余劳动力有效转移的一条捷径
辽阳瓦子沟	瓦子沟村坐落在辽阳汤河水库西岸，沈环线安土路段20~25公里处。凭借得天独厚的资源优势，瓦子沟以农家乐为主要形式，大力发展乡村旅游，现用有26家农家乐。全村日最大接待游客量可达6000人。瓦子沟村原为一个比较贫穷落后的村庄，主要依靠种植庄稼来维持基本生活。2001年瓦子沟村依托水库周边重点开发水库周边和村建立自然生态旅游区，重点开发水库周边和村	对开发乡村旅游所需具备的条件和包括农业资源、自然景观和文化景观基础、区位条件、周边社会经济状况，以及旅游基础设施条件、投资条件和客源市场等瓦子沟应推出能够吸引游客的旅游产品，使旅游项目与黑土地文化旅游更好地契合	通过保护好原生态生态环境来保障乡村文化旅游。弓长岭旅游生态资源丰富，开发效果很好，游客越来越多。因此，更应忽视对生态环境的保护，以此作为乡村文化旅游的背景和依托。文化从本质上，就是对自然环境的适应方式，和自然环境互为依托。乡村文化在社会和当地的生态环境交相辉映，形成比较稳定的人文有一定程度的依存关系

续表

城市	发展概述和乡村景区	存在问题	发展方向和策略
辽阳瓦子沟	中心区农家小院，推出瓦子沟"品风味、过大年"的冬季农家乐旅游项目，使瓦子沟村迈步走上一条以"农家乐"为主体的乡村旅游之路。以创建星级"农家乐"为契机，弓长岭区瓦子沟获得辽宁旅游专业村称号。瓦子沟农家院旅游提供温馨舒适的火炕、绿色农家饭菜和农家土特产品。同时，游客还可以亲自到田间采摘瓜果、蔬菜；到水库周边垂钓、欣赏秀美的山林风光。瓦子沟的农家院与汤河鲜鱼一条街、汤河温泉、温泉清雪滑等彼此呼应，赋予瓦子沟乡村旅游新新的特色内涵，现已形成"清冰雪、泡温泉、购皮草、进庙会、品农家、过大年"线路产品体系，吸引了越来越多的散客与团队到这里来感受农家自然风情，淳朴的东北农村气息令游客流连忘返		生态系统。只有保护好乡村文化所依托的生态环境，才能保存鲜活的乡村文化
朝阳鑫峰农业观光园	鑫峰观光农园占地1000多亩，每年可接待国内游客10万人次，是辽宁休闲农业与乡村游示范点，辽西北第一家高科技现代化农业旅游景区，朝阳魅力景区和百姓最喜爱的景区。园区划分为：农家院住宿区、名优花卉种植区、绿色果蔬示范区、休闲餐饮娱乐区、科研教学实习基地、园区形象展示区、百花园、果蔬园、垂钓园、农家动物园、游乐场、室内游泳馆等景点。传统民俗大院展示20世纪五六十年代传统生产生活场景，参观新农村建设，大平房古镇的传统农家院、品尝观光园内自产生产的蔬菜、家禽烹制的农家饭菜、体验别致的用餐环境。一年四季有看不尽的瓜果蔬菜、名贵花卉	没有形成自己的特色。辽宁的一些度假村有自己的特色，但鑫峰现代农业观光园设有很好地挖掘自己的特色。服务与相同，菜肴相似，菜肴不精，景点项目与其他农业园区相比优势不突出。发展乡村文化旅游，保留地域特色是关键，不能盲目跟从	乡村旅游的核心内容是乡村风情、乡土本色。要突出农村的天然、淳朴、绿色、清新的环境氛围，强调天然、特色，闲情野趣。建设现代农业观光园就越大。如在娱乐方面，朝阳的地域特征是四季分明，各季娱乐活动不断，再加上不同民族的节日民俗，可谓各具特色、丰富多彩，在鑫峰节能观现代农业观光园中按不同季节推出不同的娱乐活动，以丰富人们的体验性、观赏性、休闲性、参与性旅游

续表

城市	发展概述和乡村景区	存在问题	发展方向和策略
盘锦鑫安农业观光园	鑫安源绿色生态园集生态旅游、观光农业、无公害水产品养殖及深加工"三位一体"。这个农业深加工相结合，坐落在盘锦市东郊陈家乡。以农业带动旅游业兴旺，以旅游业促进农业发展的别具特色的农业科技生态园，在取得较好经济效益的同时，通过带领农民从事水产养殖、调整农业产业结构、促进农民增收，更获得了社会效益、生态环境效益的"双赢"	旅游区的环境质量要明显高于人们居住地的环境，也要明显高于一般的自然环境。整个园区的绿化美化水平不高，要保护好自然景观的原生态，但不是杂草丛生之地，对于影响人们观瞻的杂乱的环境需要清理。水塘、水果需要整修，既要保护好天然美的一面，又要经过加工，使生态园变成一个环境优美、绿草茵茵、鲜花簇簇的大花园。因此对生态园的环境保护尤其更要加大力度	旅游业是一个综合性强，整体效益明显，涉及面广的产业，也是一个政府主导型的产业。必须树立一规划之下需加大统筹协调力度的产业。制止盲目发展，分期实施，滚动发展。精品意识，不允许出现无效益的项目相劣质工程。要由地方政府牵头统一认识，明确目标，研究景区开发建设的重点，统一制定出台制度、措施，确定景区景点开发，建立健全旅游景区文化景观保护的相关范围，形式、规模，乡规民约，加强宣传教育，减少对景区的破坏
葫芦岛市前所农业观光园	葫芦岛市前所现代生态农业园区，立足生态优势，生态化生产出精品，收到显著实施"绿色品牌"战略，标准化生产的绿色农业发展之路，走创品牌特色农业发展型产品，前所现代生态农业园区的前身是葫芦岛市前所果树农场，素称"亚洲第一大果园"。农场地处辽宁西南端，依山傍海，环渤海湾果树带重要果品生产基地。现有果树70万株，国家绿色食品生产基地，年产果品3万吨，是辽宁现代农业示范基地，建于1953年，是省果品生产龙头企业	季节性强，旅游观光季节短。由于农业具有非常鲜明的季节性。一方面，一般是春秋两季农业生产内容丰富，可吸引较多游客。另一方面，乡村旅游的客源多是周边城市的居民，所以游客有限。这就造成旅游旺季集中在周末，游客的数量比较少，旅游收入也相应减少。因此，对于农业园区来说，随着季节的变换进行项目的变换是非常重要的问题。如何延长观光时间	坚持质量的优秀就是目前所现代农业园区的发展方向。发展绿色农业，良好的环境和实施现代农业科技是打造特色品牌的微域现代环境，特质的山地气候，得天独厚的自然条件是优势。实行绿色栽培以及大量能改变的原则是目前所现代农业园区不能改变的原则

（五）重点项目

表5-5 辽宁乡村文化与黑土地文化旅游发展重点旅游项目一览表

项目名称	项目选址	项目定位	核心卖点	策划要点	建设内容
浪漫乡村度假基地	沈阳新民	乡村生态文化体验	荷花、鱼、文艺、休闲	包括餐饮住宿休闲综合设施开发、水面娱乐综合设计，度假疗养会展培训中心。利用乡村生态文化，设计相关旅游项目举办各种文艺活动，如情侣派对、写生比赛、时装表演等	（1）以荷花和鱼乡为两大特色景点，采用观赏荷花、休闲垂钓、鲜鱼品尝、荷花书画展等文艺性浓厚的乡村旅游项目，使其成为集休闲、游览、饮食为一体的多功能、高品位的游憩场所 （2）建造以水上美景开发为主体的水上世界。在大堤内侧建造地形状奇特的寨、浅水池和休闲花亭阁，供游人拍摄、写生，池旁备有躺椅、凉伞，周边和植花草树木 （3）修建露天平台，提供跳舞、游艺、时装表演、台球比赛、焰火晚会、消夏晚会、露天舞会、水上餐厅的相关场地
关东农家小院	鞍山唐家房镇	乡村农家乐文化体验	融入乡村、零距离感受农家乐	乡村旅游开发与新农村建设和谐发展，充分调动地方的积极性，结合新农村改造与建设，将"当一次关东农民"作为宣传口号着力完善农家乐旅游配套设施和功能建设，将黑土地人文资源特质与农家观光体验有机结合	（1）修建关东小院。修建乡村度假旅舍，以乡间小院作为主题，以关东黑土地文化为主题修建若干乡村酒店和乡村民乐部，在区内村民结合乡村土地流转进行，促进村民致富 （2）建设开心小农场。即将土地进行区域划分，游客可以在假期来耕种，其余时间由农民代理
郊外田园	抚顺佟庄子	田园隐士文化体验	远离喧嚣、田园风情	以城市居民的放松需要为目标，结合田园观光、山林休闲、农家乐等活动，与都市的高档喧闹娱乐（酒廊）、茶吧、乡村酒吧发出休闲互补，体现"宁静、闲适"的乡村氛围，将"做一次山林隐士"作为宣传口号艺术创作等特色活动，适当在田园间开发多层次的旅游道路	（1）增设景观功能。游客来到郊外田园景区的主要目的就是返璞归真，未放松心情 （2）建设观赏步道。景区以观光为主要功能，道路也要在实用的前提下保持田园风格。设计应充分利用原有道路，不因地硬化道路而切割原生态景观分布。结合独特生态系统，包括架空栈道、徒步小径等。道路建设应以环保采用为原则，宜采取砂砾、卵石、木材、石材等原生材料 （3）依托景区优美的景色和丰富的森林资源，建设林隐山庄。成为集幽逸和观光于一体的生态旅游服务中心

续表

项目名称	项目选址	项目定位	核心卖点	策划要点	建设内容
水上乐园	本溪	水上赏乐运动文化体验	以夜景和水上娱乐项目为卖点	立足优质生态环境和湖水景观，深化和拓展水上娱乐旅游项目，在保持生态环境的基础上，增强亲和性、知识性，参与性等与游客体验内容，增添夜景项目，让更多游客选择"过夜游"，增加景区收入	（1）开展东风湖夜游，需要对该水景观体系进行优化设计，尤其是灯光景观体系设计。要对现有桥梁进行美化，实施亮化工程，安装轮廓灯、多彩射灯、探照灯、园林灯、观赏灯等各种灯饰，对建（构）筑物、水面、道路进行亮化装饰，使湖水倒影晶莹剔透，景区夜晚绚丽多彩 （2）水上游览，重大节假日开展水上趣味活动等项目建设。在水库夜设置一些休息座椅，设游船、橡皮艇、水上脚踏车等自助式水上交通工具。还可以开展游泳接力的趣味性的比赛活动
蔬果缤纷农庄	丹东	农业艺术文化体验	农业科技与野趣休闲	重视对农业型乡村旅游产品文化内涵的丰富，克服传统低层次产品的季节性瓶颈，要以丰富的综合果、蔬、草、花等资源安排，以丰富的产品组合吸引游客。积极联合农业科研院校，加强农业科普基地建设；引入国外先进或独特的耕作、加工方式，使游客体验现代新颖特的农业艺术	（1）在缤纷果园之中，采取多种方式和材料，构建自行车旅游体系。在允许的范围内，尽可能延伸自行车道，在自行车道沿线，择址建设自行车驿站，让游客可骑乘自行车领略果园、花园类型的景色。应成立专门的自行车旅游公司，使用多种类型的自行车，增加此类旅游的趣味性 （2）农业园区中建设科普教育、农业展览、有机食品生产、有机农产品交易等相关的各类农业展览、餐饮休闲。设置以科普文化为题材的各类景观，融合农业科技、黑土地文化为一体
深山佛庙	营口	森林古佛神秘文化体验	北方森林中的古建化、古建筑、古宗教	重点挖掘古建的文化内涵和宗教特色，选择符合当地实际情况的发展方式，打造富有地域文化底蕴的文化旅游项目。充分利用黄家口的森林资源，重点发展深山林区古寺的乡村旅游文化，兼顾山林观光等休闲活动	（1）建设森林疗养，建少量融于森林之间的小型山庄别墅，主要用于接待游客休闲度假之需。山庄布局要依山就势，错落有致，与整体休养环境相协调 （2）建设森林氧吧，间或或建筑以茅草小屋，总体风格保持原生态，让游客一边欣赏幽静的森林，一边吸氧健身，重点完善古庙等古建筑，通过相关宗教节日事活动和森林特色景观来引游客
桃李园民族文化村	阜新	乡风民族文化体验	民族特色乡村生活	弘扬民族文化，发展旅游业要从改善硬件开始，比如改善旅游住宿、道路等方向，树立品牌意识。蒙古族文化是桃李园民族文化区的重要特色，包括民族节庆活动、民族饮食文化、民族宗教文化、民族文化村落、民居住居、服饰、歌舞、婚恋、族体、民间文字、绘画、刺绣等独具特色的民族民俗文化，都可以成为开发元素	（1）打造特色餐饮业，建设蒙古族风情园；开辟特色商业街；通过举办节庆活动凸显少数民族风光及人文气息的感染力和独特魅力 （2）动员景区周边农民依据市场需求提供餐饮、住宿、娱乐等服务项目，既可满足游客对原始广阔田园风光、自然环境的兴趣，尚未城镇化的乡村生活，又可满足部分游客对民族文化探秘的需求，进行"探秘"旅游，体验给妙动人的田园文化，尽享给神秘风光和自然美景

（六）精品线路

根据辽宁文化旅游发展总体规划，促进省内乡村文化与黑土地文化旅游协调发展，设计四条主题线路。

一是"时尚浪漫滨海渔家文化蓝色线路"。辽宁 14 个省辖市中有 6 个是滨海城市，海岸线长 2000 余公里，其中将 6 个市连为一体的全长 1443 公里的滨海大道，其文化自然带有鲜明的渔家色彩。以"渔家文化"为主题，打造囊括滨海观光、休闲度假的乡村黑土地文化体验蓝色线路。主要包括葫芦岛、锦州、盘锦、营口开发区、大连、丹东等乡村文化旅游景区。

二是"农家趣味度假采摘橙色线路"。以"乐农事"为主题，以现有的农家采摘为要点，一并推出其他"农家乐"项目，感受辽宁不同地区的农家乐特色。樱桃系列：大连乡村景区；李杏系列：营口、大连、锦州、朝阳等；桃梨系列：营口、大连、丹东、锦州、朝阳；棒栗系列：丹东、大连、铁岭、本溪。

三是"乡风民俗休闲体验红色线路"。辽宁民族人文资源丰富，在乡村地区体现更为明显，该线路集中体现黑土地风俗习惯。多民族聚居区的多元文化相互交融。节事活动展示，尤其是在春节、元宵节、端午节、中秋节等传统节日期间表现得淋漓尽致。主要包括抚顺、丹东、辽西地区、大连、沈阳、铁岭等。

四是"田园风光文化游赏绿色线路"。结合辽宁各地区乡村优美自然资源、文化特点，该线路涵盖田园养生类项目、赏花观鸟观光类项目、生态景观科普类项目以及冰雪体验娱乐类项目等。其中以本溪、丹东、营口、大连等地为主。

五、设施建设、行动计划

（一）重点设施建设

一是交通设施建设。增加沈阳、大连等机场的国际航班，尤其是东北亚旅游航线，将辽宁纳入国际旅游线路中。增加辽宁与国内大城市的航线及航班；增加大城市到沈阳的高铁车次，缩短与主要客源市场的通行时间。完善辽宁区域范围内的交通网络，完善城市与景区之间、景区与景区之间的交通路线。另外，利用公共交通工具或旅游专线大巴等完善旅游交通网络。还要依托辽宁良好的滨海资源，建立游轮、游艇基地，开辟"国际邮轮航线"，以此参与国际邮轮经济，成为中国东北最具时尚特征的海上旅游航线。也可以根据地域民俗特色和季节、气候特点，开发特色旅游交通工具。如蒙古族的勒勒车、满族的爬犁等。

二是监控设施建设。GIS 地图管理、支持监控中心电视墙，实时图像远程观看，及时了解景区任意地带的安全情况。可控制画面放大缩小，镜头转动；历史录像随时调用、定格抓拍画面；远程监听，与监控现场实时对讲；巡逻人员可随时随地用手机移动监控。

三是其他设施。重点建设交通和监控设施的同时，也要兼顾其他设施。包括水电设施、医疗设施、旅游信息服务设施、旅游综合服务设施，以及景区对现有设施的修缮与扩建都应该纳入此范围。

（二）主要行动计划

一是吸纳和培养专业旅游人才。管理者缺乏基本的旅游管理素养，将导致对于景区的管理以及景区的发展规划缺乏专业性和建设性的指导。另外，由于农民本身缺乏旅游景区开发和旅游市场营销等方面的相关经验，以及受自身知识结构和思想观念等方面的影响，在景区开发过程中难免会出现主观随意、盲目建设、破坏景区自然资源以及破坏生态植被等各种各样的严重问题。

二是务实调研，制定科学规划。没有市场调研、不了解市场需求特点，盲目、随意地开发旅游景区，不仅不能迎合游客心理需求，造成景区建设的失误，而且很容易造成重复开发，严重的还会导致原始资源的破坏。

三是加深文化挖掘力度。乡村文化旅游资源开发应充分体现生态旅游的文化内涵，推出富有区域代表性的旅游产品。依托辽宁乡村优越的生态环境，修整现有的乡村民居，建设乡村风情体验园。凭借村庄内优美的田园风光，"采菊东篱下，悠然见南山"的超然意境和村民们淳朴热情的民风及乡野生活的特殊风情吸引广大游客。还可以针对不同的季节策划不同的旅游活动，吸引不同年龄、层次的游客。

四是丰富各类乡村旅游产品文化内涵。注重乡土特色饮食文化挖掘，尤其要搜集饮食文化资源的文化背景、历史渊源、民间传说等资料，让游客边听故事、边观赏原料和烹饪工艺、边品尝美味佳肴。重视游客的精神享受，提升现在热门的乡村餐饮产品的文化内涵。

五是充分发挥各级政府的主导功能。乡村旅游发展的实践证明，政府在保护乡村文化和保障乡村旅游健康发展方面扮演着非常重要的角色。为此，政府要加强政策引导，把握正确的发展方向，强调旅游促进农村精神文明建设的作用。要建立健全有效的乡村旅游管理体系，将乡村旅游发展规划纳入新农村建设规划当中，积极稳妥地营造良好的农村文化氛围。要大力组织培训和宣传，在乡村旅游从业者中普及现代旅游的基本理念，要重视旅游的文化影响，加强监管，可以通过财税和金融手段激励旅游经营者保护乡村传统文化面貌和"乡村性",从整体上提高乡村文化旅游产品质量。

六是鼓励多方参与。社会各种力量在乡村旅游开发、建设新农村文化过程中存在着利益可协调的结合点,多方利益的整合、协调、共赢,可以使旅游带来的文化冲击降到最低。政府是倡导者、管理者和协调者,通过推行相关政策措施倡导乡村旅游文化导向,提升乡村旅游的文化品位和地方形象,同时可以利用行政手段,借助企业的经济力量和有效的市场原则,组织和协调社会各种力量的壮大。

第六章 旅游发展与辽宁饮食文化

旅游是集食、宿、行、游、购、娱为一体的综合性社会文化活动，在旅游的六大要素中，饮食位于首位，地位非常重要，直接影响到旅游业的深度发展。作为一种重要的旅游资源，辽宁地区的饮食文化资源类型齐全，极富地方特色，但开发利用程度还十分有限。将辽宁的饮食变成吸引旅游者品尝的特色美味，或将辽宁的饮食变成旅游者馈赠亲朋好友的旅游礼物，进而将辽宁的饮食文化变成吸引旅游者来辽宁的主因之一，促进辽宁文化旅游业的发展，将具有重要的价值和意义。

一、饮食旅游发展背景

（一）饮食旅游的兴起

常言道："民以食为天"，饮食是人类赖以生存和发展的第一要素，人类文明始于饮食。饮食文化随着人类社会的形成而发展，随着人类社会的发展而进步，饮食超越了单纯的生理需要，不断丰富着自身内涵，成为社会文化生活中的重要内容，是人们物质生活和精神生活的一部分。

具体而言，饮食文化是指人类于饮食活动中所展现的社会文化现象，既包含有形的食料、菜品、饮料、器具，也包含无形的饮食制作技艺、饮食习俗以及与饮食有关的文学创作等。由于饮食文化能对旅游者产生较大的吸引力，因而成为一种重要的旅游资源。以了解饮食文化和品尝饮食为主要内容的旅游，被称作"饮食文化旅游"。

近些年，随着人们生活水平的提高，人们在对旅游过程中带来的健康和享受有了更高的要求，从"果腹之需"转向"口福满足"，从"生理需求"转向"心理需求"，要吃出特色、吃出品位、吃出文化。在此情况下，一种旨在满足旅游者对旅游地饮食文化的求知、好奇之心，以及对饮食的"色、香、味、形、意"

的个性化需求的"饮食旅游"也随之出现了。饮食文化旅游可看作狭义的饮食旅游。丰富而浓厚的饮食文化内容是开展饮食旅游的必备条件，饮食旅游则是饮食文化旅游发展的必然趋势和结果。

（二）饮食旅游的定义

饮食旅游是旅游的一种类型，是目前一种较为新颖的旅游形式，是指以享受特色饮食，体验独特饮食文化为目的，到异地寻求审美和愉快经历的旅游活动，即是以"饮食"作为吸引物的享受过程。

饮食旅游的参与性相对其他的旅游类型要强烈得多。首先，饮食旅游最主要的旅游经历是品尝，这种来自味觉的美感既是有形的，又是无形的。这种参与直接影响整个旅游时间的长短、旅游质量的高低，故旅游体验对于饮食旅游者显得更为重要，对饮食旅游本身也提出了较高的要求。其次，饮食旅游与其他的参与性活动，如观看烹饪比赛、茶艺表演和学做中国菜、学习饮食养生理念等，都能激起饮食旅游者强烈的模仿欲，这些操作性强、内容丰富的旅游活动，极易延长饮食旅游者对旅游地兴趣的持续时间。

饮食旅游不同于旅游餐饮。旅游餐饮是指在旅游过程中的餐饮行为，而饮食旅游是以饮食为吸引物的旅游过程，这两个概念分别指不同类型的行为，但都旅行途中发生，而且都与旅游者的饮食行为有关。但饮食旅游不仅包括餐饮过程，还有其他与饮食相关的参与性活动，如烹饪比赛、啤酒节、水果节等。旅游餐饮更多地注重旅游者的餐饮行为及餐饮质量，如在旅游过程中的饮食安全、卫生、营养等。

饮食旅游不同于旅游饮食，饮食旅游是旅游的一种类型，是以"饮食"作为吸引物的享受过程。旅游饮食是在旅游过程中品尝到的美味食品，可以是在旅游途中携带的体积小、轻便、新颖的旅游小食品，亦可是享用到的风味大餐。旅游饮食是饮食旅游的重要组成部分。

（三）饮食旅游的作用

作为能满足人们对饮食以及与之有关的文化方面需要的饮食旅游，其作用主要体现在：

1. 可满足旅游者口腹之欲

"食"作为旅游活动六要素之一，对旅游者具有重要的作用。首先，旅游活动作为具有异地性特点的一种人生经历，必然要求旅游者在旅游过程中摄取相应的饮食，以满足其生存和维持正常生理机能的需要。其次，旅游地的地方饮食不乏美味，旅游者对这些美酒佳肴的消费，可满足其口腹之欲，获得生理上的快感和精神上的愉悦，从而增加旅游者在旅游活动中的积极体验。

2. 可满足旅游者求新、求异和好奇的心理

旅游者外出旅游，是希望得到一种与日常生活截然不同的体验，这是旅游者最基本的动机。旅游地的饮食，在旅游者日常生活中难以得见，即便有人移植而来，或多或少都出现了变异，远不如原产地的那么原汁原味，旅游者对这些异地饮食充满新奇之情，这无疑会激发人们希望一探究竟的心情。

3. 可满足旅游者的文化需要

饮食的形成，受到了当地的地理环境、社会经济条件、历史事件、宗教信仰等因素的影响。饮食文化，其实是地域文化在饮食生产、制作、习俗、礼仪等方面的表现，可以说饮食文化是探悉地域文化的一个最佳切入点。旅游者通过对地方饮食历史、典故、传说的了解，对饮食制作程序的参与及对饮食的品尝，对饮食礼仪的模仿，可以更深入和全面地了解旅游目的地文化。既开阔了视野，增长了见闻，同时也获得了精神上和文化上的极大享受。

4. 可以作为旅游购物品

在中国各地的土特产中，饮食产品占了很大比重，比如名茶、名酒，再如各种糕点小吃之类。这些饮食产品不仅可在当地食用，还可以供旅游者携带，作为旅游体验的延续，或者作为礼品，与他人分享自己的旅游经历。而旅游地将这些土特产加工为旅游购物品，不仅提升了产品自身的价值，还能延伸旅游产业价值链，更好地发挥了旅游产业的关联带动作用，有利于增加当地的收入。并且，这些饮食产品就是旅游地的名片和标志物，游客将之作为礼品赠送给亲朋，无疑会提高旅游地的知名度，这是对旅游地信息的传递和推广。

（四）饮食旅游的意义

饮食旅游对促进旅游业的发展具有重要意义，其主要表现在：

1. 增强旅游地的吸引力

饮食文化有着多种多样的形式和丰富多彩的内容，能使游客既饱口福，又饱眼福，既满足了游客补充身体的需求，也满足了游客希望更多了解旅游地历史文化的心理愿望，能给人以精神和物质高度统一的特殊享受。此外，饮食往往伴有神奇的典故传说，这些传说使得食品和名菜更为诱人，开发利用得好，能够增强旅游的综合吸引力。

2. 促进旅游综合效益的增长

饮食旅游是一种高层次的文化活动，更贴近普通人的生活，更能普遍引起人们的兴趣，并为人们理解和接受。随着人们收入的增加和消费水平的提高，游客饮食消费在旅游六大要素中所占的比例越来越高，旅游者不再仅仅满足于吃饱，

而是希望在品尝到当地特色饮食的同时，更能亲身体会当地的民俗和文化。由于饮食旅游更重视旅游体验，旅游者自觉增加饮食方面的消费，使得整个旅游过程的消费上涨。而饮食节、饮食展销、饮食大赛等饮食旅游活动能营造市场热点，吸引百姓消费，凸显消费互动，从而带动了食品生产业、房地产业、商贸业、文化娱乐业、建筑业等行业的发展，给经济发展带来了巨大的空间和潜力。

3. 凸显地方的旅游特色

自然景观通常具有相似性，而饮食文化及风俗民情由于具有地域性的特点，往往为一个地区所独有，不易被完全复制和模仿，易于形成较强的竞争力，有助于创设出属于自己的特色和品牌。因此，发展饮食旅游，能够凸显地方特色，促进旅游业走上有自身特色的发展道路。

二、辽宁饮食旅游资源

辽宁地处东北，环境秀美，物产众多，拥有饮食旅游发展的充分资源条件。

（一）辽宁的环境资源

辽宁位于中国东北地区的南部，是中国东北经济区和环渤海经济区的重要接合部，地理坐标处在东经 118°53′至 125°46′，北纬 38°43′至 43°26′。东西端直线距离最宽约 550 公里，南北端直线距离约 550 公里。陆地面积有 14.59 万平方公里。南临渤海、黄海，西南与河北省交界，西北与内蒙古自治区毗邻，东北与吉林省接壤，东南隔鸭绿江与朝鲜半岛相望，国境线长 200 多公里，南部辽东半岛插入黄海、渤海之间，与山东半岛构成犄角之势。

辽宁地势大体是由北向南，自东、西两侧向中部倾斜，山地和丘陵大致分列于东西两侧，面积约占全省土地面积的 2/3。中部为东北向西南缓倾的长方形平原，面积约占全省土地面积的 1/3。大部分河流自东、西、北三个方向往中南部汇集注入海洋。

辽宁属于温带季风气候区，境内雨热同季，日照丰富，积温较高，冬长夏暖，春秋季短，雨量不均，东湿西干。受季风气候影响，各地温差较大，自西南向东北，自平原向山区递减。特殊的地理环境孕育了特殊的物产和丰富的饮食材料。

1. 适合海珍品生长的水域

辽宁拥有绵长的海岸线，东起鸭绿江口，西至山海关老龙头，大陆海岸线全长 2178 公里，海域面积 15.02 万平方公里。近海分布大小岛屿 506 个，岛屿面积 187.7 平方公里，岛屿岸线长 622 公里。海岸和滩涂类型齐全，功能多样，适合各种海味珍品的生长。辽宁还拥有水库、湖泊等供淡水养殖的水面 11 万公顷，有淡水鱼类资源 119 种，其中，经济价值较高的品种有 20 多种。

2. 适合山珍（山野菜、菌类、山货、药材）生长的山林地

辽宁的森林面积不大，为 418.5 万公顷，森林覆盖率仅为 28.7%，但却呈现出特殊的森林植被景观。辽宁东部地区多为山地丘陵，素有辽宁的"绿色屏障"和水源涵养区之称，生长有许多著名山珍和珍贵药材。

3. 适合水果生长的气候条件

辽宁地处温带半潮湿地区，天气适合、雨量充分，光热资源充沛，适合许多植物生长发育。现共有各种植物 161 科 2200 余种，具有经济价值的有 1300 种以上。其中，以苹果生产为主的水果质优量大，有"中国三大果园之一"的称号。

4. 适合水稻和杂粮生长的土壤和土地环境

辽宁的土壤和气候条件宜于多种农作物的生长。辽宁北部平原，土壤多种多样，是辽宁的商品粮生产基地，素有"辽北粮仓"之誉。辽宁中部平原及辽河三角洲，土壤肥沃，水源充足，是水稻的主要种植区域。辽宁西部山地虽气候干旱，水源短缺，但却是耐旱杂粮生长的沃土。

（二）辽宁物产资源

辽宁的物产资源相当丰富。农作物以耐旱、耐瘠薄的玉米、高粱、大豆为主，其他如糜子、谷子、花生、小豆等杂粮也大面积种植，水稻产区近年来也在不断扩大。山区盛产野生的动、植物及各种水果。诸如鹿、兔、榛鸡、鹌鹑、铁雀、沙半鸡、榛蘑、黄蘑、蕨菜、山楂、板栗等，产量可观。除为本地区提供珍味外，还畅销国内外其他地方。水产品目前仅发现并已利用的鱼、虾、蟹类就有 70 多种，贝藻类 30 多种。淡水鱼类有青、草、鲢、鳙，海水鱼类有黄花鱼（石首鱼）、带鱼、梭鱼、鲈鱼、鲅鱼等。在广阔的滩涂海面上，还自然生长着许多牡蛎、沙蚬、毛蚶、文蛤等贝类，海参、鲍鱼、扇贝、贻贝等食中珍品及海带等藻类，产量可观。

此外，像铁岭的大葱，开原的大蒜，绥中的圆鱼（甲鱼、鳖）、白梨，辽东半岛的苹果等都久负盛名。在辽宁大地上，可以说是"北有粮仓，南有渔场，西有林棉，东有果园"，为人们的饮食提供了丰富的物质基础。

（三）辽宁饮食文化溯源

辽宁的饮食文化源远流长，早在数十万年前，古人类就已经开始在这块土地

上劳作生息，创造了灿烂的原始文化。到了商周时期，这里的农牧业已有了一定的发展，捕鱼、晒盐业也初具规模，为古代烹饪文化提供了良好的物质条件。

1. 古代饮食文化

春秋战国时期，辽宁的饮食文化已经很发达。曾在辽宁博物馆展出的"燕侯盂"（朝阳凌源县出土）就是2000多年前"辽宁人"烹制食品的饮具。战国时期，中原汉族人北迁者日益增多，带来了中原的饮食文化，丰富了这里的烹饪。辽阳棒台子二号汉魏墓壁画上的宴饮图，描绘了元鱼、雁、山鸡、仔猪、羔羊、鸭等多种美味，还可看到厨师手执炒勺烹饪、二十几个助手往来奔忙的情景，反映出东汉时期辽宁人的烹饪技艺已达到相当高的水准。朝阳袁台子东晋墓壁上的厨图中，可见到的有关厨师分工有序的操作场面，生动具体地反映了魏晋时期辽宁地区的发展水平。

北魏贾思勰所著《齐民要术》中记载了"胡炮肉法"。辽金时期，由于受到少数民族食俗影响，辽宁地区食肉之风甚盛，尤其是食羊。《松漠记闻》中称，"凡宰羊，但食其肉"等记载，也充分说明金代已经盛行食羊席了。到了元代以后，食羊之俗更甚。

明末清初，满族人由兴起、发展到最后统一中国，而辽宁地区是满清的"龙兴之地"，因此对辽宁地区的风土人情、饮食习俗带来极大影响，并给辽宁地区留下大量具有浓厚满族风味的菜肴，诸如白肉血肠、猪肉炖酸菜、小鸡炖蘑菇等，这是辽宁饮食形成的社会和民间基础。清朝中期后，省外长白山、大小兴安岭的熊掌、猴头蘑、飞龙等山珍，沿海地区的海参鱼翅等海鲜进入辽宁菜肴之列，宫廷菜肴和烹饪技艺使辽宁菜肴更为丰富多彩、琳琅满目。

2. 现代饮食文化

清末民初，辽宁地区饮食文化更为繁荣。民间每逢喜庆宴会，常设"三套碗"、"八中碗"、"四大件"、"八大件"、"海参席"等，丰盛鲜美，至今古风犹存。民国初年，奉天是省内政治、经济、文化中心，饮食市场更加兴旺，城内"酒肆几千家"，许多著名饭庄相继出现，如盛京（沈阳）城中的"三春"（鹿鸣春、明湖春、洞庭春）、"德馨楼"、"龙海楼"等"六楼"，"公记"、"丽华"、"沈阳"等"七饭店"；大连的"泰华楼"、"群英楼"、"辽东饭庄"等，可谓南北辉映、盛极一时；饭店内名厨云集、争相媲美，设备也很完善、豪华，每天客人络绎不绝。当时仅盛京一地名菜就多达几百种。每逢张作霖帅府举办"堂会"时，多邀请当地名厨烹制"堂会"佳肴，其品类繁多、质量上乘，可与宫廷菜相媲美。

民国时期，随着山东、河北、河南的移民潮，许多鲁、川、苏、豫名菜系落脚沈阳、大连、营口等地，对辽宁菜肴影响很大，尤其是鲁菜，当时曾出现一批专门烹制京鲁风味的大型饭店，体现外地菜肴的特色；因受到辽宁特定环境影响，名称上虽然还是京鲁菜系的传统叫法，但其原料已为辽宁当地所产，食客也多是辽宁民众，因而渐趋迎合本地食俗口味，在用料、刀工、汁芡等方面也有了很大改革，这便是外地与辽宁地区的融合。此外，那家白肉血肠、"四绝菜"、马家烧麦、李连贵熏肉大饼、老边饺子、沟帮子水馅饺子、义县伊斯兰烧饼等许多著名风味也相继出现，丰富充实了辽宁菜肴的内容，扩大饮食文化的内涵。

3. 当代饮食文化

新中国成立后，特别是改革开放以后，辽宁菜肴取得了长足发展，它以满汉为龙头、以辽宁地方风味小吃为基础，汲取了全国各大菜系的精华，结合本地区传统口味特点，磨砺研精，推陈出新，突出自己的风格，并连连在全国和国际大赛上摘金夺银，取得骄人的成绩。

1983 年，在第一届全国烹饪大赛上，辽宁的烹饪大师刘敬贤凭借优异的成绩夺得冠军。国内各大媒体在报道评价时说，"辽宁菜自成一体"、"是新兴的菜系"，"辽菜"的叫法也由此传开。

实际上，一种菜系的形成并非一朝一夕的事，它是特定地区多年来饮食文化沉淀积累的结晶。辽菜是利用辽宁产的食品原料和特有的烹饪工艺，并结合辽宁地区各民族饮食文化和习俗形成的独特菜系。"辽菜"的形成与辽宁的政治经济、历史地理、物产资源、民族文化、地方风俗密不可分，它是在鲁菜和满族、蒙古族、朝鲜族等民族菜基础之上，结合东北的地域特点以及人们的饮食习惯而逐渐形成的一种菜系，是辽宁饮食文化的总括。

清朝宫廷菜、王（官）府菜、市井菜、民俗菜、民族菜和海鲜构成辽菜的基本框架。宫廷菜的精湛与考究、王府菜的名贵与品位、市井菜的雅俗共赏、民间的乡土醇厚形成了辽菜丰富的内涵；沈阳的鹿鸣春、明湖春、洞庭春、勺园饭店、香雪饭店、南轩酒家、聚宾楼，大连的群英楼、海味馆，锦州的五芳斋饭店，营口的小楼饭店，辽阳的福来园等餐饮名店构成了辽菜最初的流派框架和市场体系。

辽菜汲取宫廷菜，京、鲁菜的传统技艺精华，同时融合了满、蒙、朝、汉民族菜的特点和东北地区山水特产的优势，创造具有菜品丰富、季节分明、口味浓郁、造型讲究的辽菜特点。

辽宁盛产珍贵的刺参、对虾、紫鲍、扇贝、螃蟹及各种名贵的海鲜和贝类。辽河、太子河、浑河、大小凌河和鸭绿江等河流盛产鳜鱼、鲤鱼、银鱼、比目鱼、细鳞鱼、甲鱼等各种鲜鱼，还有熊、鹿、獐、狍和山鸡、野兔等山珍。山区还有猴头蘑、蕨菜、大叶芹、山楂、板栗等山菜山果。辽河平原种植五谷、蔬菜，饲养六畜。这些名贵的烹饪原料，使辽菜显示出独有的地方特色。

辽菜口味以咸鲜为主，甜为配，酸为辅，口味偏浓。形式上是鲜香酥烂，讲究明油亮芡，海鲜品讲究原汁原味，清鲜脆嫩。东北地区气温低，人们喜欢热食，尤以炖、烧、扒、熘见长，用围、配、镶、酿表现出特色。炖分清炖、浑炖、侉炖、隔水炖。扒以 180 度大翻勺为长，原菜形不变乱，两面受热均匀，入盘色形美观，是辽菜独特技法。

宫廷菜取料珍稀，不仅口味独特，工艺讲究，且菜名典雅，富有诗情画意，文化内涵丰富，是辽菜的精华。代表菜有："掌上明珠"、"凤还巢"、"麒麟送子"、"蟠桃猴首"、"清汤鹿尾"、"红娘自配"、"宫门献鱼"等。

王府菜是辽宁高档菜的重要组成部分。代表菜有高级名贵的"王府鸭"、"王府八宝酱"、"王府砂锅"、"王府鹿尾"，还有民国时期张氏家族的"四绝菜"等；市井菜是辽菜的主体，高、中、低档结合，上至"海参席"、"通天燕翅"，下至"锅包肉"、"熘三样"、"红烧肉"及风味菜"白肉血肠"等；民间菜原料易得，技法较为简单，多以炒炖为主，如"小鸡炖蘑菇"、"炒肉渍菜粉"、"小葱拌豆腐"等为大众喜闻乐见。辽菜现已逐渐形成一整套完整的菜系，并跻身于全国菜系之林。

（四）辽宁饮食旅游现状

辽宁的饮食资源门类齐全，特点鲜明，具备发展饮食旅游的坚实基础。

1. 旅游餐饮势头强劲

近年来，随着辽宁旅游的迅速发展，饮食服务业的规模不断扩大，水平日益提高，饮食服务基础设施不断升级，日臻完善，各级、各类设施也比较齐全、充足，可满足游客各式各样的需求。2012 年，辽宁接待国内外旅游者 36680 万人次，比上年增长 11.1%。其中，接待国内旅游者 36200 万人次，增长 11.1%；接待入境旅游者 480 万人次，增长 17%，入境旅游者中，外国人 395.5 万人次，增长 14.8%；港澳台同胞 84.5 万人次，增长 28.3%。全年旅游总收入 3940 亿元，比上年增长 18.1%，其中旅游外汇收入 31.8 亿美元，增长 17.5%。虽然缺乏具体的相关数据，但从历年辽宁游客人均花费趋势上推算，2012 年辽宁国内游客的人均花费约为 885.1 元，其中，餐饮消费约占 17.8%。

2. 饮食服务业增长快速

受旅游餐饮强劲势头的影响，辽宁饮食服务行业也竞相快速增长。2012 年，辽宁各大饮食企业创新经营理念，转变经济模式，钻研特色菜品，加大促销力度，提高服务水平，饮食行业市场规模持续扩大。全省推出大型主题促销活动 70 余项，其中，东北饮食节、沈阳台湾饮食节、抚顺鱼王争霸赛、鞍山饮食节、营口饮食节、朝阳饮食节、葫芦岛名优菜点联展和辽宁餐饮业餐厅服务技能大赛、抚顺烹饪大赛、辽阳烹饪大赛、丹东特色海鲜佳肴大赛等活动接连举行，吸引了众多企业和从业人员参与，有效提升了行业技能水平，特别是第二届东北饮食节暨首届东北餐饮食品博览会，共吸引了东北三省的 600 多家企业和 1000 多名选手参展参赛，有 10 万多名沈城百姓参与了饮食节和博览会的各项活动，在东北乃至全国产生了广泛的影响。

此外，每当节假日期间，省内各大中型酒店、饭店均呈现爆满景象，中高档餐厅均预订一空，营业额比平日增长 30% 以上。据对全省重点饮食企业的监测统计，2012 年春节、清明、"五一"、端午、"十一"期间营业额同比分别增长 18.3%、20.1%、23.7%、18.3%、18.6%，假日消费让饮食服务业保持着较快的增长态势。2012 年，辽宁饮食服务业共实现营业额 1377.5 亿元，比上年增长 20.7%。饮食在促进旅游发展中的作用已显而易见。

3. 饮食服务企业居全国前列

如今，辽宁饮食服务企业的数量及基础设施已跻身全国前列，全省各类饮食服务业经营网点 13.1 万个，从业人员 120 多万人，其中，五星级酒店 19 家，四星级酒店 81 家，五钻级酒店 9 家，基本形成了布局合理、门类齐全、经营多元、业态多样的发展格局。由于在环境设施、经营业态、风格设计以及文化氛围等方面不断加大开发创新力度，规模档次明显提升，一批服务水平高、菜点质量好、品牌叫得响的饮食服务企业正逐渐脱颖而出，并呈现出显著规模化、品牌化发展趋势。比如，大连筷道餐饮有限公司历经 18 年的发展，已经从一家单体店成长为一个拥有 7 家直营店的餐饮连锁集团，"筷道"品牌也成为辽宁首屈一指的餐饮品牌，得到了消费者的广泛认可。悠久的饮食文化，丰富的特产资源，良好的旅游设施，都预示着辽宁发展饮食旅游有着广阔的前景。

三、辽宁饮食旅游发展的优势

（一）特色食材

受气候和环境的影响，辽宁地区与饮食相关的特有或特别著名的食材主要有：

1. 特产海珍

辽宁海岸线长，海域面积大，海岛众多，是海产品生产的大省，尤其是海味珍品品质好、营养高、价值大，有许多都是辽宁特有的品种，如"刺海参"、"皱纹盘鲍"、"中国对虾"和"栉孔扇贝"等。其中，大连的"五行刺"被称为"参中之王"，列为"海八珍"之首。小黄鱼、银鲳、文蛤、香螺及海蜇、中华绒鳌蟹也闻名国内外。此外，还有大连毛蚬子、庄河牡蛎、丹东黄蚬子、东港梭子蟹、葫芦岛虾皮等。淡水鱼则有本溪虹鳟鱼、庄河河豚、灯塔黄颡鱼、东港牙鲆鱼、东港泥鳅等均为辽宁的特色水产。

2. 特产山珍

所谓"山珍"，包括野味、野菜、菌类、山货和名贵药材等。辽宁的山地多于平原，尽管林地不是太多，但因特殊的环境，还是出产一些特有的动植物特产，其中主要的有：刺嫩芽、蕨菜、松菇、黑木耳和榛子、核桃等，还有产于本溪的蕨菜、唐松草、大叶芹和产于铁岭的黄花菜；菌类还有朝阳的榛蘑、草蘑、红蘑和抚顺的香菇；药材除了人参、五味子外，还有朝阳和北票的杏仁、本溪的刺五加、清原的龙胆草等。山珍里还需要提到的是凤城的林蛙和铁岭的蚕蛹。

3. 特产水果

依据得天独厚的自然条件，辽宁成为了中国重要的水果生产基地。这里出产的水果，品种多、产量大、口感好。其中，苹果、梨和葡萄的产量多年来一直稳居全国前列，近年来，草莓、树莓的产量也成为了全国之最。辽宁地区特产的水果主要有：熊岳苹果、鞍山南国梨、绥中白梨、北镇鸭梨、大连黄桃、辽宁山楂、朝阳大枣、孤山杏梅、金州大樱桃、庄河歇马杏、辽阳香水梨、朝阳香蕉李、阜新大扁杏、阜新红袍杏、板石沟大枣、绥中猕猴桃、桓仁大白桃、梁山西瓜等。其中，南国梨为辽宁独有，汁多味美，被誉为"梨中之王"。

随着近年来水果设施的发展，又形成了如东港草莓、熊岳树莓、庄河蓝莓、五龙山葡萄等新的特产水果。

4. 特产粮食

辽宁是国家装备业生产基地，过去，粮食一直不能自给，需要其他省份支援。改革开放以来，随着科技的发展，辽宁一改过去缺粮的局面，逐步成为了粮食生产大省和国家重要的商品粮生产基地。在粮食产量大幅度提高的同时，粮食品种也不断地增多。而受环境、气候、土壤因素影响的粮食特产品种也相对凸显出来，这其中主要有：盘锦大米、京租稻米、建平小杂粮、朝阳小米、阜新高粱米，都是闻名遐迩的粮食品牌。

5. 特产肉蛋

辽宁肉蛋特产不多，最知名的有西丰的梅花鹿、大石桥的肉驴、丹东的黑猪、庄河的大骨鸡，还有昌图豁鹅、彰武白鹅、青龙河鸭蛋等。

（二）特色饮食

辽宁的饮食品种繁多，门类齐全。经归纳，主要可分为：

1. 名店饮食

辽宁有很多餐饮名店，并拥有自己的招牌菜，是货真价实的饮食。比如，鹿鸣春的"葱烧辽参"、"烤大虾"、"砂锅元鱼"、"扒三白"；明湖春的"冰山脆鳝"、"葡萄海参"、"芙蓉龙虾"、"浇汁黄鱼"；洞庭春的"赛熊掌"、"赛犴鼻"、"赛鲍鱼"、"赛燕窝"、"彭祖长寿雉羹"；宝发园的"四绝菜"、"熘腰花"、"熘肝尖"、"煎丸子"、"熘黄菜"；大连饭店的"火龙鲜串"、"三鲜葫芦大虾"、"彩蝶戏牡丹"、"芙蓉蟹斗"等。

2. 名厨饮食

辽宁有一批全国著名的烹饪大师：刘敬贤、刘国栋、李鸿志、李春祥、王九章、崔景亮、张奔腾等，他们的成名菜或拿手菜都是有口皆碑。如刘敬贤是靠"兰花熊掌"、"红梅鱼肚"、"凤腿鲜鲍"、"游龙戏凤"四款菜而获得全国烹饪冠军的；李春祥则是借助"玉器什锦古塔"、"百鸟金山"、"春卷凤宝"、"甲鱼梨盅"等菜获得世界烹饪大赛的冠军；刘国栋的代表菜品有"桃花香扇"、"软溜黄鱼扇"、"芙蓉蟹黄"、"凤凰戏牡丹"等；李鸿志的拿手菜品是"御膳传统宫廷名菜"，张奔腾的成名菜则是"红楼宴系列饮食"等。

3. 名宴饮食

在辽宁各地，烹饪大师和烹饪名师还曾创制过一些有特色的宴席，更是饮食的荟萃，如沈阳的"满汉全席"、"八仙宴"、"大龙宴"、"宫廷八珍宴"、"豆腐宴"；大连的"海味宴"；抚顺和铁岭的"全鱼宴"；盘锦的"螃蟹宴"；葫芦岛的"古城宴"、"全羊席"；阜新的"清沟鱼宴"、"全羊宴"等。

4. 民族饮食

辽宁是一个多民族聚居的省份，一些少数民族依据自己的民族食俗，创制了不少具有民族特色的饮食，其中，最著名的有：回族的马家烧麦，满族的"八大碗"、那家白肉血肠，蒙古族的喇嘛炖肉、蒙古族馅饼、烤全羊、手把肉与全羊汤；朝鲜族的西塔大冷面、烤肉、打糕等。

5. 风味饮食

辽宁的风味小吃很多，遍布辽宁各地，比较有名的是：老边饺子、李连贵熏肉大饼、杨家吊炉饼鸡蛋糕、三合盛包子、沈阳回头、海城馅饼、鲜虾萝卜丝饼、驴肉荞麦冠顶饺、杏仁小米粥、碗坨、水豆腐、拔面条、榆钱大饼子、焖子、水馅包子、面茶等。

6. 风味食品

辽宁风味食品不是很多，最有名的是：沟帮子熏鸡、北镇熏猪蹄、不老林糖、稻香村糕点、大舞台油炸糕、大舞台炸麻花、塔糖、香水梨干、老世泰糕点、虹螺岘干豆腐、锦州小菜、塔城陈醋、哈士蟆油等。

（三）美味饮品

辽宁拥有一批特产的饮品，是知名的饮食品牌，主要有：雪花啤酒、老龙口白酒、道光二十五、三沟白酒、铁刹山白酒、五女山冰葡萄酒、冰峪庄园大米酒、八王寺汽水、大清宝泉等。

四、辽宁饮食旅游发展的研判

虽然具有良好的资源条件、悠久的饮食文化和日益完善的旅游餐饮设施，但由于缺乏政府和旅游部门的推动，也没有龙头企业的带动，辽宁饮食旅游没有形成享誉国内外的名牌产品，更没有成为辽宁旅游的重要组成部分。可以断定，辽宁的饮食旅游尚处于自然、零散、不自主的发展阶段。

（一）问题所在

辽宁饮食旅游的现状，是由一些问题造成的，而其中主要的问题是：

1. 政府重视不够

可以说，辽宁旅游业相关部门及行业一直都对饮食不够重视。辽菜本是一种拥有地方特色的饮食品牌，政府部门也曾召开会议，要"振兴辽菜"，但最后都无声无息。与其他省"轰轰烈烈"地开发菜系相比，辽菜至今连一个开发的机构都没有。旅游主管部门至今也没有打造旅游饮食品牌的意识，很少把特产饮食作为旅游项目进行开发，游览为主、饮食为辅的倾向严重。由于得不到相关政策的支持，一些特产饮食的餐饮老字号，不再以传统的饮食项目为主，而是经营起了快餐、外餐，甚至"洋餐"，地方特色已十分不明显。偶尔有饮食节，不过也是为了节庆而节庆。

2. 品牌意识淡薄

虽然辽菜是具有辽宁特色的饮食品牌，但辽宁许多经营辽菜和辽宁风味饮食的商家都尚未形成品牌意识。一些传统特色鲜明的餐饮老字号，故步自封，缺少商标意识，或是注册纠纷、或是人才流失、或是股权转换、或是假冒伪劣等原因导致店址不确定，商标不明晰，声誉不突出，结果导致辽宁人都不知到哪里去品尝正宗辽菜，选购正宗的辽宁特产，外来的游人更是无所适从。

3. 产品开发不足

国内许多饮食名店，多是通过不断开发创新产品和实现连锁经营来扩大品牌影响力。比如，北京全聚德就是以独具特色的烤鸭为龙头，经过不断创新发展，形成了集"全鸭席"和400多道特色菜品于一体的全聚德菜系，成为了中国最著名的特产饮食品牌。反观辽宁，辽菜虽然包含众多特产饮食，但忽视了特色的挖掘和开发，一直也未形成特色鲜明的菜肴，风味饮食品种单一，包装过于简陋，不能给游人留下美味的回忆，自然也难以形成良好的口碑。

4. 饮食文化短缺

饮食和文化是密不可分的，饮食只有依托地域文化，才可能具有品牌的效应。如果特产饮食蕴含着民间传说、风土人情、名人典故等丰富的文化，将会激发游人强烈的品尝或购买欲望，形成巨大的吸引力，成为人们旅游中相辅相成、不可或缺的东西。辽宁的饮食虽然可以满足游人的口腹之欲，但由于大多缺少深层次的文化挖掘和开发，因而满足不了当今游人了解辽宁饮食文化的需求，自然也就缺少了品牌的影响力。

5. 营销宣传不力

尽管辽宁以前也进行过各种形式的特产饮食推广宣传，但还有许多不足之处：一是长期以来，旅游部门的宣传，主要是在旅游景点和旅游线路的介绍上，一直未把饮食文化看作是整体旅游的基本构成；二是在宣传中，很少介绍辽菜及其文化，而且对各地的特产和风味小吃宣传得也不多，官方渠道上出现的信息量更少；三是辽菜饮食介绍，多是重点介绍大饭店和宾馆，对独具特色的小餐馆少有涉及，迄今也没有形成一份关于辽菜饮食的地图，让人很难感受到辽宁特产饮食的形象和脉络。

（二）关键挑战

辽宁饮食旅游发展不仅存在一些需要解决的问题，而且还面临着十分严峻的挑战，这主要来自于：

1. 饮食市场竞争激烈

辽宁在早前的旅游开发中已经形成了一批成熟的旅游饮食市场，如沈阳、大连都有特定的饮食街区，街区内各大菜系纷纷进驻，各色餐饮品牌种类繁多，红火异常。可偏偏经营辽菜的店家因各种原因"底气不足"，很少打出辽菜的旗号，在饮食市场竞争中一直处于下风。因而，如何依托自身资源打造特色饮食，吸引游客，扩大消费，培养更多客源，是辽宁饮食旅游面临的挑战之一。

2. 传统经营遭遇挑战

辽宁的大多数风味小吃店，都是以家庭经营为单位，家庭成员就是服务员，家长的经验就是管理方法。"酒香不怕巷子深"、"小富即安"等思想盛行，缺乏主动的推销意识、竞争意识。要想将辽宁极富生命力的特色饮食做大做强，就要引进现代经营管理理念，强化商家们的竞争意识和主动营销意识，这也是辽宁饮食旅游面临的挑战之一。

3. 品牌影响亟待提升

比较而言，辽宁没有令人称道的名胜古迹，也没有享誉世界的旅游品牌。来辽游客以节庆和商务目的居多，游览观光类游客较少，旅游客源市场大都是本地及周边邻近地区，而且一般不会停留很长时间。饮食旅游是新兴的旅游，游客在旅游消费上会权衡利弊，相对而言，大多数旅游者向往的是旅游目的地，而不是饮食。因而，打造旅游名胜和饮食品牌，扩大影响，提升辽宁旅游知名度，是辽宁饮食旅游面临的关键挑战。

五、辽宁饮食旅游发展的目标定位

（一）总体目标

饮食旅游是以品尝饮食为主要旅游动机，以异地体验和享受饮食为主要旅游经历，并以当地的自然和人文景观作为辅助、具有文化和休闲属性的旅游活动，其涉及面广、渗透力强、行业门类多，在未来旅游的大发展中，有着巨大的开发潜力，将会成为今后辽宁旅游开发的方向和新一轮旅游开发的热潮。根据辽宁饮食资源的优势、设施基础和市场前景，在区域发展战略上，辽宁饮食旅游的总体目标是：

（1）率先在中心城市沈阳和大连实现重点突破，努力把沈阳和大连建设成辽宁饮食旅游的中心和基地，发挥对全省饮食文化的强劲辐射和带动作用。

（2）在行业发展战略上，实施分类指导、区别对待、重点突破、逐步推进的战略。优先发展"辽菜饮食游"，逐步推进"特产饮食游"、"风味饮食游"、"民族味道游"、"烹饪美味游"的发展。力争通过十年的发展建设，将辽宁建设成"中国饮食大省"和"中国美味食材基地"。

（3）在充分注重社会效益的前提下，围绕着提升经济效益，打造饮食品牌，力争在十年内实现由以本地人旅游为主向吸引域外游客为主的转变、实现由低层次饮食文化向张扬饮食品牌文化的转变、实现由饮食资源大省向饮食旅游文化强省的转变。

（二）具体目标

根据总体目标，辽宁饮食旅游发展还有一些具体目标，需要在十年内分阶段、有步骤地实施。这些具体目标主要有：

（1）打造辽宁饮食品牌。在未来的十年内，围绕"辽菜文化"资源，打造"满汉全席"、"海鲜八珍（宴）"、"满味八大件"、"辽东山珍"、"老边饺子"、"沟帮子熏鸡"、"南果梨王"、"建平杂粮"八大品牌。

（2）完成五大饮食旅游项目。在十年内，创建"辽菜文化研究中心"、启动"辽宁饮食特产博物馆"、筹建"辽宁山珍海味精品专营店"、开通"辽宁特产水果物流网站"、运营"辽宁风味饮食精品旅游线路"。

（3）建设五大饮食旅游基地。在十年内，建成并运营"沈阳满汉全席厨艺、美味品鉴体验基地"、"长海（庄河）海珍海岛生活基地"、"辽南特产水果创意园"、"辽东山珍寻宝营地"、"辽西养生保健杂粮大集"五大饮食旅游基地。

（4）组建五大饮食旅游集团。在十年内，组建形成"辽宁饮食旅游开发集团"、"辽宁饮食基地建设集团"、"辽菜开发经营集团"、"辽宁山珍海味饮食集团"、"辽宁饮食文化策划传播集团"五大集团公司。

（三）实施步骤

根据上述目标，辽宁饮食旅游发展可分三个阶段实施：

第一阶段：2015~2016 年，实施饮食旅游突破行动，选准切入点，集中力量，启动一批饮食旅游园区、基地、项目、企业建设和产品生产，打基础，创品牌，发挥示范效应，实现规模扩张。

第二阶段：2016~2019 年，实施饮食旅游扩展行动，提质提速，开始做大，聚后劲，树品牌，实现初步升级。

第三阶段：2019~2023 年，实施饮食旅游振兴行动，全面提质提速，做实做强，创名牌，树形象，实现优化升级。

在此期间，打造 50 家辽菜饮食名牌店和 50 家辽宁风味小吃名牌店，使其在全国一线城市都拥有连锁店；推出 50 种辽宁特产的饮食名牌产品，力争在全国一线城市及国外一些城市都拥有专营店；打造 10 处具有辽宁特色的民族风情饮食街区，使其中的 1~2 处成为辽宁旅游的重要景区；推出 10 个以饮食为主题的大型旅游节庆活动，其中有 1~2 个饮食节庆活动将在全国范围举行；推出 10 条以上辽宁饮食旅游精品线路，并拥有一家专门从事饮食旅游的旅行集团。

届时，饮食旅游将在辽宁旅游的整体收入中占有较大的份额；辽宁专门从事饮食旅游营销的传媒集团将具有相当的经济实力，其拍摄的辽宁饮食专题片或辽宁饮食影视剧将会在全国范围内展播。

(四) 重点项目

围绕着以上目标，按照规定的实施步骤，需要开展的重点项目是：

1. 辽菜品牌的打造

辽菜是辽宁特色饮食文化的总括，辽宁饮食旅游的发展，需要借助于辽宁的地脉、史脉与文脉，以辽菜为依托，建立饮食文化旅游基地。要在饮食产业的基础上，以辽菜文化为主题，开展相应的旅游活动或开发相关的旅游项目，而打造辽菜饮食品牌就自然成为了辽宁饮食旅游发展的重要项目。辽宁已经借助全运会的良机，成功地推出了30家辽菜饮食名店，比如沈阳的鹿鸣春、明湖春、洞庭春、宝发园，大连的大连饭店、聚英楼等，这些店有许多的辽菜饮食名宴和辽菜饮食名菜。可以通过组织"辽菜饮食大赛"或"辽菜饮食展评活动"推广辽菜，在得到各方面专家和广大公众认同的基础上，推出100家辽菜饮食名店、10台辽菜饮食名宴及100道辽菜饮食名菜，并逐渐完善成为辽菜的饮食品牌。

2. 风味饮食的开发

风味小吃和风味饮食最能体现地方色彩，对游客最有影响力和吸引力，是饮食旅游最好的宣传名片。辽宁的风味小吃遍布省内各地，但开发出来的具有辽宁特色、便于携带、易于保存的风味饮食却不多。因而，要加大开发力度，开发出一批像"老边饺子"、"马家烧麦"、"沟帮子熏鸡"、"北镇猪蹄"、"锦州小菜"那样的风味饮食产品也成为辽宁饮食旅游发展的重要项目。近年来，辽宁已由政府和相关部门引导厂家，将传统的风味制作加工成好吃、好带、好送礼的旅游饮食，已评选认定的有300多种，没有得到认定和正在申报的也有1000多种。可以通过对一些历史悠久、濒临失传的饮食品种、百年老店进行挖掘、复兴和保护，并且组织"辽宁风味饮食展评"活动，由主管部门和权威的专家评定确认100家风味精品店和500种旅游风味饮食。

3. 饮食街区的规划

特色饮食街区是饮食旅游的标志，如果能够规划一批辽菜的饭店和辽宁风味的小吃店入驻繁华的商业区或旅游景点，形成固定的特色饮食街区，必然是广大游客和饮食爱好者的向往之处。因而，规划辽宁特色饮食街区也是辽宁饮食旅游发展的重要项目。辽宁目前还没有"辽菜饮食街区"或"辽宁风味小吃街区"，但各地已有多处民族风情的饮食街区，尽管大都不尽完善，但可通过政府和旅游部门会同行业协会进行规范性改造。比如，在沈阳"回回营"打造"清真饮食街区"，在阜新县打造"蒙古风味饮食街区"，在新宾县打造"满族风味饮食街区"，在沈阳西塔打造"朝鲜风味饮食街区"等。到2020年，可完成10处"辽菜饮食"或"辽宁风味"及民族风情饮食街区的打造。

4. 饮食线路的设计

饮食线路是饮食旅游的重要组成部分，也应该成为辽宁饮食旅游发展的重要项目。如果在辽宁的重点旅游线路上，有计划地设立一批辽宁特色菜肴饭店，突出辽菜风味和美味，让游客可看、可吃，同时还可学、可带、可游、可参与，使旅游成为一种欢乐的、新鲜的、独一无二的旅游体验，无疑会增加旅游的感染力和美誉度。目前，辽宁的旅游线路很多，但将饮食设计在其中的很少。辽宁有丰富的特产和风味饮食，在 2020 年前，结合旅游名胜设计出 10 条旅游饮食的线路并不困难，比如，可以设计"辽宁十佳美味游"、"辽宁十佳小吃游"、"辽宁十佳水果游"、"辽宁十佳海鲜游"等。

5. 饮食节庆的举办

开展饮食节、饮食大赛、饮食展销等各种饮食节庆活动，是饮食旅游的最佳实现方式。饮食节庆活动可以"以节造势，以势聚客，以客促发展"，进一步提升旅游地区的知名度和美誉度，给饮食旅游的发展注入活力。因而，饮食节庆活动的定期举行也是辽宁饮食旅游的重要项目。辽宁现有不少旅游节庆活动，可与饮食相关的节庆却很少。如果能坚持举办以辽菜或辽宁特产为主题的大型节庆活动，像"辽宁饮食节"或"辽菜饮食博览会"、"苹果采摘节"、"南果梨采摘节"、"蘑菇采摘节"、"文蛤采拾节"、"螃蟹捕捉节"等，完全可能做成辽宁饮食旅游的品牌。

（五）发展原则

根据目标和项目，辽宁饮食旅游的发展原则是：

1. 坚持政府扶持与企业自愿

当前，饮食市场竞争日趋激烈，大量外来饮食企业进入辽宁，占领市场，对此要有强烈的忧患意识。从辽宁的实际出发，由政府牵头，组织相关部门，制定辽宁饮食旅游总体发展规划，并在政策、财税、金融等方面给予扶持。在企业自愿的基础上，以市场竞争为导向，以经济效益为中心，对行业进行整合和规范，布局合理的饮食旅游行业体系，拓展新一轮创业空间。

2. 继承传统与开发创新并进

辽宁在推出饮食旅游产品的同时，还要特别注意把握传统的文化特色，弘扬传统文化，提高相关人员的文化素养。当然，任何一项产品若要在激烈的市场竞争中生存，就必须在继承传统特色基础之上，不断进行更新创造。发展饮食旅游产品也避免不了这一原则性问题。要使饮食旅游产品长期存在，就需要不断创新、研究，创造它的第二生命周期。

3. 弘扬文化和经济效益"双赢"

虽然要大力挖掘、弘扬、整理传统饮食文化中的优秀部分，但落脚点之一应是经济效益和消费者的认同。如果没有良好的经济效益，不能吸引顾客，即使是有历史依据、制作考究，也终究会落得销声匿迹的下场。因此，一定要处理好弘扬文化和经济效益的关系，达到最终既盈利又宣传的目的。只有创造了良好的经济效益，才能起到弘扬的目的，为进一步发展提供动力，为振兴地方经济服务。

4. 大众消费和高档消费共存

在饮食旅游产品的挖掘和开发中，应立足于满足主要消费者的客源市场，但要注意不同消费层次的需求，处理好高档消费和大众消费的关系，始终以大众消费者作为主要消费对象。除了开发出适合大众口味、消费习惯、消费价位的饮食旅游品种外，应努力开发一些中、高档次的饮食品种，以适应旅游市场的需要，起到"地方窗口"的作用，以获取最大的经济效益。

5. 坚持开发与保护资源并重

注重保护旅游生态环境，是 21 世纪发展旅游最重要的原则。对饮食而言，从表面上看似乎与生态资源的保护并没有太大关联，但实际上，饮食原料的采集，在很大程度上取决于当地自然环境是否良好，保护好环境才有可能拥有更多的生产原料。所以，现代餐饮产品的开发，已越来越注重整个环节的生态平衡。发展饮食旅游，同样应迎合这一原则，以求持续、有效地发展。

（六）保障措施

完成辽宁饮食旅游发展的目标和重点项目，需要采取各种相应的措施提供保障。这些措施主要有：

1. 建立专门的指导机构

饮食旅游是今后旅游发展的重要组成部分，需要政府部门的主持和指导。可以由旅游主管牵头、会同相关部门成立一个"辽宁饮食旅游发展领导小组"（以下简称"小组"），由专人负责。"小组"定期召开会议，并形成一个联席工作制度。"小组"的主要职责是，就辽宁饮食旅游发展的问题与政府各相关部门和相关行业进行沟通及协调，同时负责制定"辽宁饮食旅游"的发展规划和各项目的论证、开发、推广及宣传工作。

2. 制定专项发展规划

辽宁饮食旅游的发展如何体现政府的指导，主要看是否按照规划实施。《辽宁饮食旅游发展规划》（以下简称"规划"）及《实施细则》通过"小组"组织专家制定。辽宁的饮食旅游发展将完全依据"规划"及《实施细则》来组织实施。"小组"可以召集专家，成立一个"饮食旅游发展专家委员会"，以解决在饮食旅游发展中遇到的各种问题。

3. 出台相关优惠政策

饮食旅游能不能受到政府的重视，关键在于有没有政策上的支持。为了在最初的发展阶段鼓励饮食旅游发展，可由政府主管部门出台一些优惠政策，支持鼓励饮食旅游品牌的打造和重大饮食旅游项目的运作，要让从事饮食旅游的企业和单位享受到与发展文化产业相同程度的政策优惠。

4. 完善饮食行业联盟

饮食旅游项目的实施和饮食旅游活动的开展，都需要有专门的部门去组织、运作，而"辽宁旅游餐饮协会"是最适合承担这一工作的组织。促进辽宁饮食旅游的发展，应尽最大可能发挥"辽宁旅游餐饮协会"的组织协调能力，在"小组"的领导下，会同各方面的专家开展各项工作。必要的时候，还可以成立"辽宁饮食名店联盟"、"辽宁风味小吃联盟"等组织，充分利用行业组织的作用，策划活动，运作项目，推动辽宁饮食旅游的发展。

5. 加大宣传力度

目前辽宁饮食的知名度并不是很高，辽宁饮食还没有很好地与旅游挂钩。因而，加强辽宁饮食旅游的宣传，展示给游人一个鲜明的辽宁饮食旅游形象是非常重要的。可以充分利用网络宣传辽宁饮食旅游，将辽宁饮食旅游信息传递出去。同时还要充分发挥大众新闻媒体作用，以辽菜文化为主要内容，电视、广播、报刊要腾出适当时段、版面，开辟专栏、专题广泛宣传。各旅游景点要有辽宁的风味小吃、名点的介绍，主要旅游饭店、商场要有介绍辽宁传统饮食内容的橱窗或墙报。还要对辽宁饮食文化进行研究整理，通过出版系列图书，介绍辽宁特色饮食的故事和文化内涵，使人们在品尝辽宁饮食时得到一种文化的享受。条件成熟的话，还可举办"辽宁饮食全国巡回展览"，甚至把"辽宁饮食节"办到国外去，力争让辽宁饮食文化推向全国，走向世界。

6. 加快培育专业人才

无论从事什么事业，人才都是最重要的。发展饮食旅游也是如此。饮食旅游是一种新的旅游形式，辽宁这方面的专业人才还很缺乏，需要加快培育步伐。旅游部门可以与大专院校合作，开设"饮食旅游"的理论和实践课程，培养这方面的专业人才。同时组织开展针对与饮食旅游有关行业人员的培训，提高在岗从业人员的知识和技能水平，形成人才发展的梯式结构，保证饮食旅游发展的人才需求。

（七）借鉴案例

国内外一些地区发展饮食旅游较早，有很多成功的案例，可成为辽宁饮食旅游发展的参考借鉴。

1. 葡萄美酒之旅

法国的葡萄酒天下无双，许多著名的葡萄酒产地的风景十分旖旎，地貌十分独特。因此在法国许多生产葡萄酒的庄园都开展有"葡萄酒之旅"。葡萄酒庄园一方面让游客游览庄园旖旎的自然风光，另一方面让游客参加有关葡萄酒制作的各项劳动——种植和采摘葡萄、榨葡萄汁以及葡萄酒的发酵、陈酿、勾兑等生产过程，有的还会定期举办规模盛大的葡萄酒节以吸引更多的游客，成为世界闻名的饮食旅游项目。

2. 龙井茶香之旅

西湖龙井是我国最好的绿茶之一，杭州龙井问茶就是与之有关的著名景点。龙井茶除了对茶叶讲究以外，其冲泡最好是用虎跑泉的泉水、宜兴的紫砂壶。因此有旅行社将杭州、宜兴这两个地区中与茶有关的景点组合成一条茶文化旅游线路，并在新茶上市的时候安排采茶、炒茶、泡茶、品茶等一系列活动，提高了这项美味旅游的参与性、趣味性和艺术性。

3. 秭归粽香龙舟游

湖北三峡地区的秭归是屈原故里，当地的秭归粽子是一道传统名小吃。这里，每年端午都会举办国际龙舟节，端午节划龙舟本是中华民族的一个传统节庆活动，经过包装后成为一个极具地方特色的旅游节庆活动，吸引着国内外大量的游客前来游览。在龙舟节中，必不可少的就是安排制作和品尝粽子，而正是这独具特色的饮食成为了秭归国际龙舟节的亮点，让游客游兴大增，回味不尽。

4. 北京烤鸭美味游

北京烤鸭是北京风味的一道名菜，曾被周总理选为国宴的菜品，素有"天下第一美味"之称，也是北京旅游的必尝饮食。凡到北京，必去全聚德品尝烤鸭，连来北京公干的各国领导人、政要、社会名流也不例外，国内许多体育、文艺界的大腕明星开着车，为了烤鸭千里迢迢专程到北京，北京奥运会则又一次让北京烤鸭香飘世界。以美味烤鸭为龙头，全聚德从一个小吃店逐渐发展成了拥有集"全鸭席"和400多道独具特色菜品的餐饮企业集团、中国第一家上市的餐饮企业，并与故宫、长城一样，成为了北京旅游的名牌。

附录：辽宁主要特产

受气候和环境的影响，辽宁地区与饮食相关的特有或特别著名的产品主要是：

一、特产海珍

辽宁特有的海珍品主要有：

1. 辽参

海参因含有大量的蛋白质，味道鲜美，是最佳滋补极品，被誉为是"海中人参"，是世界八大珍品之一。现代研究表明，海参具有提高记忆力、延缓性腺衰老，防止动脉硬化、糖尿病以及抗肿瘤等作用。海参有光参和刺参之分，大连所产多为刺参，又称辽参，是海参中质量最好的一种。大连市长海县产的"五行刺"最名贵，被称为"参中之王"，是辽宁最著名特产品牌。

2. 国宴鲍

鲍鱼，自古就是海产"八珍"之一，有"海味之冠"的美誉。鲍鱼肉质细嫩，鲜而不腻；营养丰富，清而味浓，烧菜、调汤，妙味无穷。鲍鱼富含蛋白质、矿物质、维生素类，而脂肪含量又极低，是最为理想的营养保健饮食。中美建交时，鲍鱼作为国宴名菜，用来招待来访的美国代表团，尼克松总统对鲍鱼宴盛赞不已。辽宁大连沿海岛屿众多，很适合鲍鱼栖息和繁衍。獐子岛所产的鲍鱼味道最为鲜美，因而被列为人民大会堂国宴用鲍鱼，由此被尊称为"国宴鲍"。

3. 大连对虾

对虾，其肉嫩色白，质肥鲜美，营养丰富，是著名的"海八珍"之一。对虾的饮食品类多，烹饪手法千变万化，白灼、煎炒、椒盐、油焖、串烧、单独烹调，混合搭配，应有尽有，款款皆可制成美馔，"焙大虾"更是以火红似石榴熟透、肉质细嫩鲜美而令食者大饱眼福口福。大连沿海是我国对虾的主要产地之一，曾是大连出口创汇的主要海产品。

4. 栉孔扇贝

扇贝肉色洁白、细嫩，味道鲜美，营养丰富，干制后即是"干贝"，是著名的海味八珍之一。"五彩雪花扇贝"是大连的一道名菜。扇贝不仅味道鲜美，而且还营养丰富，它富含多种营养成分，矿物质的含量远在鱼翅、燕窝之上。大连的栉孔扇贝，贝壳色彩鲜艳，肋纹整齐美观，肉质鲜美，可鲜食，将扇贝晒干后，可制成干贝，是著名的海产珍品，也是大连著名的特产，而扇贝的贝壳也正是大连盛产的旅游纪念品。

5. 盘锦文蛤

文蛤肉嫩味鲜，营养丰富，是贝类海鲜中的上品。相传两三千年前，国人就开始取食文蛤，唐代时已成皇宫海珍贡品，民间更有"天下第一鲜"的美誉。文蛤喜欢生活在有淡水注入的内湾及河口附近的细沙质海滩，而辽宁盘锦恰好是辽河入海处，适合文蛤生长，可形成最优势的种群，因此，文蛤资源尤为丰富，已成为我国文蛤的主要产地之一。

6. 盖州海蜇

海蜇是辽宁盖州的特产，盖州是全国海蜇生产和出口基地。海蜇是人体最佳的营养品，其营养成分独特之处是脂肪含量极低，蛋白质和无机盐类等含量丰富，含有人们饮食中所缺的碘，是一种高蛋白、低脂肪、低热量的营养食品。海蜇不但是宴席佳肴，而且还以治病良药而闻名于世。

7. 丹东面条鱼

面条鱼的学名叫有明银鱼，生活在海洋里，是一种在江海之间洄游繁殖的鱼类，又称小白鱼。面条鱼浑身泛白，晶莹剔透，唯有眼珠宛如两枚晶莹的紫葡萄粒，细长滚圆的鱼身散发出银光，食用时无须开膛挖肚，只要洗干净便可完整入锅。制熟后鲜嫩异常、清香溢口，口感好，营养价值高，是难得品尝到的海味，也是沿江临海的丹东最有名的美味。

8. 盘锦河蟹

河蟹，肉质细嫩，味道鲜美可口，自古以来，就被视为水产珍品。河蟹虽被称为河蟹，但因其生长在咸淡水汇融的浅海里，因而，也可称其为"海味"。盘锦是中国最大的河蟹产地，素有"蟹都"之称。盘锦河蟹养殖面积达148万亩，占全国12%、全省88%，是名副其实的"中国河蟹第一市"。

二、特产山珍

辽宁的主要特产山珍有：

1. 西丰梅花鹿

梅花鹿与西丰有缘，是西丰最知名的特产。历史上，西丰曾是清朝的皇家"盛京围场"，梅花鹿为主要贡品。鹿肉即是高级野味，肉质细嫩、味道美、瘦肉多、结缔组织少，可烹制多种菜肴，又是很好的补益食品。如今，西丰已拥有鹿场近2000家，鹿饲养量10多万只，约占全国的20%，是名副其实的"中国鹿乡"。

2. 新宾林蛙

林蛙，又名哈什蚂，是中国仅有、东北地区特有的珍稀野生动物。林蛙饮清泉甘露，食百种昆虫，经历雪霜，拥有极强的生命力。林蛙味道鲜美、营养丰富，具有很高的食补价值，在明、清两代已成贡品，被列为宫廷"八珍"，"四大山珍"。而"焖哈什蚂"成为满汉全席中的一道名菜。抚顺的清原、新宾的山野林区盛产的林蛙最为名贵。

3. 刺嫩芽

刺嫩芽被称为"野菜之王"。刺嫩芽味美香甜，清嫩醇厚，野味浓郁，是著名的上等山野菜，有"东北竹笋"之称。刺嫩芽还有一定的药用价值，用于治疗糖尿病、肠胃病等多种疾病，尤其对胃癌有卓效。刺嫩芽主要分布在我国的东北。其中辽宁本溪、丹东、桓仁、宽甸、抚顺、新宾、清原等地区分布较多，资源丰富。

4. 松菇

松菇又名"松蘑"，是营养丰富的食用菌，有"食用菌之王"的美称。松菇可以称得上是辽宁东部山区的著名特产，小鸡炖蘑菇是广为人知的辽宁名菜，为辽宁地区招待尊贵客人的一道佳肴。松菇富含粗蛋白、粗脂肪、粗纤维等元素，是中老年人理想的保健食品。

5. 抚顺黑木耳

黑木耳是一种营养丰富的著名食用菌，是著名的山珍，餐桌上久食不厌，有"素中之荤"之美誉，世界上被称之为"中餐中的黑色瑰宝"。黑木耳最为重要的是其独特的营养价值和药用功效。黑木耳还含有丰富的营养素，对预防和治疗一些疾病有明显的效果。辽宁抚顺县在仿野生环境的基础上培育黑木耳，生产面积达 5000 亩以上，生产总量达 6000 万袋，预计产量 4 万吨，产值数亿元，真正把食用菌做成了高新农业产业。

6. 铁岭榛子

榛子是最受人们欢迎的坚果，有着"坚果之王"的称号。辽宁铁岭县出产的榛子，以果大、皮薄、味美享誉神州，自明朝万历年间就成为贡品，历经明、清两代，至今已有 450 余年历史，素有"贡榛"、"御榛"的美称。时至今日，铁岭县野生榛林资源十分丰富，总面积多达 17 万亩。2000 年，铁岭县的榛子顺利通过了国家质检总局的"中国榛子原产地"认证标识，成为国内知名品牌。2004年，铁岭县被国家林业局命名为"中国榛子之乡"。2008 年，铁岭县的榛子又在中国国际林业博览会上被评为"中华奥运名果"。

7. 建昌核桃

核桃与扁桃、腰果、榛子一起并列为世界四大干果。核桃全身都是宝，核桃仁味美而营养丰富，既可生食，又可炒食，也可榨油或配制各种糕点和糖果。在国外，核桃被称为"大力士食品"、"营养丰富的坚果"、"益智果"；在国内，则享有"万岁子"、"长寿果"、"养人之宝"的美称。葫芦岛的建昌县现有核桃 10 万亩，正在打造"全国核桃生产第一县"。核桃已成为辽宁著名的山野珍品特产。

8. 丹东板栗

板栗，素有"干果之王"的美誉，国外称之为"健康食品"，属于健脾补肾、延年益寿的上等果品。板栗外皮呈黑褐色，含糖量高，香味浓，肉质细腻，生食、炒食皆宜，并被普遍用于食品加工、烹调宴席和副食。板栗是丹东地区的特产，年产量达 300 多万吨，年加工板栗 2 万吨，丹东已是全国市级地域范围内，最大的板栗生产和加工出口基地。

9. 野山参

人参，自古以来，一直被誉为"百草之王"、"万能圣药"，是驰名中外的稀世珍品，被世界公认为最珍贵的绿色天然药物。战国、秦汉时人参就是药中上品，后来成为诸多皇帝的首要贡品。人参生长缓慢，长到"六品叶"的"参王"，需要上百年。然而，2004 年，在大连市甘井子区一个植被茂盛的丘陵山地竟发现了一株历史上极少有的七品叶的大参，这是历史记载中非常罕见的、堪称无价之宝的参王。辽宁虽说不是野生人参的主产地，但却能发现中国近百年来没有发现过的七品叶野生人参。

10. 北五味子

五味子，顾名思义，就是具有辛、甘、酸、苦、咸五种药性。辽宁产的称"北五味子"。五味子为鲜红色的浆果，多汁、味酸而微涩，有花椒气味，是一种兼具精、气、神三大补益的少数药材之一，能益气强肝、增进细胞排除废物的效率、供应更多氧气、营造和运用能量、提高记忆力及性持久力。以往，辽宁的许多林区都出产北五味子，因为环境、土壤适合而作为辽宁的特产，有扩大栽培的趋势。

三、特产水果

辽宁特产的水果主要有：

1. 辽宁苹果

辽宁拥有悠久的苹果栽培历史，尤其是辽南。这里雨量较少，日光充足，秋季昼夜温差较大，因此苹果成熟较晚，着色好，果肉不易糖化变绵，耐储藏。辽南是我国温带水果适宜区的最北部，也是目前最大的商品苹果生产基地。辽宁苹果质优量大，以晚熟的国光为主要品种，还有"元帅"、"红玉"、"黄魁"、"辽伏"、"海棠"等上百种品种。国光苹果适应性强，比较耐寒，盛果期长，产量约占辽宁苹果的 70%，是辽宁苹果的"拳头产品"。

2. 海城南果梨

南果梨产于辽南，刚采收的果实脆而硬，经 10~15 天的后熟果肉变黄白色，肉质绵软，易溶于口，十分甜滑，香溢满口，回味久久，深受国内外友人赞誉，素有"梨中之王"美称。南果梨不仅好吃，营养还十分丰富，含有的各种微量元素达 37 种之多，有延年益寿、美容之功效。

3. 辽西秋白梨

秋白梨是辽宁著名的水果特产。秋白梨有许多品种，其中，最具知名度的有两个：一是绥中白梨。果色金黄，有蜡质光泽，果皮薄，果肉厚，果核小，肉质细，酥脆多汁，甘甜爽口。绥中白梨在国内外享有很高声誉。1997 年，绥中白梨参加全国第四届农业博览会，被认定为国家优质果品。2009 年，绥中白梨获国家地理保护标志，成为辽宁水果最著名的品牌。二是北镇鸭梨。北镇鸭梨果皮极薄，果肉细嫩，质地酥脆，果汁很多，味道甜美，堪称关外梨中之佼佼者。北镇鸭梨可谓是久负盛名，在辽宁已有 300 多年的栽培历史，作为果品中的出类拔萃者，还曾经是宫廷的贡果。

4. 大连黄桃

黄桃，是辽南水果的名品，以大连的"露香桃"、"连黄桃"、"丰黄桃"等品种最为著名。成熟的黄桃，果肉黄里透红，肉质较软，软中带硬，甜多酸少，一口下去，满嘴浓汁浓香，是水果中的极品。黄桃的营养十分丰富，含有多种人体所需微量元素，常吃能促进食欲，起到延缓衰老、提高免疫力等作用，堪称保健水果、养生之桃。黄桃鲜食味美，加工成罐头更为适宜。大连黄桃罐头曾连续多次荣膺全国一等罐头称号，可与美国名牌地门黄桃罐头相媲美。大连是国内黄桃主产区之一，其中"金州黄桃"获评地理标志，是辽宁特产水果的重要品牌。

5. 朝阳大枣

朝阳出产大枣，已有近千年的栽培历史，这里出产的大枣以大平顶枣、小平顶枣、凌枣、三星大枣和大铃铛枣等优良品种为主。朝阳大枣皮薄肉厚、酥脆、酸甜、爽口、色泽红艳、外形美观、营养丰富、极负盛名，素有"北方玛瑙"之称。朝阳大枣是一种高富营养的水果，含有多种营养成分，防老、抗衰、美容，是一种人身健康的最佳补品。"朝阳大枣"已被评为全国名优产品，并获得国家农产品地理保护标志，朝阳县还被授予"中国大平顶枣之乡"的称号。

6. 辽宁山楂

山楂，是一种食、药兼用的果品。辽宁各地均有栽植，面积和产量均居全国前列，果品质量更为人们所称道：鞍山、海城出产的"大金星"皮薄肉白，质软细密，为辽宁山楂之珍品；辽阳出产的"辽红"肉色紫红，风味独特，多次在国家和省的山楂鉴评会上名列榜首；开原县的"红大豆"，味道醇美，色泽红艳，曾因成为清代皇室的上乘贡品而名噪京华；西丰的"西丰红"个大色正，耐贮耐运，堪称辽宁山楂的后起之秀。

四、特产粮食

辽宁主要特产的粮食品种有：

1. 朝阳小米

古代以稷为百谷之长，稷即粟（小米），是我国历代北方人的主食之一。朝阳地处辽宁西部，属于半干旱地带，日照充足，水质清洁，是得天独厚的谷子种植地。独特的土壤、光照、水质条件使得朝阳县出产的小米颗粒均匀、香甜可口、营养丰富，适合做成美味可口的稠粥、小米发糕、煎饼干、小米锅巴、小米面饼等二十余种不同风味的食品。相传在清乾隆年间，皇帝东巡至朝阳，用膳时吃小米饭，米香独特、沁人心脾，回朝即征朝阳小米为御用，誉为贡米。如今，朝阳小米继续依靠其优良的品质，获得了国家农产品地理保护标志，成为辽宁特产粮食的品牌。

2. 建平小杂粮

所谓小杂粮是指高粱、荞麦、红小豆、芸豆、小米、黄黏米、芝麻和黍子等各种杂粮杂豆。小杂粮富含各种营养元素，既是传统食粮，又是现代保健食品。地处丘陵地区的建平，气候干燥，昼夜温差大，气候和水质适合各种杂粮生长，自古盛产以小米为主的各种杂粮。目前，建平县已经建成了全国最大的杂粮生产基地，推出了"绿色"、"绿珠"、"有机"等小杂粮产品品牌，并成功获得国家优质农产品地理保护标志。建平因此赢得了"中国小杂粮之乡"的美誉。

3. 桓仁京租稻

京租稻产于本溪县桓仁镇四道河子村，是全国独有的名贵水稻，因曾在清朝光绪年间作为御用贡米进贡皇室，由此而得名"京租稻米"。京租米米粒扁长，没有腹白和心白，呈半透明状。蒸煮后松软油亮、洁白清香，适口性好，富含多种人体必需的微量元素，有保健、养颜、延缓衰老的功能。桓仁境内森林覆盖率高，山涧泉水汇集成河，水中微量元素种类多，含量高，气候特点为水稻的生长发育提供了良好的条件。京租水稻是辽宁传统的粮食特产品牌。

4. 盘锦大米

盘锦大米是盘锦市的特产。盘锦市地处辽河三角洲中心地带，有适宜的温度条件和较长的生长期以供水稻生长发育和籽粒成熟，具有充足的河水灌溉，土壤具有一定的偏碱性，优厚的条件使得盘锦的水稻成为享誉全国的优质产品。盘锦大米籽粒饱满，长宽比较适中，色泽青白，气味清香，垩白度小，食味品质较好，主要有："故乡农场"牌、"小花"牌、"硒霸"牌、"洼晶"牌、"粳冠"牌五个优良优质品种。2003 年，盘锦大米获"国家地理标志产品"称号；2007 年，盘锦大米同时获得"中国名牌"和"中国驰名商标"殊荣；2008 年，盘锦大米被指定为"北京奥运会专用米"。

5. 昌图玉米

玉米是重要的粮食作物和饲料来源，现又成为一种热门的保健食品，它含有丰富的营养物质，有"长寿食品"的美称。

昌图县地处东北黄金玉米带，有"辽北粮仓"的美誉，这里不仅玉米种植面积大、产量大，而且还盛产高品质的玉米，其品种有适合鲜食的糯玉米、蔬菜玉米，适合做成杂粮的角质玉米，适合做成饲料的淀粉玉米，还有含油量较高的高油玉米，适合制作风味食品的爆裂玉米。现在，昌图县的玉米种植面积已达到325万亩，连年实现大丰收，总产量达54.6亿斤，并已连续多年被农业部授予全国粮食生产先进县称号。玉米是昌图最形象的标志，也是辽宁最知名的特产粮食品牌。

第七章　辽宁主题公园与文化创意产业园探索

通过分析主题公园与文化创意产业园区发展的现状，以辽宁文化旅游作为切入点，依据空间布局资源，分别从辽东、辽南、辽西和辽中四个功能区为重点建设地区，以沈阳、大连，锦州和丹东为首，联动辽宁其他城市主题公园与文化创意产业园区的旅游发展建设。从空间分布和资源合理利用角度进行有针对性的投资，推动辽宁主题公园与文化创意产业园区持续、健康发展。制定相关政策、法规，合理有效地调控主题公园和文化创意产业园区布局建设，维护良好的市场环境，逐步建立与辽宁经济发展和城市建设相适应的布局合理、功能齐全、主题错位、竞争有序、文化鲜明的主题公园品牌和文化创意产业园区网络系统。

一、发展背景、资源条件和现状基础

（一）发展背景

主题公园是一种现代的休闲娱乐旅游活动场所，世界上最早也是最成功的、真正具有旅游主题意义的主题公园是在 1955 年建立开业的迪士尼乐园。它开创了全世界主题公园建设的新时代，改变了旅游者休闲娱乐选择的方向，深刻地影响着现代旅游业的发展方式，在社会、经济、文化等领域产生了广泛的关联效应。主题公园一般是指以自然遗产为主体的自然风景区和以文化遗产为主体的人文旅游景区。主题公园是注重一个或多个主题的创意、策划与塑造的旅游景区。这里的"公园"借用传统意义上的"公园"概念，主要指旅游景区的空间形态和形象定位；这里的"主题"是指人工创造出来的一种具有震撼力效果的游园线索，让旅游者参与其中并获得特殊感受。

文化创意产业园区伴随着"创意产业"一词传入了中国，一时间在我国各行各业都引起了前所未有的反响。一个集中的表现就是全国各地纷纷设立了"创意产业园（区）"，据此招商引资，开辟地方经济新的增长点。文化创意产业园大多以综合型经营为主，园区内聚集了与文化创意产业相关的各种经营企业。与此同时，文化创意产业园依托文化旅游资源优势，不断加大对旅游文化相关产业的战略投资，建立连锁品牌的主题公园，推出多台原创文化演艺精品演出。

显然，"主题"的创意、策划、塑造是主题公园的核心，而文化创意产业园的品位是文化创意的内涵。作为新兴旅游形态的主题公园和文化创意产业园，同时也代表了地区文化形态。它的成功与发展在很大程度上是因为旅游经营者通过研究国际、国内市场对文化旅游产品的需求，将文化作为制造旅游产品的重要素材和原料，进而将文化的各种具体表现形式提炼、加工、设计、组合成可供旅游者参观、参与的旅游产品。而对中国旅游业来说，文化性的观光旅游资源是最宝贵的资源，也是国际上最有优势的资源。在个性化旅游阶段，文化旅游将成为仅次于生态旅游的第二大市场。由此可见，将文化旅游资源的开发作为主打产品有利于旅游业的持续、稳定发展。这就需要旅游从业者们开创新的思维、开启新的思路，大力开发文化旅游资源。

（二）资源条件

一是历史文化、特色民俗文化资源丰富。辽宁历史上曾长期作为东北的政治文化中心，拥有大量充满传奇色彩的历史文物古迹。人类在不同历史时期的生产力及社会生活的方方面面，通过建筑、文学艺术等形式遗存下来。悠久浓厚的满清文化、丰富多彩的关东风情，都是发展主题公园和文化创意产业园区独特的文化资源优势。根据历史的发展追溯人类发展的历程并展望未来，设计国内外知名民俗主题公园和创意产业园旅游品牌，实现辽宁文化创意旅游产业跨越式的发展，是辽宁文化创意产业发展的必经之路。

二是工业遗产资源独特，政府遗产保护力度加大。辽宁作为老工业基地的建设，在新中国建立时期以冶金、机械、化工、石油、煤炭、电力、建材等工业为主体，确立了重工业基地的地位。由于传统工业日渐衰退，产业结构优化调整，沈阳、大连、鞍山、抚顺、本溪、阜新等城市集中留存了大量宝贵的工业遗产，这为辽宁工业遗产保护与开发提供了独一无二的基础条件，大量老企业及旧工业区关闭、并购、废置，凭借这些独特资源、文脉、地域等优势，全方位、多元化地推动工业遗产与文化创意产业对接，科学、合理地结合文化创意产业，打造具有辽宁特色的文化创意型的工业遗产品牌，以文化旅游带动辽宁经济更快地发展。

（三）现状基础

辽宁历史文化、特色民俗文化资源丰富，自然资源景观类型多样，具有发展民俗文化主题公园的优越条件。而且辽宁独特的工业遗产资源是打造具有辽宁特色的文化创意型工业遗产品牌的先决条件。辽宁要依靠其独特的民风民俗，地方文化，资源丰富的老工业基地工业遗产，政府保护投资力度的加大，以及辽宁民间文化产业的发展和特色风味的传统饮食等，建设大批独具特色的主题公园和文化创意产业园区。

有关统计资料显示，辽宁有 1 个国家级文化产业示范园区——沈阳棋盘山国家级文化产业示范区，8 个国家文化产业示范基地（分别是辽河文化产业园、辽宁大剧院、辽宁民间艺术团、大连国家动漫游戏产业振兴基地、大连大青集团、大连普利文化产业基地、锦州辽西文化古玩商城等）。还有许多省级文化产业示范园区和示范基地，如关东影视城、满族风情村、青铜艺术雕塑、文化创意企业、民间艺术挖掘与传播企业、动漫企业、古玩经销展览、艺术品经销展览等。

辽宁文化创意产业虽取得一定的发展，也存在一定的问题，主要体现在以下方面：

第一，"真正的创意"依旧比较缺失，创意的价值迟迟没有受到重视，创意的知识产权始终受到"山寨"和"抄袭"的威胁，真正有创意附加值的产品和服务始终处在缺席的状态，整个社会的审美品位和设计氛围始终没有得到提升，而创意产业园（区）自身也常常演变成有关部门大举进行房地产建设或者"招商引资"的一个托辞。

第二，资源开发与风险并存。随着国家城市化进程的加快，城镇人口增加，建设发展较快，加之旅游开发的推动，现代的文化要素给文化遗产带来严重的威胁，加强文化遗产乃至工业遗产的保护更为迫切，保护难度加大。

第三，文化保护与创意产业项目运作模式缺乏合作。目前，我国文化创意产业属于新兴产业，文化创意型企业在发展中往往会遇到资金缺乏、研发投入不足、无力开拓市场、创意人才匮乏等问题，需要政府在政策上大力扶持。而辽宁文化和工业遗产保护方面缺乏创意观念和思路，开发模式单一局限，虽然政府投入巨大，但回馈的经济和社会效益并不乐观，如沈阳铸造博物馆、铁西工人村、造币厂等主要以博物馆方式展示，尚未形成规模化和有一定美誉度的艺术中心，无法形成文化产业中的竞争局面。

第四，文化创意人才缺乏，对"文化创意"概念并不清楚。中国改革开放经济总量比例中，文化创意产业占比相对较少，发展缓慢，对文化创意缺乏清楚认识，创新意识相对滞后。人们对如何通过文化创意与区域特色经济对接，对现有历史和地区文化资源进行发掘还停留在较低层次的认识上，在发达国家"文化被认可为一种生产力"，文化创意产业应该是经济的重要组成部分。

二、发展优势、关键挑战和基本研判

（一）发展优势

第一，自然资源景观类型多样，文化底蕴丰厚。在自然景观资源方面，辽宁山水资源、沿海旅游资源非常丰富，其中以山岳资源最为丰富，有千山、凤凰山、医巫闾山、龙首山、辉山、大孤山、冰峪沟七大名山；以海滨风光最具吸引力，有大连滨海、金州东海岸、大黑山风景区、兴城滨海、大笔架山风光、葫芦岛风光、鸭绿江风光等；而湖泊风景区、岩洞风景区、泉水名胜区和特异景观喀斯特地貌景观等。辽宁有国家 A 级旅游城市区（点）102 家，"中国优秀旅游城市" 11 座，这些指标在全国占前十位，丰富的自然景观资源成为辽宁文化旅游业持续发展的有利前提条件。

在历史文化方面，从古至今，中国历朝历代在辽宁都有历史遗迹。辽宁的文化底蕴深厚，在文化的各个领域，包括在文学创作、戏曲种类、音乐、美术、书法等方面，从古至今，都有大家、名家和新秀，是辽宁旅游的重要文化资源。辽宁人特有的豪爽、质朴的性格，形成了浓烈、火爆、淳朴的民俗风情。辽宁四季分明的气候和良好的自然环境对设计主题公园的时间节律和开发有着直接影响，可以提高主题公园的可达性，加长旅游适游期，增强旅游吸引力。

第二，区域旅游资源鲜明，战略空间格局合理。辽宁文化旅游资源在空间上可分为：辽东（丹东）——"三最"城市（最大边境城市、万里长城最东起点、万里海疆最北海角）；辽南（大连）——海滨风光，浪漫都市；辽西（锦州、葫芦岛、盘锦、阜新、朝阳）——山海相连，文明之源；辽中（沈阳、鞍山、抚顺、本溪、辽阳、铁岭、营口）——城市集聚，古迹众多，四大特色鲜明的文化旅游区域。在此基础上，依据各区域特色资源，优先发展四个功能区：辽东"鸭绿江"文化区、辽西历史文化区、辽南海滨风光区、辽中都市文化区。对上述四大功能区的打造，应突出主导产业，特色鲜明，并在此基础上进行城市主题公园、文化创意产业园区、基础设施等方面的具体空间布局，明确建设区域、远景发展区域和非建设区域等。

第三，辽宁的文艺演出团体和清文化资源。有关数据统计，截止到 2007 年，辽宁各类文艺表演团体达 373 家，其中民营演出团体 320 多家，知名的文艺表演团体有辽宁民间艺术团、抚顺八旗风满族艺术团、葫芦岛地方女子古筝乐团、锦州木偶团、辽宁巨星演出经纪公司、大连杂技团、大连京剧团等。辽宁民间文化艺术团，在沈阳刘老根大舞台演出二人转，已经成为沈阳文化旅游的亮点，是游客在沈阳的"首选文化节目"，显示了文艺演出作为文化旅游吸引物的作用，对文化旅游产生积极的作用。二人转是辽宁文化旅游产业发展的品牌资源，是辽宁主题公园和文化创意产业园区旅游发展的一个拉动点。

作为满族的发祥地，辽宁的清文化包括清朝建立前的女真族文化、满族文化、清朝皇家贵族文化，其着重强调的是满族民间文化，并克服现在大多只开发清朝皇家贵族文化、皇家礼仪活动的狭隘观点。可作为主题公园和文化创意产业园区开发利用的满清文化是满族文化、满族民间文化、满族民众生活习俗等。满族和清文化包括满族的饮食风味、服饰、宗教、歌舞、建筑等。沈阳故宫是现存的最完整的清朝满族文化的代表性建筑，与北京故宫的高殿建筑格局截然不同，有自己的特色。沈阳故宫自身的文化历史价值，可以形成自己的满族文化旅游品牌。辽宁的满族婚庆舞、萨满舞，抚顺的《节庆舞》、《射柳舞》、《婚礼舞》、《萨满舞》等都是满族文化的代表。

第四，大量的文化遗产和有影响力的博物馆。辽宁的历史遗产资源是国内其他省份没有的，具有独特性。从新石器时期的红山文化，燕、赵、北魏、辽、金、明清乃至民国时期，都在辽宁留下了历史遗迹。在文化遗产方面，辽宁有物质文化遗产和非物质文化遗产。列入《世界遗产名录》的物质文化遗产有沈阳故宫、清永陵、清福陵、清昭陵、五女山山城、九门口长城。辽宁有全国重点文物保护单位53处，省级文物保护单位240处，市级、县级文物保护单位1000多处。列入国家级非物质文化遗产名录项目有53个（包括扩展项目），列入辽宁非物质文化遗产名录的项目有155个。这些项目的种类广泛，有民间文学、民间音乐、民间舞蹈、传统戏剧、曲艺、杂技与竞技、民间美术、传统手工技艺、传统医药、民俗。

博物馆是一个地域历史和文化积累的总和，是继承人类历史文化遗产的重要载体，是文化旅游吸引物，是社会公益性景点。辽宁有114家博物馆，其中有影响力或者展品独特的博物馆有辽宁省博物馆、沈阳九一八历史博物馆、抗美援朝纪念馆、旅顺博物馆、抚顺雷锋纪念馆等。辽宁众多的文化遗产和博物馆为这个历史浓厚的古都增添文化氛围，不仅可以作为辽宁主题公园和文化创意产业园区的旅游核心吸引力，更富有精神教育力的内涵。

（二）关键挑战

首先，文化创意的品位与高度不够。辽宁主题公园和文化创意产业园区的发展，不能仅仅为了经济上的创收而空喊口号，还要考察当地的民俗文化、生活环境，真正将创意、设计落于当地的居民素养。文化创意产业园区不同于房地产等其他产业，文化创意产业的发展是建立在积淀历史，相关下游产业的集聚程度，以及超越现实条件的基础之上的。创意产业园建设的初衷不能仅仅是为了跟风，建设过程也不能操之过急。所以，结合地域文化的条件找到园区的定位与意义是重中之重，同时要保持文化创意的品位与高度，注重文化创意产业内涵的建设与培育。

其次，国际主题公园的进入容易引起盲目跟风现象。一方面，国际主题公园的进入会对现有主题公园形成冲击甚至对一些企业造成毁灭性的打击。另一方面，西方现代主题公园的进入又必将为中国新生的主题公园注入新的生机，提升中国主题公园的经营管理水平，使中国主题公园的发展建设进入新的发展时期。从全国来看，中国正成为世界上日渐崛起的主要主题公园市场，已建成和在建项目众多，但短期内仍难达到饱和，中远期发展潜力巨大。建设有本土特色的主题公园，构建辽宁文化创意产业园区，应深入挖掘辽宁悠久的传统文化。

再次，经营模式单一，没有形成网络体系。主题公园乃至文化创意产业园不是一个简单的旅游产品，而是一个文化产品，所以在经营上不能完全按照旅游市场的套路去经营，必须充分借鉴文化市场的运营规律。文化创意产业园区在旅游方面应该是一个"景区游玩，休闲度假，文化体验"三位一体的综合网络化的运营产业链，而主题公园应该仅仅是其大产业链中的一环。

最后，需要持续不断地创新。主题公园乃至文化创意产业园的市场在不断地发生变化，游客对主题公园和文化创意产业园的需求也在不断地提高，消费市场的改变需要主题公园和文化创意产业园区做出相应的改造，否则必将导致客源市场萎缩，使主题公园乃至文化创意产业园区的利润收入减少，陷入"更新速度太慢—客源锐减—亏损严重—无力更新"的恶性循环。因此，持续不断地推陈出新，实现主题公园产品的更新是文化创意产业园的生存之道。

（三）基本研判

辽宁具有发展主题公园和文化创意产业园的众多文化资源和产品，将这些文化资源和文化产品发展成文化旅游产业，需要政府、企业、文化专家、文化艺人、文化志愿者、旅游工作者、旅游文化研究者、旅游者等文化旅游产业和相关者通力合作，更需要辽宁、各市政府和文化管理部门、旅游管理部门采取契合辽宁文化实际的辽宁文化旅游产业发展方略。

一是辽宁文化资源丰富，但创意不够。辽宁的文化产业园区、文化产业基地有很多文化资源、文化产品、文化企业，可以从中选取有文化特色、文化感受力、文化体验力、参与性特色的文化资源、文化产品、文化企业作为文化创意旅游吸引物，作为文化创意产业园区的旅游景点，组织游客游览、体验。游客在游览、体验、参与中了解相关文化产品，享受文化旅游的精神价值，激发出深度的体验欲望、参与欲望、购买欲望，全面、深入地进行文化旅游，购买文化旅游商品、纪念品，增加文化旅游吸引力，促进文化旅游的景观产业发展。除此之外，辽宁还可以依据其独特的工业遗产资源，打造具有辽宁老工业基地的文化创意型的工业遗产品牌。

二是品牌影响力不够突出，但辽宁文化主题类型独特多样。辽宁应发扬和创新的文化主题是民间文化、满清文化、海洋文化、玉文化等。围绕这些主题进行个性化挖掘、张扬、创造，对有历史传承的文艺演出着重挖掘其原生态本性，保持其原生态本性的表演形式、表演语言和内容的张扬、创造。如二人转的主题和个性的挖掘、张扬、创造，就要挖掘其植根于东北民间的"快乐、放松"的本性。为了提升辽宁文化创意产业园区的品牌影响力，应运用影视传媒形式，促进辽宁文化旅游产业发展。以在辽宁拍摄以辽宁文化为题材的电影、电视剧，发展辽宁文化旅游产业，发展影视生产和经营，发展辽宁影视文化产业，拍摄影视作品是辽宁主题公园和文化创意产业园发展的重要途径。

三是历史文化遗产优势突出，有利于打造辽宁个性化文化旅游主题。文化遗产不是商品，不能将文化遗产本身进行商业开发和利用，不能进行营利性旅游开发和利用。所以，利用辽宁悠久的文化遗产进行文化遗产旅游，应该保持其文化"原真性"，吸引游客进行"原真性"文化遗产浏览，进行遗产文化环境体验，通过文化遗产旅游服务获得经济利益。可以利用文化遗产的文化内容，设计主题公园，构建文化创意产业园区，进行文化遗产形象、模型等方面的复制，制作包含文化遗产内容的音乐作品、美术作品、摄影作品、装饰品、生活用品、学习用品、纪念品等文化遗产商品和纪念品，形成文化遗产商品产业、文化遗产纪念品产业。

三、发展定位、总体目标和战略路径

"十七大"召开至今，我国对文化产业、文化旅游产业发展的重视度逐年提高，各省份地区各级政府对文化旅游产业的投入逐年增加。辽宁主题公园和文化创意产业园区应依托辽宁悠久的历史文化遗产和独特的满族民俗文化，紧抓文化主题公园和文化创意产业园区发展时机，力争构建具有影响力的辽宁主题公园和文化创意产业园区，推动地区经济的增长。

（一）发展定位

满清文化、民俗文化和工业遗产的创意产业园区。以满清文化、民俗文化、工业遗产为理念，将辽宁文化创意产业作为整体框架，依据省内空间旅游资源布局，分别以辽东、辽南、辽西和辽中四个功能区为重点建设地区，联动辽宁其他城市主题公园与文化创意产业园区的旅游发展建设。

四个功能区的民俗文化创意产业园区包括：辽东"鸭绿江"文化区、辽西历史文化区、辽南海滨风光区、辽中都市文化区。依托深厚的满清文化底蕴，塑造辽宁民俗创意旅游品牌，政府首先应健全相关法规政策，创造良好的外部环境，其次要做到文化创意产业园区整体规划，清晰单元之间的共生关系，构建集民俗生活园区、民俗文化园区、民间演艺园区、民间工艺园区、民间传统饮食园区和非物质文化遗产园区等多维度为一体的民俗文化创意产业园区。

保护和开发辽宁大量宝贵的工业遗产需要结合文化创意产业，打造辽宁特色工业旅游品牌。辽宁具有独特的工业遗产资源和深厚的工业文化历史，具备打造工业旅游精品的产品条件。创造性开发工业遗产娱乐项目，在现有主题博物馆和工业遗址公园等旅游项目中，增设寓教于乐的互动旅游项目。

（二）总体目标

以满清文化，民俗文化和工业遗产为基础，实施深度开发策略，挖掘产品文化内涵，打造区域品牌，增加文化旅游产品体验值。综合考虑辽宁省内各地域的相邻性、交通的通达性、资源的独特性、文化的传承性、产品的完整性、市场的针对性、发展的阶段性与区域的行政性，以文化旅游发展核心为基点，借由交通干道及旅游道路网络，整合景观组群，实现点、线、面组织的由下而上的发展与由上而下的功能分区相匀协同，借助系列化、多层次的开发方案，确定辽宁各地区的主题公园文化，并设计相应的文化创意产业园区，形成满清文化、民俗文化和工业遗产文化互补的知名文化旅游品牌，全面提升辽宁文化旅游产业的核心竞争力。

（三）发展思路

以满清文化和民俗文化为基础，实施深度开发策略，挖掘产品文化内涵。随着文化旅游需求的不断变化，单一文化内涵的产品将难以在竞争激烈的市场上立足。深度开发现有各类文化旅游资源所蕴含的科学文化内涵，可在人力、物力、财力投入有限的前提下，提升辽宁民俗文化旅游产品的品位和质量，增强其市场竞争力及对游客的吸引力，提高辽宁民俗文化旅游业的整体效益。

以沈阳和大连为依托，实施优先开发策略，打造辽宁品牌。辽宁主题公园和文化创意产业园园区的发展可以采取"先极化后扩散"的战略，重点先开发核心旅游区域，即沈阳和大连两个重点城市。依托两个城市便捷的交通条件、特色的旅游资源、优越的旅游接待设施等，打造辽宁文化旅游发展的两极，集中力量包装民俗文化旅游精品，形成文化旅游增长极。并以此为依托，在全省范围内进行空间格局的扩散，形成相互促进、持续发展的辽宁文化旅游发展体系。

　　以推陈出新为目标，实施创新开发策略，增加文化旅游产品体验值。无论是主题公园还是文化创意产业园区，要想在竞争激烈的市场环境中生存下来必须不断实施创新战略。为实现这一目标，首先要从整体角度出发提升现有文化旅游产品的服务质量，增加文化旅游产品体验值。其次要积极对现有的文化旅游产品进行不断的创新，纵向连接不同主题的文化旅游产品，扩大文化旅游产品的范围。再次是主题公园和文化创意产业园区的营销和宣传模式，紧紧围绕重点客源城市和重点客源市场，着眼于塑造辽宁文化旅游品牌形象，强化宣传促销。采取多种促销手段，延长促销时间，进行全方位、立体式的宣传，例如借助一部电视剧、一首歌，一个网站等，深挖重点城市的客源市场潜能。围绕文化旅游品牌形象，加大促销投入。最后是发挥政府在宣传促销上的引导和示范作用。加强政企联合、企业联合，不断提高辽宁民俗文化主题公园和创意产业园区的知名度，以期实现文化旅游的经济优势。

（四）开发区域

　　一是辽东"鸭绿江"文化区。辽东即丹东，鸭绿江临朝鲜，是中国最大的边境城市，中国万里长城最东起点。这一特色的区位资源促成辽东地区实现"鸭绿江"文化区建设的必要条件。丹东市已经建立了虎山至大东港全长61公里的鸭绿江大道，是一条展示鸭绿江百里文化旅游的长廊。

　　二是辽南海滨风光区。辽南指的是大连，拥有南部奇异海滨城市风光区、中部名胜古迹海岛风光区、东部山地丘陵海滨风光区。现已建成大连圣亚海洋世界、大连老虎滩海洋公园、大连金石发现王国等文化旅游景点。均为以海滨景观为主体、多种旅游资源相结合的区域。应继续以海滨旅游资源为依托，着力打造海滨观光区，成为省内外消夏避暑、度假疗养的胜地。

　　三是辽西历史文化区。辽西主要包括锦州、葫芦岛、盘锦、阜新、朝阳。本区属于辽西丘陵地区，有"山海相连，文明之源"的美誉，是内蒙古高原和辽河平原间的过渡地带，区内是以历史古迹为主体的多种文化旅游资源分布密集的区域。山海大漠瑰丽雄浑，历史遗存内涵丰富，古生物资源世界罕见，在全国亦属独具魅力的文化旅游资源富集地区。可着力打造辽西历史文化区，发展条件得天独厚，发展前景十分广阔。

四是辽中都市文化区。辽中包括沈阳、鞍山、抚顺、本溪、辽阳、铁岭和营口7个城市。以沈阳为中心的辽中都市文化区城市密集，人口众多，工农业发达，现代都市风貌突出。旅游文化资源丰富多样，交通便利，发展文化旅游业的条件充分、优越。北部抚顺等地区满清乡俗民风特色突出，中部、南部的鞍山和本溪等城市自然风光与历史名胜古迹结合较好，旅游文化资源的美学价值、史学价值都很高。辽中各城市特色不同，可给予不同的文化创意产业定位。

（五）战略路径

首先，保护省内民俗文化资源。建立主题公园和文化创意产业园区，发展民俗文化旅游，既要充分发掘民俗文化，让有限的文化资源发挥出最大的经济效益，又要在保护的前提下合理利用民俗文化资源。开发满族民俗旅游不仅可以促进辽宁旅游业的发展，而且还能够带动文化相关产业的发展，进而促进辽宁经济整体发展。既然民俗文化旅游对辽宁经济发展起到如此重要的作用，那么保护民俗文化势在必行。政府部门应制定相关政策法规，约束旅游企业，使其合理开发。旅游景区自身应重视对民俗文化的保护，如严厉禁止编造伪民俗，不能为了吸引游客而丢失民俗特色。而对于旅游者来说，在旅游景区内更应爱护民俗展示物，在景区外则应注意宣传民俗文化，扩大民俗文化的影响力和感召力。

其次，及时更新主题公园和文化创意产业园区的文化项目。主题公园和文化创意产业园区成功的关键是塑造鲜明主题和创意，为游客提供具有真实性的游览空间，这一切依赖于注重旅游文化氛围的营造。然而主题公园的主题是相对固定的，文化创意产业园区内的建筑物等硬件设施的功能在长时期内也难以发生改变，但消费者需求是复杂多变的。如果不注意市场需求变化，项目表现形式一成不变，缺乏新意，将会导致主题公园和文化创意产业园区自身品质下降，吸引力减退，影响主题公园和创意产业园区的长期发展。辽宁文化创意产业景区要根据社会需求并结合自身特色精心策划推出富含丰富创意的新景点、新项目或新活动以保证园区的吸引力。

再次，高度注重品牌建设，加强文化相关产业链建设。辽宁的主题公园和文化创意产业园区依托辽宁独特的民俗文化，要想长久地发展下去必须加强品牌塑造，从品牌中增加收益，靠品牌发展壮大，用品牌争取更多的资源。而产业链的延伸就是价值链的延伸。辽宁文化创意产业园区没有形成产业链条，盈利来源相对匮乏。可借鉴国际成功的娱乐业巨头迪士尼公司的做法，在品牌开发上只有一次大的成本投入，才能够通过品牌把各种商业连接起来产生不同收益的组合。迪士尼公司目前经营着四个领域：主题公园和度假村、媒体网络、影视娱乐、消费产品，在公司收入中所占比例分别是 28%、38%、24%、10%。这四个领域互有联系却又相对独立，这种链条的形成既可增加收入来源，也可有效抵御风险，更使主题公园、主题玩具和影视传媒互动融合发展，组成完整的商业文化。

最后，对辽宁文化创意产业园区实施联合营销。针对辽宁文化旅游市场，要注重区域文化旅游产品的整合，实施差异化战略，加强省内、省际文化创意产业园区的联合营销。对海外宣传可联合北京、上海、广州等地设计合理的线路，将大连、沈阳作为一个串接节点，吸引客源游览辽宁。跨省合作应形成多个区域营销联合体，形成良好的差异互补策略。省内合作可形成多个文化创意产业协作园区，开展联合营销。

四、经典案例、重点项目和精品线路

（一）国际案例

表7-1　国际主题公园与文化创意产业园区案例研究

案例	案例概述	战略优势	经验和启示
美国迪士尼乐园	世界上第一个富有创意意义上的主题公园，被人们誉为地球上最快乐的地方。目前，世界上现有开放中的四个迪士尼乐园中的项目设置都大同小异，但有着共同的特征，即一切都是活动的，有声有色，有很强的参与性。这些乐园里的项目可以分为一种强烈刺激的游乐：惊险刺激令人头晕，眼花心惊胆战的；恐怖阴森使人毛骨悚然，惊惶欲绝的；温馨热烈叫人流连忘返的。另外，迪士尼乐园每天有一次大型化装游行世界童话（又称欢乐大巡游），"老黄狗""大笨熊""米老鼠""唐老鸭"等有名的形象如"白雪公主""灰姑娘""美人鱼""狮子王""小矮人"，"小精灵"边歌边舞，十分壮观；闭园前，成千上万的游客集集在乐园各处和通道上，等候每天的焰火盛会。游园和焰火是迪士尼乐园的传统保留节目，十分吸引人	(1) 迪士尼乐园经过多年的发展成为一个涉及影视娱乐、主题公园、房地产以及其他娱乐事业等多个主营业务领域的世界著名跨国集团。公司旗下四大主营业务包括主题公园、影视娱乐、媒体网络、消费产品，在公司收入中所占片的比例分别是28%、38%、24%、10% (2) 迪士尼乐园的品牌经营策略。一方面，品牌经营为迪士尼赢得了全世界范围内的忠诚顾客，形成了差异化竞争优势。另一方面，迪士尼集团扩张，商标品牌等无形资产的转让和特许使用这种经营理念，迪士尼总公司通过管理模式、经营理念、商标品牌等无形资产的转让和特许使用这一方式迅速实现集团扩张，它成功地建设了东京迪士尼乐园和巴黎迪士尼乐园 (3) 产业链延伸，多元化经营。迪士尼乐园借用其品牌在顾客心目中的形象、声誉，将迪士尼品牌信任与偏好这种成功运用于主题产品。消费者出于对迪士尼成功的产品的信任与偏好，增加了新产品取得市场成功的机会，从而促进了迪士尼迅速形成产品多元化或多元化经营格局。迪士尼与影视媒体企业、玩具商、服装商、服装商等合作开发一系列拥有迪士尼主题的产品，包括主题服饰、主题玩具、主题服装、卡通人物、主题服饰、主题玩具、家用电器等	(1) 以人为本，创造快乐的"体验"。美国未来学家盖斯特提出的一个概念就是"体验经济"。进入21世纪，旅游业更多的是游客一种体验或一种经历。旅游业的一个重要趋势就是对于能够提供高度个性化、以体验为基础的特定人群的服务项目。在欧洲，主题公园甚至直接被称为"娱乐公园"。让游客在这里玩得尽兴，玩得痛快，找到别在别的类型的旅游点难以找到的存在价值，否则，这才能够凸显出传统主题公园应有的基本功能上实施差异化战略 (2) 主题公园的生命力在于特色与创新。一个主题公园要生存，就必须有特色产品特色，才能保存生存空间。在旅游活动中，首先要有能够吸引旅游者前来的吸引物，其次才能带来客流，进而带来物流和货币流。在市场竞争日趋激烈的今天，没有打得响的旅游产品，很难在市场上站稳脚跟，更谈不上发展。主题公园同其他商品一样，贵在特色和创新，贵在迎合游客的需求。迪士尼乐园从不故步自封，总是不断地进行自我否定，追求创新与发展，创意新颖，并成功运用高科技手段，才使迪士尼乐园能够保持长盛不衰

续表

案例	案例概述	战略优势	经验和启示
德国乐高乐园	目前共有六家乐高主题公园分布于世界各地，最古老的乐高乐园位于乐高玩具的故乡丹麦，亚洲第一座乐高乐园坐落在马来西亚，而德国的乐高乐园最突出的特色，则是拥有全世界最大的乐高足球场——慕尼黑安联足球场。乐园中的这座足球场模型组合由100万个乐高积木组合而成，总重量达1.5吨，足有1米之高。球场内外的球员和球迷都刻画得细致逼真，让人不得不惊叹这种积木制作成艺术品的创意。此外，在乐高乐园里同样有迷你乐园，这里汇集了由2500万个乐高积木组成的著名欧洲城市和地标模型，游客不但可以饱览欧洲特色的城市景观，更可以通过互动按钮控制模型中各种交通工具的移动，将一个个栩栩如生的欧洲尽收眼底	（1）定位于孩子，打造全世界孩子们为之着迷的玩具世界。乐高乐园全部由乐高牌积木搭建而成，目前已接待游人上千万人次。建成有经过做旧缩的丹麦和世界其他地区的名胜，如丹麦的王宫、机场、教堂和世界著名景色以及瑞典、荷兰、德国、美国和非洲的著名建筑而成。由于乐高乐园基本上全是由乐高积木搭建而成，所以进到乐园，就像进了"小人国"，园内各种娱乐项目有39座之多，当然玩累了还可以去海盗船餐厅用餐。周末还有积木偶剧和少年车队表演，一切都是那样使人着迷。（2）多主题功能区。多数的乐高乐园都有做内部分区。其中迷你城市建筑区往往是热门的区域，典型的乐高迷你城市通常有代表该地区名胜的建筑和场景，供来访的家庭和儿童拍照。此外，"得宝积木创造学习区，幼儿积木区，称为"得宝花园"，还有学校，飞行学校，消防学校，汽车学校，火车学校等。野生世界积木相关设施也依据乐高积木常见的主题设计，例如英国骑士城堡主题的游乐设施，孩子和家长可以搭乘小火车经过并游览相关的建筑风景。此外，都市城镇主题的游乐设施，孩子可以驾乘电动车在类似乐高玩具汽车的道路上来回穿梭，其他局部的游乐设施，与知名的迪斯尼乐园则有些类似	德国的乐高乐园定位明确在新颖独特的"小人国"。据说"乐高"一词来自丹麦语中的Leggodt，意思是玩得好，玩得开心。恰如其分地描述了乐高积木的特征，那就是让孩子在玩耍中发挥创造力，在玩耍中学习并快乐成长。春天放的丹麦和乡村景色以及瑞典、荷兰、德国、教堂是让孩子欢声笑语，眼里是斑斓缤纷的色彩。最有特色的当然是造形色色、栩栩如生的积木艺术品，每件艺术品都以与实物1∶20的比例用塑料积木拼而成。不仅适合孩子游玩更吸引用大人的创造欲望乐高主题区域多样化发展，设施全部由乐高积木组成。包括乐高城、城堡山、幻想区等，满足孩子的高积木模型之展限、幻想区等，满足孩子的高积木模型之展示巨型、精致的乐高积木模型，而目前以巨型、精致的乐高积木模型来建造用了乐高设施，连游乐设施也使

案例	案例概述	战略优势	经验和启示
韩国乐天世界	乐天世界是韩国首尔市中心一个集娱乐参观为一体的娱乐场所，有惊险的娱乐设施，凉爽的溜冰场、各种表演，民俗博物馆，另外还可以供游客在湖边散步，是一个愉快的主题公园。独具匠心的自然采光设计，使得这里一年365天都可以接待游客。乐天世界不仅有主题公园，还有百货店、免税店、大型折价商场、体育中心等，是一座名副其实的城中之城。"乐天世界探险"和室外的"魔术岛"，还有四季皆宜的"乐天滑冰场"以及体会韩国文化和生活的"乐天世界民俗博物馆"、"乐天影院"等，是世界上最大的室内游乐场。民俗馆是韩国历史文化和民族的渊源：朝鲜时代的模型村，有助于游人了解韩国民族当时的生活方式	(1) 独特的室内设计，冬暖夏凉，完全解决了室外游乐园冬天天气寒冷的问题，使游客在冬季也可以随心所欲，弥补了北方淡季旅游资源的不足。乐天世界有惊心动魄的探险旅行和各种精彩演出，可不受天气影响，1年365天，每晚到11点灯火娱乐世界。可让游客享受多样惊心动魄的探险世界，各种影像，体验到新的快乐（2）民俗文化。乐天世界的民俗博物馆不是静止的展示场所，而是能生动活泼地再现韩国历史与文化，通过对儿童和青少年准备的各种益活动、多彩的文艺演出等，成为可生动体验韩国文化和民俗的观光名所（3）乐天世界不仅游乐设施齐全，更是一个集商场、酒店、体育中心于一体的综合休闲文化空间。在乐天世界有通过透明玻璃棚折射的自然彩光，还有溜冰场、游泳池、保龄球场、新型消遣娱乐实弹射击场、会员专用健身房，还有壁球、软式墙网球。乐天饭店有533间各种客房，10个餐厅和酒吧，包括国际会议室在内的6个宴会室，为商人们而准备的Executive Floor，东方最大规模的免税店，桑拿浴等设施，是各界人士投宿的最佳选择	(1) 韩国乐天世界是已被载入吉尼斯世界纪录的世界最大室内主题公园，同美国迪斯尼乐园一样被称为世界级的主题公园。非常适合各喜欢大型游乐项目的年轻人和朋友，情侣，同学前来（2）不仅游乐设施完善，还有百货商店、饭店、免税店，大型折价的城中之城，室内有"乐天滑冰"、"魔术岛"，室外的娱乐场所，还有"乐天会韩国文化博物馆"、"乐天影院"等，游乐、休闲，体验文化各方面一应俱全

续表

案例	案例概述	战略优势	经验和启示
好莱坞环球影城	好莱坞环球影城是一个电影制片厂及主题乐园，位于美国加州洛杉矶县的环球市。它是历史悠久、著名且仍在使用的好莱坞电影制片厂的一部分。影城由三部分组成，分别是影城之旅（全程50分钟的电影之旅，有专门的讲解员）、上园区与下园区。游客可以在电影拍摄现场亲身体验电影的拍摄过程。影城出入口劳还有一个风格时尚的购物区——环球城市大道	（1）电影主题，世界闻名的影城。一个再现电影场景的主题游乐园，其内以多部大制作电影为主题的景点最受欢迎。变形金刚 3D 过山车，史端兑 4D 影院是好莱坞环球影城的经典游乐项目，在此可以真正地走入电影，体验全方位立体效果的震撼感。环球影城的经典项目休罗纪公园，游船从高空动的恐龙，形态生动的恐龙，危险奇异险峻项目休罗纪丛林、危险奇异，危险奇异的刺激，都让人兴奋不已。 （2）上下两个园区设计，众多娱乐设施。上园区内有多种适合家庭的表演和景点，也有许多餐饮和商店，同时还是乐园动物的人口。针对儿童和家庭的游乐设施有"环球影城动物演员"和"辛普森动物园之旅"。针对年长的游客则提供了全年开放的"恐怖鬼屋"。下园区是"休罗纪公园激流勇进、"NBC 环球影片体验馆"、"木乃伊复仇过山车"以及"变形金刚 3D 过山车"的所在地，而且随着电影的更新将不断开放新的游乐项目。 （3）同好莱坞一起发展为美国一个文化中心，众多电影作家、音乐家、影星及相关人士会聚于此。在主题乐园之外，环球影城还包括有希尔顿酒店、喜来登酒店及度假村集团，多厅电影院和餐厅，还有五座环球城市广场	好莱坞环球影城依据其独特的电影主题，采用现代科学技术和多层次饮设置活动设施一体，集诸多娱乐活动设施、休闲要素和服务接待设施于一体，主题鲜明，区别于其他公园和普通游园，电影、特效、美国文化等主题搭配合理，动物明星表演，是好莱坞主题最著名的户外场景之一。探索好莱坞影制作秘密，一窥电影制作幕后的秘密，传奇的影城之旅充满了新鲜刺激

续表

案例	案例概述	战略优势	经验和启示
西班牙冒险港	冒险港乐园位于西班牙北部加泰罗尼亚地区塔拉格纳市市郊，距巴塞罗那市为一小时车程，是一个以青年和家庭娱乐等为主题设施的主题公园。占地825公顷。冒险港乐园本身分为五部分，分别是墨西哥、波利尼西亚地区、中国、地中海沿岸以及远西，在这些不同的地区中，游客们可以亲身经历"水项牛碰撞"或"急速漂流"等惊险刺激的游乐项目。园内三个饭店分别按地中海风格、加勒比海风格和墨西哥风格建造，每家都有500多个床位。	(1) 刺激体验。西班牙冒险港的5个不同区域，可以使游客从温和的地中海气候航行到阳光明媚的墨西哥，踏上中国的长城，然后抵达这西亚的玛雅遗址，从中感受西部牛仔的刺激生活。 (2) 宣传推广到位。冒险港是西班牙的第一个大型主题公园。乐园建成后，做了大量的宣传工作，让观众在电视上每天看到两次关于乐园的介绍，加之每年有200场演出，并且不断更新项目，所以是它首先给西班牙人灌输了"主题公园"的概念。 (3) 合理的产业规划。在建设初期制定了一个比较科学合理的总体规划，做好前期规划是主题公园成功的基础工程。通过规划开发，而且日层层推进。比如，初建时的小日本随即完善，成为了很好的避阳阴场所，所以使游客即使是复夏天待在公园里，也不会觉得热。同时，冒险港即使是复夏天待在公园里大树、古迹等形成木朴的关系，让游客在整个加泰罗尼亚地区有更丰富的感受和体验，也使这地区的旅游季节得以有效延长。	冒险一直是主题公园和文化创意产业园区构建的一大水桶的主题。该乐园是西班牙第一个大型主题公园，在市场上第一和第二的影响力的差距往往是非常明显的。根据企业的发展，乐园在本地实施，分步骤地实施。前两年主要在本地发展，着力吸引本地客源；第三、第四年开始推向国内邻近西伦西亚市；第五、第六年再向全国马德里市和瓦伦西亚进行宣传。国内成功在每逢周末或节假日，乐园都会吸引大量来自英、法、德、意等周边国家的各地客人。而目目前乐园正制订计划，以吸引美洲和亚洲客人。可以看出其国际化道路非常平稳。

(二) 国内案例

表 7-2 国内主题公园与文化创意产业园区案例研究

案例	概述	建设要点	经验和启示
深圳华侨城	深圳华侨城以开创中国主题公园之先河著称的深圳华侨城集团，在发展过程中，始终将优秀的中外文化成果与现代旅游产业相结合。通过不断挖掘各景区的文化内涵来开发不同特色的文化旅游产品，在缺乏自然和历史文化资源的深圳，树起了一个个展示中国文化和世界文明的窗口。目前，华侨城已经建成了一个以主题公园为主体，设施配套齐全的旅游度假胜地。主要景点有：欢乐谷、锦绣中华、世界之窗和中国民俗文化娱乐村。2001年"五一""黄金周"期间，深圳世界之窗接待人数和旅游收入位居全国第一。该集团运用依托资本市场和房地产市场的创新发展方式，在北京京朝区京沈路起点处投资20亿元现规模的主题公园房产项目，提高景区开发的边际效益和滚动开发能力	(1) 运用现代传媒传播精品形象。世界之窗先后承办了中央电视台春节歌舞晚会和元旦晚会等大型文艺晚会。世界之窗充分利用了社会各界的认可，同时也充分利用了现代传媒手段，实现资源互换、无形的广告效应更是不容忽视。 (2) 巨资制作美轮美奂的演出产品。世界之窗所有的新增项目以及大型文艺演出都使景区的形象与魅力得到了极大的丰富和提高。民俗村和欢乐谷也各具特色的定时定点演出。 (3) 不断增加新项目，观赏娱乐一体化。大峡谷探险漂流、金字塔幻想馆，阿尔卑斯山大型室内滑雪场、亚马孙丛林芽矿等参与性项目，充分体现了飞行队列刺激、科技含量高，主题突出等鲜明特点，在全国同类项目普遍出现滑坡的情况下，极大地提高了景区的市场吸引力及人均消费水平、游客的重游率也有较大幅度的提高，新项目不仅成为景区新的增长点，也为延长产品生命周期开辟了一条探索之路。 (4) 以平面设计企业为主的文化创意产业园。精品展馆汇聚了行业高端眼光，设计生活融入深圳市民各类活动中。而目作为深圳年轻人思想的集散地，也孕育了平面设计等创意相关行业未来的希望	(1) 文化内涵动态创新，是突破某些文化旅游项目生命周期定律的关键。文化旅游产业发展与地域文化积累相辅相成，共同提升。华侨城经营在特定的区域上的主题公园是高品位文化、美学理论在特定区域无不打上开发主题公园建设中的文化烙印。不论是人性与童话式的建设中的和谐，现实与科学的结合，自然与建筑的追求，还是对文明历史的追忆，对艺术美感的捕捉，都集中反映于社会形态和上层建筑领域之中。华侨城主题公园的形成和离不开深圳这个城市的聚集与被包容的关系发展、公园与城市是包容与地域文化发展、由此可见，文化旅游产业发展是深积累要在相互融合中形优化中形成良性互动的结构。 (2) 强化政府整体调控，是文化旅游发展壮大的重要基础。华侨城的成功实践是深圳经济成就的一个缩影。一方面，政府扶持优势主题公园发展，最大限度提供城市微观意义上的区位条件。华侨城主题公园的土地是初期开发新城区时划拨的、市政府在城市发展中，在道路扩了建和地铁延长及其他市政设施建设中，都考虑到了华侨城的需要，并进行重点照顾。另一方面，加强对主题公园发展准入，严格市场准入，杜绝低水平的重复建设

案例	概述	建设要点	经验和启示
杭州宋城	杭州宋城景区位于西子湖风景区西南，北依五云山，南濒钱塘江，是反映两宋文化内涵的杭州第一个主题公园，是杭州西部景区内的重要组成部分，自然环境良好，生态环境优美，观赏价值高，地处亚热带季风气候，冬夏文春明显，温度适中，气候湿润，适游期长。《清明上河图》再现区是宋城景区的主体部分，主要有宋街建筑、虹桥、平安里民居等景观建筑，同时在这里上演着各种市井节目；九龙广场位于宋城城门、广场中矗立着九龙壁，是宋城的镇城之宝，也是宋城文化广场，是宋城景区各种节庆活动的集中会演区。广场旁设有水上娱乐区，游人在感受宋代文化的同时还可以尽情享受各种水上活动的乐趣。仙山琼阁区主要由仙山景观组成，位于宋城景区的最高点，汲取天地之精华，游览市井之繁华；南宋风情街，曲径生区主体为南宋风情，侧重宋展现南宋临安的社会风情，玲珑晶透，南宋文化风情无遗	(1) 两宋城在西子湖畔的自然融合。景区的建设运用了现实主义、浪漫主义、功能主义相结合的造园手法，源于历史、高于历史，依据宋代杰出画家张择端的《清明上河图》画卷，再现了宋代都市的繁华景象 (2) 景观建造以建筑为形、文化为魂，游园观景与文娱演展相结合。宋城景观建造的城墙用了上千万块特制的青砖砌成的，城门口的九龙壁是在山东曲阜用大理石雕琢出来的，景区高大的城门楼，泛着青光的石板街，"巨木架梁无柱"的虹木悬架桥无柱，观音堂、月老祠，仿宋的小吃一条街，都是对宋古文化的诠释。但是，仅有这些是不够的。虽然它们是对1000年前中国都市建筑文化的再现，但它们只是文化的物化，而不是一种信仰文化的东西。作为一个以反映宋古文化为主题的公园，它需要有一种更为直观和亲切的表达方式，需要提炼和升华，突出主题，丰富内涵，达到"给我一天，还你千年"的境界 (3) 宋城景区与杭州西湖观为美，"形象叠加"效应。杭州以西湖为美，第一个西湖已无法支撑起杭州旅游业。宋城集团充分挖掘西湖强势的品牌内涵，延伸西湖品牌，动态地再现宋城风情。建造宋城品牌，"宋城"是两宋文化在西子湖畔的自然融合，西湖是两宋文化的自然载体。因此，"宋城"和西湖则是历史与现实的天然融合，游玩西湖的自然风光，西湖西湖观赏的是一种旧时文化，当两者结合一起则是历史的动静结合，产生互补效果，两者"形象"叠加，而不会发生客源竞争	(1) 文化是宋城的灵魂。它在表现自然山水美、园林建筑美、民俗风情美、社会人文美、文化艺术美上做出了自己的探索，缩短了时空距离。宋城模糊了时空概念，再造了中国古代文化的一种记忆与表述，它是对中国古代文化的历史表述，它是一座萦绕数千年乐的历史宋城 (2) 宋城追求个性、讲求品质，注重创新。根据每个景区人文资源的不同，为每个景区确定一个明确的主题，使之具有独特性的个性。如宋城的"怀古寻根"，杭州乐园的"度假休闲"，山里人家的"耕读渔樵"，中国渔村的"渔家文化"。景区蕴含的文化个性，成为景区极具特色，它向所有的游客定下"给我一天，还你千年"的美好承诺，让游客在宋城景区游玩一天使能得到一个立体的千年之前的宋代的时态。正是这种科学的主题定位使这些主题公园能够在不景气地中国主题旅游市场中占领一席之地 对宋城旅游的发展过程进行认真总结，把握"宋文化"发展的内涵，对于辽宁主题公园和文化创意产业园区发展，具有强大的借鉴意义

续表

案例	概述	建设要点	经验和启示
西安大唐芙蓉园	大唐芙蓉园位于西安市曲江新区，大唐芙蓉园占地1000亩，其中水面300亩。是以水为核心，集休闲度假、餐饮娱乐为一体，浓缩盛唐文化的旅游目的地。总投资13亿元，以"走进历史、感受人文、体验生活"为背景，展示了大唐盛世的灿烂文明，最开始是在唐代曲江遗址上设立了曲江旅游度假区，定位是展示西安十三朝历史文化的大型主题公园，取名为"长安芙蓉园"，这也就是大唐芙蓉园的前身。2003年4月，项目建设全面展开，定位为中国第一个全方位展示盛唐风貌的大型皇家园林式文化主题公园，改名为"大唐芙蓉园"。被誉为"国人震撼，世界惊奇"，甚至形成了业内关注的"大唐芙蓉园现象"	(1) 中国第一个全方位展示盛唐风貌的大型皇家园林式文化主题公园。"唐文化"的选择具有一定的创新性和独特性。在全国范围内其他唐文化主题公园首日跟风、互相模仿的时候，大唐芙蓉园独辟蹊径，以"唐文化"为主题，避免了跟国内其他主题公园的雷同。同时，西安作为唐朝的都城，具有深厚的唐文化内涵积淀，使得西安的"唐文化"主题公园，很难被其他城市模仿 (2) "五感五觉"体验。大唐芙蓉园是首个"五感"的主题公园，拥有全球最大的水幕电影，全球最大广场外香化工程，最长最先进的水火景观表演，最全的唐代女性文化展示馆，最长的仿唐皇家建筑群，奇人异事，科普以及反映古长安城贸易活动的唐集市，分别从视觉、听觉、嗅觉、触觉，园内经常推陈出新，为游客打造难忘的回忆。此外，举办符合不同人群的活动，游客也可以参与其中，体验不一样的感受	(1) "唐文化"的主题符合西安市的城市感知形象。西安本身拥有非常丰富的人文旅游资源，在旅游者心目中，西安是历史文化古都，具有深厚的文化底蕴。大唐芙蓉园是在著名的唐代曲江皇家园林—芙蓉园基础上修建而成的，以"走进历史、感受人文、体验生活"为背景展示了大唐盛世的灿烂文明，也符合西安的城市感知形象。与此同时，大唐芙蓉园的建立改变了陕西旅游资源多为静态人文旅游资源的现状，是对现有陕西人文旅游资源强有力的补充，也加深了西安在旅游者心目中的城市感知形象。对"唐文化"旅游的发展过程进行认真总结，对辽宁主题公园和文化创意产业园区的发展都有重要的意义 (2) 正面的空间集聚效应。西安原本就有丰富的旅游文化资源，近年来又围绕大唐芙蓉园建立了一些以唐文化为主题的小型景区。大唐芙蓉园和周围的景观整合，形成了以大雁塔为中心，与大雁塔北广场、南广场、大唐不夜城，唐城墙遗址公园相连的大唐文化集群园区，增加了规模效应，提高了旅游吸引力。由于其他景点门票较便宜或者不合门票，因此和大唐芙蓉园有同形成规模激烈竞争，但不会造成唐盛唐品牌的共空间集聚的效应还会促进了古都盛唐品牌的形成

案例	概述	建设要点	经验和启示
浙江白马湖生态创意城SOHO创意周	白马湖生态创意城的开发思路：坚持"一主多副"，以文化创意产业为主、其他产业为辅，以动漫产业为优势，打造竞争优势，构筑产业优势。通过借鉴"景秦田园"改造模式，探索田园式规划的编制与完善，农居成为规划的白马湖式开发模式。2007年，利用白马湖区域独特的自然生态环境和丰厚的人文底蕴，对白马湖生态创意城建设与生态环境基础设施建设进行全面的基础营造。2011年已有250余家创意团队入驻成即中南创意园、宏梦创意园、美院中南创意园、渔文化博物馆、朱德庸创意园、中国动漫博物馆"二馆二园"幽默馆、正式落点，白马湖开工建设，全国动漫产业（杭州）训练基地、中广国际电视多维影像产业基地正式签约。园区品牌集聚效应日益显现	(1) 围绕文化创意产业园这一主题，以全新的理念对园区土地利用、生态维护、空间规划、发展控制等问题进行了深入系统的研究，提出利用现有农居发展"SOHO"（Small Office Home Office）式文化创意产业的设想。将文化产业发展与城市环境改造紧密结合，将区域经济建设与人民文化生活提升融为一体，向人们展示了一个"宜居、宜业、宜游、宜文"的田园式生态创意城的蓝图 (2) 改变品牌营销模式，定位独特园区品牌。在园区品牌定位上，探索农居园"景秦田村"改造模式，并结合农村整治改造，将农居改造成具有农居部分原住民的美学特征和文化创意内涵的和谐创意家园。明确品牌概念，招出了"SOHO创意园——创业与生活共融的利和谐家园"的品牌概念，招在不改变产权性质的前提下，鼓励通过农居带来鲜活生活创意产业内容和创意理念，为园区带来鲜活生活创意 (3) 提出"打造新江南生活模式"的口号，使白马湖生态创意城成为杭州新江南文化创意生活的体验中心。这也意味着园区将具备更多样的产业结构，更优美的城市空间内和更加时尚的城市生活，成为创意人群时尚生活的硅谷。SOHO创意园既是一个创意文化的集聚中心，也成为创意与生活共融的理念，成为创意与生活共融的最佳体验区	(1) 关注品牌和利益群体需求。白马湖生态创意城SOHO创意园本质上属于"农居+创意阶层+产业+市场"的开发模式，需要"各方合力"共同打造。一个品牌想要在竞争激烈的市场环境中有绝对的竞争力，让他们能够必须得到相关利益者的认可，那必须得到市场接触点与各方位的利益诉求，从品牌接触点中得到情感、精神，心灵等全方位的体验，进而促进品牌相关利益者之间互动交流 (2) 挖掘特色文化平台，丰富体验活动。白湖生态创意城借助园区内动漫广场这个平台，使白马湖生态创意城成为具备良好大规模的展览展示和学术交流活动的良好交流场所。与此同时，园区加强与各地高校和培训机构的联系，共同打造强有力的公共和创意产品展示与体验中心、工业设计和创意产业打样平台，数字动漫技术支持平台、软件及服务外包公共技术平台、杭州国家动画产业基地等国家级基地。这在很大程度上提升了白马湖生态创意城的知名度和品牌价值 (3) 品牌营销活动。2010年，白马湖生态创意城作为第六届中国国际动漫节七大分会场之一，推出特色活动"白马湖动漫之都"。活动分创意系列、体验系列、竞技系列、狂欢系列、发展系列五个板块，向消费者全面展示白马湖生态创意城在优势以及"动漫之都"良好的创新环境、搭建特色创意平台。这是实现辽宁打造文化创意主题公园和创意产业园区的创意文化平台，通过创意产业园改变在创意园区的基础，同时也是实现辽宁打造特色文化旅游创新形象，深化园区品牌的关键

续表

案例	概述	建设要点	经验和启示
西双版纳傣族园	西双版纳傣族园由曼将、曼春满、曼乍、曼嘎和曼听五个保存完好的傣族自然村寨组成，总体规划面积336公顷。五个村寨的傣族文化保存完好，且寨与寨紧相连，至今已有1400多年历史的曼春满佛寺是5个村寨的核心。 傣族园将五个自然村寨的全部生活和部分生产区划归景区，景区是以社区为背景建立起来的，景区和社区融合一体化发展。傣族园作为代表西双版纳傣族文化的主体景区，在保留原有干栏式建筑风格和自然风光的基础上，通过完善服务设施和利用民族活动，向游客展示原汁原味的傣民族文化。目前，傣族园已发展成为以傣族为主体兼容的多民族风情和热带风光兼容的旅游、游乐的综合性公园	（1）佛教文化。傣族多数信小乘佛教，佛教是傣族的精神支柱。傣族的很多节日都跟佛教有关，一年中最重要的三个节日泼水节、关门节和开门节都是佛教节日。曼春满佛寺因为建筑技艺精湛，造型美观，历史悠久，不仅是橄榄坝的中心佛寺，而且在东南亚享有盛名。曼春满佛寺已有一千多年的历史，积淀了丰富、厚重的南传上座部佛教文化，佛寺中保存有著名壁画《如象米转世》和《释迦牟尼的故事》 （2）竹楼文化。千百年来，傣家竹楼（干栏式建筑）是傣族赖以生存的基石。它的历史演变过程已由最早由竹木质建成的干栏式建筑，到今天木质的茅草棚、竹色茅草房发展至今。傣族园内的五个自然村寨，能够完整地积淀和传承到今天，显得弥足珍贵。这些古村寨群落，是西双版纳傣族历史文化的真实写照。 （3）习俗文化。傣族的农耕生产、劳作场景以及村寨里开展傣族祭祀祭祖活动，制陶、烤糖、烤酒、划贝叶经、织锦叉手工艺制品的加工，无不让游客欣赏休闲田园，水乡风光和感受神秘宗教文化 （4）民族传统的水文化。傣家人把水当作"圣物"，崇拜它，敬仰它。傣族传统的游年傣体作"泼水节"，傣人喜欢在欢乐的泼水节这节日，进行宗教活动和日常生活中用水来表达的祝福。酒水祝福的仪式结束后，人们在一天中都将沉醉于打水的欢乐中。目前，傣族园公司以每年付费10万元买断了全州的民俗泼水专营权，从而有效地避免了竞争对手的模仿	（1）傣民族文化。傣族园的开发理念遵循亚洲的"东方文化"模式，突出傣族当地世居民的特色，是西双版纳唯一集中展示傣族历史、文化、宗教、体育、生活习俗、服饰、饮食、生产生活等民俗生态作为的旅游精品景区。这种文化营销的运作方式，使得傣族园吸引了一大批游客，取得了良好的旅游效益，是文化旅游的成功产业园区，是辽宁主题公园和文化创意的表现可以结合自身满清文化特点进行移植的表现 （2）傣族园居民参与模式。由于傣族园是以五个自然村寨的全部生活区和部分生产区为背景建立起来的，景区与社区一体化的格局使社区居民不可避免地卷入了旅游经营活动，旅游参与型旅游业中，在给其带来可观的经济收入的同时，也让他们意识到保护好原生特色，就是保护自己的切身利益。村民们有了市场经营的观念，就会积极地参与社区的保护与发展，稳定社区的发展，主动维护景观形象，谋求社区的保护与发展。这一经营模式同样可以适用于辽宁文化创意产业园区的构建过程中，特别是适用于乡村文化区域

（三）重点城市

表 7-3　辽宁主题公园与文化创意产业园区重点建设城市

城市	发展定位	发展要点	重点项目
沈阳	沈阳市有 1 个国家级文化产业示范园区——沈阳棋盘山国家级文化产业示范区，有世界园艺博览园，更拥有世界文化物质遗产沈阳故宫和清永陵。沈阳不仅是辽宁的政治、文化中心，更是经济和便利的交通条件更是打造辽宁主题公园与文化创意产业园区的中心城市之一	（1）针对主题不明确且缺乏个性，添加民俗文化内涵的旅游活动。围绕沈阳故宫和清永陵应定位在清文化主题，大量丰富文化旅游内涵。积极开展清文化历史宗教、生活习俗、竞技服饰和饮食等方面的鲜明的活动节目，增强对游客的吸引力 （2）产品创意不断更新。例如薰衣草主题公园，原来创意不错，首次在沈阳推出以薰衣草庄园为主题的公园，园区内创意也比较到位。但上一些妙秒，使得开在沈阳即时门庭若市，一派火爆场面。但好景不长。但实每不注重产品创新也是重要的一点。而最后门可罗雀。其中原因固然很多，正是由于保持个性，懂得创新，才能够大盛不衰。只有不断地进行产品更新，才能不断地增加旅游主题公园园的新鲜感和吸引力 （3）文化结构多元化发展。沈阳故宫旅游项目的开发既知名度很高，但与此同时却沈阳同样具有东北地区历史很高，有很大的开发潜力。沈阳九一八历史博物馆，沈阳抗美援朝烈士陵园等具有革命传统优势的旅游资源，更能激发目标群体参与辽宁"清文化与红色文化"主题公园与文化创意产业园区的开发的动机。在宣传媒介方面，可采用多种媒体形式进行广泛传播，在宣传中要注重定位红色旅游和文化旅游	沈阳棋盘山国家级文化产业示范区，沈阳世界园艺博览园，沈阳故宫和清永陵，沈阳方特欢乐世界
大连	大连地处北半球暖温带地区，属具有海洋性特点的暖温带大陆性季风气候，四季分明，冬短无严寒。得天独厚的自然地理优势，就了大连海市文化的调和"造就了大连城市文化的基础底色——宁静、平稳的山海文化，是辽宁另一重点建设中心城市	（1）以自然与人为主题公园。主题立意较高，与大连的山水自然风貌结合得较好，符合现代人的休闲娱乐需求。例如大连森林动物园和谐海洋世界，拥有亚洲最长的海底透明通道 118 米，将游人带入全景式的海底世界中，构成绚丽的梦幻世界，讲这一个大自然纯净、和谐海洋的故事。海洋生物展示与主题进行开发。在此基础上，可以进一步以海洋探险，海洋文化星海湾高科技主题公园，这个可以说是未来主题公园发展的趋势。星海商务区西南部，占地面积 48 万平方米，拟建成现代高科技公园的大型海洋高科技项目。公园采取整体采坐设施。其娱乐部分包影院、舞台、六个主题游乐区，内设十几个大型娱乐乘坐主题和餐饮购物区 （2）高科技公园发展的趋势。星海高水准世代表当代最代的大型国际大型娱乐设施。其商业部分分划为室内沙滩游泳冰馆，带有景天幕的主题和餐饮购物区等	大连森林动物园，圣亚海洋世界，星海湾高科技主题公园，大连发现王国等

续表

城市	发展定位	发展要点	重点项目
锦州	锦州是一座有着1000多年建城史的历史名城，是满族入关前松锦大战的古战场，也是一座著名科技、商贸重镇和优秀的旅游城市。2003年，锦州举办世界园艺博览会，园区共规划建设各类展园近百个，每个展园内各种人文艺术景观数不胜数。因此，定位在海洋主题	（1）做好基础设施和旅游环境的建设，营造旅游文化氛围。在交通上，修建四通八达的公路和铁路；给予适当减免，在政策法规方面，应积极制定相关保护环境的制度规范；在投资环境上，制定各种优惠政策。（2）打造海洋主题品牌，加大宣传力度。锦州世界园林博览会最大创举就是建在海上，这在世界上史无前例。因此，应该紧扣海洋主题，加大投资力度，全方位、多渠道塑造并宣传辽宁锦州海上世界园林博览会的形象和品牌	锦州世界园林博览会、红海滩等
丹东	丹东与朝鲜隔江相望，与韩国一衣带水，是我国海岸线的北端起点。位于东北亚的中心地带，是东北亚经济圈与环渤海、黄海经济圈的重要交汇点，是一个以工业、商贸、物流、旅游为主体的沿江、沿海、沿边的边境城市，中国最美的边境城市，中国优秀旅游城市，国家园林城市，全国双拥模范城市，经历抗美援朝战火洗礼的"英雄城市"。因此，定位在鸭绿江边境的美丽城市	（1）"一步跨到朝鲜"。因丹东离朝鲜最近处仅一步就能跨到而得名。在这里游人不但能近距离看到朝鲜人民生活、劳动以及工作的场面，还可以穿上朝鲜服装在"一步跨"石前拍照留念或乘船自由游览乘两国之间，使人不出国门便能体验到出国的感受。（2）明代长城。虎山长城始建于明成化五年（公元1469年），距今已有五百多年的历史。虎山长城现已修复1250延长米，过街城楼、烽火台、敌台、战台、马面等12座，恢复了当年明长城之首的壮观气势。登上海拔146.3米的山顶敌楼会让人充分理解"不到长城非好汉"的深刻含义。最绝的自然风貌，人物景观尽收眼底	鸭绿江风景名胜区、锦江山公园、虎山长城、抗美援朝纪念馆等

(四) 重点区域

表 7-4 辽宁四大主题公园和文化创意产业园区现状研究一览表

旅游区	主要城市	特色历史文化景观	发展现状和存在问题	发展方向与策略
辽宁中部	沈阳、鞍山、抚顺、本溪、辽阳、铁岭和营口	(1) 清文化旅游资源。辽宁是中国最后一个封建王朝——清王朝的发祥地,清前史迹众多,本区著名的"一宫"(沈阳故宫)、"三陵"(永陵、昭陵和福陵)及"三京"(抚顺新宾兴京赫图阿拉古城、辽阳东京城和沈阳盛京城)等清王朝入关前的历史遗址已形成完整系列,许多文物在全国独一无二 (2) 满族民俗旅游资源。辽宁现有岫岩、新宾、清原、本溪、桓仁6个满族自治县,其中有5个自治县分布在本区。满族是一个有着悠久历史和丰富多彩民俗民风的民族。以满族民风为代表的辽宁关东民俗在本区表现出浓郁的色彩,是"神奇辽宁、多彩关东"的真实写照,也是辽宁全国最具垄断性的产品之一,在国际旅游市场上有着良好的开发前景 (3) 工业旅游资源。辽宁是著名的工业省份,是我国重要的重工业和原材料生产基地。已开发的沈飞航空博览园、鞍山钢铁公司等工业旅游项目取得了良好的效果	现状:辽宁中部城市群的旅游资源具有广泛性、多样性、地域性、交叉性等特点。中部城市群的6城市的旅游资源基本呈均匀分布,每座城市都有丰富的旅游资源。以沈阳为中心的辽宁中部旅游资源丰富,发展基础好 问题:区域旅游业发展没有统一规划,在旅游产品开发和营销等方面存在不团结的现象,产品开发缺乏重点,区域之间旅游产品趋同,"价格战"等现象十分严重。旅游产业的整体优势没有得到发挥,旅游城市之间的竞争力被大大削弱,这些问题存在已经严重制约了本区旅游业的健康发展,必须得到有效克服和解决	(1) 清文化和满族民俗文化创意产业园区为重点:"一宫三陵"正在成为辽宁旅游走向世界的敲门砖,并带动相关旅游产品的开发。在清文化旅游产品开发中要采取区域联动的策略,以沈阳为中心,将抚顺、辽阳等地的清前史迹串联成线,坚持统一领导、统一规划、统一开发、统一宣传,共同打造区域旅游精品 (2) 工业旅游主题产业园区:以振兴东北老工业基地为契机,充分利用并挖掘现有资源条件,不断扩大工业旅游项目规模,创新工业旅游产品,开展"辽宁人游辽宁"、"老基地、新形象"等旅游活动,深挖内涵,提高品位,辽宁的工业旅游前景必将十分美好

续表

旅游区	主要城市	特色历史文化景观	发展现状和存在问题	发展方向与策略
辽南	大连	（1）历史文化。大连与中国近代史息息相关，是中日甲午战争和日俄战争的战场，大连向来就有"半部中国近代史"之称，其遗迹、遗址及中国近代史的缩影，具有极其丰富的文化内涵。博物馆主要有自然博物馆、现代博物馆和旅顺博物馆等 （2）异域风情。有凸显着日本风情特色的日本风情街，有俄罗斯风情一条街，头、俄式建筑和文化格调，蕴藏着生机与活力。中山广高的建筑水平，尖式、塔式阁楼，独具俄罗斯风情周围的十大建筑风格各异，既有仿欧洲古典建筑的风格；也有古希腊、罗马柱式风格等 （3）文化艺术。大连开展了"绿色的旋律"广场文化系列活动，已经举办8届大连艺术博览会品、工艺美术、古玩收藏、文物制品、文房四宝、玉器、奇石、民族民间艺术品等展览	现状：目前已有多座主题公园，按照建设主题和建设年代可分为三个阶段：第一阶段以古典名著、微缩景观、影视、游乐园为主题，投资少，占地规模较小，实际上是对当时中国几个较为成功的主题公园的仿建；第二阶段均开发了以自然与人为主题的主题公园，主题立意较高，与大连的山水自然风貌结合得较好，符合现代人的休闲娱乐需求，并且自有行滚动的发展原则，经济效益良好，主题内涵较有拓展空间；第三阶段的高科技主题公园——星海湾高科技主题公园为代表，是未来主题公园发展的趋势 问题：首先缺乏参与性强的主题活动，例如大连森林动物园、圣亚海洋世界等大连市著名的主题公园，基本上都以参观游览为主，一些次制度改革不够彻底，市场竞争力弱，一些主题公园，虽然在外表上已经转换成企业机制，但距离"自主经营，自负盈亏"还差得很远，最后是缺乏科学的管理方式和人才问题	滨海主题、高科技主题公园，这个可以说是未来主题公园发展的趋势
辽西	锦州、葫芦岛、盘锦、阜新、朝阳	（1）自然风光秀美。辽西走廊地带依山傍海，完美的山水融合形势险要，独特的地理位置，是辽西走廊线性文化遗产和隋唐的自然风光，是辽西走廊地带最显著的资源优势。辽西走廊地势自西向东南向倾斜，海拔500余米降到50米以下。既有笔架山、北普陀山、医巫闾山、龙潭大峡谷等风光秀美的山岳资源，又有延绵325.5千米的海岸线。绝无仅有汉有的盘锦红海滩、宝贵的朝阳古生物化石宝库，近代就已开发、被称为"圣水"的兴城城温泉、美丽而神奇的大青沟等，共同造就了辽西走廊地带独特的大青沟等，美丽而神奇的自然资源优势	问题： （1）战略地位凸显不够。在整个辽宁的旅游发展中，辽西走廊是独有的线性文化遗产，是辽宁历史文化的源头，其文化发展的战略地位极为显赫。但事实上由于中地区经济发展水平和开发发展文化产业的动力不足，辽西走廊地区文化线性文化遗产仍停留在初级阶段 （2）没有整体发展战略，缺少明确统一的定位。辽西各地对待文化遗产的保护和开发的态度完全停留在各自为政的阶段，一体化发展规划基本上处于空白状态。很难打造辽西历史文化优质性文化资源的组合和高效利用	本区属于辽西丘陵地区，有"山海之源，文明之源"的美誉，是内蒙古高原和辽河平原间的过渡地带，区内是以历史古迹为主体的多种文化旅游资源分布密集的区域。山海大漠绿丽雄洋，历史遗存内涵丰富，古生物资源世界罕见，在全国水晶独具魅力的文化旅游资源富集地区，在构建主题公园和文化创意产业园区时可着力打造辽西历史文化区，为了实现这一目标，必须整体规划。

续表

旅游区	主要城市	特色历史文化景观	发展现状和存在问题	发展方向与策略
辽西	锦州、葫芦岛、盘锦、阜新、朝阳	（2）历史文化遗产丰富。山海关位于辽西走廊最东行北上，名胜古迹如星光璀璨，规模最大的秦汉碣石宫遗址，卧水横波的九门水上长城，古朴的晚清古城兴城，中国最北的石窟建筑群力佛堂石窟，辽代名寺奉国寺	率，也无法获得规模效益和集聚效益。（3）宣传力度缺乏。拥有宝贵的历史文化资源，不加大投资力度精心宣传势必不会显示它的资源竞争优势	客观地讲，辽西走廊任何单一城市都不足以形成文化旅游强势及竞争力，只有打破城市和行政区边界，进行跨区域资源整合，制定辽西走廊线性文化产业发展总体战略规划才有可能打造历史文化品牌
辽东	丹东	丹东是中国最大的边境城市，地理位置优越。东与朝鲜民主主义共和国的新义州市隔江相望，南有一望无际的菁海与黄海相连，丹东依山临江，面海，夏无酷暑，冬无严寒，素有"北国江南"之称，是东北地区气温平均最温润最暖和的地方。丹东现有国家、省级以上旅游风景区，自然保护区和森林公园24处，并各具特色。不仅有名山大川，有江有河有海有湖，更有著名的鸭绿江大桥，抗美援朝纪念馆、甲午海战古战争遗迹、虎山长城等。丹东更有浓郁的满族文化和朝鲜族文化民情及浓厚的人文历史景观	现状：辽东是满族和朝鲜族聚居地，自然风光和朝鲜民族文化是其卖点。目前中国东北地区缺少能够集中游览到这两个民族习俗的旅游地区，因此，有着很好的社会经济效益问题：丹东市鸭绿江虎山景区满族民俗村的开发不合理，目前建设的利益分配体系及协调机制不合理。在鸭绿江虎山景区满族民俗村的开发中，民俗资源开发应得到当地居民的认同与参与，民俗资源才能得到很好的保护和传承	辽东的"鸭绿江"文化区在具体旅游品牌城市形象定位上可以是：中国最大的边境城，抗美援朝英雄城；明万里长城东端起点城，中国万里海疆第一城；满族文化情城，朝鲜族文化风情城。具体策略如下：通过国家主题公园和创意产业园区发展旅游产品设计"鸭绿江"文化创意产业园区，满足游客对异国文化的需求。在此基础上，塑造"鸭绿江"品牌，以享誉中外的鸭绿江为主线，坚持突出辽东山水、边境风情、边境风光等地方特色，开发建设富有文化内涵人才，从挖掘丰富的文化内涵和可持续发展的原则，高档次和可持续发展的原则，重点突出"鸭绿江"品牌

（五）重点项目

表 7-5 辽宁主题公园和文化创意产业园区重点旅游项目一览表

项目名称	项目选址	项目定位	核心卖点	策划要点	建设内容
沈阳清文化和满族民俗创意产业园	沈阳著名的"一宫三陵"（沈阳故宫）、永陵	辽宁清文化和满族民俗	互动趣味性体验，深入感受清文化	"一宫三陵"正在成为辽宁旅游走向世界的敲门砖，并带动相关旅游产品的开发。在清文化旅游产品开发中要采取区域联动的策略，以沈阳故宫和永陵为中心，将抚顺、辽阳等地的清前史迹串联成线，坚持统一领导、统一规划、统一开发，统一宣传，共同打造这区域旅游精品	（1）完善"一宫三陵"的基础设施情况，做好相应的保护工作 （2）以清文化和满清民俗习俗为主题，在故宫、永陵和昭陵、福陵开展满清陵祭祀，满清书画展览，满清饮食活动等特色，逐渐把沈阳清文化和满族民俗创意产业园建成全面反映前清文化的胜地 （3）在产业推广方面，要把沈阳清文化和满族民俗创意产业园作为辽宁主题公园和文化创意产业园区建设的核心，以此连接辽中地区，扩大到辽宁其他地区的文化创意产业。
工业旅游主题产业园区	沈飞航空博览园	保护工业遗产资源	东北老工业基地为依托的工业旅游产品	创造性开发工业遗产娱乐项目，在现有主题博物馆和工业遗址、公园等旅游项目中，增设寓教于乐的互动项目。以振兴东北老工业基地为契机，充分利用并挖掘现有资源条件，不断扩大工业旅游项目规模，创新工业旅游产品，开展"辽宁人游辽宁"等旅游活动，辽"老基地，新形象，提高品位，深挖内涵，辽宁的工业旅游前景必将十分美好	（1）在工业旧址上改造公众可以互动参与的游乐设施，作为人们休闲和娱乐的场所。比如增设青少年极限训练基地、老年活动中心，通过对旧工厂、车间的空间改造展现记忆的文化元素，老人仿佛回忆年轻时的结构开展创意产业、"创意"要足。一方面利用老工厂房特有的结构开展创意产业、大力吸引文化艺术产业进驻，建立特色艺术家社区。吸引具有创意思想的艺术家集聚，形成艺术、设计和手工业创意园区，既是艺术文化中心，又是文化产品研发和诞生电子信息技术的基地。另一方面要充分利用电子信息技术，基于数字技术、网络技术，通过创意不断完善文化产业链条

续表

项目名称	项目选址	项目定位	核心卖点	策划要点	建议内容
海滨高科技主题公园	大连	海洋主题，大型高科技娱乐项目	海洋文化，高新科技	以海洋文化为基础构建大型高科技娱乐项目。一方面要能体现以自然博物馆、贝壳博物馆、圣亚海洋世界、滨海路、海滨浴场、大连海洋公园、海洋生物知识、海滨风光、海水洗浴、海鲜营养观光、养生之旅的海洋文化。另一方面还要开展强参与性的高科技主题游乐设施活动	（1）主体娱乐景区设施和非游乐配套设施两部分要做到精益求精，前者是主题内涵的实体外观，其设计与施工对内涵的显现、休闲、娱乐体验有极大影响。后者包括观赏、休息、茶饮、快餐、卫生间等设施，要求与环境相协调，烘托主题氛围。唯有追求细节的完美，才能打造出经典作品 （2）吸收高科技技术，启动创新机制。运用科技手段表得动态多彩，立体高科技主题公园的参与性、娱乐性，是打造大连滨海高科技主题公园的必备手段。与此同时，要强化对大连人对海上活动、足球运动的情有独钟，可针对休闲娱乐主题大连人对海上这一主题娱乐活动等这一主题娱乐公园的生命周期
辽西走廊文化创意产业区	辽西地区	辽西历史文化区	历史文化遗产，辽西走廊名胜古迹	辽西地区整体规划，打造辽西走廊线性文化质的资源利用率，获得规模效益和集聚效益。加大投资力度，精心宣传，打造具有影响力的辽西走廊文化创意产业区品牌	（1）在辽西走廊线性文化遗产上，要明确整体发展的思想。辽西地区任何单一城市都不足以形成以辽西走廊线性文化产业发展总体战略整合，制定辽西走廊线性文化品牌，进行跨区域资源整合，打破城市和行政区边界，制定辽西走廊文化竞争力。只有 （2）明确辽西走廊文化创意产业区才可能打造历史文化品牌。其独有的文化遗产资源在辽宁乃至全国的文化旅游产业发展中的战略地位极为显赫。应加大投资力度，招商引资，增强开放动力，实现辽西走廊产业区跨越式发展
“鸭绿江”文化创意产业区	丹东	朝鲜风情，“鸭绿江”文化	辽东山水，朝鲜风情，边境风光	构建“鸭绿江”文化创意产业园区，功能定位在中国最大的边境城，抗美援朝英雄城、明万里长城东端起点城、中国万里海疆第一城、满族文化民俗城、朝鲜民族特色的文化创意产业园区	（1）以中国最大的边境第一城为主线，中国万里海疆第一城为主要地理定位功能。在鸭绿江边构建文化创意产业园区，把抗美援朝文化融入园区和万里长城人文景观 （2）入境游客的良好发展为“鸭绿江”文化创意产业园区开发以鲜市场，发展入境旅游创造先决条件。而目创意园区可以利用满清文化民俗资源，设民俗馆，满族文化民俗城等进行趣味民俗表演，展示当地故事 （3）设计朝鲜风情，可以融入朝鲜风貌，生活都市，饮食戏剧等方面，开展朝鲜民俗体验等活动 （4）大力打造“鸭绿江”品牌，以享誉中外的鸭绿江山水、民族风情，边境风光等地方特色，开发建设“鸭绿江”文化创意产业区，坚持突出辽东山水、民族风情，边境风光等地方特色

五、重点设施建设、行动计划

（一）重点设施建设

一是游乐活动设施。一般包括游艺设施、展示设施和表演设施等，在注重惊险性和刺激性的同时，也要考虑情节化和环境化。如在造型设计中融入一定的故事情节和与之相适应的环境因素，使之更富戏剧性。

二是配套服务设施。大型主题公园一般配套服务设施内容较多，往往包括了吃、住、行、游、购、娱六要素。餐饮住宿设施应突出文化特色，提高档次。园区入口服务一般设置为全园服务的设施包括售票、接待、出租、医疗、寄宿、问询、导游、管理等。而园区服务设施如洗手间等需要在园内多处布置。而停车场的容量问题要考虑客流量和游客交通方式两个因素，使停车容量满足游客要求。还要重点建设主题公园和文化创意产业园区附近的基础设施，加快形成四大文化旅游产业区之间联系的通道建设。

三是旅游创意型人才和从业人员的需要。辽宁主题公园和文化创意产业园区不仅要提供美丽的自然景观，独特的历史文化，鲜美的特色饮食，更要配备优秀的服务人员。与游客接触的一线服务人员和当地人，为了使游客可以更好地感受到辽宁的风土人情，要注重提升旅游从业人员的内涵，丰富文化底蕴和扩大知识面，要在接人待物、外语和普通话等方面，全面提高旅游从业人员的素质和水平。

四是技术供应与后勤服务设施。主要包括供水、供电、通信、咨询等各种设施，它是主题公园和文化创意产业园正常运转的保证。

（二）主要行动计划

第一，完善文化资源和文化创意产业发展的产业政策。完善文化资源开发的产业政策，不仅是继续提高既有竞争优势的重要举措，也是构建民俗主题公园和文化创意产业园区的基础要求。辽宁有丰厚的文化和自然资源，但是如何开发好、利用好这些资源，构建多彩辽宁的文化创意产业园区，还有很多工作要做。当前的工作重点有：一方面要根据文化产业的特性，制定有关法规；根据文化产业所需要的政策环境、资源环境、社会环境、自然环境等方面的特性，制定有关文化产业的环境保护法规；要研究并制定保护与扶持民族文化产业的法规和政策。另一方面要建立统一的文化产业和文化资源管理部门。要促进文化和自然资源的有序开发，必须由政府出台相应规定，协调建立起统一的文化和自然资源的开发体系，进而在完善的制度基础上组建相关的管理部门。

第二，积极探索政府管理文化产业的有效方式。文化创意产业在不断发展和变化，传统的文化观念、文化管理体制与管理方式将不再适用于不断创新的文化产业。因此，从重新认识文化产品的属性入手，大力推进文化体制改革，调整政府管理文化方式成为当务之急。

第三，加强宣传教育，形成文化产业发展的良好思想环境。这点在主题公园开发上体现得尤为明显。在营销推广方面，为了提升辽宁文化创意产业园区的品牌竞争力，可以灵活运用影视传媒形式，促进辽宁文化旅游产业发展。

第四，重视文化产业品牌建设，建立强大的支柱产业。文化支柱产业是所有文化产业中具有大规模文化生产能力和较强市场扩展能力的部分，对于整个文化产业的发展和壮大有着举足轻重的影响。综合考虑辽宁的地域优势、文化资源与人文传统、市场需求等因素，可以发现文化旅游业有能力成为优先发展的支柱产业之一。而在文化旅游业发展的热潮中，辽宁主题公园和文化创意产业园区的建立要适应区域城市的资源条件，加大投资力度，建设有影响力的品牌形象，并附以用地、财政、税收等方面的优惠政策，力争在较短时间内使文化创意产业园有一个突破性发展。

第五，企业要积极开展对外国际文化交流，对外展示辽宁文化的魅力。辽宁文化创意产业园区的建立要主动运用政府和民间组织、国际机构支持等多种途径，想办法"走出去"，组织关东文化艺术的展演活动，争取融入西方主流社会。以文化交流促进对外交流，通过参加国际性文化旅游活动、广播电视节目交流、学术交流等开展对外宣传工作，展示关东特色文化。以文化旅游产品推介为重点，对外推介具有辽宁满清文化内涵和山水城市特征的历史文化、近代史遗迹、园林风光，展示辽宁的文化形象。

第八章　辽宁文化旅游新引擎
——会展、节事、演艺

大力发展以金融、物流、会展、软件和信息服务为代表的现代服务业是辽宁"十二五"期间的重要产业发展战略。作为现代服务业支柱产业之一的会展业，在商品展销、经贸洽谈、信息交流、文化交往等方面发挥着巨大作用，其强大的经济辐射效应，牵动城市交通、信息、商贸、旅游、酒店、餐饮、房地产等行业的快速发展，使其成为辽宁社会与经济发展的重要引擎和助推器。本章围绕沈阳和大连这两个辽宁最大、最重要的会展中心城市展开探讨。

一、发展背景、资源条件和现状基础

（一）发展背景

辽宁是我国的老工业基地，产业基础雄厚，工业部门齐全，同时又是东北的开放门户，地理位置优越，辐射作用强，具有发展会展业得天独厚的条件。在辽宁发展会展业的过程中，大连和沈阳担当了"领头羊"的角色。早在2005年，辽宁省委、省政府就确定了将大连、沈阳分别建设成为东北亚展览中心和国际会议中心的目标。几年来，沈阳、大连两市把会展经济列入产业结构调整、促进经济协调发展的战略举措中，精心培育，积极扶持，现在会展经济已经成为两市经济发展的新亮点，在国内外的声誉和知名度日益提高。经过几年的探索和发展，辽宁会展业的运行机制和管理体制已经发生了根本性的转变，会展业的发展规模和经济效益都得到了显著的提升。据相关部门统计，2007年，辽宁举办的展会次数达到416个，展会实现交易额1622亿元。自2002年以来，辽宁会展交易额年均增长速度达15%以上，带动相关产业增加收入超过25亿元，会展活动已经成为拉动辽宁经济发展的重要力量。

（二）会展企业发展条件

近年来，辽宁会展业得到了快速发展，目前，会展活动已经成为商品和服务交易的重要方式，也是商品信息交流的主要平台，会展业的快速发展为辽宁的经济繁荣与发展注入了新的生机和活力。在会展业良好的发展形势下，辽宁会展企业也得到了前所未有的发展，逐步成为办展主体，担当了会展业主力军的角色。2010 年，辽宁有登记注册的专业会展企业和经营范围包含会展相关业务的公司120 多家，相关行业的广告、装饰等公司更是为数众多。其中，会展企业以非公有制和混合所有制为主体，占总数的 95% 以上。2009 年，大连市在工商部门登记注册的专业会展企业有 80 家。其中，中国国际商会大连商会和大连星海会展中心等 11 家单位拥有主办国际展览会的资格，它们具有较高的办展能力，主办过多次大型国际展会，是大连市办展队伍的骨干力量。目前，辽宁的会展企业已经接近 200 家，举办的展会数量和规模都在不断提升，高品质的展会也越来越吸引国内外参展商和观众的参与。

（三）现状基础

目前，辽宁已经形成以沈阳、大连为中心的会展经济带，会展业快速发展（如表 8-1 所示），年平均增长率在 15% 左右。而且大连是我国第一个提出把会展产业作为新的经济增长点的城市，国际展览联盟亚太区主席、国际展览业协会副总裁麦高德先生多次称大连不仅是中国的展览名城，更是亚洲的展览名城，大连在亚洲展览名城中居第 11 位。可见，以沈阳和大连为核心城市的辽宁会展业在我国处于十分重要的地位。因此，加快培养会展人才正是适应辽宁会展业快速发展的需要，为会展业发展提供必要的智力支持。

表 8-1 近年沈阳、大连会展业发展状况

年份	大连				沈阳			
	展会数量（个）	增长率（%）	展会面积（万 m²）	增长率（%）	展会数量（个）	增长率（%）	展会面积（万 m²）	增长率（%）
2007	92	−22.7	99.3	13.1	149	10.3	94.4	14.9
2008	96	4.3	95.7	−3.6	166	11.4	91.6	−3
2009	106	10.4	110.6	15.6	195	17.5	131	43

二、发展优势、关键挑战和基本研判

（一）发展优势

一是会展场馆逐步改善。会展场馆的建设是发展会展业的基础条件，沈阳和大连十分重视场馆的建设，近年来会展硬件设施得到极大改善，会展场馆的规模和设施基本达到了国内平均水平。目前，沈阳的会展场馆有沈阳国际会展中心、沈阳科学宫会展中心和辽宁工业展览馆，室内展览面积8万平方米；另有沈阳棋盘山国际会议中心，面积7000多平方米，能同时容纳1800人举行会议等活动。其中，沈阳国际会展中心是东北地区建成的第一家大规模、多功能、高标准的现代化会议展览场馆，很多大型展会都在此举办，例如第87届中国文化用品商品交易会、沈阳第二届国际汽车工业博览会、第三届沈阳商品交易会、第九届全国家具展览会、第22届全国制药机械博览会、中国国际装备制造业博览会等。大连市有大连星海会展中心和大连世界博览广场两个专业展览场馆，可供展览面积10万平方米，可以满足举办各种大型国际展览和会议的需求。2010年，在大连星海会展中心共举办56个展览项目，占全年展览项目的57.7%，展出面积为38.5万平方米，占全年展览总面积的38.8%；在大连世界博览广场共举办41个展览项目，占全年展览项目的42.3%，展出面积为60.75万平方米，占全年展览总面积的61.2%。

二是专业化程度不断提高。在近几年沈阳举办的众多品牌展会中，中国国际装备制造业博览会在行业内具有一定的知名度和影响力。该展会创办于2002年，至今已经连续成功举办了七届，是在振兴东北老工业基地的背景下发展壮大起来的大型专业展会，在推动我国装备制造业的发展方面发挥着重要作用。2007年，世界机床制造企业排名前20位的企业中，有8家参加了该届博览会，说明中国国际装备制造业博览会得到了国内外越来越多人的认可。2007年，在大连举办的第一届大连国际色谱学术报告会及展览会，是我国第一次承办国际性色谱专业学术会议，今后将每两年由国内不同城市申办举行。但大连国际色谱学术报告会及展览会的名称将作为一个品牌保持不变，突出大连在国内外色谱研究领域举足轻重的地位，同时，也反映出大连会展环境对科技类会展项目的深刻影响及会展专业化水平对会展项目持续发展的关键作用。这也表明了专业化在发展会展业过程中的重要性，只有不断提高会展业的专业性，才会有会展业的持续发展。

三是品牌展会日趋成熟。目前，辽宁举办的中国国际装备制造业博览会、中国东北国际工业博览会、中国（大连）国际服装纺织品博览会等经过几年的发展，已经逐步成为享誉国内外的品牌展会。从2005年开始，在振兴东北老工业基地和建设东北亚重要的国际航运中心的政策指引下，大连市全力培育品牌展会，并且加大了对大连国际服装博览会、进出口商品交易会、软件交易会、汽车工业展览会、东亚旅游展等展会的政策扶持力度和对外宣传力度，在坚持走国际化、市场化、专业化道路的同时，又向规模化迈出了可喜的一步。目前，大连形成一定规模和品牌效应的展会达到20多个。2002年10月，大连国际服装展览有限公司加入了国际展览联盟（UFI），成为我国第一个加入该组织的服装展览公司，同时大连国际服装博览会也成为我国内地第一个通过该组织认证的服装类展览会，大大提高了展会的国际知名度。

四是会展业逐步市场化。很长时间以来，辽宁举办的大型会展活动绝大多数都是由省市政府或政府有关部门主办的，由会展企业举办的展会并不多，但近几年政府主导型展会在市场化、商业化的过程中加大了改革的步伐，逐渐由政府主导办展转变为企业自主办展，实现了会展业的市场化。继沈阳每年两届的房交会完全由企业承办后，沈交会、汽博会等展会也走上市场化办展的道路。例如汽博会由辽宁中汽会展公司运作，虽然规模比以前小，但发展势头良好，后劲十足。制博会、农博会、文博会、中小企业博览会、高新技术博览会等，招商组展工作也都吸收了展览公司参加，实现了半市场化运作。

五是会展合作不断深化。2004年8月，由长春、大连、哈尔滨、吉林、沈阳5个城市会展管理机构共同提议发起的中国东北中心城市会展联盟成立，它是东北地区会展业整合、规范及促进合作与发展的行业自律组织，可以促进东北地区国际化、专业化和规范化的会展市场体系的建设，同时也为东北地区的会展合作提供广阔的舞台。大连的会展业发展一直都非常重视区域合作，目前，大连市已经与13个国家和地区的40家展览公司的商会、协会建立业务联系，并与国外较大的办展机构合作举办渔业展、供用电设备展、工业原料暨零部件加工展、轻轨地铁及轨道交通展等展会。特别是同美国海洋展览公司合作举办的渔业博览会，在现代化和国际化方面都达到了很高的水平。另外，香港贸发局多年来一直都是服装博览会的重要协办单位，且双方合作不断深化。

（二）关键挑战

一是会展运作机制未实现完全市场化。目前，辽宁的展会大多还是由政府垄断经营，市场化程度较低，这主要是由于尚未建立起有效运作的市场机制，在规划和管理体制方面存在较多缺陷。由于政府对会展活动的直接干预过多，使得会展业的市场化、法制化、规范化的运作水平低下，造成了会展企业办展能力不强、服务不到位等多方面的问题，无法达到举办展会的理想结果。而且政府的干涉过多限制了会展企业的发展空间，严重阻碍辽宁会展业的市场化进程。

二是硬件设施建设滞后于产业规模扩张。对于会展业来说，硬件设施的要求比较高，特别是对会展场馆的要求。辽宁在会展硬件设施的建设方面还存在一些不足。当前，辽宁拥有专业性会展场馆6座，其中大连2座，可供参展面积7.5万平方米；沈阳4座，可供参展面积10万平方米；场馆建设在国内会展城市中处于中等水平。沈阳虽然拥有4座专业场馆可供展出，但单独场馆的展出面积较小，场馆设施陈旧，更新不及时，严重制约高级别展会的举办。大连虽然近几年连续承办多次大型高级别展会，并取得成功，但展馆条件有限，不少展位需要运用临时搭建展棚的方式进行，而且配套设施不够完善，后续服务无法得到保证。可见，硬件设施建设的落后已经成为制约辽宁会展业发展的瓶颈之一。

三是会展研究不足以支持产业发展。由于会展产业在我国是一个新兴产业，而且国内的会展经济主要集中于个别城市，因而学术界对会展业的经济研究相对比较缺乏，针对辽宁会展业发展的研究就更是少之又少。一方面是政府对这一新兴产业研究的支持力度不足。由于辽宁尚未把会展业纳入经济统计体系当中，对会展业发展的经济研究缺乏统计资料的有力支持，使学者对于会展经济的研究热情缺失。另一方面辽宁的会展企业规模不足，多以小型企业为主，没有实力对产业进行系统调研，对会展产业的认识不够深入，导致盲目办展、重复办展，不利于会展业的进一步发展。

四是会展法律法规不健全。随着我国会展产业的进一步开放，制度环境对辽宁会展业的运作模式将会起到越来越大的影响和制约作用。然而，目前辽宁关于会展的法律法规以及规范性文件却相对较少。正是由于法律法规的不健全造成了会展市场上无序竞争的混乱现象，而且也使得举办展会的审批过程中人为因素过多，审批手续复杂，审批时间过长，阻碍会展业的市场化发展。会展法律法规是辽宁会展业发展的薄弱环节，必须引起政府及相关部门的重视，加强对会展市场的规范管理。

五是会展专业人才匮乏。在辽宁会展经济蒸蒸日上的同时，人才资源匮乏的问题也暴露出来，人才短缺已经成为制约辽宁会展业发展的软肋。目前，沈阳有专业会展公司30多家，会展从业人员不足千人，而懂得会展理论、经营管理和外语等跨学科的专业人才更是少之又少，这说明在专业人才方面辽宁与上海、北京、广州等会展业发达城市相比还存在着较大差距。目前辽宁普通高等教育体系中还没有包括会展相关教育，沈阳只有两所高校（沈阳师范大学和辽宁外经贸学院）开展了会展培训教育，而大连还没有一所高等院校或职高技校设立会展专业。专业人才的缺乏直接导致会展服务欠规范，竞争优势不明显，展会数量和档次也因为人才缺乏问题而远远落后于国内会展业发达城市。

（三）基本研判

作为我国东北会展经济带中心城市的沈阳和大连，近年来会展业取得了长足的发展。据不完全统计，2009 年沈阳举办展会 140 余项，交易额突破了 900 亿元大关。2010 年沈阳共举办各类会展活动 237 个，其中展览会 184 项，展览总面积 183.3 万平方米，同比增长 39.7%，实现会展经济交易额 1600 亿元。国际级展会 54 个，占 26%；国家级展会 32 个，占 14.6%；区域性展会 51 个，占 23.2%。其中，有 13 个展会活动属于超大型展会，从而创造了历史最好水平，如期实现了沈阳会展业 "十一五" 规划确定的发展目标。可以说，2010 年是沈阳会展业的创新之年、提升之年和丰收之年。

沈阳举办的重要国际、国家级展会有：中国国际装备制造业博览会、中国东北国际工业博览会、东北亚高新技术博览会、中国沈阳商品交易会、中国沈阳国际汽车工业博览会、第 64 届中国国际医疗器械博览会等。

借助沈阳国际展览中心建成使用和沈阳经济区上升为国家发展战略的时机，沈阳会展业正步入黄金发展时期，逐渐成为东北地区首选会展城市，并在国内乃至东北亚地区产生一定的影响。同时，会展经济的迅猛发展也直接带动了旅游、广告、餐饮、住宿、娱乐、交通、信息通信等相关行业的收入增长，通过会展大平台，还加强了沈阳相关产业与国际、国内各大厂商的沟通与交流，达成了诸多合作意向，完善和延长了相关产业链条，凸显会展经济的拉动作用。

2009 年大连举办各类展会 106 个，比上年增长 10.4%；展览面积 110.6 万平方米，比上年增长 15.6%，展会平均规模保持在 1 万平方米以上。参展企业 22375 家，其中境外参展企业 1418 家；到会参展商 97777 人，其中境外参展商 5378 人；参观人数 677 万人次，其中境外参观人数 3.2 万人次。2010 年大连举办展会 100 个，展出面积 101.62 万平方米，共设展位 39295 个，展会规模在 1 万平方米以上的占 35%。在参展的 25908 家企业中，境外参展企业 1984 家，占 7.7%；到会参展商 95549 人次，其中境外参展商 7406 人次，占 7.8%；全年展会观众 573 万人次，其中境外观众 21882 人次，占 0.4%。

大连市举办的重要国际、国家级展会有：2010（第十五届）大连国际汽车展览会、2010 中国大连进出口商品交易会暨大连国际工业博览会、第五届中国（大连）国际服装纺织品博览会、2010 中国国际渔业博览会、第八届中国国际软件和信息服务交易会、第七届中国国际专利技术与产品交易会、第七届中国大连国际海事展览会、第七届东亚国际旅游博览会和中国国际环境保护博览会等。

综观辽宁会展业的发展现状，其体现了如下四个特点：一是展会规模继续扩大，仅大连展览面积在 1 万平方米以上的展会就占 1/3 之多，5000~8000 平方米的展会接近一半，创历史新高；二是国字号（包括国际和国家级）新展会增多，影响力空前；三是展会主题鲜明，引起了海内外参展商和观展商的高度关注；四是展会拉动效应突出，中心城市地位和作用凸显。

2011 年初，沈阳被国内会展业评为"2010 年度中国十大影响力会展城市"。而大连则再次荣获"2010 年度中国会展业十大影响力城市"和"2009 年度中国十大魅力会议城市"、"2010 年度中国最佳绿色会议城市"等荣誉称号。2010 年是会展业克服国际金融危机后重整旗鼓的一年。2011 年，辽宁会展业步入了"十二五"的开局之年，"十二五"时期辽宁会展业仍然面临着机遇和挑战，表现在：作为会展业主体的辽宁会展企业实力不强的现状迫切需要改变，会展市场的开拓能力亟待提高，拥有自主知识产权的展会已略显萎缩态势，规模小、水平低、效益差的展会比例仍然居高不下，扩大现有 100 万平方米办展的规模可以说举步维艰，引进全国性、国际性品牌大展在辽宁举办的困难重重，会展综合服务水平有待于进一步提高，会展业法制化、市场化、规模化、国际化的路程仍然很长，辽宁会展业的大发展任重而道远。

三、发展定位、总体目标和战略路径

（一）发展定位

辽宁、大连及沈阳都是环境优美的旅游城市和人口集散中心，吸引着大量的人流；同时，作为港口城市和区域中心城市，也汇聚了大量的物流和信息流，党中央振兴东北老工业基地的战略部署、辽宁沿海经济带建设及大连建设东北亚国际航运中心的规划，使得大连和沈阳发展会展业具有得天独厚的优势。振兴东北的决策，向东北亚地区发出了中国加强区域间国际经济合作的信号，将会吸引日本、韩国、俄罗斯、朝鲜等国与东北地区的密切合作，吸引这些国家的资源、资金、技术和人才在区域间的流动。随着会展业的快速发展，大连和沈阳已经具备举办大型展会和国际会议的条件，并且在举办国际会议方面具有有利条件。

会展旅游业发展的地位和潜力取决于城市本身的综合竞争能力、市场容量以及对周边经济的辐射能力，大连和沈阳交通运输方便，城市环境优美，恰好具备会展业发展的要求。大连和沈阳会展旅游业要取得长足的发展，必须依据市场准确定位，制定长远可行的发展规划。

1. 近期定位——沈阳和大连争做区域会展名城

大连和沈阳的会展业自开创后发展得很快，但与北京、上海、广州等一级会展城市相比，无论是在硬件还是在软件上还有很大的差距。而争夺地区展览龙头的城市则各显其能，东北地区的长春、哈尔滨，环渤海地区的天津、青岛都不甘示弱。由于政府的支持力度大，展览项目又都相近，竞争越来越激烈。辽宁展览业如何面对竞争，如何在竞争中保持领先地位等问题，已经到了亟须解决的时刻。而会展旅游市场如何定位更是关键问题。在市场定位上大连和沈阳应从自身的实际条件出发，配合城市发展目标进行定位。近期应定位为区域会展名城。大连和沈阳会展旅游业所依托的市场不应是本身和周边城市，而应当是整个东北。同时，应积极争取全国性的以及小型的国际展览，积极承办大型的国内、国际会议。

2. 远期定位——大连和沈阳争做现代化国际名城

2000年5月，大连把自己的城市发展目标定位为"现代化国际名城"，为适应大连的城市发展战略需求，会展旅游业必须立足于更长远的目标，向国际会展名城进军。应拓宽展览的市场，向周边的日本、韩国、朝鲜和俄罗斯远东地区发展，在会议方面，应逐步承办大型的国际会议。

（二）总体目标

1. 强化城市功能，提高城市竞争力

发展会展业有利于增强城市综合服务功能。建设东北亚重要国际航运中心，既要建立和完善航运市场、物流市场，不断增强口岸集散功能；又要建立和完善商品市场以及资金、劳务、信息、技术等要素市场，不断增强贸易和投资领域的服务功能。会展业集多种商品市场和要素市场为一体，在组织商品和项目展示、信息和技术交流、贸易和投资洽谈方面发挥着重要的促进作用。大力发展会展业，可以显著增强贸易和投资领域的服务功能，使城市综合服务能力得到进一步提升。过去多年来，大连不但形成了会展业的发展优势，而且带动了相关产业发展，提高了整个经济的综合竞争力。继续大力发展会展业，可以使大连的比较优势得到充分发挥，进一步巩固和提高大连的综合竞争力。

2. 打造会展品牌，向国际化迈进

品牌会展是城市发展会展经济坚实的基础，是城市会展业发达程度的重要衡量标准，是引领会展行业规范化、规模化、国际化发展的方向。大连市会展业的持续发展，还必须要在利用外资、跨国合作、扩大开放等方面多下功夫，大连的展会想要做大做强，就要很好地利用国内外两个资源、两个市场。国外的合作，不仅是会展行业管理技术水平提高的需要，更是资源开发的需要。要举办规模大、影响力大的品牌展，如汽车展，现在汽车展的资源是汽车的代理商，法兰克福汽车展的资源是全世界的制造商。要想做到法兰克福汽车展的水平，不和国际上大的品牌公司、大的展览公司合作，是很难办到的。参展参会要有资源，成功的会展项目还要拥有客户资源，只有加大对外开放的力度，加快国际合作的步伐，通过合作，分享国际资源，面向国际市场，才能提高会展业的水平。

（三）发展思路

一是协调会展发展规划，会展业已经成为辽宁产业结构的重要组成部分之一，已经纳入城市总体发展规划之中。过去两年，大连、沈阳会展业在全国处于领先地位，近两年来，国内会展业发展迅速，大连、沈阳与会展发达城市北京、上海、广州相比，差距越来越大。与厦门、深圳、珠海、南京、武汉、成都、青岛、西安、天津、长春等城市相比，已经没有优势，在会展设施、会展规模方面已经落后，不能满足会展市场（尤其是大型会展活动）的需求。因此，大连、沈阳首先必须协调好会展业发展规划与城市发展规划的关系，进一步明确大连、沈阳会展业的国际、国内、区域的市场定位，明确会展业在城市发展规划中的产业定位，满足会展业市场发展的需求。

二是加快展览设施建设，完善会展运营机制，创建区域性的会展名城，展馆条件是不可缺少的基础条件。本着适度超前的原则，大连、沈阳应从城市经济建设和环境建设出发，借鉴发达国家和地区的经验，建设新场馆。目前，应利用新落成的金石国际会议中心等争办国际会议。与此同时，在总结大连、沈阳先进经验的基础上，要进一步完善会展业运营机制，处理好微观市场主导和政府宏观调控之间的关系。

三是强化竞争意识，拓展会展项目。尽管大连、沈阳会展业已经取得了一定的成绩，但随着会展业竞争的加剧，大连、沈阳与北京、上海、广州的差距已经越来越大，同时，其主要竞争对手长春、天津等正迎头赶上，因此，大连、沈阳必须强化竞争意识，增强展览公司的力量，培养专业人才，进一步扩大展览公司的经营范围，把会展与旅游等相关项目联动发展，打造大连、沈阳名牌，努力扩大会展项目。

四是采取名牌战略，精心培育名牌展会，随着会展业的发展，名牌展会将成为会展经济发展的必然。国际上著名的会展城市都有一批著名的会议和展览。大连、沈阳要取得区域性国际会展名城，把会展业做大，必须实施名牌战略，精心培育名牌展会。目前，大连、沈阳服装展、进出口商品博览会、汽车展等一批展会已经初步成形，发展前景较好，应重点加以扶持，某些展会要尝试实行国际化运作，用 3~5 年的时间争取更多的展会获得 UFI 的资质认可，真正培育一批国际和国内名牌。

五是提高从业人员素质，发展壮大展览公司。任何一个行业的竞争最终取决于人才的竞争。因此，提高会展从业人员素质，发展壮大展览公司，是保证会展业持续发展的关键。展览公司应加强人才专业化建设，对于紧缺型人才，不惜重金到发达国家和地区招聘。对于优秀的人才，要走出去，到会展发达国家进行考察、培训。要邀请著名专家学者、高级策划人员进行学术研讨。对于展览公司，要通过合资、合作和改革、改制、改组等多种形式，培育几个集展览策划、展览工程、广告宣传、展品运输、礼仪服务、住宿餐饮、旅游等多种功能于一体的展览公司，加大市场化运作力度，壮大展览公司。

六是加强行业协调管理，推动行业自律，建设进一步加强政府宏观调控功能，充分发挥会展行业协会职能，统筹协调展览业务，加强同行业的自律和合作，逐步纳入市场经济的轨道，推动会展业健康、稳定、快速、持续地发展。大连、沈阳已经初步具备了承办国际会议的设施和条件，也具备了一定的承办国际会议的经验，但在承办国际会议方面进展不大。在"入世"之后，国际知名会展公司的进入必然会打破国内现有竞争格局。因此，大连、沈阳必须大力发展国际合作，主动联合，以市场份额换取客户、经验和新技术，抓住发展机会，参与国际竞争。

（四）开发模式

大连、沈阳市政府强化会展意识，从政府各级领导到具体从业人员，从办展参展企业到广大社会公众对会展旅游业在整个经济社会中的地位和作用认识越来越高，大连、沈阳的会展旅游业得到了快速的发展。经过几年的实践，大连、沈阳已经培育成长出一批以会展为主业的展览公司，并具备了独立办会、办展的能力；参展企业逐渐适应了会展市场化的运作，经贸办展由政府部门出面的行政行为，转变为由展览公司出面的商业行为的条件已经形成。目前大连、沈阳会展旅游业亟待转变模式，转变为规范的市场运行模式。

在规范的市场经济运行机制中，政府、企业与行业协会是三种性质不同、功能互补的市场行为主体。其中政府的主要职能是进行经济运行制度创新，并通过法律、法规、产业政策等方式，调控宏观经济运行，引导并约束微观企业的行为，为企业公平竞争制定行之有效的"游戏规则"；企业是市场经济中最活跃的因素，主要职能是按照政府制定的"游戏规则"，通过提供产品和服务，占有市场并获取利润；行业协会作为非盈利社团组织，主要职能是根据国家法律和协会内部规定，制约和协调会员个体行为，为企业提供信息、研究、培训等方面的服务，充分发挥政府和企业之间的桥梁作用，以促进产业的整体健康发展。

1. 政府职能定位：制定政策导向，完善"游戏规则"

在市场经济框架中，政府是政策、法律、法规等公共产品的提供者，其主要的经济职能目标是为微观企业营造公平的竞争环境并创建良好的投资环境，其主要任务是建立相关的管理机构、制定产业发展政策与规划、制定相应的法律法规、处理好中央与地方关系以及为完成这些职能而必须进行的基础工作。

理顺政府在会展活动中的职能定位，处理好政企关系。展会活动是一种特殊的社会经济活动，在很多情况下离不开政府的支持和参与。因而，在会展业不能简单地提出"政企分开"的政策建议，更重要的是要弄清政府在展会活动中的职能定位，根据展会活动的特点处理政企关系。在处理会展业中的政企关系方面，必须坚持"分类管理"的观点，不能搞"一刀切"。对那些具有较高社会效益的"公益展会"，如建设成就展、计划生育展等，这些活动是非营利性的，仍然需要由政府主办，但具体的运作方式，如展馆场地租赁、展台设计等可以采取市场化的投招标方法等。对于具有明确盈利性目的的"商业展会"，政府必须退出，"只当裁判员，不当运动员"，以维护行业的自由公平竞争，为企业营造良好的经营环境。

要用市场经济手段调控展会旅游活动的发展，要在法律、法规与产业政策方面下功夫，而不要在"收权"与"放权"问题上做文章，过分强调收权很可能退回到计划经济的老路，同加入WTO后中国所面对的市场经济规则背道而驰。

2. 协会：完善协会的服务与协调职能

市场经济下，行业协会组织的一般职能主要包括四个方面：①政府与企业的"桥梁"，在行业内贯彻政府产业政策，并代表行业利益向政府寻求政策支持；②行业的信息与研究中心，搜集整理国内外同行业发展信息，并进行分析研究，为会员单位提供决策参考；③会员的教育培训中心，对会员提供有针对性的职业培训；④从业人员和公司法人的资质与信誉评估认证中心，优化从业人员结构，提高行业竞争能力。

3. 企业：走市场化产业发展模式

企业是市场经济的微观主体，会展业的生命力最终取决于会展企业的活力。会展活动上升为"会展产业"的一个重要前提是，必须在会展产业链上有大量以盈利为目的的会展企业存在，单纯依靠政府补贴和政府行为办会办展，会展活动将永远无法上升到"产业"高度。

大连、沈阳的会展旅游业要持续、健康发展，必须改善现有的运营模式，处理好政府、协会、企业之间的关系，完善市场运行机制，建立规范的会展旅游市场运行机制。大连、沈阳目前还没有规范的行业协会，政府参与过多，市场竞争不够。大连、沈阳的会展旅游业要长远发展下去，要实现近期规划的区域会展名城和远期规划的国际会展名城的目标，必须引入会展旅游业先进国家和地区的成熟运营模式，必须建立规范的行业协会，充分发挥行业协会的作用，协调好政府和企业的关系，用市场竞争机制来指导会展旅游活动的运营。

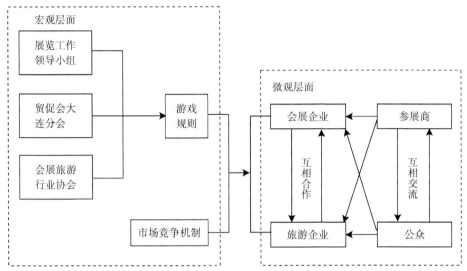

图 8-1　未来大连、沈阳会展旅游运营模式

（五）战略路径

（1）提高认识，增强发展会展经济的紧迫感。充分认识会展经济的诸多功能作用和发展会展经济的重大意义，把发展会展经济切实作为一件大事，列入重要议事日程。大连各级政府及其他相关企事业单位的主要领导不仅要对会展业的发展机遇和挑战有着清晰、明确的认识，而且要强化各级政府、部门、单位领导的会展意识，动员全市人民积极支持、参与会展业的发展，扩大会展业的对外影响，强力营造整体优势，形成有利于会展业发展的社会氛围。

（2）加强会展经济的研究，尽快制定会展业发展规划。认真总结和汲取国内外一些发达城市在发展会展经济方面的经验与教训，按照"三效四化"（效果、效率、效益，市场化、专业化、国际化、信息化）的原则，抓好大连会展业的发展规划，实现会展经济的快速发展。把握好自身的优势定位，不仅要研究产业优势，而且要研究地缘优势。从产业优势讲，大连的旅游产业、机电、医疗器械、轮船、建材和海产品等在全国都有很高的知名度，各产业部门应把会展作为展示本行业发展成果、扩大交流合作、寻求国际市场的桥梁和舞台，精心研究、策划和组织。从地缘优势讲，大连要发展会展经济，就必须充分发挥毗邻韩国、日本的地缘优势和最适合人类居住与创业的城市品牌优势。

（3）建立健全会展业管理机构和体制，实现会展业高效有序运作。近年来，大连展览办运用市场规则和调解手段，解决了重复办展、恶性压价竞争等导致会展质量低下的问题，在全国首开同类题材会展转让购买、合二为一的先河。在内外交流方面，大连已与13个国家和地区的40家展览公司的商会、协会建立了业务联系，先后与国外较大的办展机构合作举办了供用电设备展、渔业展、工业原料暨零部件加工展、轻轨地铁及轨道交通展等展会。特别是同美国海洋展览公司合作举办的渔业博览会，在国际化、现代化方面达到了新水平，香港贸发局多年来一直是服装会的重要协办单位。今后，要继续抓紧这方面的工作，建立健全会展管理机构和体制，更好地实现会展业高效有序的运作。

（4）组建会展企业，培育会展定形项目。会展业要实现产业化经营，必须进行专业化、规模化和国际化经营，必须具有专业化运作主体、市场化运作方式和专业化运作手段。所以，大连会展业要发展，必须通过多种方式培育和组建专门承办各类会展活动的企业，实行市场化运作。此外，政府今后投入会展业的资金，应继续主要用于会展定形项目的培育。从2000年起，大连市政府每年投入一定资金，用于培养定形会展项目向国际化、专业化发展。经过重点培植，定型会展项目有：服装博览会、进出口商品交易会、电子信息技术展、汽车展、建材展、海事展、木工家具展、环保展、酒店设备展、工业原材料暨零部件加工展、机床展和医疗器械展等。这些会展项目，档次较高，规模较大，已成为大连市会展业的支撑项目。大连市在未来的发展中应将更多有实力的会展项目推入世界著名展会行列。

（5）加快会展人才的培养和引进。会展属于综合性系统工程，涉及诸多领域。会展活动组织者需要具备多方面的综合知识，需要掌握社会学、政治学、经济学、管理学、法学、统计学等各方面的知识。因此，会展人才是一个总体的概念，属于多种专业人才的集合。目前，大连会展业发展已经陷入专业人才奇缺的困境，在大力引进外来专业人才的同时，建立健全会展专业人才的培养和培训机制势在必行。

四、经典案例

从1850年英国伦敦举办第一个展览会以来，国际会展业已经走过一个半世纪的历程，如今的展览会已今非昔比，无论是展会规模，还是科技水平，都有了极大的提高。在商品经济高度发展、市场瞬息万变的今天，国际展览会不仅作为各国厂商的集聚地和经济贸易与科技交流的中心，更被作为重大的经济活动而令世界各国政府所重视。举办一个大型国际展览会，少则几十、多则上百个国家或地区参加，还有成千上万家参展商和来自世界各地的数万名观众，巨大的人气使许多展览会成为国际商业的亮点。

（一）德国会展中心——分布密度最高

1. 场馆概况

德国作为会展业的大国，分布各地的大型会展中心是城市公共设施中的基础性设施。这里重点介绍一下其会展中心的选址模式及场馆规划。

德国拥有的展览面积以及会展中心的分布密度在全球都是最高的。展览面积在 115 万平方米以上的会展中心共有 24 家，总展览面积超过 250 万平方米（见表 8-2）。

表 8-2　德国会展场馆面积排名

排名	会展中心	展览面积（m²）	展场面积（m²）
1	汉诺威	469760	57835
2	法兰克福	289931	75762
3	科隆	286000	52000
4	杜塞尔多夫	234398	32500
5	慕尼黑（新馆）	160000	280000
6	柏林	160000	100000
7	纽伦堡	140933	27500
8	埃森	110000	20000
9	莱比锡	101200	33000
10	汉堡	64200	8500
11	斯图加特	59500	10000
12	奥格斯堡	58000	55000
13	腓特烈港	50640	18000
14	多特蒙德	48270	—
15	皮尔马森斯	45000	11000
16	不来梅	33740	100000
17	慕尼黑（旧馆）	28721	—
18	申海姆	28260	10000
19	萨尔布吕肯	25724	27400
20	奥芬堡	22580	35000
21	卡尔斯鲁厄	21700	10000
22	威斯巴登	20500	1200
23	奥芬巴赫	18000	—
24	弗赖堡	15000	100000

资料来源：AUMA。

拥有大型会展中心的城市大致可分为以下几种类型：①具有重要的政治、经济地位的中心城市，如首都柏林。②重要的商业中心城市或地处交通枢纽的大城市，如慕尼黑、法兰克福、科隆等。③各州府所在地城市，如杜塞尔多夫、斯图加特等。④以会展业为主要特色的城市，如汉诺威、莱比锡等。⑤拥有某一特定行业专业展览的中小城市，如奥芬堡、奥芬巴赫等。

2. 选址模式

由于现代会展中心动辄拥有超过 10 万平方米的展览场馆，同时还需要大量的室外展场、停车场、货物堆放场及发展预留用地和配套设施等，加之需要通畅的人流、物流线，因此，会展中心往往需要规模庞大的用地和便利的交通条件。经过百年来的发展，基本形成了处于城市边缘、靠近主要交通干线的选址模式。这种模式也基本适用于所有的德国会展中心，但由于建设年代及所处城市发展的不同，各会展中心的具体情况也有很大的差异。

主要有以下几种情况：①处于城市中心。这类会展中心以法兰克福、科隆和斯图加特会展中心为代表。②处于城市近郊。这类会展中心以杜塞尔多夫、柏林会展中心为代表。③处于城市远郊。这类会展中心以慕尼黑、莱比锡会展中心为代表。④相对独立的会展城。这是指汉诺威会展中心。作为世界上最大的会展中心，它拥有近 47 万平方米的展览面积，俨然是个小城市的规模。它距市中心虽然仅 6 千米，但却自成一体，相对独立。

表 8-3　会展中心距市中心的距离

会展中心	距市中心的距离（km）
法兰克福	1
科隆	2
斯图加特	3
杜塞尔多夫	4
汉诺威	6
柏林	7
莱比锡	7
慕尼黑	11

3. 场馆规划

德国的会展中心不仅总量世界第一，而且单个场馆的规模也很大。拥有大量的建筑物、宽阔的室外展场和停车空间几乎是德国会展中心的共同特征。

以展览面积为指标来看，超过 1.5 万平方米的会展中心共有 24 个。除最大的汉诺威会展中心展览面积近 47 万平方米外，其中有三家展览面积在 20 万~30 万平方米；四家在 5 万~10 万平方米；五家在 10 万~20 万平方米；其他 11 家在

1.5 万~5 万平方米（表 8-2）。虽然面积在 10 万~30 万平方米的会展中心仅占其中的 1/3，但展览面积占到总数的 60%，因此，这类规模已成为德国会展中心的主流，销售情况也是最好的。

据统计，室外展场与展览面积之比一般控制在 15%~30%。当然也有特例，如建设较早的柏林会展中心原有占地较大，具有大型庭院的格局。而新建的慕尼黑会展中心，是其保留较大规划发展用地所致。

会展中心对于停车量的要求非常高，往往需要大面积的停车场或停车楼。根据典型数据统计可以看出，德国大型会展中心的停车量一般能达到不低于每千平方米展览面积 70 辆。

另外，大型会展中心还有大量的用地用来进行绿化和环境处理。

大规模展会涉及的内容除展览之外，还包括诸如信息咨询、新闻转播、餐饮休闲、纪念品销售和住宿等配套服务设施。德国的会展中心一般都提供有必要的信息咨询站点和方便简易的餐饮休闲服务设施，大规模的会展中心还设有新闻中心、展览服务机构等。但酒店设施一般靠城市功能来解决，仅有少数的会展中心有自己的酒店。

4. 经验借鉴

（1）经营模式独特。与世界最大的展览公司（按营业额排名）——英国 Reed 展览公司及美、法等国的展览公司不同，德国的展馆全部由各州和地方政府投资兴建，展览公司由政府控股，实行企业化管理。如位于汉诺威的德国最大的展览公司——德国展览公司由下萨州政府和汉诺威市政府分别控股 49.8%。德国展览公司既是展览中心的管理者，又是许多大型博览会的举办者和实施者。如德国展览公司既是汉诺威展览中心的拥有者，又是 CEBIT 和汉诺威工业博览会等大型展览会的举办者。由于德国各级政府将会展业作为一项重要的产业给予高度重视，对展馆及其配套设施和交通建设均予大力支持，德国绝大部分展览中心都拥有先进的设施，为举办高水准的专业博览会创造了良好的基础。

（2）人才优势明显。德国西门子媒体学院院长、被誉为德国会展行业第一人的贝恩斯（2002）曾说过，会展在德国能成为一个庞大的经济产业，其中一个重要原因就是有大批高素质的会展专业人才参与其中。他领导的西门子媒体学院是欧盟会展培训行业内知名度很高的职业教育企业，该学院的毕业生早已活跃在世界各国的会展行业中，担任各种会议、展览等大型活动的现场组织工作。德国已经形成了成熟的会展经理人市场，建立了一套完善的会展人才教育培训体系，同时设置了专门的会展专业人才认证制度。如德国科隆大学的展览商贸学院和德国瑞文斯堡会展管理系是最著名的展览教育培训基地。德国会展业发达的优势在于规范化的服务标准和流程以及先进的人才机制。

（3）规模大、知名度高。目前，德国展厅总面积 264 万平方米，加上室外展览场地 100 多万平方米，展览总面积达 365 万平方米。现代化的会展中心及与其相配套的技术设施，加上发达的交通网络和德国所处欧洲中心的地理位置，为展览会的成功举办创造了良好的条件。全球 150 个世界顶级的行业博览会中有 2/3 在德国举办。最负盛名的有汉诺威计算机博览会（CEBIT）、法兰克福消费品博览会、科隆五金展、柏林国际旅游博览会、慕尼黑国际建筑机械博览会、纽伦堡国际玩具博览会等。

（4）国际性和专业性强。德国举办的国际博览会中，外国参展商比例平均超过 50%，2003 年达 52.2%；20% 以上的参观者来自国外。德国举办的展览会内容丰富，涵盖了各个行业和门类，能满足国际厂商和专业人士的需要。一些展览会在对公众开放之前专门向采购商、生产厂家、行业工程人员、新闻记者等专业观众开放，从而使参展商和专业观众能够达到充分交流的目的。

德国展览公司最大的优势在于具有很强的国际战略意识。这主要体现在以下两个方面：一是早在 20 世纪 60 年代，德国举办的博览会就向国外参展商开放，并想方设法吸引更多的外国参展商和观众，从而使德国举办博览会国际性日益提高；二是德国展览公司能洞察国际展览市场的发展趋势，及时到国外投资办展。目前，以中国为核心的亚洲市场及中东欧国家正成为德国会展业新的业务和利润增长点。

（二）荷兰阿姆斯特丹 RAI 展览中心——人性化

1. 场馆概况

阿姆斯特丹 RAI 国际会展中心始建于 1893 年，是荷兰国内最大的会展中心，也是目前欧洲规模和影响力最大的会展中心之一。

阿姆斯特丹 RAI 共有 11 个多功能展馆（座位容量超过 12900 个）和 22 个会议室（座位容量超过 1750 个）。每年承办超过 50 个重要国际会议、70 个展览商品交易会以及 1000 多个中小型会议和活动，却始终将自己定位于欧洲最环保的会展中心。

同时，会展中心距离斯基普（Schiphol）国际机场仅 15 分钟车程，并拥有为展馆专门设立的火车站点和码头，交通十分便利。此外，阿姆斯特丹 RAI 国际会展中心周围有许多一流的酒店、餐馆及酒吧，而不远的市中心（10 分钟路程）更是遍布美丽的运河、露天咖啡馆、名胜古迹以及各种娱乐场所。

RAI 展览及会议中心新建了一座大厦，设有 Expo Foyer 和 Ballroom 空间。Ballroom 是一个大型的无柱空间，可采用滑动分区划分。会议中心上部有七层，大厦处于一个更有利的位置，以便吸引大型的国际活动。

2. 环境印象

相关调查显示，凡是到过阿姆斯特丹 RAI 展览中心的人士，都对其高质量的硬件设施和舒适的展览环境印象深刻。无论是观众，还是组展商，他们对 RAI 展览中心的评价可以简而言之为：享受高质量的展览生活。

3. 独特优势及经验借鉴

RAI 展览中心对自身的评价则集中在五个方面：①吸引力：环境温馨，人性化，参展、观展经历难忘。②创造力：建筑、信息通信技术、后勤保障等各方面的创新随处可见。③可持续：整个展览中心的软硬件环境常变常新，总能带给人全新的感受。④国际化：RAI 没有自己的设施和服务标准，也没有荷兰标准，他们只认同国际标准。⑤和气生财：自己适度盈利，但要让客户和观众获取最大利益。

为了保证设施和服务的星级、水平，RAI 展览中心每年都投入专项资金，用于人员培训、技术更新、设施改进。当然，RAI 的部分魅力还来自地理位置：他们毗邻荷兰王国首都的市中心。这与大多数欧美国家的情况大相径庭。

（三）韩国国际会展中心（KINTEX）——多功能

1. 场馆概况

KINTEX 是为了解决展览、国际会议面积的供应不足，实现国内展览、国际会议事业的国际化，由政府和自治团体共同出资促进的企业。KINTEX 在 2005 年 4 月 29 日正式对外开放，作为整体三个阶段中的第一阶段事业，在 6.8 万平方米的土地上建造了 3 层高的展览、国际会议设施。室内的展览面积为 53975 平方米，分为 5 个展厅，展览设施的地板负荷为 5 吨/平方米，最大的特征是可以举办国内展览中心很难容纳的大型重量产品的展览及活动。

依托世界级水平的展览，国际会议的文化空间，KINTEX 通过积极的国内外市场营销活动，承办世界级水平的展会和国际会议，起到国内外一流企业的贸易营销场所作用。

2. 场馆规模优势明显

KINTEX 展览中心从单一建筑物来讲是亚洲最大规模的建筑，具有与世界任何展览中心相比都毫不逊色的基础设施。东北亚地区的展览中心大部分为复层结构，与此相比 KINTEX 为单层无柱空间，可以满足展会主办单位多种不同的需求。其优势如下：①韩国最大规模——室内总面积达 53541 平方米（足球场的 6 倍）的超大规模展览中心。②可进行重、厚、长、大的展会——可举办负荷为 5 吨/平方米的重装备展会。③单层无柱结构——全场高度为 15 米，可以安装复层展示空间的展览中心。④可进行分开/整合——共 5 个展厅，可用移动式割断进行分开和整合。⑤高科技 IT 环境——配有普遍存在的高科技器材和先进展示技法的展览中心。⑥超大型停车场——可容纳 2000 台以上的车辆，由无人自动化系统进行运营。⑦高科技装卸场——配有专用道路进行出入，可大量节省时间和费用。⑧户外展示空间——设计上分为 3 个区间，可进行多种户外活动和表演活动。⑨各种设备支援——利用展览中心地面壕沟进行各种设备支援。⑩最多可容纳2000人的国际会议厅（可分开）。⑪10 米的天棚高度和高品位的室内装潢。⑫8 国语言的同声传译设施、荧屏、投影仪等高科技 AV 设施齐备。

3. 经验借鉴——场馆突出的多功能性

KINTEX 之所以闻名遐迩不仅是因为它的会展设施齐全，也在于它的多功能性。

KINTEX 的地下设有 KINTEX 水族馆（KINTEX Aquarium）和 KINTEX 购物城（KINTEX Mall），水族馆里有 500 多种海洋生物，而购物城包括购物区、饮食街、书店和电影院等，另外还有夜总会、音响店和卡通商品店。这里不仅有世界各国风味的餐厅，而且还有大型书店、时装城、游戏世界和超大屏幕电影院等文化、娱乐、休闲便利设施。甚至在 KINTEX 的地下还建有泡菜博物馆，展示韩国的各种泡菜，供人参观品尝。

尽管紧邻韩国世界贸易中心的 KINTEX 在会展设施方面也是一流的（可以同时举办 12 个大型展览），但它更像一个商业城或迪斯尼乐园，在几乎所有关于首尔的旅游指南上，KINTEX 都是被重点推荐的旅游目的地。

五、重点项目

目前，大连、沈阳比较成熟的展会主要有大连国际服装博览会、大连进出口交易会、大连国际信息技术展览会、大连国际海事展览会、沈阳汽车展览会等，大连家具展、国际汽车展、国际电子信息展、环保展、医疗器具展等，展会项目档次高、规模大、影响力强、效益好。节庆活动主要有大连烟花爆竹迎春会、大连赏槐会、大连啤酒节、大连国际马拉松赛、沈阳旅游节、沈阳啤酒节等。

虽然目前大连、沈阳的展会较多，但大连、沈阳的会展产品有很多问题：首先小型展会数量偏多、中型和大型展会数量较少，比例不合理；其次会展产品没有体现大连、沈阳产业优势和地方特色；再次没有国际性的展览和国际性的会议；最后没有过硬的品牌展会，品牌效应不突出。

因此，大连、沈阳必须进一步整合和调整会展旅游产品结构。要依托本市的产业优势，选择和培育展览项目、扩大和发展展览规模。大连、沈阳产业结构中有多种产业在北方乃至国内具有优势，在第一产业中大连以水产品养殖闻名国内；在第二产业中，大连、沈阳作为我国北方重要的重工业城市，大中型骨干企业多，船舶、机车、石油、化工、港口设备、制冷设备、轴承、特钢等传统优势产业和视听产品、通信和网络设备、子午线轮胎、新医药和新农药、精细化工、IT 产品等新兴产业较为突出。在第三产业中，大连、沈阳的商业、金融、旅游、信息、房地产是优势产业，在国内具有较大影响。这为大连、沈阳会展产品构成的多样化和丰富性奠定了良好的产业基础。

现在平均每年在大连、沈阳举办的展会有 100 多个，其中有 40 多个展会形成了一定的规模，具有一定影响。要在现有展会的基础上，进一步培育大连国际服装博览会、软件和信息服务交易会、大连进出口商品交易会等有潜力的展会成为东北亚一流、具有国际水准的大连品牌展会。

对汽车工业展览会、专利交易会、国际家具展、工业原材料暨零部件加工展览会、海事展览会，机床、模具展览会、环保展、医疗器具展等已有展会，要加大扶持力度，帮助其做强做大，培育成准品牌展会。

依托产业优势，培育新的基础展会：港口设备类、化工类、商业类、旅游类的展会。与此同时，大连、沈阳要积极申办全国性的会议和大型的国际会议。

六、辽宁演艺旅游发展

（一）发展背景、资源条件及现状基础

1.发展背景

近年来，伴随国内旅游业的扩大发展和持续升温，对旅游演艺产品的市场需求增长迅速，由此激发了旅游业与演艺业良性互动、有机结合的产业发展动力。而旅游观光业、演艺业携手发展带来的新兴旅游演艺市场的蓬勃发展，已经成为国内文化产业引人注目的新景观。其中与著名山水旅游景点紧密结合的山水实景演出活动日渐火爆，如《印象·刘三姐》、《云南映象》等。以与民间艺术结合的辽宁民间艺术团演出火爆的"二人转"为例，异军突起的新兴旅游演艺市场值得思考。

中国第一部大型山水实景演出《印象·刘三姐》是以中国著名山水旅游胜地广西桂林山水和民间传说刘三姐故事为背景，以政府投入为主、多元参与合作，由

张艺谋、王潮歌、樊越"铁三角"编导组主导创排而成的国内首个山水实景演艺产品，也是世界演艺舞台首个以自然山水为大舞台、以超常规化表演为特征、以专业与民间相结合为特点的旅游演艺精品佳作。《印象·刘三姐》以其前所未有的独特表演方式、无与伦比的真实宏大场景和极具活力的产业模式，显示了表演艺术所蕴含的巨大市场价值。自 2004 年 3 月 20 日试营业，当年 10 月 1 日正式运营，到 2005 年年中，已演出 180 余场，票房收入 2600 万元，拉动周边产业成效显著。由于其创新特色和经营业绩突出，《印象·刘三姐》入选 2005 年中国十大演出盛事，荣获文化部首届中国文化创新奖，以《印象·刘三姐》剧为核心项目的"中国·漓江山水剧场"被列为国家首批文化产业基地。

2. 资源条件

辽宁有丰富的旅游资源，以沈阳故宫、清昭陵、福陵、本溪桓仁五女山山城、九门口水上长城五处世界文化遗产组成世界遗产旅游线路。依托这些文化旅游资源可以打造属于辽宁的地域文化演艺产品，不断扩大文化产业的影响，也增加了旅游产品的精神内涵和生动的文化魅力，成为有效吸引全国和海外文化观光客的新路径，从而促使一些具备条件的旅游胜地也迅速加入打造实景旅游演艺产品的行列。

20 世纪 80 年代，中国大地刮起一股强劲的"东北风"，东北喜剧小品整体冲出了山海关。此后的 20 年，东北喜剧小品以其强劲的势头独领风骚，成为一种不容忽视的艺术现象。作为北方幽默喜剧的重镇，沈阳一直扮演着极为重要的角色，对我国幽默喜剧的发展起到了不可估量的作用。2006 年 5 月 1 日，世界园艺博览会在沈阳拉开帷幕。沈阳世界园艺博览会的举办是全国乃至全球瞩目的焦点，这一全球性的盛会汇聚了全国乃至全球的目光。中国首届幽默喜剧艺术节依靠沈阳世界园艺博览会的"东风"，借势造势，互为宣传，让欢声笑语荡涤在奇花异草间，打造文化品牌，向世界展示中华民族的幽默喜剧文化。

旅游演艺产品及其市场的发展，不但扩大了演艺产品市场，也增加了旅游产品的精神内涵和文化魅力，成为有效吸引国内新老游客和海外文化观光客、保持辽宁省文化旅游业可持续发展的新路径。

3. 现状基础

以著名旅游中心区为依托打造旅游特色演出精品。资本雄厚的旅游集团通过延揽"高、精、尖"艺术人才组建自己的特色演艺团队，创排自己的旅游演艺品牌节目，使之成为旅游消费者完成游览后的另一种精神享受和文化观摩，以增加旅游产品的人文内涵和吸引力，是近年来演艺业与旅游业有效合作的典型模式。

这一模式实际上已成功运行多年，深圳率先在"世界之窗"、"中华民俗文化村"组建了闻名遐迩的特色演艺团队。随后，杭州充满南宋文化韵味的《宋城千古情》成为游览仿古宋城的游客们印象深刻的特色艺术精品。广西南宁则通过7年的不懈努力，挖掘广西民歌资源，全力塑造中国独一无二的国际民歌节，成功地打造出一个赢得2005年度全球节庆协会节庆行业国际大奖的演艺品牌《大地飞歌》。云南昆明市支持以云南籍著名舞蹈家杨丽萍担任主创和领衔主演，以民营企业投资演艺的方式，打造了蜚声中外的大型歌舞《云南映象》，成为赴昆明旅游者必选的精神大餐和云南演艺的标志性艺术精品。

旅游演艺产品可以涉及表演艺术的各个门类品种，表演形式亦不拘一格，但其主题、艺术形象应该与该地方的自然与人文景观在历史文化上的联系密不可分、水乳交融，力求做到还原自然、天人合一。二人转不仅在沈阳火爆，而且已经开始全国巡演。到沈阳的旅游者，都忘不了到"刘老根大舞台"看一场二人转。"刘老根大舞台"已成为沈阳的一个旅游景点。

（二）发展优势、关键挑战和基本研判

1. 发展优势

一是成立辽宁演艺集团。辽宁演艺集团成立于2007年7月，是辽宁整合资源、优化结构的成果，将辽宁歌舞剧院、辽宁大剧院、辽宁中华剧场合并重组，建立的集表演团体、艺术教育、剧场经营、餐饮、宾馆、广告会展为一体的演艺集团。

二是辽宁演艺集团携手强势媒体，建立战略合作伙伴关系。2008年4月29日，辽宁演艺集团与辽沈晚报社在沈阳市举行了建立战略合作伙伴签约仪式。这种文化经营单位和新闻媒体之间的战略合作，在辽宁尚属首次。立足沈阳、覆盖辽宁的《辽沈晚报》是辽宁日报传媒集团主办的都市类报纸，是东北地区日发行量最大、影响范围最广、综合实力最强的城市主流媒体。辽宁演艺集团与辽沈晚报社建立战略合作伙伴关系，目的是推动辽宁地区文化事业的发展，推动实现优秀文化艺术成果惠及普通百姓。

辽宁文化厅厅长郭兴文在签约仪式上表示，辽宁演艺集团与辽沈晚报社建立战略合作伙伴关系，是辽宁文化体制改革的一件大事，这标志着辽宁的文化产业和文化体制改革迈出了新的步伐。今后，这种跨地区、跨行业、跨所有制的合作会越来越多，辽宁文化厅将为他们的合作提供更多的支持。建立战略合作关系之后，两大强势文化传播机构将在演出、经营、品牌拓展和文化事业发展等方面展开全方位的深入合作，力求互惠互利，达到双赢，在普及推广文化产品、高雅艺术方面携手并进，共同促进演艺市场的有序和健康发展。

2. 关键挑战

（1）娱乐形式的多样化对演艺市场带来的替代威胁。创新型的演出产品、高

技术含量的演出产品、影视娱乐产品等对传统演出形式存在替代威胁。

（2）区域文化的多样性和演出创作的主观性带来规模化扩张风险。地域文化、地段选取、主观创作对演出企业规模化扩张带来一定风险。

（3）演出产品需求的不确定性导致演出收益无法预测的风险。演出收益主要来自具有很大不确定性的票房收入，存在着收益无法预测的风险。

（4）演出产品的可复制性引发演出过剩导致的风险。旅游演出、话剧演出等演出产品具有明显的可复制性，容易引发特定类型产品的演出过剩，导致观众审美疲劳，带来供给过剩风险。

（5）演出企业经营管理带来的财务、决策风险。演出企业内部机制的运作、营销决策、领导者素质等都对投资具有决定性的影响。

3. 基本研判

通过对辽宁演艺旅游产品的现状分析，不难发现其发展具有以下特点：

（1）跨界融合将成为主流。演出将与拥有庞大市场的产业进行跨界融合，生成新的产品，如旅游演出、动漫演出、网络演出、演出主题餐厅等。

（2）以"演出院线"为主导的跨区域合作趋势将继续扩大。演出院线、演出联盟、人才战略合作等各种形式的跨区域合作方式将继续扩大。

（3）高品质内容将成为市场需求热点。剧场的大规模建设和院线联盟趋势的加强将大力推动演出市场对高质内容的追求。

（4）品牌化竞争时代即将来临。演出市场在相对市场化领域的竞争日益激烈，话剧、旅游演出等领域即将进入市场盘整期，品牌化发展与定位将成为企业的突围之道。

（5）企业集团化趋势日益明显。通过合作、兼并或股份制方式形成的实现资产重组、优化资源配置，并按照集约化经营的要求组建跨地区、跨部门的演艺集团是一种必然的发展趋势。

（6）资本将成为演出企业发展的重要推动力。越来越多的资本进入到演艺产业，对演出创作、演出产业化等各个环节将起到重要的推动作用。

（7）全国首家演艺集聚区即将形成。以北京为中心辐射上海、广州、西安等各个省市的演艺集聚区建设进入了全面开展阶段，全国首家真正意义上的演艺集聚区即将形成。

（8）演出"走出去"创新模式将继续推进。"走出去"将由政府交流模式向相对商业化模式转型，品牌化输出、版权输出都将成为主要形式。

七、辽宁节事旅游发展

（一）发展背景、资源条件及现状基础

1. 发展背景

节事活动是一个能够集中展示城市风貌、多层次传播城市信息的媒介，具有浓郁的文化韵味和地方特色，根据当地的文化和传统特色来具体设计，有独特的传播效应。它已经成为现代旅游开发中的一个重要客体，活动力求生动活泼，具有亲和力，大多数的参与者都想通过这一活动达到休闲和娱乐的目的。节事活动的编排严谨、环环相扣、切合主题。节事活动不仅是一种文化现象，还是一种经济载体，围绕经济活动的开展而做适当的调整，实质上是商业活动。举办期间大量的人流不仅使服务性行业收入迅速增长，还会促进交通、贸易、金融、通信等行业的发展，达到节日庆祝、文化娱乐和市场营销的目的，提高举办地的知名度和美誉度，树立举办地的良好形象，促进当地旅游业的发展，并以此带动区域经济的发展。

节事活动是展示城市历史和特色品牌的重要文化景观。成功的城市节事景观为社区居民和游客创造真实性的体验"场景"，提供丰富的"剧情"，提供自主参与的、值得持续回忆的体验性"产品"，促进了游客对城市地域景观文化的体验认同。节事体验过程在塑造城市—社区—游客之间和谐人际关系的同时，也成为城市节事可持续发展的重要动力基础。

我国节事活动已经走过了大约30年的历程，已经步入相对成熟的阶段。首先表现在主题上，节事活动的主题已经越来越丰富，如"文化"主题、"宗教"主题、"风景特色"主题，还有以"特色、农业、民俗"为主题的节事活动等，呈现出主题、功能综合化的发展趋势。其次表现在节事活动的规模和影响越来越大，特别是2008年北京奥运会和2010年上海世博会的成功举办，把节事活动的规模和影响推向顶峰。最后表现在节事活动"以节招商，文化搭台，经济唱戏"的操作模式，推介了具有地方特色的农业资源和产品，塑造城市的整体形象，促进经济和社会事业的快速发展。因此，举办节事活动在全国形成热潮，甚至成为一种展示政府政绩的"时尚"。

辽宁的节事活动与城市建设也是息息相关、密不可分的。资源为节事活动提供依托和根据，节事活动反过来为城市的建设提供动力。旅游节事能在短时间内

积聚大量人流、物流和信息流，并带来资金流、技术流和项目流，大幅度提升举办地的无形价值，产生奇特的"节事经济"效应。

2. 资源条件

首先介绍辽宁省的资源特点。

（1）辽宁简称辽，省会为沈阳，位于中国东北地区的南部，境内雨热同季，日照丰富，积温较高，冬长夏暖，春秋季短，四季分明，凭借独特的地理位置和旅游资源，成为中国旅游宝地。辽宁有14个城市，其中沿海城市从东起依次是：丹东、大连、营口、盘锦、锦州、葫芦岛六个城市，其中大连的旅游经济最为发达，自然资源丰富，素有"苹果之乡"、"水产品基地"等美誉，金州、熊岳的苹果、绥中的白梨和大连的黄金桃等闻名全国，农业以粮食、水果、水产生产为主实行多种经营，形成水产、水果、蔬菜、畜牧、花卉五大优势产业。

（2）森林资源分布呈现不同的森林植被景观，东部山区，植被属长白针、阔叶混交林区，以天然次生林为主，主要树种除柞树、桦树、杨树、柳树、椴树和油松、红松外，还有紫杉、银杏、刺楸、水曲柳、黄菠萝、天女木兰等珍贵树种，是全省比较集中连片的用材林基地。西部山区，植被属华北植物区系。通过近年的植树造林，植被状况明显改善，植被主要以落叶林为主，山脊或阳坡分布有油松、刺槐林以及油松树和柞树的混交林。辽东半岛丘陵区以落叶、阔叶林为主，主要树种有松树、柞树、槐树、杨树、柳树等。

（3）辽宁现有鸟类365种和25个亚种，鸟类总数占全国的31%，被列入中国一二类保护的鸟类有朱鹮、丹顶鹤、白鹤、白鹳、金雕、大小天鹅、中华秋沙鸭、虎头海雕、白头鹳、大鸨等62种。

（4）辽宁近海水域和海岸带海洋生物种类繁多，达20多种，其中，浮游生物约107种，底栖生物280种，游泳生物包括头足类和哺乳动物有137种。现已为渔业开发利用的经济种类80余种。其中，鱼类30多种，主要品种有斑鱼祭、鲜鲽类、鲈鱼、绿鳍马面屯、狮子鱼类等，近海鱼类有黄鲫、小黄鱼及银鲳等；海珍品主要有刺海参、皱纹盘鲍和栉孔扇贝等，虾蟹类具有较高经济价值的有中国对虾、中国毛虾、鹰爪虾、虾蛄等，蟹类有三疣梭子蟹、日本鲟和中华绒螯蟹等；贝类有蛤仔、四角蛤蜊文蛤、褶牡蛎等；浅海底栖贝类有毛蚶、魁蚶、脉红螺、密鳞牡蛎等；其他资源有海蜇、海带、裙带菜、紫菜等。

（5）海洋矿产资源种类多，分布广，现探明和发现的矿产资源有石油、天然气、铁、煤、硫、岩盐、重砂矿、多金属软泥（热液矿床）等。大连石灰石等矿产资源也十分丰富，金刚石矿品质优良，储量位居全国之首。

（6）辽宁在动物地理分布上处于东北、华北、蒙新三个区系的连续交汇地带，动物资源丰富，境内现有脊椎动物7纲62目210科492属827种，动物资源中被列入中国一类保护动物 6 种，二类保护动物 68 种，三类保护动物 107 种。

（7）在人文资源里，辽宁是我国清王朝的发源地，前清历史和文物遗迹众多，目前全国仅存的两大宫殿建筑群之一的沈阳故宫，其建筑集满、汉、蒙族建筑特色于一体，以独特的历史、地理条件和浓郁的满族特色而迥异于北京故宫。

其次分析辽宁省的经济发展水平。

在衡量一个地区的经济发展水平时，不应仅看某一产业的产值，还应从社会生产的各个方面考察，看各项生产情况的综合效果，所以，对一个地区的经济发展水平的评价是一种多指标下的综合评价。

辽宁的发展环境总体较好，人民生活水平显著提高，GDP、人均 GNI 在全国的排名稳步提升，辽宁现有矿城 9 座（5 座地级市，4 座县级市，简称"五大四小"），GDP 总量约占全省的 1/5，市区总人口占全省市区人口的 1/3，占全省总人口的 1/7，目前仍处于居民消费结构升级和工业城镇化步伐加快的时期，市场潜力巨大，以装备制造业和原材料工业为主体的老工业基地拥有巨大经济增长空间。经济资源状况与工业经济发展一致性较好，地区的生产总值和工业生产总值占全国各地区总额的比重均高于人口所占比重，出口水平不断提高。但就总体而言，对外开放程度较低。现有的煤炭总量逐年降低，中央实施振兴东北战略决策，使辽宁成为国内外投资合作的一个重点地区。在国家的大力扶持下，全省一批工业和基础设施项目开工建设并陆续建成，同时开展了一系列招商引资活动，其工作成果将逐步显现。省委、省政府把推动体制机制创新作为振兴老工业基地的关键和前提来抓，不断深化改革、扩大开放，为加快发展注入了活力，增添了动力。生产要素供给比较充足，电力供给能保障需求，资金供给相对宽松。人才基础雄厚、结构日趋合理，能够满足经济发展的需要。

从宏观角度看，任何领域的重大节事，都会提升城市的整体实力，改善城市的文化环境，创造城市的经济产值；而从微观角度分析，对重大节事的传播，能增强受众对城市的认知与联想；与重大节事相伴的大型活动，丰富了受众对城市的情感体验，建立受众对城市的好感度与美誉度，形成城市的张力与辐射力。

最后了解一下辽宁省的社会文化。

当经济效益同社会效益发生冲突时，经济效益要服从社会效益，这不仅是文化产业界人士的社会责任问题，更是人们对政府文化管理者、社会文化产业界的要求与期待。发展辽宁文化产业和文化事业，也要注重社会效益与经济效益的统一，并要把社会效益放在首位。

旅游业需要一定的文化支撑，节事活动更需要文化的介入。目前来说，辽宁的文化建设相对滞后，主要表现在：缺乏高起点、高水准、前瞻性的城市文化发展目标；城市文化资源的挖掘、梳理、整合、开发不够；文化产业缺乏具体规划，缺乏相应的扶持、城市文化设施投入不足；人才匮乏，缺少吸引人才政策等。但是旅游必然会带来文化的熏染，同时，辽宁省政府为了做好旅游，也会更好地规范市民的行为。有了良好的文化氛围和文化环境，才能更好地树立旅游城市的形象。

文化产品不同于一般商品，它是一种特殊商品，因为任何文化产品除了实用价值、审美价格和娱乐价值外，还具有教化和认知价值。因此，在发展文化产业过程中，绝不能片面追求商业化和市场化，必须把社会效益放在更好、更突出的位置。好的文化产品一定是思想性、艺术性和观赏性的统一，也一定会实现社会效益和经济效益的双丰收。对于辽宁各个城市的发展来说，它的基础是经济，它的活力在民生，它的精神、素养和风貌往往集中到文化中。城市的文化建设、演进和形成是复杂、长期的过程。辽宁作为文化传承深厚久远的省份，面对文化学习、文化交融、文化激荡和文化创新的并存所导致的城市文化建设滞后于城市经济发展的制约，需要建立能够促进城市化进程健康发展的新的文化视野和文化观念。

社会文化的丰富、多样，为辽宁的发展提供永久的活力，也为民众的文化享用提供广阔的选择余地，保障民众享有广泛的文化权利。人民拥有全面的文化权利，才会真正成为城市的主人。城市应该成为文化集聚的最佳平台、文化产出的最高场所，文化消费的最大市场。城市文化引领整体社会文化朝着更丰富、更多样、更具活力的方向发展，才能保障城市社会生命有机体的活力。

3. 现状基础

表8-4　辽宁主要节事活动时间安排

节事名称	主办单位	主办时间、频率	活动介绍
农民文化艺术节	辽宁文化厅	2009年6月23日，每两年举办一届	广场舞蹈会演（开幕式）、农民歌咏会演、皮影戏会演、戏剧曲艺会演、农民画及剪纸展览、非物质文化遗产展示、颁奖晚会（闭幕式）等大型主题活动
丹东国际摩托车文化节	丹东市人民政府，辽宁汽车摩托车运动协会，东港东恒摩托车经销有限公司	2005年10月1日，每年一届	为车手、车迷、车友办节为宗旨，以车手、车迷、车友共同参与为目的，有自驾旅游，越野拉力赛，演唱街舞大赛
抚顺满族风情节	辽宁省旅游局和抚顺市人民政府	2010年7月8日，每年一届	以展示满族文化、整合旅游资源、促进旅游目的地城市建设为主题，谒陵祭祖、登基大典、中外旅行商大会、经贸活动，龙舟大赛、旅游摄影大赛、旅游商品设计大赛、模特大赛等大型参与性文体活动

续表

节事名称	主办单位	主办时间、频率	活动介绍
丹东东港海鲜饮食节	辽宁和丹东市人民政府联合举办、丹东市商业局承办	2009 年 4 月 29 日	集现场制售、技艺表演、名品评选、形象展示、文艺演出、信息交流、新闻发布等多形式于一体的大规模、高水准的行业盛会，目的是促进各地饮食文化的相互交流
沈阳冰雪旅游节	国家旅游局、辽宁人民政府	每年的 12 月至次年 2 月	让人们领略北国风光，有机地将冰雪与文化、民俗、健身相结合，突出冰雪艺术的观赏性
沈阳清文化国际旅游节	国家旅游局、辽宁人民政府、沈阳市人民政府、辽宁省旅游局	2009 年 8 月 30 日至 10 月 8 日	集旅游、经贸、文化和学术交流为一体的国际盛会
第十九届大连赏槐会	大连市人民政府	2010 年 5 月 26 日至 5 月 30 日，每年一届	以"槐花结友谊，旅游促发展"为宗旨，由各国文艺团体进行的外国民族艺术表演、中日韩旅游高尔夫大赛、赏槐海鲜饮食周、俄罗斯风情周、天津街赏槐风情周、民俗表演
鞍山千山国际旅游节	国家林业局、国家旅游局、全国工商联、辽宁人民政府联合主办	2006 年 9 月 23 日	集旅游观光、经贸洽谈、文艺表演、体育赛事、休闲购物为一体的地方性节日，展示了千山之秀、玉佛之王、温泉之乡、宝玉之城和钢铁之都的形象
辽宁金秋国际旅游节	辽宁省政府	2008 年 8 月 29 日，每年举办一次	举办国际服装节、红海滩观赏会、民间文化旅游节、旅游经贸洽谈会等活动
鸭绿江口国际湿地保护区国际观鸟节	丹东市旅游局、东港市人民政府	2010 年 4 月 29 日	活动呼吁保护和建设鸭绿江口湿地国家级自然保护区，为保护湿地、改善生态做出贡献
冰峪冰灯会	辽宁省政府	2010 年 1 月 23 日，每年一届	以各种大型冰雕、冰灯为主，同时推出丰富多彩的冰上运动及娱乐活动：滑冰、冰球、冬泳、陀螺、冰车等，以及具有浓郁民俗色彩的狗、羊拉爬犁。同时，还将举办投资及商贸洽谈活动
第 24 届大连国际马拉松赛	中国田径协会、大连市人民政府	2010 年 4 月 17 日，每年一届	参赛的队员除了来自全国各地的中国运动员和来自世界各国及地区的运动员外，更多的是大连市民及外国游客以及在大连工作和学习的外国人
出口商品交易会	中国国际贸易促进委员会、中国机电产品进出口商会、中国五矿化工进出口商会、辽宁人民政府和大连市人民政府主办	2010 年 5 月 15 ~ 16 日，每年一届	出口商品洽谈，投资项目洽谈，技术交流洽谈，展览内容：五金、酿酒、矿产、纺织业、服装、畜产品、工艺品、石油化工制品等

续表

节事名称	主办单位	主办时间、频率	活动介绍
丹东东方丝绸节	辽宁丹东市人民政府	2010年9月29日，每年一届	以丝绸文化为媒介，集经贸合作、产品展销、科技博览、旅游观光为一体的大型经济文化活动。此节于每年5月举办，为期5~7天，成为丹东对外开放的"窗口"
丹东首届徒步节	丹东市全民健身工作委员会	2007年4月29日，每年一届	参与者年龄最小的只有5岁，年纪最大的将近80岁，而参与者的职业从教师、公司职员、医生以及机关干部等几乎囊括了丹东市民的所有阶层
丹东河口桃花节	丹东市政府	2009年5月3日，每年一届	举办风情鸭绿江大型自驾游、宽甸风光及桃花主题摄影大赛等多项活动
丹东青年电影节	共青团丹东市委	2008年4月18日至5月28日	以"最美的边境城市，最难忘的青春故事"为主题，将电影带进绽放的青春生活，为青年架起梦想与现实的虹桥
丹东冬泳节	丹东市冬泳协会	2008年1月1日	丹东冬泳健儿不畏严寒、勇敢坚强、奋勇拼搏的精神，不仅对宣传丹东、展示丹东起到了积极的作用，同时，又鼓舞着丹东人民努力实现丹东经济又好又快发展，社会和谐进步
丹东杜鹃花节	丹东市政府	2010年4月24日，每年一届	杜鹃花是丹东城市秀丽美好的象征，代表着丹东人民纯洁美丽的心灵。1984年3月，经丹东第九届人民代表大会第二次会议审议通过，命名杜鹃花为丹东市花。丹东杜鹃花节的举办证实了丹东的杜鹃花产业发展潜力很大，发展前景广阔
青山沟满族风情月	国家安全生产监督管理总局、国家煤矿安全监察局	2006年7月24日，每年一届	节日期间可以欣赏到满族歌舞、满族祭祀、满族舞龙等表演，还可以参观中华满族风情园，了解更多的满族民俗风情

（二）发展优势、关键挑战和基本研判

1.发展优势和经验

（1）节事活动产品开发主题鲜明，按照主题整合一系列协调性良好、内容相关、体现特色的节事活动产品，形成产品线，尽可能根据辽宁具有的独特的、唯一的节事活动资源，将其开发成节事旅游产品，使辽宁经济、文化、政治等各方面得到发展。

（2）提高民众参与性。节事活动多是歌舞表演、民俗表演等观看性的，适合民众参与的活动不多，节事活动很难在节后给民众留下深刻的印象，所以很快就

会被遗忘，为了避免这种情况的出现，辽宁节事主办者在节事举办前会精心策划活动内容，增加民众参与的活动项目，积极营造节事气氛。

（3）加大宣传力度。辽宁在举办节事活动之前，除了向新闻媒体发布信息外，还主动与各地海外旅行批发商联系，将节事活动的主要节目、时间印成多种文字资料，在表述上也尽可能考虑各地旅游者的接受能力，重大的节事活动经常要提前半年进行宣传；在交通枢纽处如火车站、飞机场出口设置节事活动导游图，吸引更多的旅游者，增加客流量。

（4）节事活动要与旅游形成良好的互动。要积极利用网络，旅行社等中介媒体进行宣传，在主要网站对节事活动的概况进行详细的介绍，包括举办历史、时间、地点、活动内容以及节事的特色，要及时地召开信息发布会，并不断地将信息传递到旅行社，方便旅行社向旅游者推荐，增加节事活动的客流量。

（5）建立市场化运行模式。节事活动是一种文化现象，也是一种经济现象，应当遵循"资金筹措多元化、业务操作社会化、经营管理专业化、活动承办契约化、成本平衡效益化、管节办节规范化"等市场经济的基本规律和原则。

2. 关键挑战

（1）节事活动的主题、内容和形式趋同化，节事品牌较少，存在"造节"现象。

（2）节事活动的民众参与度低，政府干预过多，政府举办节事往往更注重政治影响，经济意识不强，同时，活动的开幕式与闭幕式耗资过大，也导致政府财政压力过大，却是华而不实，节事绩效不显著。

（3）节事活动的知名度不高，可持续性不强。

（4）宣传力度不够。

（5）节事活动尚未和旅游形成良好的互动。

（6）市场化运作程度不高。

（7）空间布局过于集中会给承办城市造成较大的压力，产生交通过于拥挤、酒店哄抬房价和过度扰乱市民正常生活等负面影响。

（8）节事活动过于密集，使节事投资边际效应递减，投资回报减少。

（9）各城市节事活动的攀比，存在排斥性争夺客源的现象。

（10）定位过于抽象，不能给旅游者一个鲜明的形象。旅游者素质是参差不齐的，特别是其审美能力没有一个普遍较高的水平，对于抽象事物的理解不容易达到设计者和举办者的期待。因此，抽象的定位，容易给大众一个模糊不清、不够鲜明的印象，使旅游节事宣传效果降低。

（11）对于一年一届、或者若干年一届的大型旅游节事活动，每届都采用"五彩"、"七彩"、"魅力"、"活力"，容易使人"审美疲劳"。

（12）每届相同的主题定位限制活动表现内容和表现手法的创新，每一届活动产生"老树新花"的创新越来越难，设计者和举办者将面对越来越多批评声音的压力。

3. 基本研判

鉴于我国的节事活动带有一定公益性质的现状，"政府引导、企业承办、市场运作"，可以说是一种比较符合辽宁本身实际情况的较理想的模式。辽宁的潜在资源是丰富的，尤其是文化性的资源。把当地的传统文化，包括历史上民间的、民俗的各类东西挖掘出来，深度开发，转化成产品，最终形成特色化开发，使节事活动立体化，有生命力。节事活动严格地说就是一种新的旅游产品，只不过这种产品不是常年性的，而是一次性的，由于节事活动旅游综合性很强，关联度非常高，基本上可以与各个方面都联系起来。以 2001 年我国举办的冰雪节为例，有哈尔滨国际冰雪节、沈阳棋盘山冰雪节、吉林省冰雪旅游节、四川南国冰雪节、新疆阿勒泰冰雪旅游节。这么多的地方都在办冰雪节，沈阳、吉林、四川和新疆如何能在相同的题材下，以独特的主题同已形成品牌的哈尔滨国际冰雪节竞争，是需要认真思考的问题。

（三）演艺及节事旅游经典案例

1. 巴西狂欢节——世界上最大的狂欢类节日

（1）概况。巴西狂欢节被称为世界上最大的狂欢节，有地球上最伟大的表演之称。每年二月的中旬或下旬举行三天。在巴西的狂欢节上，每个人都不愿表现自我，而是想成全别人。有的男人希望自己拥有女性的特征；而有的平时内向的女人则大跳狂热的舞蹈，尽量模仿他人的敏捷和有力动作。狂欢节中常常出现易装癖，这是历史的产物。巴西狂欢节对女性化的狂热程度在世界上可以说是独一无二的。在巴西的狂欢节中，里约热内卢狂欢节是世界上最著名、最令人神往的盛会。

（2）发展历史。相传里约热内卢狂欢节始于 19 世纪中叶。最初，狂欢节的规模不大，仅限于贵族举行的一些室内化装舞会，人们戴上从巴黎购买的面具，尽情地欢乐。1852 年，葡萄牙人阿泽维多指挥的乐队走上了街头。伴着节奏明快的乐曲，不管是黑人还是白人，也不管是穷人还是富人，男女老少都舞起来，整个城市异常欢腾。阿泽维多的这一行动获得了巨大的成功，成为里约热内卢狂欢节发展史上的一个里程碑，标志着狂欢节成了大众的节日。

2009 年，阿根廷、委内瑞拉正式向国人开放旅游。至此，包括巴西、智利、乌拉圭在内，国人可以畅游南美五国。最热辣的狂欢节、最原始的亚马孙热带雨林、最壮美的伊瓜苏大瀑布、最有动感的活冰川、落差最高的天使瀑布、最神秘的复活节岛"莫埃"石像等。南美，这片地球南端壮美、原始、野性的大陆，必将成为国人喜爱的热土。

里约热内卢狂欢节是巴西最大的节日。该市狂欢节以其参加桑巴舞大赛演员人数之多，服装之华丽，持续时间之长，场面之壮观堪称世界之最。

桑巴舞大赛是里约热内卢狂欢节的一项重大活动。赛场占地 8.5 万平方米，两侧是看台，中间是桑巴舞队伍行进的通道。每年狂欢节期间，要在这个赛场举行 5 场桑巴舞活动，其中以第三天和第四天的活动最为精彩。在这两天中，全市名列前茅的 14 个桑巴舞学校要在这里一决雌雄，评出当年的名次，名列前五名的还要再进行一场表演。

亚马孙丛林里的狂欢节。帕林廷斯是亚马孙河边一个人口只有 9 万的巴西小城市。巴西亚马孙州旅游局官员泰奥介绍说，博伊蹦巴拥有一个脉络完整的民间传说：在 17 世纪的一个农场里，一头人见人爱的牛被放牛的黑人奴隶弗朗西斯科大爹偷着杀了，因为他怀孕的妻子卡迪蕾娜想吃牛舌头。庄园主把大爹抓来审问，后者坦白了事情的经过。庄园主暴跳如雷，放牛人洋相百出，观众惋惜而无奈，紧张的气氛笼罩全场。正当观众为放牛人的命运担心的时候，在巫师们的强力祈祷下，被杀的牛竟然死而复生，于是全场一片欢腾，人们皆大欢喜，载歌载舞。

额头上带着星星标志的黑牛叫作卡普里首索，代表蓝队。额头上带着心形标志的白牛叫作卡朗奇多，代表红队。两队的舞台布景和演员服饰的制作都十分讲究，各自组建了协会进行研究，力争每年都能够让人耳目一新。每天晚上，红蓝两队分成上下两个半场，在帕林廷斯特意为博伊蹦巴修建的竞技场斗舞。双方的支持者泾渭分明，各自占据竞技场的一半看台，在本队表演的时候随着乐队敲出的节奏舞动。

（3）节日起源。里约热内卢狂欢节最早并没有固定的场所，巴伊亚市各主要大街上都是桑巴舞表演的舞台。由于狂欢节时值盛夏，天气炎热，游行活动都在夜晚进行。从 20 世纪 70 年代起，各桑巴舞学校建议在市内修建一座桑巴舞赛场，用于狂欢节活动。1983 年，曾设计巴西新首都巴西利亚的著名工程师奥斯卡·涅梅耶尔亲自设计，6 万名建设者齐心协力，仅用了 117 天，就建成了一座能容纳数万观众的桑巴舞赛场。从此，里约热内卢狂欢节就有了固定的场所。

（4）经验借鉴。

第一，政府引导和扶持是狂欢节走向成熟不可或缺的因素。在狂欢节的发展过程中，联邦和地方政府均扮演"推手"角色，政府通过提供政策支持、资金资助和配套设施，使活动不断规范和壮大。狂欢节起初是一个民众自发的文化活动，缺乏组织，影响有限，且往往伴有暴力犯罪、色情淫秽等现象，狂欢节游行还会影响市内交通。但政府没有简单地给予取缔，而是通过各种手段加以引导和扶持。政府在加强警力的同时，还通过媒体宣传及现场发放印有行动规范内容的扇子和避孕工具等既有实用性又具宣传意图的物品，把狂欢节本身作为公民道德教育和宣传卫生健康知识的一个窗口和平台。政府还督促各地的桑巴学校联盟，制定行业自律规范，杜绝狂欢节表演中的色情成分，以保持活动的健康发展。为进一步提升狂欢节作为巴西重要文化标志的地位，避免狂欢节临时表演场地的搭建和拆除对城市交通的影响及所造成的浪费，并消除安全隐患，里约热内卢市政府 1984 年率先建立了一条长 700 米，能容纳 6.5 万名观众的"桑巴大道"，在巴西最具影响力的里约狂欢节从此进入一个新的发展时期。2006 年，里约市政府斥资 5000 万美元，在里约港区为里约市的主要桑巴学校建立了一个集中用于制作彩车的大棚。这一占地 7.8 万平方米的"狂欢节工厂"彻底解决了狂欢节期间体积庞大的彩车抵达现场的困难及其对交通的干扰。同时，它成为里约狂欢节"桑巴大道"之外的一个重要参照，全年中都有来自世界各地的游客前往参观狂欢节表演的制作过程，既扩大了狂欢节的知名度，又对振兴处于衰落的港区具有积极意义。鉴于里约的成功经验，圣保罗、马瑙斯、维多利亚、巴西利亚和阿雷格里港等许多城市争相效仿，也相继建立了作为各自重要文化标志的"桑巴大道"和"狂欢节城"。

由于狂欢节并非纯粹的商业活动，因此，即使已形成完整产业链的里约热内卢狂欢节，仍需政府的财政支持。2008 年狂欢节，联邦政府通过巴西石油公司等国企，向里约市特别组（甲组）桑巴学校提供了总额 600 万美元的资助。2009 年，在没有联邦政府财政支持的情况下，里约州政府和市政府分别向 12 所特别学校提供了 250 万美元和 200 万美元的资金支持。综观巴西各地的狂欢节活动，政府的财政投入与表演活动的成熟度有直接关系，政府起一种扶持的作用。政府的引导和扶持是民间文化活动向文化产业发展过程中必不可少的因素。任何文化产业均不能被视为纯粹的商业活动，它们首先是文化活动。因此，不能忽视其社会效应和间接的经济收益，不能把文化产业绝对化。刻意将文化活动产业化、商业化，会使民间传统文化面目全非或导致其消亡。

第二，正确处理传统与创新以及民族化与国际化的关系。巴西狂欢节自 19 世纪中叶在里约创立以来，规模不断扩大，对人们的吸引力也越来越强，并发展到巴西全国。狂欢节经久不衰的一个重要原因是正确处理了传统和创新之间的关系。自 1932 年里约首次进行竞赛性质的桑巴学校行进表演以来，在之后近 80 年的时间里，始终没有中断。虽然规模不断扩大，但狂欢节表演的主体结构始终不变，并逐步形成规范。桑巴学校表现的主题各不相同，参加的人数也有差别，但评比项目相对固定，这是狂欢节传统得以延续的关键所在。各桑巴学校没有死抱传统、一成不变，而是在保持传统精髓的基础上，紧跟时代步伐，在内容和形式上不断创新，每个时代都有许多反映当时社会问题、贴近生活的主题。近年来，一些桑巴学校推出了许多鞭挞时弊以及表现现代科技和环境保护等主题的表演，充分体现了狂欢节紧跟时代脉搏、贴近民众的特点，这是广大民众喜爱狂欢节的一个重要原因。现代科技的应用是里约狂欢节创新的一个重要特点。作为桑巴学校行进表演最引人注目的彩车科技含量很高，电脑技术被大量运用。传统艺术与现代科技的和谐结合使得狂欢节既富有传统魅力，又富有时代气息。

随着经济全球化进程的不断加强，文化艺术的国际化趋势不可避免。如何让一项源于民族文化传统的艺术形式在走向世界的进程中既能为各国人民所接受，又能保持其精髓，这是很多文化形式所面临的共同课题。巴西狂欢节的组织者们较好地处理了这个问题，在赋予狂欢节国际化特征，使其越来越得到全世界认同的同时，作为一项民族特点鲜明的文化活动，无论是内容还是形式，人们始终能看到鲜明的巴西文化特点。在近年各地举行的狂欢节行进表演中，旅游者能强烈感受到里约狂欢节的这一国际性特征，各国的文化内容越来越多地成为狂欢节的主题，如意大利的文艺复兴、安徒生的童话故事和塞万提斯的作品《堂吉诃德》。此外，越来越多的外国人或国际名人出现在狂欢节的行进队伍中，如著名歌星麦当娜参加了2010年狂欢节的行进表演，这显然能提高狂欢节在全世界的知名度。狂欢节的开放性和包容性使其日益为全世界所接受，越来越多的国家开始转播巴西狂欢节的实况。狂欢节表演呈现出国际化趋势，促进了世界各国人民对狂欢节的了解和认同，也为其提供了更多的资金保证，各桑巴学校表现的外国主题往往能为其带来丰厚的资金赞助。

第三，竞争机制是狂欢节持续发展的原动力。巴西狂欢节长盛不衰并逐步形成产业，除了民众对当地传统文化的热爱外，一个重要的原因是建立了竞争机制。狂欢节每年的最终评比结果是活动的最大悬念，通过这种竞争机制推动狂欢节行进表演向更高水平、更大规模发展。与足球俱乐部一样，因为有竞争机制，所有人都有一种归属感，作为当地民众重要精神寄托的桑巴学校本身具有一种自发的凝聚力，使自己所属的桑巴学校成为年度冠军是大家共同的追求和动力。

巴西大部分地区的狂欢节桑巴学校行进时并非简单的表演，而是具有比赛性质。以里约为例，特别组（甲组）的表演安排在两个晚上进行。参加表演的每个桑巴学校的行进时间必须控制在80分钟以内，由专家、历史学家、记者、社会名人在内组成的40名评委对行进表演的主题、协调性、彩车、服饰等10项（每项4名评委）进行打分，评出当年的冠军，分数排在最后的学校降入升级组（乙组）。升级组中获冠军的学校则获得下一年参加特别组表演的资格。获得冠军虽没有特别的奖金，但桑巴学校的知名度和内部凝聚力会因此大大提高，平时安排在桑巴学校内的演出就能吸引更多观众，增加经济收入。此外，获得赞助会因此变得容易。

第四，民众广泛参与。民众的广泛参与是任何一项文化活动取得成功的基本条件。巴西狂欢节在这方面应该说做得十分成功，它是一个全民参与的文化活动，市民既是狂欢节的生产者，也是这一产品的消费者。每个桑巴学校参加行进表演的数千名舞者中大部分为志愿者，他们是狂欢节表演的基本群众。在大棚中制作狂欢节道具和服饰者也有相当一部分是志愿者。民众广泛参与的另一个原因是，狂欢节是一个人人都消费得起的文化活动，它面向大众而并非面向某一个群体。行进表演活动的主要收入来源，除包厢和主看台的门票较高外，其他区域的门票价格都能为大众所接受。此外，在狂欢节期间，各种形式的欢庆活动遍布城市各个角落，不同职业、不同肤色和不同阶层的人均能参与其中，他们中有大量终年为生计奔波的下层民众，有身居要职的政府官员和腰缠万贯的商界巨头，也不乏家喻户晓的影视明星。狂欢节期间巴西各地犯罪率明显下降的事实，足以说明这一活动所产生的积极社会效果。

2. 悉尼奥运会——最成功的大型体育赛事之一

2000年悉尼奥运会和残奥会被普遍认为是一届成功的奥运会并受到当时国际奥委会主席萨马兰奇"最好的一届"的赞美。悉尼奥运会的成功举办有许多经验值得借鉴。

（1）持续的遗产。城市遗产通常被设想为在奥运会前就计划好并在后来很快得到贯彻和实现。"奥运会总体影响研究项目"花两年的时间来评估和报道影响的广度和范围。赛后影响的评估常常仅限于一年时间，以使最后的"奥运会总体影响研究项目"报告尽可能快地出版，便于让未来的奥运城市受益。

在关于"2000年悉尼奥运会遗产"的研究中提出，遗产是一种在未来十年持续发展的动力，2000年悉尼奥运会和残奥会的影响继续在2007年的悉尼引起反响，这时进一步的结果变得明显，其中一些影响是直接的、计划好的结果，另外一些是间接的、无计划的，可能有一些奥林匹克遗产在奥运结束后的阶段会让人吃惊，甚至令人震惊。这种影响的范围在2001年和2002年的悉尼并不明显（奥运会后一两年），事实上，直到更晚一些的后期，这种影响才更清楚地表现出来。

1993年时提到遗产这一项不那么重要的奥林匹克议程是很重要的，当时悉尼赢得了2000年奥运会的举办权。在悉尼的申办过程中，遗产是一个非正式的因素。每个城市，比如悉尼，都有自己的遗产观——举办奥运会的基本原理，但却几乎没有做任何努力去说清楚这意味着什么以及在奥运会后它如何被人认识和评价。这个时代的奥运组织者们认为遗产是一个不言而喻的因素，是照例从奥运会中产生的结果。

（2）悉尼的奥林匹克观。悉尼的核心奥运观包括三个主要方面：①在悉尼西部建立一个超级体育区域（悉尼奥林匹克公园），为娱乐、休闲和文化活动提供设施。②推广绿色奥运。③对城市进行全球性推广，从而增加旅游及其他商业利益。

悉尼奥林匹克公园非常重要，它环境优越，能够提供场所来促进文化活动，更广泛地促进大众参与体育和休闲运动。悉尼奥林匹克公园是城市奥林匹克发展的重点。悉尼奥运会组织者认为，在悉尼奥林匹克公园内建立一个大型奥运分区，并提供艺术级的体育设施，对悉尼西部人民来说是一个有益和必需的遗产。

（3）灵活及建设性的赛后政策。自 2001 年以来，个体和政府对在 2000 年时并不明显的新赛后机会做出了反应。这些指在 1993 年或 2000 年并不明显的新的遗产机会。

悉尼—北京奥林匹克秘书处（SBOS）成立于 2002 年 2 月，是对 2001 年北京成功赢得 2008 年奥运会举办权的创新举措。秘书处，由新南威尔士政府创建，帮助澳大利亚公司打开中国的奥林匹克市场。因为得到了许多个体的积极支持，如曾经是 2000 年悉尼奥组委（SOCOG）首席执行官的 Sandy Hollway 表示 SBOS 运行良好。

澳大利亚将为国家游泳中心、射箭中心以及箭术、曲棍球、网球等临时场馆和位于青岛的帆船设施、香港马术中心的设计提供支持。悉尼 PTW 建筑公司设计的水立方是具有标志性意义的奥林匹克建筑之一，调查显示主办方对水立方的设计非常满意。水立方比赛场馆的设计同时显示出澳大利亚建筑设计师们有能力建造符合中国人审美观念的建筑。

中国北京在举办世界顶级体育赛事方面会获得更多的专业技术。当奥运会结束以后，无论是从国内还是国际的角度上，都有机会应用这些专业技术并从中受益。

（4）环境。悉尼奥运会的一个主要特色就是环境，媒体称之为"绿色奥运"。悉尼奥运会在环境方面所做的努力可谓有目共睹，其中囊括了各种围绕"绿色"展开的创新理念，包括能源与水节约、防止废物产生以及将废物降至最低、水与土壤质量及代表性的自然和文化环境的保护等。从这一点上讲，悉尼奥运会远比以往任何一届奥运会的影响都要深远。2008 年北京奥运会目前构筑的"绿色奥运"平台同样万众瞩目。

2000 年悉尼奥运会之前，由于涉及的费用和项目实施所用时间的限制，并非所有高标准的设计都付诸实践。"绿色"环保团体高度赞扬了悉尼所采取的一部分措施，同时也对其他一些措施做出了批评。要清楚地认识"绿色奥运"的局限性，一方面，它可以改善城市环境，另一方面，无论悉尼还是北京，筹备奥运会的七年时间无法解决需要耗时数十年才可能解决的长期环境和交通问题。

（5）文化和民族身份。通过奥运会开幕式和奥林匹克文化展示，奥运会赋予举办地国家一次绝佳的机会向世界展示他们的民族精神。全世界的媒体都会聚焦举办城市和举办城市所在国家，使国家的展示蓬荜生辉。悉尼利用举办奥运会之机打破了一些陈腐的民族模式，同时提升了澳大利亚作为一个城市人口血统复杂、多元化、开放社会的形象，更让世人了解了鲜明的澳大利亚民族身份。

澳大利亚品牌在国际上的宣传效应可谓有目共睹，原因是它的目标谨慎、宣传有力。文化项目之所以非常成功，是因为宣传采用的常规和非常规手法相得益彰。各国记者不仅对正式的文化项目进行了追踪报道，同时对主办国举办这些活动的经验反映强烈。他们对此次奥运会的强大支持和对奥运会的喜爱之情交织在一起，为奥运会的国际传媒故事又增添了一抹重彩。

中国北京奥运会的意义和评价不仅来自奥运会开幕式和官方发表的言论、演说，而且来自游客们在北京街头巷尾的亲身体验，要意识到这一点非常重要。因为各国记者们将会非常细致地观察中国人生活的方方面面，所以，奥运志愿者、酒店、餐馆的工作人员、出租车司机和路上的行人都应该全心全意支持此次盛会，这一点同样非常重要。

（6）体育参与。在悉尼奥林匹克公园和其他地方创建了许多新型体育设施，其目的之一就是为了鼓励更多的人参与到体育锻炼中来。也有人认为，奥运会本身会激发大众体育参与者来模仿明星。为此，学者们对是"涓滴"作用更加明显还是少数异常优秀的表现更能鼓励大众的广泛参与进行了大量辩论，但仍有许多学者对这一概念持怀疑态度。

英国政府及其专门负责体育推广的部门已经尝试定下目标，对参与体育运动直到 2012 年奥运会的大众参与者进行持续评估。如果将会前、赛会期间和会后的统计数字加以保留和分析，那么英国奥组委就可以评估出奥运会在推动大众参与体育运动方面有多大提高（或降低），也为今后制定更加恰当的政策提供重要的依据。中国也在通过设立目标，不断推进大众体育事业发展。

（7）残奥会。悉尼残奥会在观众人数、媒体覆盖和社会参与支持方面，与悉尼奥运会一样被认为是有史以来最好的一届，并创造了新的纪录和更高的标准，澳大利亚奥林匹克委员会主席 Greg Hartung 指出，悉尼残奥会致力于"主流"残奥运动，使之更加突出，更加为公众所喜爱，并进一步加强了其在澳洲各项体育活动和赛事当中的影响。但是，应该指出的是，残奥会起点较低，在 1996 年以前，相比奥运会，即便是不收取观众入场费，残奥会的媒体覆盖也是微乎其微的。

近些年来，残奥会的影响才逐渐扩大，自 1988 年以来奥林匹克运动发生了改变，残奥会与奥运会联系更加紧密，前国际奥林匹克委员会主席 Robert Steadward 在 1998 年曾指出：奥运会和残奥会是"同一个节日，而两种截然不同的赛事。"

支持残奥会之所以重要是因为他们把理想的奥林匹克精神延伸至非歧视性体育运动中，同时，残奥会还扩大了参与奥运会和残奥会两项体育节日的运动员的数量和范围。悉尼以残奥会为契机，增加和改善残疾运动员的运动设施和交通设施，为残疾运动员提供更加便利的社区服务，也创造了一个独特的机会来提高人们爱护、帮助残疾人的意识。

（8）奥运经验。①为后奥运时期做好充分的准备；②保持计划的灵活性以获得新的机遇，同时将产生的后奥运问题降至最低；③完善方案，以减轻后奥运时期倦怠状况；④对奥运会取得和没有取得的成效进行诚实而全面的评估；⑤将举办奥运会的经验和专业技术应用于未来奥运会组织和其他公共活动；⑥表彰那些为奥运成功举办做出贡献的集体和个人。

（四）重点项目

1. 辽宁演艺产业五大特点

（1）对现场等末端环节有较高的要求。对演出人员、工作人员、舞台布景等末端环节具有较高的要求。

（2）具有很强的区域特性。地区文化、地段特征等因素对演艺产业的发展具有决定性影响。

（3）呈现多元化市场格局。辽宁演出市场呈现各种所有制形式和各类文艺表演形式多元共存的市场格局。

（4）收益模式以票房和商赞为主。票房收入和商业赞助是演艺产业主要的收入来源，衍生品收益、版权收益等辅助性收入在演艺产业整体收益中的地位将逐步提升。

（5）处于产业化发展的初级阶段。演出产业链还不成熟、演出市场分配机制还不完善、演出国有院团改革还不彻底，演出产业化发展还存在很大的发展空间。

2. 辽宁演艺产业需要拓展的主要领域

就现阶段而言，两大类市场最具发展潜力，即旅游演出市场和话剧市场。另外，戏曲曲艺演出市场、儿童演出市场、音乐演出市场等新兴的市场也具备较大的发展潜力。

第一，辽宁演艺旅游产品需要拓展旅游演出市场。

（1）旅游演出是产业化程度最高的演出领域。已经出现了多种相对成熟的产业化模式，如实景演出模式、主题公园模式、旅游舞台表演模式等。

（2）旅游演出是盈利性最好、投资回报率最高的演出领域之一。《印象·刘三姐》、《宋城千古情》、《云南映象》等都获得很高的投资回报率。

（3）旅游演出市场的项目需求潜力巨大。各级政府是旅游演出项目的主要推动者，项目需求已经从一线城市扩展到二三线城市。

（4）旅游演出市场的受众群体广泛，演出市场挖掘潜力大。旅游消费者也成为演出市场的消费主体之一。

第二，有必要由沈阳、大连向辽宁其他地区扩展话剧演出市场。

（1）话剧演出市场已初具规模，拥有稳定的客户基础。话剧市场主要针对拥有稳定收入的70后和80后白领阶层。

（2）话剧演出团体是演出市场原创性最强的团体。话剧创作频率高且话剧制作的工业化趋势已初步形成。

（3）话剧演出市场竞争进入白热化阶段，产生了一批具有影响力的品牌企业。如北京戏逍堂、上海现代人剧社等。

第三，深入挖掘具有发展潜力的演出新兴市场。

（1）戏曲曲艺演出市场活跃度高，品牌企业生存能力强。相声、舞台演出等形式在演出市场非常活跃，并产生了一些品牌化企业，如德云社、刘老根大舞台、金海岸大舞台等。

（2）儿童演出市场需求潜力巨大，创新能力强。儿童剧类演出市场需求潜力过亿，拥有庞大市场；另外，儿童剧与动漫、影视等领域进行融合创新，将推动儿童演出市场有较大的进展。

（3）音乐演出市场规模化发展速度快，区域扩展能力强。音乐节、音乐会、演唱会等音乐演出市场都在进行规模化发展，向全国区域扩展的趋势日益明显。

3. 辽宁节事重点项目拓展方向

辽宁的节事旅游还处于起步阶段，随着旅游业的发展和市场经济发展的要求，必须建立市场化的节事旅游运作模式，使节事旅游在市场研究、资本运营、节事规划、整体协作等方面走向成熟，以充分发挥其应有的作用。

（1）政府主导与市场化运作模式并用。节事旅游运作涉及政府部门、行业和企业的众多方面，应正确发挥政府主导的积极作用，主要体现在观念主导、政策主导等方面，政府在其中不再担任具体的"策划"、"导演"、"演员"等众多角色，而只负责监督与协调，以达到所谓"有组织的无政府状态"，形成"以节事养节事"的良性循环。同时，大力倡导市场化运作模式。市场化运作便于筹集资金，有利于节事活动的长期发展。市场化运作遵循了"谁出资，谁受益"的原则，促进了公平，有利于提高节事活动的效益。实践证明"政府引导、企业参加、市场运作"是比较适合我国国情的旅游节事运作模式。

（2）突出特色，努力打造节事旅游精品。特色是节事活动成功的基础，旅游活动的特性就是"求新、求异、求奇"。另外，举办旅游节事活动一定要有精品意识。将现有的旅游节事活动进行整合，开展真正能突出特色的精品旅游节事活动，才能把规模做得更大，做出精品，吸引全国乃至全世界的目光，同时，要注册品牌，进行知识产权保护。例如，安徽省的黄山国际旅游节已举办8届，每届都在营销黄山品牌的基础上挖掘新的内容。第8届旅游节突出体现我国三大地域文化之一的"徽文化"，取得了良好的效果。同时，还必须常变常新，不断地寻找节事活动的亮点、热点和卖点，以确保所举办的节事活动始终成为人们关注的焦点。

（3）加大市场调研与营销力度，组建专业节事机构。首先，应加大市场调研与营销力度，认真调查，科学预测，采用区域联合型、城市互动型等多种方式进行营销，全面提升节事旅游在国内外的影响。此外，应组建专业节事运营公司，培养或引进旅游节事宣传、策划和促销方面的中高级管理人才。其次，明确节事活动期间的具体旅游消费产品设计和具体的旅游产品，大力开展专题营销活动。还要强化多渠道节事活动营销，注意运用好常用的营销手段，包括广播、电视、报纸、专业刊物、商业网点、户外媒体和直接邮寄邀请，同时，更要加强新型网络营销，建立网站和网页，通过互联网发布信息进行促销，实行网上购票、网上结算服务。

（4）注重开发节事旅游活动纪念品。目前，市场上的旅游纪念品种类繁多，参差不齐，或者价格昂贵，或者模仿粗糙质量差，真正能让游客满意的纪念品很少。因此，在发展节事旅游的同时，应注重开发纪念品，制作体现节事活动特色又能让游客青睐并愿意花钱购买旅游纪念品，实现旅游纪念品的再宣传、再回忆作用。

（5）加强对节事旅游的理论研究，保证节事旅游的健康发展。目前，我国节事旅游的理论研究现状与节事旅游发展的现状极为不符，理论研究论述少且面窄，使得节事旅游发展缺乏正确的指导。对此，应大力推进对节事旅游的理论研究，以便科学地指导节事旅游的实践工作。

第九章　新态势
——辽宁文化旅游产业集聚区

文化旅游产业集聚区并不是传统意义上的旅游目的地，而是在其文化乃至艺术价值不断得到外溢、旅游经济价值不断凸显、集聚区功能不断完善的基础上逐步形成的新型的旅游吸引物或旅游活动集聚空间。随着国家不断加大对文化旅游产业的扶持力度，文化旅游产业集聚区得到快速的发展，吸引大量的旅游者进行参观、考察、观摩、学习，成为旅游开发的热点并具备充分的竞争优势。

一、国外发展文化旅游产业集聚区的政策和实践

近 10 年来，国外很多旅游目的地的管理部门已经开始了文化旅游产业集聚区的实践，而在很多旅游业占重要地位的地区已经把文化旅游产业集聚区作为重要发展战略。对于文化旅游产业集聚区的实践主要是旅游目的地为了促成企业合作竞争，形成区域战略联盟或虚拟组织，实施"文化旅游产业集聚区战略"，强调集团，旨在提高旅游目的地的整体竞争优势。

（一）美国

美国文化旅游集聚区的种类包括文化旅游信息产业集聚区、文化艺术产业集聚区、休闲娱乐产业集聚区等类型。实践发展中，美国的文化旅游产业集聚区集中于三个水平：国家文化旅游产业集聚区、主题文化旅游产业集聚区和地方文化旅游产业集聚。由美国国际发展代理机构（USAID）在一些小国家如斯里兰卡、加纳、圭亚那、克罗地亚等援助建立的"文化旅游产业集聚区"，旨在吸纳国家或区域旅游各部门积极参与，强调旅游各部门的联合，共同完成提高旅游竞争力的战略目标，取得了很好的效果。

美国文化旅游集聚区的发展模式总的来说是属于市场推动为主导，政府辅以相关支持，高度产业化的商业运营模式。正因为如此，美国在文化旅游集聚区形

成中呈现出多元化的发展格局，同时也形成几种主流模式，主要有影视业的好莱坞模式，艺术演出产业中的百老汇模式，以及以娱乐休闲和主题公园为主的迪斯尼模式等。

1. 好莱坞模式

美国好莱坞在某种意义上已经成为美国电影产业的象征，或美国文化产业的代名词。好莱坞位于美国西部城市洛杉矶郊外，因建有世界最大规模的电影城而闻名于世。好莱坞的电影生产经过长期发展已经形成独特的产业模式，有人称这种模式为"配方式生产"。即在电影制作中，按照市场需求形成了一些相对固定的配方程序，产生所谓的类型化电影。应该说它比较符合商业化电影的内在要求。它对世界的意义正是在于它独特的现代化电影生产方式和现代商业运作方式。如今，好莱坞已经拥有世界上规模最大的电影生产工厂，最先进的制片条件和科技手段，最为完善的制片制度，最为成功的商业化运作模式及市场营销网络，成为文化产业的典型，被称为现代化的"梦工厂"。

好莱坞的影视业已经形成一种独特的产业发展模式，以高科技、规模化、大投入、高票房为典型特点，体现了现代创意产业的运作方式和发展趋势。美国大多数影片都集中在好莱坞进行生产和制作，几乎全美所有大型的电影制作发行公司都分布在好莱坞。好莱坞的成功在于它产业化的生产方式和商业化的运作模式，形成世界上非常完善的电影生产体系和发行机制。好莱坞电影是一种典型的文化产业的生产模式，这种生产完全服从商业化和市场法则，市场需要什么就生产什么，一切为了迎合观众的欣赏口味。

由于好莱坞采取的是当时世界上先进的制片技术和管理制度，并且获得华尔街大财团的资助，加上美国西部优越的气候条件、优美的自然风景，使得很多大制片商纷纷云集好莱坞，好莱坞逐渐成为了美国乃至全世界最理想的影片摄制基地，从而引起美国电影业逐步向西部转移。好莱坞电影产业的集聚还使得相关联产业单位，如电视台、出版社、发行公司、研发机构、代理机构、咨询公司等相继集聚洛杉矶并发展壮大。目前，从事娱乐制作产业的人数达到24万人，年收益达300亿美元。仅每年一度举办的奥斯卡颁奖典礼，全球就有超过2亿人观看电视直播。这不仅创造了巨大的经济效益，而且还提升了洛杉矶的城市形象。

2. 百老汇模式

百老汇模式是美国艺术产业的一种商业化发展模式，在美国艺术产业中很有代表性，影响也最大。百老汇原指宽广的街道（Broadway），但现在人们提及的百老汇特指美国纽约曼哈顿城区的一小片区域，即在这条百老汇大街与第42街至第47街相交会的区域。自19世纪80年代以来，这里陆续出现一批剧院、音乐厅。随后的几十年里围绕时代广场和百老汇大街建有几十家艺术剧院和200多家规模不等的歌舞杂耍场所。久而久之，百老汇也就逐渐成为美国艺术表演业的代名词。现在，这里被美国戏剧行业协会认定为"百老汇剧院群"，会集了39家具有一定规模的剧院，大多分布在时代广场四周和百老汇大街两旁，已成为纽约十分著名的艺术演出中心。百老汇模式是在特定的历史背景下形成的，如今，已发展成为全美最大、最成熟的艺术产业集群。百老汇剧院群主要由剧院、艺术演出团体、配套企业或服务公司、中介经纪公司与咨询公司、行业组织机构等构成。纽约共有390家剧院、180个音乐演出团体和100余个舞蹈演出团体，绝大多数分布在百老汇一带。百老汇的艺术产业主要属于表演艺术范畴，百老汇的成功在于它不仅拥有一个多层次、大规模、高水平的艺术演出团体，能满足不同层次人群的文化消费需求，真正做到雅俗共赏；更重要的是纽约市政府鼓励人们投资艺术产业，在资金、税收等产业政策上予以大力支持。纽约在世界上还享有"现代艺术之都"的美誉，艺术设施非常完善，艺术氛围也非常浓厚，各种艺术活动和展览很多，很多来自世界各地的艺术家云集纽约，使得这里成为全美最大和最为集中、火爆的演出市场。它的演出形式以舞蹈、音乐、戏剧等为主体，诞生了《音乐之声》、《美女与野兽》、《猫》等许多经典艺术作品，整个百老汇地区每年演出的票房总收入高达12亿美元。带动相关产业43亿美元，提供就业岗位近4万个。可以说，百老汇实现了艺术价值和商业价值的有机统一。此外，百老汇悠久的历史所形成的品牌效应，加上优秀经典剧目和高水平的表演，吸引中介经纪公司、咨询公司及相关行业组织机构为百老汇艺术产业提供各种服务。艺术表演市场的形成也带动了这一地区的餐饮、酒吧、宾馆、礼品业等相关产业的发展，形成艺术产业和服务行业相互依赖的发展格局。

3. 迪斯尼模式

迪斯尼是全球娱乐传媒业巨头，也是美国娱乐业的典型代表，其发展模式和成功经验值得各国借鉴。迪斯尼模式是在美国传统娱乐业基础上开创的一种以动画片、动画玩具和主题公园为主体产业结构的发展模式，也是全球娱乐业发展的成功案例。作为百年老店，迪斯尼是从20世纪的一家动画工作室发展成为如今的全球娱乐传媒业巨头，目前，旗下产业主要分为影视业、网络与媒体业、主题公园与休闲娱乐业、零售业四大主营业务。实际上迪斯尼现已成为一个庞大的以经营娱乐业为主，兼营多种产业的跨国集团，全球营业收入达252.69亿美元，产业规模及盈利稳居全美500强企业的第67位。2008年《商业周刊》评出迪斯尼品牌价值292.5亿美元，居世界100强中的第9位。

迪斯尼模式是借助核心的强势文化品牌，之后拓展到产业关联度较强的其他领域，如旅游、出版、音像、影视、服装、儿童用品等，形成一个以迪斯尼为核心的庞大产业链条和产业群体。迪斯尼模式是美国文化发展的一种反映，是美国文化的一部分，对当代社会生活产生了巨大的影响。该模式体现了以下三个特点：①通过文化内涵来深入挖掘艺术产品的商业价值，以文化品牌推动商业市场运作。迪斯尼的全部营业收入接近一半来自于相关品牌的产品。②创意产品设计注重人性化体验，充满温情和快乐。迪斯尼公司的经营理念：制造并出售欢乐。"制造欢乐"是迪斯尼品牌的核心。迪斯尼在提供最优质服务的经营理念下让公众，特别是孩子们享受休闲娱乐和温馨体验。③实行多元化发展战略，构建完整的产业链。

迪斯尼整体的商业模式被称为"轮次收入"模式，即通过电影媒体建立起迪斯尼的艺术形象，形成迪斯尼独有的品牌势能，再利用该文化形象，发展迪斯尼的相关业务，以达到盈利的目的，是典型的文化营销、品牌营销，在公司经营中，品牌产品和连锁经营是迪斯尼收入的主体，大约40%的利润来自于这个环节。主题公园的收入占20%，电影电视的收入占30%。迪斯尼以动漫影视和主题公园为核心不断拓展经营范围，延伸产业链，不断拓展海外市场，推行"全球迪斯尼"发展战略，使国际市场收入占总收入的30%以上。

（二）英国

英国20世纪80年代开始大力发展文化旅游产业集聚区。1997年后，英国政府提出发展创意旅游产业集聚区，范围包括特色建筑、艺术及古董、工艺与流行时尚设计、电影、休闲、音乐与表演艺术等满足当地居民与旅游者的集聚区。

伦敦是世界上较早提出文化旅游产业集聚区概念的城市，且逐渐成为引导世界创意潮流的文化产业中心。文化旅游产业增加值已超过传统产业，成为仅次于金融服务业的支柱性产业，成为增长最快的新兴产业。伦敦文化旅游产业集聚形成了伦敦西区创意产业园、东区霍克斯顿创意产业园及东北部克勒肯维尔园区等众多创意产业集聚区，其中，伦敦西区创意产业园最具典型性和影响力。

1. 伦敦西区模式

伦敦西区是与纽约百老汇齐名的世界两大戏剧中心之一，是英国戏剧界的代名词。伦敦西区16世纪末产生，兴起于17世纪，由于当时的王宫、教堂等集中在伦敦西区，因此，许多剧院也集聚在这一带。伦敦现有剧院约100家，而西区就集中了49家。这些剧院大多数都集中在面积不足1平方英里的夏夫茨伯里和黑马克两个街区内，形成了一个剧院区，被称为伦敦西区。这里位于伦敦市中心，金融商贸业和休闲娱乐业高度发达，除剧院外，伦敦西区还汇集数以百计的音乐制作、影视制作、广告、摄影、设计公司以及著名的酒吧、书店、杂志社、餐厅、休闲娱乐场所，构成了一个以戏剧表演业、休闲娱乐业为主体的、产业结构紧密的产业集群，成为世界上最具特点、最成熟的产业集聚区之一。这里基本上维持着传统的建筑风格和表演特色，伦敦西区创意产业集群是在传统戏剧文化基础上自发集聚形成的产业集群。

伦敦西区的经济效应巨大。作为伦敦最大的戏剧音乐业集聚区，经过历史文化和现代元素的不断融合，伦敦西区形成日益完善和强大的创意经济体，对伦敦乃至全英国的经济发展做出极大的贡献。伦敦西区音乐产业创造的增加值达到15亿英镑，演出业产值约20亿英镑，分别占英国音乐产业总产值和演出业总产值的一半以上；2/3以上的英国电影制作在伦敦西区完成，众多广播与电视产业企业也选择在伦敦西区落户。2010年，伦敦西区剧场的经济贡献再次刷新了历史新高，演出剧目上升至18615个，来自世界各地超过1400万剧迷走进伦敦西区剧场，票房总计超过5.12亿英镑。丰厚的票房也为国库缴纳了将近0.763亿英镑的增值税，为英国经济增长贡献了0.5个百分点。

作为一项产业，西区对经济的贡献还表现在出口创汇上，其外汇收入主要来自海外游客和出口剧目。每年还有大量的西区剧目在海外上演，每年出口剧目创汇5000万英镑。与英国其他一些新兴的、发展迅速的产业相比，西区的创汇能力令人吃惊。伦敦西区在加大出口剧目数量的同时，还积极吸引海内外游客，西区每年会吸引2亿游客，产生60亿英镑的消费额。其中，选择到英国西区的海外游客，通常是以购物游为主的高端消费者，旅游消费占西区消费的近1/3，带动与音乐戏剧相关的各种消费总计超过10亿英镑，同时，在戏剧表演相关配套服务领域以及旅游、工艺品、餐饮、娱乐等领域提供大量的就业岗位。值得注意的是伦敦西区在有限的空间内，以集群优势，吸引着庞大的观众群和游客群，产生连锁式的经济效应，同时营造了伦敦西区的人文环境，这正是伦敦西区成熟的标志。

伦敦西区的发展特征鲜明。伦敦西区模式作为极具特色的创意产业集群模式，在全球范围内产生巨大的影响，其成功之处在于：①完善的市场化运作机制。在西区的近50个剧院中，仅有少数在国际上享有很高盛誉和极强支柱作用的剧院享受政府资助，如皇家剧场、皇家国家剧院、皇家莎士比亚剧院和英格兰国家歌剧院等。众多的中小剧院完全是通过市场化运作，进行商业性演出，但为了鼓励创作新的戏剧艺术，英国艺术理事会通过基金支持，促进商业演出机构与非商业性质的院团合作，使艺术价值更高的作品首先在国家资助的剧院首演，成功后再转入商业剧院，这既降低了商演风险，又能保证获得巨大的经济效益。②剧院采取错层发展战略。西区剧院规模大小不等，上演的剧目多种多样，包括歌剧、话剧、音乐剧、儿童剧、木偶剧、芭蕾舞、民族舞和现代舞等形式。因此，伦敦西区采取错层发展战略，促进戏剧艺术产品能够满足不同观众欣赏口味，合理分配商业演出市场，提高经济效益。如获得政府支持的百年老字号大剧院一般会常年上演品牌性经典剧目，几年甚至十几年不变，对于规模较小的商业剧院而言，会通过上演热门的音乐剧和歌舞类节目以吸引观众。③积极培育受众群体。伦敦西区针对不同艺术形式所拥有的不同观众进行广泛调查，制定相应的引导和培育受众群体的措施，形成话剧、歌剧、音乐剧和芭蕾舞等不同演出形式的固定观众，以保证上座率和票房收入，使空间效应与经济效益达到最大化。

2. 布里斯托尔模式

布里斯托尔是英国西南地区最大的城市，电视与数字媒体是其标志性产业，被冠以英国第二大"媒体城市"的称号。布里斯托尔文化旅游产业集群以制作独立纪录片，特别是以自然、生态历史为主题的影视作品闻名于世，因此，又有"绿色好莱坞"之称。

布里斯托尔模式的空间形态独具特色。布里斯托尔电视与数字媒体产业园区坐落在布里斯托尔港口南部的克里夫顿区，紧邻布里斯托尔大学的 Clifton 一带。虽然规模比伦敦逊色，但产业集聚程度很强，园区内除了有 BBC 和 Partridge 两家大型公司外，还聚集大量中小型的独立制片公司。在电视与数字媒体产业园区内最发达的行业还是自然电影制作业，其中以 BBC 的自然历史摄制组（NHU）、HTV 独立电视台等为主。NHU 大约有 20 多个影视公司、7 个电影制作场馆、11个后期制作场馆及大批图片、音效等相关服务公司。这些公司紧邻布里斯托尔大学，而在这些核心企业的周围又布满了众多中小公司、微型企业以及提供专业服务的创意人员，构成了紧密而又完整的产业网络。长期以来，布里斯托尔一直把高科技产业作为城市产业发展的方向，电视与数字媒体产业园区的形成开始于英国 BBC 分支机构的进驻，得益于这座城市的地理环境和产业政策支持，依托于布里斯托尔大学等高校的人才资源及所提供的专业知识和相关技术。此外，许多动漫企业也进驻该地。就生产类型来说，历史电影制作和 3D 动画片成为布里斯托尔电视与数字媒体产业园区的两大产业支柱。该园区拥有国际声誉的阿德曼动画片公司，其生产和制作的许多优秀作品占据国际市场，特别是与美国梦工厂合作后发展更快，正因如此，世界上许多动画片公司和相关服务性企业都选择在布里斯托尔创意产业园落户。

布里斯托尔模式的经济效应增长迅速。布里斯托尔创意产业园虽说规模没有伦敦西区大，但产业集中度却很高。布里斯托尔电视与数字媒体产业园区是 BBC 主要的一个地方生产中心，在该园区内集聚 1 万多名创意人员，创造经济产值约 11 亿英镑，年增长率高于其他产业。如园区内仅有 27 名员工的绿伞公司，以承接 BBC 后期剪辑和影片制作为主业，仅每年的纪录片出口额就高达 200 万英镑，其中 90% 销往美国。经济的增长带动就业人数的增加，整体就业增长迅速。其中绝大多数集中在广播电视和媒体制作两大行业，而 BBC 和 HTV-WEST 两大公司创造了 50% 以上的产值和大部分就业岗位。BBC 在自然历史片、动画片和纪录片三个部门中的雇员大约有 800 人。HTV-WEAT 是一个商业频道，但是它的产量与 BBC 相差无几。布里斯托尔电视与数字媒体产业园区还集中了一批动画创作与制作公司，在 3D 动画制作方面具有相当强劲的竞争力。

布里斯托尔模式的发展特征是特色化与集聚化并重。①集群集中度高，并多以中小型企业为主。该集群企业创造的经济产值总量相对较低，直接雇用的人员也很少，但它对提高本地的知名度具有重要作用，从而能够吸引更多的媒体公司进入本地。②集群行业特色鲜明，产业链单一。该集群企业多是经营电视与数字媒体产业的企业，其中最发达的行业是自然电影制作业。围绕这个主体行业，依托 BBC 和 HTV-WEST 两大公司，形成一系列小型企业和个人为自然生态类电影制作业提供各类服务，从而共同构建了电视与媒体产业集群。③集群以"群聚效应"为主轴，地理位置上相近，偏重联结、服务及行销的实质功能，地理区位上也并非居于市中心。对于土地、区位、历史建筑物的依赖程度是不相同的，尤其是软件、电脑游戏及电子出版物等依赖数字技术的创意产业，以高科技为支撑、以互联网为载体，呈现虚拟集聚的态势。

3. 英国发展创意产业集群的成功经验

作为创意产业的起源地，英国创意产业集群的发展经验给辽宁提供了很多启示。主要表现在：

第一，依托本地文化资源，建设特色产业园区。英国在规划和确定创意产业园区时注重并利用周边地域的文化资源禀赋，关注产业园区能否体现地域文化特色，即是否具有其独特的创意资源、地域风格及文化品位等。如曼彻斯特北部创意产业园区的形成就与当地丰富的、与众不同的音乐历史及享有国际盛誉的滚石和流行音乐有关，布里斯托尔电视与数字媒体集群则是建立在该区悠久的电影制作历史基础之上。

第二，注重部门协作，发挥社会组织作用。英国自 1997 年开始，成立了以文化大臣为首的创意产业行动小组，集合了 13 个创意产业门类的管理部门，便于政府内部的政策协调，提高工作效率。英国政府十分关注创意工业与地方发展的关系，强化地方创意产业与区域经济协同发展。同时，在政府的引导和扶持下，半官方性质的组织——英国当代艺术中心，及协会、社团、顾问公司等各层次的社会团体或民间组织，交叉设奖或补贴，形成了民间分工合作体系，以共同促进创意产业的集聚发展。

第三，完善投融资体系，构建园区基础平台。考虑到创意产业普遍规模较小、风险较高的特点，英国政府设立了多项资助计划，以对中小创意企业提供风险融资。英国政府协同金融界和有潜力的民间投资者为创业者提供资助，逐步完善强大的创意工业资金支持系统。目前，英国对创意企业或个人资金扶持主要采用两种措施：一是提供信息支撑；二是通过英国科学、技术及艺术基金会为具有创新观点的个人提供发展资金等。仅伦敦市政府每年就为创意产业投入 2 亿美元作为创业资本基金。此外，英国政府还为创意产业园区提供发达的信息技术支撑，以及建立企业间的网络系统、基础建设平台，确保进驻创意产业区的企业和个人能够获得轻松的工作环境和快速发展的外部条件。

第四，注重基础性艺术教育，广泛培养创意人才。一方面，英国政府注重培养公民的创意生活和创意环境，支持和鼓励社会公众特别是青少年开展创新实践和文化艺术活动，并为其提供良好的外部环境。另一方面，加强学校文化艺术修养教育，共有上千所学校已开设美术、音乐、戏剧、舞蹈和设计等艺术专业或学科课程，并设置了相应的艺术学分。同时，加强艺术教育和专业技能培训，国家或地方政府在资金和产权保护等方面给予政策支持和财政资助，积极探索国际合作与交流。

（三）韩国

1999 年 2 月韩国发布了"文化产业振兴基本法"，将文化产业界定为与文化商品的生产、流通、消费有关的产业。涉及文化旅游产业集聚区发展的领域有：影视与动漫基地、主题演出文物展览基地、创意性设计与传统工艺品集散基地、传统服装与传统食品基地等。韩国最典型的文化旅游产业集聚区当属韩国数字媒体城。

1. 韩国数字媒体城的发展模式

位于首尔西部门户上岩地区的数字媒体城（DMC），被韩国人称为把梦想变为现实的典型代表。这里曾经是一个巨型的垃圾填埋场，现如今已是首尔值得骄傲的，总面积达 569925 平方米的数字媒体娱乐中心。这里会聚了韩国主要的媒体公司和尖端信息技术企业，包括贝尔实验室等多家世界一流的研究机构。集中了韩国媒体广播、游戏、电影、动画制作、音乐、数字化教育、旅游和 IT 服务业等基于信息技术的行业领域，并按企业性质和功能分为核心区和非核心区两大类共八个区域，入驻企业已有 1000 余家。该数字媒体城在综合服务功能、人才培养和物流管理方面都颇具优势，成为一个代表未来发展方向的产学研完美结合的媒体数字园区。

数字媒体城作为韩国文化产业的重要基地之一，由韩国首尔市政府开发和推广，由开发公司负责土地开发和基础设施建设，是典型的开发—转让运行模式。该媒体城将建设成为世界数字媒体内容制作基地；世界第一个数字媒体技术研发中心；世界各高校间的合作重地；媒体研究和业务中心；亚洲东北部最好的商业港湾。数字媒体城以 IT 产业为主体，以数字媒体和游戏动漫为两翼，迅速地向全球扩张，推动了文化旅游产业的快速发展。

该数字媒体城具有自身发展的区位优势：①交通便利。数字媒体城距首尔市中心商业区 7 公里，距金铺国际机场仅 10 分钟。②休闲与产业服务设施完备。首尔拥有国内最完善的文化基础设施和先进的通信网络。在 IT 信息技术的支持下，首尔使用超高速互联网的家庭比例数位居世界各大城市首位。③区域内旅游休闲环境相对成熟。周边拥有最完善的博物馆、美术馆、公共图书馆、剧场等文化场所，以及上岩千禧城、世界杯体育场、公共高尔夫球场等商务和体育休闲场所。④人力资源丰富。首尔拥有各类数字媒体类学校 160 所，其中，世界一流大学 15 所，每年培养创意产业相关专业毕业生 5000 余人，还有创意产业教育机构培训大量专业人员。⑤具有创意产业集聚的产业基础。早在 20 世纪 90 年代，首尔就有近万家中小型数字媒体创新型企业聚集在首尔市区及近郊，具有良好的产业结构以及高度熟练的人力资源技术。⑥投资优惠政策。政府给予入驻企业极大的政策支持，根据投资总额大小可享受土地价格优惠，给予更优惠的利率和税收政策。这种集群式发展使得该媒体城与世界其他国家的媒体行业形成差异化竞争，加之有政府支持、比较完备的国内激励机制及外商投资激励机制，推进创意产业得以迅速发展。

2. 韩国文化旅游产业集聚区发展的特点与成功经验

韩国数字媒体城的发展模式是韩国产业集聚的成功案例，其发展经验归纳起来主要有以下几方面：

第一，凸显政府的主导作用。韩国实行的是政府主导型产业发展模式，其中，政府在构建创意产业园区的整体发展思路、产业引导、市场保护、扶持大企业集团、对外贸易和投资支持等方面发挥了巨大的作用。政府是创意产业园区的领导者，产业结构的设计者和重组者，自 1998 年开始先后出台了《国民政府的新文化政策》、《创意产业发展五年计划》、《创意产业发展推进计划》、《21 世纪创意产业的设想》、《电影产业振兴综合计划》等纲领性文件以及《著作权法》、《电影振兴法》、《创新企业培育特别法》、《创意产业促进法》等法律法规，明确地把创意产业作为国家战略性支柱产业优先发展。政府还运用财政、税收、信贷等经济杠杆为创意产业集聚发展创造条件，如实行优惠信贷；提供各种政府专项基金，对经济效益优异的创意产业技术开发项目提供开发补助金；对扶植中小型风险企业进行技术开发做出明确规定。这些措施都是以数字信息技术升级带动产业结构高级化，使知识密集型的创意产业成为 21 世纪韩国的主导产业。

第二，强化专门机构的协调管理功能。韩国负责创意产业规划和管理的政府部门主要是文化观光部，该部设立了创意产业局、文化政策局、艺术局以及若干个创意产业振兴机构，形成了完善的组织管理体系。这些政府职能部门的业务涉及创意产业的各个方面。随着韩国政府对创意产业发展的高度重视，又增设创意产业支援中心及创意产业振兴院，这两个组织机构主要是在政策、资金、技术、信息、人才及销售等方面为创意产业提供全方位的综合支援，同时，侧重于推动音乐、动漫等重点产业的发展，对创意产业的发展起着重要的协调推动作用。此外，韩国文化观光部还与其他部门合作建立一些相关行业协会或产业中心，通过统一协调、密切合作的管理机制，全力推动本国创意产业的均衡发展。

第三，实施集约化产业经营机制。韩国创意产业总体经营战略是通过集约化生产做大做强企业集团，目的是整合文化资源，实施集约化经营，形成集群竞争优势和外部规模效应，全面提高区域创意产业的综合实力。韩国十分注重"产、官、学、研"的联合协作，在创意产业园区内普遍实行研发、制作、培训、营销一体化的综合开发模式。这种模式的优势在于如果某一产品在市场取得成功，会为其他产业带来附加值，可生成多种收入模式，创造出高效益，更会加大企业及个人对创意产业的投资，反过来促进文化产业的发展，这就是创意产业链的优化带来的连锁效应。尤其是在动漫领域中，形成了包括立项、开发、制作、包装、市场推广在内的一个最为典型、最为完整的产业链，涉及动画、漫画、影视、游戏、音乐、玩具、文具、出版、服装等众多领域。如韩国的"流氓兔"漫画形象，自1999年设计出来之后，短短几年就风靡全球，成为卡通电视、儿童玩具、服装饰物及手机游戏的主角，形成一个超过10亿美元的大产业。其他具有代表性的动漫人物也纷纷被改编为动画、游戏、电影、多种卡通形象，展现出"一源多用"的经营模式。

第四，建立多方投融资机制。一方面，韩国政府加大财政投资力度，通过设立专项基金支持创意产业发展的重点领域和重点项目，利用信贷优惠、税费减免补贴及设立多种奖励等经济手段支持中小创意企业发展；另一方面，政府以立法的形式，构建文化金融平台，整合社会民间资金，建立官方和民间的"投资组合"，实施多元化融资机制，鼓励其他大型企业集团投资创意产业，吸纳民间资金进入创意产业领域。在国家政策推动下，韩国出现网络融资、证券市场融资等新的融资方式，为创意产业的发展起到积极的推进作用。

第五，坚持海外市场扩展战略。韩国创意产业发展一直具有外向性特征，向海外市场扩展是韩国创意产业发展的国家战略。由于韩国国内地域面积和人口数量有限，文化消费市场不足，产业带动效应弱。如果要把创意产业做大做强，促进创意产业大发展，必须瞄准国际市场。因而，韩国所有创意设计和生产制作都是立足国外市场，以中国、日本及东南亚地区的消费群体为重点进军国际市场。同时，在生产领域加强国际合作，增加产品的国际性含量，并通过举办或参加国际性的商贸展销活动和文化会议，积极打造海外扩展平台，推动韩国文化产品"走出去"。韩国通过"文化科技"理念，凸显创意产业特色，集中精力打造创意品牌。把"韩国制造"转向"韩国设计"，是韩国拓展国际市场的重要途径。在这一国家战略指导下，韩国文化产品出口规模连年增长。2005~2009 年，出口规模年增长率为 18.9%，其中电视剧、网络和手机游戏的产品出口规模居各行业前三位，也走在世界前列。风靡一时的"韩流"影视剧，充分体现了韩国人在"讲故事"方面的创意，创造了"韩流"神话。

（四）日本

日本官方文化产业概念主要包括音乐、戏剧、电影、展览等文化艺术业。在文化旅游集聚区领域的统计口径较宽，大力推广的文化旅游集聚区的主要类型有：博彩和饮食休闲旅游集聚区、体育赛事与场馆观光旅游集聚区、度假温泉旅游集聚区和动漫旅游产业集聚区。

1. 东京动漫旅游产业集聚区

日本素有"动漫王国"之称，是世界上最大的动漫制作和输出国，全球播映的动画片中约有 60% 是日本制作的。东京因集中了日本 83% 的动漫企业被称为"动漫之都"。

东京动漫产业集群的空间布局合理。日本约有 430 多家动漫制作公司，其中东京有 359 家动漫企业，占 83% 以上。东京动漫产业涉及影视、音像、出版、旅游、广告、教育、服装、文具及网络游戏等众多领域，大量的动漫制作公司和游戏制造商，包括日本东映动画、虫制作、东京电影等大公司，集中在 JR 中央线、西武新宿线及西武池袋线等各铁路沿线，现已成为世界上屈指可数的动漫产业集群地。其中 40% 集中在东京的练马区和杉并区两个行政区，由于东映动漫创建在练马区，练马区被称作日本现代动漫的摇篮，集中了 77 家动漫企业，位居第一，杉并区大约集中了近 70 家动漫企业，空间集聚程度十分明显。武藏野、秋叶原两地也聚集众多的中小型动漫制作公司。秋叶原动漫产业基地由东京新产业文化创作研究所经营，成为东京尖端科技、媒体和新艺术的试验场和研发基地，形成产、学、研、销一体化的动漫产业集群。在动漫产业集群内总生产商为数不多，约有 50 家是东京主要动漫生产企业，其他的企业则是动漫产业链上的承包商。承包商多集中分布在总生产企业附近，即分布在港区、中央区、涩谷区等商务中心区。这些地区还集中分布了出版商、商务机构、文化机构，文化信息交流多，有利于承包商把握市场需求。

2. 东京动漫旅游产业集聚区的特点

第一，东京动漫产业集群具有完整的动漫产业体系，动漫企业集中度高。东京动漫产业具有日本创意产业发展的典型特征。东京动漫产业涉及影视、音像、出版、广告、服装、玩具、旅游和游戏等众多领域，形成动漫产业网络模式，即以电视动画片为主体，以动漫形象为核心，通过动漫衍生品的开发，形成一个规模效益巨大的产业链，并以此构建一个相关企业的区域集聚和组织网络。动漫产品通过版权转让形式进入各个产业领域，带动相关产业发展。这是动漫产业链最为典型的主导盈利模式。这种产业链的运行机制是通过产销分离，实现动漫产业的风险规避，其生产和销售流程包括：制作社（也有自由创作人）制作动画片—代理商销售—影视系统播放—企业购买动画产品形象并开发衍生产品—商家销售产品。这种运行机制有效地促进了动漫企业及上下游企业自觉地形成空间集聚。东京动漫产业发展模式代表了日本创意产业发展的总体趋势。

第二，东京动漫产业集群表现为企业规模小型化，地域国际化。东京聚集了众多大小不一的动漫企业，大约有 359 家动漫企业，占日本全国动漫企业的83%。这些动漫企业绝大多数规模较小，其中 30 人以下的企业占了 60% 以上，年产值 500 亿日元以下的企业占半数以上。动漫公司、出版社、电视台及电影公司积极拓展海外市场，在国际动漫市场上占据主导地位。同时，东京具有其他地区无法比拟的创作环境和生活条件，吸引了无数国内外著名的漫画家、动漫形象设计师、动漫制作者等动漫从业人员集聚这里。这种动漫人才的多样性与国际化为动漫公司持续稳定地发展奠定了基础。

第三，东京动漫产业集群"产官学研"紧密结合，新媒体技术支撑作用明显。日本政府及东京政府都对动漫产业实施扶持政策，不仅将其作为一项重要的出口产业，而且作为一种独立文化来培育。因此，东京动漫产业模式是一个"产官学研"模式，即政府通过政策引导和法律保障，实现人才、资金和组织机构的支持；高等学校则提供人才和智力支持，研发机构负责提供技术服务、市场信息咨询等，而企业通过政府和研究机构合作谋求创意产业的发展。以此为基础，通过新媒体技术的支持，不断加快创意产品的升级换代和拓宽服务市场，寻求新的经济增长点。

3. 东京动漫旅游产业集聚区的经验

动漫旅游产业是日本文化产业体系的重要组成部分，东京是该产业的密集区，该园区的经验在很大程度上也是日本文化创意产业集群发展的总结，包括动漫产业的产业政策、运行模式、资金筹措、市场营销等，给予我们如下启示：

第一，实施"官产学研"相结合模式。东京动漫产业实行政府主导型产业运行机制。1995 年，日本政府正式把创意产业纳入国家经济发展规划，提出"文化立国"战略，随后，东京发布了《东京观光产业振兴计划》，将动漫产业确立为重要的地方产业和观光资源。政府通过制定信贷、财政补贴、税收优惠等相关扶持政策以及提供各种信息来引导和协助企业发展，并通过持续增加投入，不断完善文化基础设施为创意企业集聚创造良好的外部条件和成长空间。学术界对动漫产业的支持主要表现在高校培养输送动漫专业人才和科研机构的研发技术等方面。一些经济组织和社会团体，如经团联、动画协会、动漫工作者协会等被看作政府职能的延伸，不仅参与动漫产业管理，并在信息咨询、科研服务、资源发掘、国际交流与合作等方面为动漫产业发展发挥重要作用。在政府主导和民间团体的协调下，动漫企业仍然拥有自己的经营主动权和自主性，企业在市场中的主体地位得到更有力的保障，企业通过政府和研究机构合作获得更大的经济效益与社会效益，谋求创意产业的更大发展。

第二，建立起一个成熟完善的动漫市场营销体系。东京动漫产业企业首创创作与销售一体化的营销方式，灵活高效的市场化营销体系以高素质的销售人员、完善的中介服务机构与产品制作公司为依托，其中广告代理服务、版权中介服务和海外市场开拓服务是该体系极其重要的环节，保障动漫产业市场的繁荣与稳定。此外，通过动漫衍生品的开发，形成了一个规模和效益巨大的产业链。"动漫市场本身只是一个载体，一个运作平台。它强大的急剧扩张功能在于依靠动漫明星的无限魅力，辐射、渗透到生活的每个环节，使动漫形象无处不在。但就利润而言，动漫市场本身约占 1/3，衍生开发能产生 2/3 以上的效益。"日本的动画片大多来源于连环漫画。一部连环漫画出版后，通过后期开发，可以产生出许多副产品，如拍摄动画影片、电视连续剧，在剧场演出，制作 DVD 节目，还可以与游戏和玩具业合作，制作网络游戏和玩具等，而具有动漫形象专利的产品总生产额高达两兆日元。

第三，形成多元化投资主体。日本政府高度重视动漫产业，不仅在资金上大力支持创意产业的发展，同时也鼓励多元投资机制，支持非文化企业和境外资金投资创意产业。因此，形成了政府推动和民间资本注入的投资机制，政府创设的"振兴艺术文化基金"就是由政府和民间组织共同出资设立的，其中，政府出资500 亿日元，民间赞助 112 亿日元。其目的在于支援各种文化艺术活动。日本产业的融资，基本上是官民结合、以民间力量为重，民间企业投资是创意产业发展壮大的主要融资来源，而且所占比例越来越大。许多大型文化活动的举办多依赖于企业、公司的投资和资金赞助。正是由于有了民间企业的大力投入和支持，日本的文化产业才得以发展壮大。在创意产业的壮大过程中，民间企业投资的作用越来越明显，出资比例逐年增大。政府财政拨款一般用于文化遗产保护和基础设施建设上。

第四，积极拓展海外市场。日本是世界上最大的动漫制作和输出国，这得益于更广泛的开拓海外市场。日本动漫产业的海外市场开发最早始于 20 世纪 50~

60 年代的漫画出口，出口的主要方式是漫画杂志和漫画图书，出口地区主要集中在欧洲、北美和中国的港澳台地区。随着日本动画片的日益成熟，出口方式变为以动画带动漫画出口，出口国家多达 7 个，动漫片开始主导全球市场。目前，全球播放的动漫作品中有六成以上出自日本，在欧洲这个比例更高，达到八成以上，而销往美国的动画片以及衍生品的贸易额，已成倍数地超过出口到美国的钢铁贸易额。这一市场份额主要来自两方面：一是日本民间的"内容产品海外流通促进组织"，其主要任务是促进创意产品的出口，管理海外市场的反盗版活动，参加海外市场的诉讼关联活动；二是为动漫制作公司服务的中介公司，这些专业化程度很高的中介公司通过大型展销会、产品专卖店和动漫产品国际交流平台等形式，推动动漫产品进入国际市场。

（五）阿根廷

阿根廷官方机构认为并不是所有的文化经济活动都属于产业，只有产品和服务的大规模生产具有组织化、标准化和系列化，才可称为产业。因此，阿根廷主管文化事务的最高政府机构文化国务秘书处将文化经济分为三部分，只有前两部分属于文化产业。第一部分被称为传统或核心的文化产业，包括视听产业、音像产业和出版业。第二部分被称为新兴文化产业，包括广告和设计。最后一部分是非产业的文化经济活动，包括艺术、手工艺、音乐演出和文化服务业。

（六）澳大利亚

澳大利亚政府一向重视文化旅游产业集聚区的开发。澳大利亚统计局下属的全国文化和休闲统计中心也制定并颁布了澳大利亚文化和娱乐分类。这一分类包括行业分类（4 种）、产品分类（26 种）和职业分类（9 种）三大块。在行业分类里，澳大利亚的文化旅游产业集聚区的种类被划分为：遗产类、艺术类、体育和健身娱乐类、其他文化娱乐类四大类。其中，昆士兰模式成功地将演艺与科技融为一体，提供了文化创意与旅游集聚区运行的良好经验。

1. 昆士兰模式

昆士兰州位于澳大利亚东北部，濒临南太平洋的东海岸，是澳大利亚第二大州。享有"阳光之城"美誉的昆士兰州首府布里斯班，自 20 世纪 90 年代以来已成为澳大利亚经济发展最快的城市，其创意产业发展更为人们所赞誉，特别是备受全球关注的布里斯本创意产业区（QUT Creative Industry Precinct，CIP）经过十多年的发展，现已与美国纽约 SOHO 区、英国伦敦西区齐名，成为世界三大创意产业集聚区，被业界人士誉为创意集群的"昆士兰模式"。昆士兰模式是集教育培训、应用研究、产业化开发于一体的创意产业园区发展模式，也是澳大利亚第一个由政府部门与高等学校合作建设的创意产业园区，其建园的成功经验对世界各国创意产业集聚区的建设和发展产生了重大而又深远的影响。

布里斯本创意产业区（QUT Creative Industry Precinct，CIP）是澳大利亚打造"创意国度"国家战略的重要举措，是昆士兰州政府实施"智慧之州"工程、城市改造和教育振兴三大规划项目的重要内容。CIP 建设就是要通过促进创意产业的发展，改变昆士兰州的产业结构，打破长期以来严重依赖传统产业的经济发展局面，提高产业效能，推动区域经济增长。

CIP 位于布里斯班中央商业区西南侧一个开发地带，紧邻昆士兰科技大学和城区最大的文化演艺活动中心与高科技基地，占地 0.2 平方千米。CIP 由昆士兰州政府和昆士兰科技大学共同投资筹建，是澳大利亚第一个由政府与教育界共同为发展创意产业而合作的项目。2004 年建成，总投入 4 亿澳元。园区主要涉及印刷媒体、视觉表演艺术、音乐创作和出版、新媒体（如动画、游戏和互联网内容设计）、广播电子媒体和电影、传统艺术活动等创意产业领域。CIP 是澳大利亚首个以从事创意产业项目孵化与商业开发为主的专业性创意产业园区。CIP 兼备教育和培训、实务应用研究、产业化开发等三大功能，整个体系由昆士兰科技大学、国家级研究中心、政府部门、创意企业及相关机构构成。

昆士兰科技大学是澳大利亚目前规模最大、研发实力最强的高校之一。昆士兰科技大学历来重视实践教学环节，强调教学必须以实际应用为主，人才培养以市场需求为导向，因而被称为"实用大学"。这种教育理念和教学特色促使学校与地区企业长期保持密切的合作关系。2001 年，昆士兰科技大学在原有的媒体与传播、表演与文化创意艺术和传达设计三个学科基础上，新组建一个世界高校中唯一的创意产业学院，学院共设置了创意设计、创意写作、音乐舞蹈、视觉艺术、新闻、广告、动画、电视媒体、数字媒体、旅游等专业学科，倾全力培育创意产业人才。创意产业应用研究中心和互动设计中心作为两个受国家资助的国家级研究中心，实施的是跨学科的、开放式的开发研究体系和创新模式，开发研究方向明确，科研组织形式多样灵活，研究成果十分显著，在人文学科研究领域具有重要地位，在应用性文化创意艺术领域处于领先地位。这两个中心重点放在媒体、广告、旅游与教育四个领域，在对本土创意产业发展进行集中研究的同时，也关注国际上其他国家创意产业的应用研究，为澳大利亚政府提供许多重要的创意产业发展策略与规划，从而奠定了其在全球创意产业应用研究方面的核心地位。CIP 拥有大量的计算机实验室、专业制作室、商业演出剧院、展示场地和公共拍摄基地，众多的创意设计、数字媒体、影视制作、策划咨询、软件服务公司等企业，以及一些专业戏剧演出公司集聚在园区内，由此也带来了商务代理、金融机构、医疗机构、房地产公司和商务中心等相关辅助机构的入驻。当然，政府在园区内设立专门机构，负责 CIP 发展规划和运行管理，并提供相关的基础设施建设和公共服务。目前，布里斯班创意产业区已经形成了以米尔顿为中心的"西部产业走廊"，其本身便具有了数字产业集聚的显著特征。

2. 昆士兰模式的运行机制与经验借鉴

昆士兰模式实质是一种由"产官学"共同合作而形成的园区发展模式，目的是搭建一个集合人才培养、创意产业研究和创意产业实践等多种功能的发展平台，体现了创意产业的文化创意、高新技术、产业化三位一体的特色。CIP 规划方案对这个创意产业园区的前景做了描述：创意产业园区是一个产业、政府和高等教育与研究相互依存的网络，它们共同创造一个环境，支持创新，支持创造力的提高，支持企业的发展和就业增长。政府、产业和昆士兰科技大学合作，建立创意产业发展的合作模式。

从 CIP 构成主体的相互关系上看，昆士兰科技大学向入驻园区的创意企业输送大量的专业人才，开展技能培训，提供文化资源、艺术资源、学术资源及相关服务，又为相关研究机构培养高端人才与提供辅助研究，大学成为推动园区不断发展的重要力量；创意企业既向昆士兰科技大学注入发展资金，为在校学生提供实习或实践机会，又为研究机构提供相关的实证数据以及必要的研发经费；而研究机构既要向大学提供专业设置指导，为企业提供业务咨询和战略规划，又要向政府提出创意产业发展建议。政府主要负责基础设施建设，提供政策支持和公共服务。昆士兰模式是澳大利亚创意产业集群模式的一个典型，已经被实践证明颇具生命力和吸引力，不仅有利于促进集群内各方的合作与创新，而且能产生强大的外部性，具有很强的示范效应。对致力于创意产业发展的国家或地区来说，可获得重要启示。

第一，完善生活设施配套，发挥创意阶层吸引效应。CIP 定位是集教育培训、产业研究、企业孵化、商业运作于一体，创造出工作、学习、生活、娱乐融合发展的多功能园区。该园区因其完善的生活设施和惬意的生活氛围被创意从业者形象地称为"都市乡村"，这一特征正契合创意阶层的工作和生活需求特点，成为吸引澳大利亚甚至全球创意阶层聚集的重要空间载体。园区内创意阶层的集聚促进创新、创作、文化、艺术和生活氛围不断增强，又进一步吸引新的创意从业者不断到来，形成创意阶层吸引效应的良性循环。可见，是创意阶层的首要选择，规划和建设创意产业集群必须要充分考虑创意阶层的工作与生活特点，加强基础配套设施的建设，营造浓厚的文化艺术氛围和宽松自由的工作环境，为创意阶层提供多样化的工作和生活空间。

第二，建立集群协调组织，发挥网络协同效应。在 CIP 这个空间内，汇聚了大学、科研机构以及数字媒体、设计、剧团等创意企业，还包括休闲娱乐中心、购物中心、医疗中心和商务中心等辅助机构，创意企业与大学、科研机构及辅助机构相互密切协作，共享公共服务资源和价值链利益，形成网络协同效应，即创意企业通过集群化协作比单独运作能获得更高的生产能力和经济效益。创意产业集群的网络协同效应是创意企业入驻CIP的重要原因。因此，规划创意产业集群并非创意企业在地理空间上的简单"扎堆"，搞成"大而全"，而是真正根据地方文化特色和产业优势，通过制定创意企业类型准入制度，积极引导相互间具有网络协同效应的创意企业入驻。

第三，强化科研机构的技术和服务支持，发挥政府战略导向作用。澳大利亚较早地将支持和发展创意产业提上了国家计划，布里斯班市政府在这一大背景下，借势在"2026年城市远期战略规划"中明确提出了创造充满活力的"创意城市"的目标，将布里斯班建成艺术与环境有机融合的标志性城市。为此，布里斯班市政府实行了一系列支持举措，以创意产业集群为发展途径，采用"产官学"共同合作的发展模式，其中的重要一点是注重科研机构的技术和服务支持，以帮助创意企业解决发展中的技术难题，同时帮助从事创意产业的企业了解本行业的经营状况和发展态势，做好自身的发展规划。

第四，政府注资与税收优惠结合，推动中小企业发展。针对创意产业多以中小企业为主的特点，布里斯班市政府依据澳大利亚创意产业相关政策实施政府注资与税收优惠结合的企业扶持策略。一方面，政府加大企业研发的投入，通过设立小企业基金项目或直接投资，为创意产业的中小企业提供资金资助，缓解新创企业的资金困难，以帮助提高研发创新能力；另一方面，通过制定一系列优惠政策，尤其是对中小企业在税收上的政策优惠，这种"放水养鱼"策略，很大程度上激活了中小创意企业的创新动力和市场竞争力，促进创意产业集聚区的繁荣与稳定。

从昆士兰模式的分析可以看出，政府在澳大利亚创意产业集群的形成和发展过程中扮演着最为重要的角色，是创意产业发展的主导力量，政府通过规划要求、政策引导、资金资助等措施，保证创意产业集群在特定区域以规范化方式运行；大学和研发机构是创意产业的重要组成部分，对创意企业发展具有强大的支撑作用。在CIP内，大学作为人才技术投资方和两个国家级研究中心共同为整个集群内企业提供智力支撑。正是政府、企业、大学、研究机构相互作用、相互衔接，才使人才培养、科研创新和产业发展三大功能完美结合，才使CIP成为澳大利亚乃至全球创意产业发展的一个典型模式。

（七）国外经验

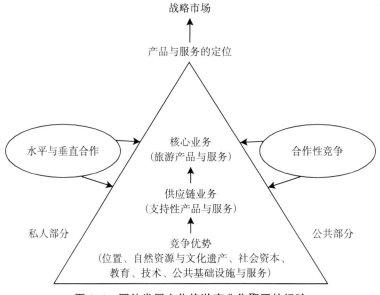

图 9-1　国外发展文化旅游产业集聚区的经验

发展文化旅游产业集聚区最基本的一条国际经验是：公共部门的投入与招商引资并举，大力培育优质竞争环境，通过集聚区自身的竞争优势、供应链优势、核心业务吸引力占领市场。

通过以上几种模式分析，可以看出世界范围内在文化旅游产业集聚区发展过程中，具有以下成功经验。

第一，完善成熟的知识产权保护制度。知识产权保护是保护园区发展内在动力的主要软因素之一。美国目前已经建立了《版权法》、《商标法》、《专利法》、《电子盗版禁止法》等一系列法规，构成了相当完善的知识产权保护法律体系。美国把保护知识产权上升到国家战略的高度，通过完备的法律体系加强国内外知识产权的保护，使产业更具有市场竞争优势。同时，开放灵活的制度使产业形成了多元性、开放性的市场体系。

第二，高度产业化的商业运营机制。产业集群主要采用市场主导的发展模式，在文化旅游产业管理运行机制方面实施"无为而治"的政策，自由宽松的产业政策，能够充分反映市场主体的利益和要求。而文化企业不再强调以生产制造为中心，更强调价值链的延伸，提出"创意＋科技＋资本"的经营理念，实现创意活动和特色经典文化的完美结合，并依靠高度产业化的商业运营模式，拓展国内与国际市场。

第三，多元化投资机制和多元化跨国经营。各国政府鼓励多元投资机制和多种经营方式，鼓励非创意企业和境外资金投入文化旅游产业。对产业直接投入的资金有限，但国家以"资金匹配"的方式，利用政策引导和经济调节手段，促使更多的地方政府资金及民间资本进入该产业领域，实现投资主体多元化。产业集聚区的建设除了政府给予直接和间接的投资外，各种非营利机构与组织、经济开发团体、各类地区性开发计划、发展基金、私营企业以及社会团体对集聚区建设的投入占总投资的很大比例。多元化跨国经营也是文化旅游产业集群发展中普遍采用的一种战略，通过资本重组，形成大型跨国集团，拓宽海外市场，实现经济利益最大化。

第四，注重人力资源储备和科技创新投入。在人才培养机制方面，各国已经构建了较完善的文化旅游产业人才培养体系。一方面，注重吸纳和引进优秀的文化艺术人才，全世界各国优秀人才在强大的优惠政策和良好的工作环境吸引下涌入；另一方面，依托高校和社会培训机构开办了文化艺术门类相关专业，培养了大量的专业人才和管理人才，为产业始终保持竞争优势做出了巨大的贡献。除了本国培养之外，吸引外国人才的加入也是各国加强创意人才储备的重要方法，能够将全世界的优秀人才都汇集到一起就是产业发展最大的优势资源。据创意经济学家弗罗里达测算，目前美国创意阶层的总数达到 3850 万人，占全美劳动力的 30% 左右。充足的人才储备为产业集群发展奠定了基础。此外，对创意文化旅游产业的科技投入也十分重要，注重科技创新与创意产业的高度融合，特别是在影视、数字出版、动漫、网络等方面技术处于世界领先地位，保证产业一直处于产业链的高端，而获得丰厚的利润。

从以上四点可以看出，文化旅游产业集群的培育与发展既要依靠政策法律保障与市场化运营机制，又要注重创意人才培养与特色文化利用，塑造创意产业品牌，打造并完善创意产业链，从而形成文化旅游产业集聚区。

二、中国港台文化旅游产业集聚区的发展

（一）中国香港文化旅游产业集聚区

1. 中国香港文化旅游产业集聚区的现状

中国香港文化旅游产业在很大程度上受到英国的影响。香港大学文化政策研

究中心以英国20世纪90年代末的分类为基础，根据中国香港的实际发展状况，在《香港创意产业基线研究报告》中将中国香港文化产业分为三大类，包括11个行业。第一类是文化艺术类，包括艺术品、古董与手工艺品、音乐、表演艺术。第二类是电子媒体类，包括数码娱乐、电影与视像、软件与电子计算、电视与电台。第三类是设计类，包括广告、建筑、出版与印刷。然而从广义的角度来思考，博彩、会展、健身美容、新兴饮食、文化旅游等也是香港创意产业的主要组成部分。

香港地区包括香港岛、九龙、新界和离岛四个部分，目前共划分为18个行政区域。由于地理位置和历史发展等原因，香港文化旅游产业早已自行形成各自的集聚区，如IT、动画、广告集中在港岛的中西部，有2/3的设计公司设于湾仔、中环或西区等地；印刷、影视主要分布在东部，出版、广告和媒体公司多位于铜锣湾、北角；影视、会展业等多集中铜锣湾、尖沙咀、荃湾区；新界沙田汇聚了体育、博彩、旅游等娱乐场馆与机构；世界著名的香港迪斯尼乐园、香港海洋公园等休闲娱乐场所分别建在离岛大屿山和南区黄竹坑谷地；政府规划新建的数码港则集中在港岛南区贝沙湾，距中环CBD15分钟车程，现已会聚微软、惠普、雅虎等上百家本地和海外资讯科技公司以及过万名专业人才，成为亚太区内领先的资讯科技枢纽。

香港中环CBD是世界上著名的中央商务区，它位于香港岛中部的核心区域，北临维多利亚港，其地理位置优越并具有高效的交通系统和健全的基础设施。在该区域内集中了大量的银行、保险、投资等金融机构，数字媒体、广告、会展、旅游等行业，地产、信息、外企的总部以及其他各式服务机构。香港中环是港岛开埠后最早开发的地区，也是香港的"心脏"。作为香港的商业中心区和金融贸易中心，中环的金融贸易和商业活动相当频繁，被称为"华尔街"的翻版。同时，这里也是文化活动的中心，艺术表演、创意设计、艺术品交易及休闲娱乐等产业活动十分活跃。荷里活道是香港著名的古董街，兰桂坊则成为具有国际知名度的娱乐场所，还有香港人自己的艺术乐园——SoHo区。这些产业集聚区体现着香港经济的主体趋势，是推动香港经济发展的重要力量。

2. 中国香港文化旅游产业集聚区的模式

香港土地有限、房租费用高昂，成为香港发展文化旅游产业最大的制约因素。电影需要放映场地，表演艺术也需要较多的场所，艺术家在这里生存，小小的一个工作室成本很高，跟伦敦、纽约不相上下。香港探索出一种适应本地特点的文化旅游产业发展模式，"这里集聚了不同种类的艺术创意人才和创意团体，融教育、营运、展示等功能于一体，只不过建筑形态上不是水平的而是直立的创意产业基地"。因此，香港产业集群模式表现为旗舰式模式和地缘式模式，前者如数码港、科技园、艺术中心和赛马会创意中心等集聚形式，后者如西九龙文娱艺术区、荷里活道古董街以及文化旅游区。

（1）香港艺术中心的旗舰式模式。香港艺术中心楼高16层，每层面积大约600平方米，总面积约1万平方米，但并不是所有楼层都可用于出租。展厅用掉两个楼层，剧场占了三个楼层，放映院两个楼层，可以用来出租大约只有一半的面积。目前，租金占到艺术中心收入的80%左右，剩下15%来自筹款，还有5%是票房、艺术课程等其他收入。作为香港专责发展艺术的公营机构，香港艺术中心是香港唯一自负盈亏和非牟利的艺术场地和机构，一直以来，均没有接受香港政府的营运资助。在香港艺术中心，有24家文化艺术团体和商店在其中营运，他们与艺术中心不仅是业主与租客的关系，更是共同推进文化艺术的伙伴。这种集群的运作模式，可以说是彰显了文化创意产业的"共事关系"。不同范畴、不同性质的文化艺术机构和团体，相互之间又可以有协作关系，这是创意产业的特点，也是香港艺术中心的独特之处，因为这里集教育、营运和展示于一身。创意艺术中心是以旧工厂区的低租金及更优惠的政策，吸引那些对昂贵的写字楼租金望而生畏的创意工作者。约120个不同面积的工作室吸引了522个承租申请，超额"认购"近5倍。租户从事的艺术活动涵盖多个领域，涉及绘画、摄影、电影、雕塑、民间艺术、陶瓷与玻璃工艺、多媒体设计及录像艺术等，因为租户来自不同的艺术范畴，将有助于他们互相交流，从而启发创作灵感。

（2）香港数码港地缘式模式。数码港坐落于港岛南区钢线湾一带，占地24公顷，是香港的资讯科技旗舰。它是一个以资讯科技为主题，并集写字楼、住宅、酒店、零售及娱乐旅游设施于一身的综合发展计划，基本建设包括一幢五星级酒店、四座甲级智慧型写字楼以及零售、娱乐中心和高密度住宅。整个项目耗资158亿港元，由香港特别行政区政府全资拥有。数码港是配合港区政府"数码21新纪元"信息科技政策而实施的项目，目的是吸引世界优秀的资讯服务公司集聚香港，提升香港科技水平和培养本土人才。时任香港特区行政长官董建华提出，香港"要成为在发展及应用资讯科技方面的全球首要城市，尤其是在电子商业和软件发展上处于领导地位"。数码港的建筑面积为5.3万平方米，其中写字楼面积约2.7万平方米，楼内有完善的服务设施，商铺、餐厅、电影院、健身中心、酒吧、服务中心以及教育展览场地。数码港的网络控制中心，是数码港的"心脏地带"，也是连接整个数码港的资讯科技大道。数码港的主要功能是为软件公司、IT专业人士、资讯服务和多媒体内容制作公司提供完善和先进的资讯科技环境；为广大市民提供与信息产业相关的文教设施，创造一个富于启发性和深度性的教室以及娱乐场地；为大学生提供实习平台，为资讯科技企业培养专业人才。目前，数码港已有包括美国通用电器资讯服务国际公司、思科系统、电信盈科、惠普香港公司、微软香港公司在内的众多电子、IT、资讯科技公司入驻，入驻率达到 80%以上，香港大学与五家企业（机构）合作创办的"数码港学院"成为数码创意培训大本营，为年轻人提供更多的培训机会。

（3）西九龙文娱艺术区市场拉动模式。西九龙文娱艺术区位于西九龙填海区最南端，面向维多利亚港，正对着中环和上环，由广东道延伸至西区海底隧道入口一带，北至柯士甸道，面积达 40 公顷。西九龙文娱艺术区是香港特别行政区前行政长官董建华于 1998 年在《施政报告》中宣布并实施的大型发展计划，目标在于打造超级艺术馆群和文化地标，以此提升香港作为亚洲文娱艺术中心的地位。根据计划，西九龙填海区南端 40 公顷土地将发展成一个集文化艺术、潮流消费及大众娱乐为一体的综合文娱场所，核心设施包括剧院综合大楼、演艺场馆、博物馆群、艺展中心及广场等，现已完成 M+视觉文化博物馆、戏曲中心（戏曲剧场及茶馆）、附设户外剧场的自由空间、演艺剧场、当代表演中心、中型剧场、设有音乐厅及演奏厅的音乐中心、音乐剧院、大型表演场地及展览中心的建设，许多辅助设施包括驻区艺团中心、其他创意教育设施及多个为视觉艺术展览而设的展览馆也在建设之中。西九龙文娱艺术区将成为一个世界级的综合娱乐区，具有独特的地标设计及连贯的文艺设施，汇聚艺术企业和创意人才，吸引港内外游客，不仅能向游客提供丰富的文娱艺术节目，而且能给自身及香港带来更多经济效益。西九龙文娱艺术区就是香港经历金融危机后开始向知识型产业的又一次转型，更正确地应该说是香港文化内涵的一次增值。面对内地和亚洲众多城市的竞争，香港独有的经济和文化优势越来越少。这次向文化艺术方面的大发展，把艺术、文娱及休闲设施汇聚一起，吸引人流和汇聚艺术人才，可以说是巩固香港国际地位和向高端文化发展的大动作。

3. 中国香港文化旅游集聚区的发展经验

中国香港是国际上最为成熟的文化旅游产业集聚地区之一，香港文化旅游产业集群的发展带动区域经济的增长，提供了宝贵的经验。

（1）形成多元文化的融合和宽松自由的环境。香港社会环境高度开放和自由，极具包容性，有利于创意思想的碰撞，有利于创意人才进行大胆尝试和创新。由于历史渊源与地理条件的关系，香港形成了东西文化共存的独特环境，是一个多元文化汇集的国际大都市。多元化、国际化的生活方式以及富有艺术文化气息的环境，特别有助于创意人员获得创作灵感和创作题材，有利于创意、商业及科技的充分结合。

（2）建立完善的法制体系和市场运作机制，有效地保护知识产权和企业的公平竞争。香港企业可以自由交易、自主经营、免关税，对外资进入亦不限制，是世界上最自由的经济体系。这种体系使创意产业准入门槛低，企业运作具有较强的灵活性。但必须在法律允许的条件下，尤其是保护知识产权及创意的原创性和独特性不被复制，使个人创造力价值能得到充分实现，这是创意产业发展的先决条件。

（3）拥有完备的融投资体系。充裕的资金和发达的商业文化为文化旅游产业提供了良好的投资环境。香港作为世界金融中心和会展中心，资金来源渠道广，流经香港的资金也相当可观。香港自由贸易市场十分发达与成熟，使其对外直接投资远高于亚洲其他经济体。

（4）实施创意人才培养与引进机制。创意人才数量众多，为文化旅游产业发展提供智力支撑。香港政府通过积极的人才培养战略和宽松的人才引进政策，使香港的高端人才大量集中，他们既熟悉本土化的运营策略，又具备国际化运营视野的优势。同时，香港在吸引世界各地创意人才方面极具竞争优势，创意人才每年的增长速度远高于其他产业。

（5）政府的主导性和行业组织的引导性相结合。在自由市场体制下，香港特区政府主要在宏观层面上，通过政策支持、法律保障为创意产业发展提供公平竞争的市场环境，通过规划设计重大项目，引导创意产业的发展方向。同时，提供公共文化基础设施和相关服务，保障创意企业发展的公共效率。在具体管理和行业运作上，主要由行业组织和公共团体进行组织与协调。这些组织在企业发展中扮演多种角色，起着极为重要的作用。

（二）中国台湾文化旅游产业集聚区的发展

整合地区资源，强化文化和科技结合，促成区域文化旅游产业集聚，带动岛内经济全面发展是台湾当局经济决策的指导思想。2002年，台湾当局颁布《挑战2008：国家重点发展计划》，提出"创意台湾"的目标与愿景，以此推动文化与经济的结合，开创经济发展的新局面。

1. 台湾地区文化旅游产业的发展概况

我国台湾地区使用的是文化创意产业的概念，2002年，台湾当局在《挑战2008：国家重点发展计划》中将文化创意产业划分为出版、电影、广播电视、视觉艺术、音乐与表演艺术、文化展演设施产业、工艺、建筑、设计、广告、时尚设计、数字休闲娱乐、软件与资讯服务13个行业。台北市集聚60%以上文化旅游产业，创造70%以上的产值。近年来，台湾当局在经济发展过程中开始强调以知识密集产业作为产业结构转型之重要方向，走集约化发展途径。台湾产业集群的区域发展主要通过建立文化园区途径，先后在台北、台中、嘉义、花莲、台南五市分别建立了华山创意文化园区、台中建筑设计与艺术展演园区、台南创意产业区、嘉义创意文化园区及花莲创意文化园区，作为台湾地区创意产业发展的重点示范基地与信息交流平台。园区大多位于城市的核心地带，五大创意文化园区将根据地域文化资源与都市功能，确立不同定位，台北和台中创意文化园区被定位为都市型创意文化园区；嘉义、台南和花莲创意文化园区被定位成城乡型创意文化园区。都市型园区的设置着重考虑交通便利性等配套设施的条件，以文化消费环境的营造为主要目的。

园区服务设施以创意制作环境及相关服务为主。创意工坊、创意技术资源中心、展示交易中心、创意产业工作者联谊俱乐部、展演场地为建设基本方向。城乡型创意文化园区主要根据地域特性，以某个特定的产业为依托，结合创作型与消费型园区的特性，同时兼具创作与文化消费空间，强调体验、培植和商业的综合发展，包括创意产业展演设施、创意产业体验工坊、创意产品展售空间、茶馆、戏院、历史资料馆等建设内容。在有限的园区空间内众多的上下游企业中建立密切的产业分工与跨领域整合的架构，形成创意产业群落。从而塑造出新的文化环境，为企业提供国际创意文化交流平台，提高产业的附加价值。

2. 台湾地区文化旅游产业集群的典型模式

由 2003 年起陆续创设台北、台中、嘉义、花莲及台南五大园区，这五个文化园区都建立在废弃或闲置的酒厂厂房，属于政府大力培植的文化园区。因此，在政府规划中对各个园区产业都有明确的发展定位：台北华山园区属于艺术活动，主打流行时尚品牌；台中园区属于设计型的创意活动，主要以建筑、设计及艺术展演为核心；花莲园区为文化艺术与观光结合试验区；嘉义园区为传统艺术创新中心；台南多为传统工艺和生活类，将发展成创意生活产业的核心基地。这些园区各具特色，自成体系，规模化发展效益显著。

（1）台北华山文化园区。华山文化园区位于台北市忠孝东路、八德路、金山北路及市民大道之间的区域内，占地 7.21 公顷，是台北一个正在兴起的文创园区。园区的前身为"台北酒厂"，创设于 1916 年，原为民营造酒厂。随着城市的快速发展，台北酒厂因地价昂贵、水污染问题严重，迁出市中心区。1997 年，一些艺术家发现台北酒厂废置厂房是一个非常理想的艺术创作空间，从而集聚创建了华山创意文化园区。自 2002 年起，"文建会"开始对闲置的酒厂进行旧空间活化再利用。将园区规划为包含公园绿地、创意设计工坊及创意作品展示中心的创意文化园区，目的在于提升国内设计能力、国民生活美学，提供一个可让艺术家交流及学习，进而推广、营销创意作品的空间，成为推动台湾地区创意产业发展的旗舰园区。华山创意文化园区隶属"行政院文化建设委员会"管辖，由民间台湾文创发展股份有限公司经营管理。园区建筑保持相当完整，包括：车库工坊、果酒仓库、果酒礼堂、拱厅、高塔区、四连栋、乌梅酒厂、红酒、米酒、再制酒作业场、维修工厂、包装室等。外部空间则包含：千层野台、森林剧场、草原剧场、华山剧场、艺术大街、烟囱广场等。该园区主要分为室内展览区及室外表演区。北边休闲区作为文艺表演活动和展示活动场地，区内集展览、表演、娱乐、餐饮于一体，功能多样。园区设施经常提供给艺文界及附近社区居民使用。各个场馆可以提供租借举办展览、活动，四连栋建筑与艺术大街、华山剧场便是经常被用来举办展览活动的地点。

（2）台中文化园区。台中文化园坐落于台中市南区的 20 号仓库及邻近之台糖购物中心，北侧临复兴路，南接信义路，东面与民意街为邻，西边是合作街，形成一个封闭空间，面积约 6.188 公顷，可以建构一个兼具商业、艺文及信息平台等功能的园区，是典型的商住混合区模式。兴建于 1916 年的台中酒厂，经过历史变迁，1998 年 7 月 21 日，迁至台中工业区后，就一直处于闲置状态，部分厂房则充当储存库使用，而其他部分则因无人管理、整修而荒废。2002 年，台湾"行政院"通过创意产业发展计划，希望将商业与文化艺术结合，构建具台湾特色的创意产业，以扩大创意产业产值，形塑国民生活的文化质感。台中创意文化园区建筑物以工厂为主，在建筑工法上较具特色者多为日据时期或光复时期。由于具历史建筑价值之工业遗产之整建工程与一般都市建筑新建工程的考虑不同，工业遗产的活化再利用必须针对建筑物历史、产业史、文化内涵及环境保育等因素进行研究，在渐进的整修过程中，累积复合性的整体成果，注入新的刺激与活化因素，构建成为 21 世纪文化产业发展的基本模式。

（3）台南文化产业园区。台南文化产业园区位处台湾最南端，总面积仅有1.59 公顷，原本是 1901 年所建的原台湾烟酒公卖局的旧办公厅舍建筑，后开发利用。虽然面积很小，但拥有台南丰厚的历史文化资产与城市文明，是最有潜力发展文创产业的地方。正因为此地资源丰富，拥有古迹建筑和饮食文化，以及长时间酝酿而生的独特生活氛围，再加上视觉艺术产业、工艺产业和设计品牌时尚产业发展颇具规模，"文建会"将园区定位为创意生活产业象征性核心基地。台南文化创意产业园区以"创意生活产业"为核心，并以"台湾创意生活空间"为定位，打造台南创意生活媒体中心，发展文化生活与产业环境之整合创新平台。综观台南旧酒厂所处地缘条件、历史氛围与人文素养、设计创意的资源，中心将以生活设计、食玩及游乐、文化及观光特色产业，提供展示、推广、培育、销售的功能，以多媒体方式呈现创意生活，成为南台湾创意产业的整向之专业人才及提升国际地位之目标。

3. 台湾文化园区的发展经验

第一，注重政策引导，实施多元化管理机制。台湾当局提出《挑战 2008：国家发展重点计划》，确定科技与文化发展的双主轴，选定了若干未来应该优先发展的创意产业，表明台湾文化旅游产业未来发展将依托科技和文化，通过文化资源整合，调整产业结构，确定重点发展产业，重组组织管理机构，实施新的运行机制。其主体方案是实施六大旗舰计划，即由"文建会"推动工艺产业计划，"新闻局"推动电视内容、电影及流行音乐产业计划，"经济部"推动数字内容与设计产业计划。"行政院"设文化创意产业发展指导委员会，研究文化产业发展目标及策略、咨询其他相关产业发展的事项。在具体运行机制上实施多元化管理方式，政府部门通过设立园区管理中心等机构形式直接参与管理，也可以是企业通过市场化运作管理，或采取官方与民间共同委托管理模式。

第二，实施差异化发展战略，推动产业集群化或集团化发展。台湾创意文化园区的空间布局选择综合统筹考虑，既考虑区域之间均衡发展问题，又考虑创意产业的错位发展问题，主要基于三个位势因素：资源位势、市场位势、技术位势。位势较高的地区，意味着高端市场较为发达，而市场普及和大众化程度则较低。因此，园区区位选择及产业发展定位均实施差异化战略。台湾地区文化旅游产业主要集中在台北、台中及台南地区，西部和东部则较少。但产业集群数量多，分布广泛，产业运作的集团化趋势明显，如台湾地区最大的出版集团——城邦文化出版集团占据了台湾地区35%的图书市场和40%的消费杂志市场。

第三，城市改造与新经济密切结合，实施可持续发展战略。台湾文化园区均建在工业遗址上，这些旧时期的工厂所在区位是市中心繁华地段，因为都市的发展，导致厂区发展受限及生产污水等环保问题无法解决，被迫迁移。然而这些厂区具有台湾近代产业历史上的特殊价值与意义，特别是园区所保存完整的日治时期制酒产业建筑群更是一座产业建筑技术的博物馆，又兼具都市整体发展的指标性意义，其空间性格与产业特色是其重要的发展内涵。因此，台湾创意文化园区的空间设计一般具有四大基本功能：一是大型的都市休闲功能，整合大型开放空间的活动。二是学术文化功能，联结并支援学研资源及媒体艺术等相关需求。三是商业运作功能，通过居民购买力与交通便利性，支援大量消费活动所带来的商业发展需求。四是文化创意活动所需空间，呼应创意产业化发展环境的需要，塑造区域独特的商业文化。可以说，台湾政府文化园区整体发展计划，是将废弃的工业设施与厂房逐步活化，增添新的向度及新的活动，改变工业时代"地点性"的空间特质，使其成为兼具文化活动与产业生产的文化创意园区。这种产业集群发展模式有别于传统产业集群模式，也有别于其他国家或地区的产业集群模式，成为一种新的信息交流平台、创意展示平台和娱乐休闲平台。台湾创意产业正是凭借这种平台迅速腾飞。

三、国内文化旅游产业集聚区的发展

（一）国内文化旅游产业集聚区的概况

从文化旅游产业园区数量看，东部地区占全国总数的 62.65%，中部地区占 19.59%，西部地区占 17.76%，东部地区远高于中西部地区。按省市区划分，文化旅游产业园数量超过 10000 个的省市有广东、浙江、北京、上海、江苏、山东、四川、福建和辽宁，其中除四川外，其余均为东部地区。就从业人员分布情况看，全国文化旅游产业从业人数占全部就业人口的 1.32%，占城镇就业人员的 3.76%。东部地区占全国从业人员总数的 65.87%，中部地区占 19.65%，西部地区占 14.48%，全国文化旅游产业从业人员人均资产拥有量为 18.62 万元，人均营业收入数额为 17.25 万元。高于人均平均水平的省市，除四川、山西外，均属于东部地区。可见，东部地区文化旅游产业规模和综合实力具有明显的优势，中西部地区发展水平较低，产能不足。

从文化旅游产业园区的分布看，目前，我国已建或在建的文化旅游产业园区已超过 1200 个，按数量多少分为三个阶梯，东部地区的广东、上海、江苏、山东、北京及中部地区的安徽省，数量均超过 50 个园区，进入第一梯队，其中广东和上海位列前两名；第二梯队为河南、福建、河北、湖南、四川、湖北、陕西、天津、辽宁等省市超过 30 个园区，而青海、宁夏、新疆、西藏等省份少于 10 个园区。在国家文化部已批准的 214 家国家级示范园区（或基地）中，从行业分布来看，传统工艺类为 47 家，演艺娱乐类为 43 家，文化旅游类 41 家，其比例分别为 22%、20% 和 19%，列入前三甲；这三类示范园区的数量占园区总数的 61%。创意设计类（含动漫游戏）为 30 家，出版发行类为 18 家，影视类为 11 家，其他为 24 家。按省级行政区分布来看，广东（20 家）、北京（17 家）、四川（12 家）、上海（11 家）、辽宁（10 家）等示范园区数量居全国前 5 位。除四川外，其他 4 省均属于东部地区。而海南、新疆、西藏、青海、宁夏五省市区，都只有 2 个示范基地，落后于全国其他地区。

文化旅游产业集聚发展较好的地区包括北京、上海、广东、浙江、江苏、天津、山东七个省市，均为东部沿海地区。这些省市是我国最为开放和经济最发达的地区，也是我国与世界各国交流的桥头堡。在这一区域里多种文化交汇，各种思想繁衍，由此促进了文化旅游产业的蓬勃发展。

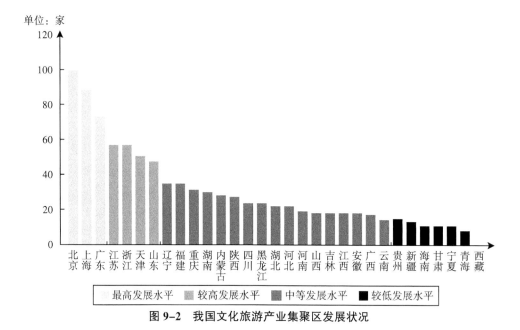

单位：家

图 9-2　我国文化旅游产业集聚区发展状况

（二）中国第一个文化旅游产业集聚区

2008 年，我国首个"首创历史文化旅游集聚区"北京（房山）历史文化旅游集聚区，包括周口店北京猿人遗址的古文化资源、云居寺内的石经文化资源、大石窝镇的石文化资源等，并以上方山、长沟等山水休闲文化旅游作为补充，全面正式启动集聚区建设。该集聚区旅游休闲及其衍生产业囊括 10 多个投资过亿的重大项目，年综合收入 13.55 亿元，年均增长 85.7%，直接增加 5000 多个就业岗位，带动间接就业 2 万人。

（三）文化创意产业园类型的文化旅游产业集聚区

进入 20 世纪 90 年代后，随着知识经济的到来，催生了一个新兴的产业——文化创意产业。以创新为核心、以文化为特征的创意产业已成为许多发达国家经济发展的普遍趋势，并且日益受到关注。进入 21 世纪后，我国对文化创意产业的扶持力度逐渐加大。上海、北京、深圳等大城市文化创意产业蓬勃发展，并已建立起多个文化创意产业集聚区。文化创意产业集聚区不仅为当地带来了税收、投资，同时也吸引大批的旅游者、艺术爱好者前来参观旅游，成为一种新型的文化旅游产业集聚区。

目前，全国正式注册冠名以"文化创意产业园"而重点发展文化旅游产业的集聚区多达 120 家，见表 9-1。

表 9-1 正式注册冠名"文化创意产业园"的文化旅游集聚区分布

省份	园区名称	数量
山东	青岛创意 100 产业园、青岛中联 U 谷 2.5 创意园、青岛中联创意广场、青岛工业设计产业园、济南意匠老商埠九号	5
江苏	南京幕府三〇工园、南京晨光 1865 科技创意产业园、常州运河五号文化创意产业园区、苏州桃花坞文化创意园、苏州博济科技创意园等	12
广东	佛山 1506 创意城、深圳设计产业园、深圳 OCT-LOFT 华侨城创意文化园、红砖厂创意艺术区、广州国韵文化创意园、广州 T.I.T 等	11
云南	昆明市 LOFT 金鼎 1919 网络文化创意产业园	1
宁夏	801 创意产业园	1
辽宁	沈阳市 1905 重型文化创意园、大连 15 库创意产业园	2
浙江	杭州和达文化创意产业园、杭州智新塘文化创意产业园、杭州 A8 艺术公社、杭州 LOFT49、杭州唐尚 433、杭州运河天地文化创意产业园等	10
福建	泉州源和创意产业园、泉洲文化创意产业园、泉州 T 淘园文化创意产业园、"集美集"文化创意产业园、福州新华文化创意园等	8
上海	八号桥创意中心、2577 创意大院、E 仓、1933 老场坊创意产业集聚区、上海 M50 等	37
四川	成都红星路 35 号	1
北京	798 艺术区、北京一号地国际艺术区 D 区北、中国北京酒厂 ART 国际艺术园、北京左右艺术区、北京大稿国际艺术区等	9
湖北	"汉阳造"文化创意产业园、宜昌 809 创意经济园、楚天 181 文化创意产业园	3
甘肃	兰州创意文化产业园	1
天津	辰赫创意产业园、意库创意产业园、6 号院创意产业园、C92 创意集聚区、天津市 3526 创意工场等	8
安徽	新华 958 文化创意产业园	1

以北京 798 文化旅游集聚区为例，该园区参观的人数年平均增长 20%，2005 年超过 50 万人次，2007 年近 150 万人，仅在 2008 年奥运会期间，就接待了 33 万名国内外游客、媒体等各界人士，2011 年为期一个月的 798 艺术节迎来了国内外游客 75 万余人次，创造了 798 艺术节游客史上的新高。

四、辽宁文化旅游产业集聚区的分布与基本特征

辽宁文化旅游产业发展的典型空间结构表现为"一核二副一特区"。其中的"一核"就是沈阳市。作为辽宁省会城市，沈阳市是辽宁文化汇聚核心、文化旅游的核心推动地区，也是文化交流核心、文化旅游服务与集散中心地。"二副"是指丹东市—鸭绿江国际文化旅游副中心城市和葫芦岛市—辽西滨海度假副中心城

市。葫芦岛市与丹东市分别是辽宁西部与东部门户，也是跨区域休闲文化度假中心。其中，葫芦岛市是文化旅游吸引极核，丹东市是文化旅游的吸引与辐射双重极核。"一特区"是中国文化旅游开发特区大连市。大连市地处辽宁最南端，面向大海、背靠辽宁广大腹地，是辽宁文化旅游面向世界的最佳门户城市，也是最有条件成为北方旅游特区的城市，成为辽宁旅游新时期实现旅游创新的先行实验区。东北亚文化旅游目的地城市、中国北部文化旅游中心城市之一、辽宁南部文化旅游核心城市大连旅游特区的建设主要在落地签证、免税购物城市、自由港等方面进行先行试点，并在旅行社、星级酒店、星级餐馆、旅游景区、旅游汽车公司、旅游购物、娱乐场所、高速公路服务区、飞机场、火车站、汽车站、码头等旅游服务场所的旅游设施标准、服务标准、接待标准、交通标准、标识标准、信息标准、旅游安全、客源市场等方面全面与世界接轨，辽宁文化旅游产业集聚区的分布与这四个在空间上发挥辐射作用的集核密切相关。

（一）沈阳辐射区重点建设的文化旅游产业集聚区

沈阳辐射区包括沈阳、铁岭、抚顺、辽阳、鞍山。重点建设的文化旅游产业集聚区包括：苏家屯文化旅游集聚区、沈北新区文化旅游集聚区、新民市文化旅游集聚区、北市场文化旅游综合体、棋盘山文化旅游集聚区、黑土地文化休闲旅游集聚区、蒸汽机车文化旅游集聚区、调兵山辽金文化旅游产业园、凡河文化旅游度假集聚区、盛京皇家度假文化旅游集聚区、新宾满族自治县文化旅游集聚区、太子河文化旅游集聚区、弓长岭温泉综合度假集聚区、佟二堡皮装裘皮创意产业集聚区、千山文化旅游集聚区、海城市文化旅游集聚区、岫玉文化产业园。

（1）苏家屯文化旅游集聚区，苏家屯历史遗迹丰富，有古朴典雅的盛京碑林，有距今 3000 年的青铜时代的康宁营西山遗址，有唐朝薛礼征东时的古城墙遗址，明清时期的烽火台遗址。历史传说资源丰富，流传甚广的有"青龙山的传说"、"大牛与杏华的故事"、"石人的由来"、"古松滴血"、"青龙显圣"等。

（2）沈北新区文化旅游集聚区，七星山区域历史、民俗等文化沉淀深厚，同时拥有湿地文化资源、关东风情文化资源。石台子山城址位于沈阳市辉山风景区棋盘山水库上游水域的右岸。据有关文献记载和对出土遗物的分析，石台子山城建筑和使用时间应在公元 4 世纪中期至 5 世纪初。2006 年 6 月 3 日被列为全国重点文物保护单位。

（3）新民市文化旅游集聚区，新民市文化旅游集聚区优势众多：①温泉核心资源储量丰富、品质优良。②拥有都市近郊区位、便捷交通条件。③依托沈阳经济圈、坐拥近亿级客源。④基础设施完善、产业优势比较突出。⑤地域文化多元、体制政策优势突出。辽河文化、蒲河文化、盛京皇族文化、关东文化、八旗风俗底蕴丰厚。

（4）北市场文化旅游综合体，北市场地区地处沈阳市和平区北部，是一个集购物、文化活动、旅游观光、宗教活动于一体的繁华地区。面积约 50 万平方米，规划面积约 120 万平方米，是沈阳市三大商业板块之一。

（5）棋盘山文化旅游集聚区，棋盘山文化旅游集聚区内的福陵是世界文化遗产。福陵位于沈阳东郊的东陵公园内，是清太祖努尔哈赤和孝慈高皇后叶赫那拉氏的陵墓，因地处沈阳东郊，故又称东陵。世博园是国家 5A 级旅游区，沈阳世博园位于风景秀丽的沈阳棋盘山国际风景旅游开发区，占地 246 公顷，建有 53 个国内展园、23 个国际展园和 24 个专类展园，是迄今世界历届园艺博览会中占地面积最大的一届。沈阳野生动物园是国家 4A 级旅游区，沈阳森林野生动物园是由国家林业局、建设部批准的国家一级森林野生动物园。沈阳森林动物园占地面积 217 公顷。园区分车行观赏区和步行观赏区。是集动物保护、科普教育、科学研究、旅游休闲为一体的 4A 级景区。沈阳鸟岛是国家 3A 级旅游区，是沈阳唯一一座自然生态的鸟类观赏中心。鸟岛又名干河子岛，是浑河水系中的一个岛屿，占地面积 49.26 公顷。历史上的鸟岛就因其形恰似一条巨龙卧于（浑河）水中而得名"龙滩垂钓"，成为著名的"辉山八景"之一。中华饮食博物馆是国家 3A 级旅游区，建成于 2002 年，原址在沈阳市中山公园内，于 2005 年迁于棋盘山国际旅游风景区。全园占地面积为 287 亩，建筑面积 4000 平方米，由中国烹饪大师李春祥同志创办，是世界上第一家研究饮食文化的专题性博物馆。

（6）黑土地文化休闲旅游集聚区，铁岭是黑土地文化之源，黑土地文化影响广泛，极具娱乐精神，是游客对铁岭的第一印象。结合开原丝关文化、清河浓郁的鱼文化、民俗文化和温泉养生，别具一番风情。

（7）蒸汽机车文化旅游集聚区，铁岭用世界独有的"活动"蒸汽机车和蒸汽机车维修技艺，结合现有的多种类型蒸汽机车、明星蒸汽机车、220 公里的专用铁轨，打造特色蒸汽机车文化旅游。

（8）调兵山辽金文化旅游产业园，明清以前，调兵山地处边塞，主要是东胡、鲜卑、契丹、女真等少数民族活动的区域，形成了辽北平原的特色民族融合历史文化。这里有"四大辽金古建筑之一"的兀术城，以及辽丰富的有关辽金时期的地名、传说、文物、遗址。辽金文化是调兵山文化的主线。

（9）凡河文化旅游度假集聚区，凡河水系人文资源厚重，自然山水优美、农业产业体系良好。位于沈阳与铁岭交会处，交通发达，客源充足。

新宾满族自治县文化旅游集聚区，赫图阿拉城位于辽宁新宾满族自治县永陵镇，是辽宁重点文物保护单位、国家 4A 级旅游景区。赫图阿拉城是一座拥有400 余年历史的古城。新宾旅游资源独特，开发前景广阔。全县有县级以上文物保护单位 237 处，其中家重点文物保护单位 1 处，省级重点文物保护单位 3 处。

（10）太子河文化旅游集聚区，太子河发源早，在辽阳境内流域广，水流充足，可以航运，且流域内分布丰富的历史文化资源，生态环境优美。

（11）佟二堡皮装裘皮创意产业集聚区，佟二堡是中国皮装裘皮产业基地，拥有近千家裘皮生产企业、长 1 公里的裘皮经营街、30 万平方米的裘皮经营市场。交通便捷、裘皮服装声名远扬。

（12）千山文化旅游集聚区，千山区是辽宁鞍山市下辖的一个市辖区。因境内的千山而得名。面积 503 平方千米，人口 26 万。祖越寺是千山最早的庙宇建筑之一。南泉庵是一座道院。香岩寺在千山南部，香岩寺古迹很多，这些古迹又多半和寺院连在一起。

（13）海城市文化旅游集聚区，海城是中国北方古城之一，境内古迹、古物颇多。古迹达 500 多处，有秦置辽隧县的三河堡（今西四马圈子），汉置望平县的析木城，唐置安市州的营城子，辽置临溟的海城，明置辽海卫的牛庄等城址；有辽代金塔、铁塔、金代银塔；有新石器时代的石棚；有唐建明修的三学寺和清建的关帝庙、太平桥等。古遗址有旧石器时代的小孤山洞穴，已发掘出哺乳动物化石、石器、耳饰，是考古罕见之物；古物有汉代的铜锤，清代的金器、云版、光绪元宝等。

（二）丹东辐射区重点建设的文化旅游产业集聚区

丹东辐射区包括丹东、本溪。重点建设的文化旅游产业集聚区包括：鸭绿江休闲文化旅游集聚带、都市休闲旅游集聚区、高句丽文化产业园、溪东养生文化旅游集聚区、溪中民俗文化旅游集聚区、溪西康体养生旅游集聚区。

鸭绿江休闲文化旅游集聚带，鸭绿江休闲文化旅游集聚区主要依托国际旅游资源鸭绿江，将沿线的旅游景点串联起来，打造成为集休闲度假、生态养生、温泉养生、休闲娱乐、民俗体验、边境文化体验于一体的旅游集聚带。

都市休闲旅游集聚区，丹东市正面临着百年难遇的开放机会和发展契机。环凤城文化旅游集聚区主要分布在丹阜高速（G1113）周围，依托本区良好的自然环境和温泉基础，将此打造成为集温泉养生、生态观光、乡村旅游为一体的集聚区。

高句丽文化产业园，五女山城系高句丽民族开国都城，是第一个在山上建立的王城，是高句丽民族文明的发祥地。在巍峨壮观、险峻奇秀的五女山上，创造了闻名遐迩的高句丽文化。五女山城已经列为世界文化遗产，因此，应该以保护为主。依托高句丽文化开展以影视、教育、考古、科研等于一体的高句丽文化产业园区，并辅以高句丽服饰、餐饮、节庆等民俗文化。建设高句丽文化博物馆、高句丽"纥升骨城"影视基地、高句丽民俗文化展示馆等。

溪东养生文化旅游集聚区，溪东养生文化旅游集聚区主要分布在辽宁木通线（S201）、201 线国道（G201）周围沿线，依托温泉养生、林养生、湖养生等养生文化，打造成为以养老、养生、会议、休闲、度假为主题的文化旅游集聚区。

溪中民俗文化旅游集聚区，溪中民俗文化旅游集聚区主要分布在辽宁本桓线（S305）周围，依托当地的民俗文化、历史文化、宗教文化，融合良好的生态环境，将此打造成为集民俗体验、历史追忆、宗教朝圣等为一体的集聚区。

溪西康体养生旅游集聚区。溪西康体养生旅游集聚区主要依托沈丹高速、丹拉高速公路（G025）、辽中环线高速公路（G91）以及（G1113）等良好的交通路线，以及临近沈阳等城市的优势区位。将其打造成为以运动养生、温泉养生、宗教养生、生态养生为主的康体养生集聚区。

（三）葫芦岛辐射区重点建设的文化旅游产业集聚区

葫芦岛辐射区包括：锦州、葫芦岛、朝阳、阜新。其中重点建设的文化旅游产业集聚区包括：滨海综合文化旅游集聚区、绥中文化产业集聚区、小虹螺山文化旅游聚集区、医巫闾山温泉养生集聚区、锦州都市文化旅游集聚区、红山文化旅游产业园、大凌河文化旅游集聚区、瑞应寺宗教文化产业园、海棠山旅游文化产业园、温泉养生文化旅游集聚区。

（1）滨海综合文化旅游集聚区，葫芦岛拥有 270 余里海岸线和优良的滨海资源，沿岸聚集丰富的文化资源，以兴城古城文化、葫芦文化、觉华岛佛文化为代表的旅游项目逐步兴起，发展潜力大。

（2）绥中文化产业集聚区，绥中地区聚集了长城文化、宗教文化以及著名的碣石文化，且绥中县是辽宁沿海经济开发战略重点支持区域，位于环渤海中心区，发展潜力巨大。

（3）小虹螺山文化旅游聚集区，小虹螺山拥有丰富的道教文化遗址、佛教文化遗址、历史文化遗址以及优美的自然环境。基础服务设施逐步完善，景区档次在提升，小虹螺文化产业集聚现象逐显。

（4）医巫闾山温泉养生集聚区，锦州旅游资源丰富，是中国优秀旅游城市，是辽西走廊上重要的城市。医巫闾山温泉养生集聚区依托医巫闾山的生态资源、宗教文化，整合锦州国内一流的温泉水质，将此地打造成为以温泉养生为主的集聚区。

（5）锦州都市文化旅游集聚区，锦州都市文化旅游集聚区紧邻锦州市区，且是锦朝高速和京哈高速的交会处，有着良好的区位优势和交通条件。集聚区依托区位优势，开展以城市休闲文化、园林艺术文化为主的文化旅游项目。

（6）红山文化旅游产业园，红山文化被称为"东方文明的曙光"，形成了独一无二的文化品牌，红山女神被誉为"中华民族的共祖"、"中华母祖"。以红山文化为核心，周围聚集一些民族文化、神话传说和历史遗址。

（7）大凌河文化旅游集聚区，大凌河文化旅游集聚区以大凌河为轴心，两岸聚集了底蕴丰厚、历史悠久的化石文化、佛家文化。且完好保存较多文物，现有鸟化石国家地质公园、东北地区第一座佛教寺庙——龙翔佛寺，同时拥有锭光佛和释迦牟尼佛两佛真身舍利，是世界唯一的五朝共筑佛塔（北塔），文化资源令人叹为观止。

（8）瑞应寺宗教文化产业园，依托瑞应寺的宗教文化，开发以宗教养生、养心、禅修等为一体的宗教文化产业园。产业园占地 20 平方千米，投资 20 亿元，是以宗教、温泉为主题的度假区。温泉旅游小镇包括庙宇商业一条街、温泉别墅、豪华商业住宅、酒店式公寓。温泉禅修酒店以禅修养心、温泉养生、休闲度假为主题，开发酒店接待区、温泉养生区、禅房住宿区、禅修会所四个功能分区。滨水乐园一期建设水岸度假村、湖边旅馆、滨水木屋，二期建设滨水公寓、滨水别墅、高档住宅、文化设施等。

（9）海棠山旅游文化产业园，海棠山旅游文化产业园占地 35 平方千米，投资 20 亿元。主要是依托风景区发展文化产业园区，是以休闲娱乐为主题的开发区。开发建设开发区内的海棠山红石谷景区和三塔沟景区，景区内以生态观光、户外拓展、休闲娱乐项目为主。建设民俗风情旅游小镇，位于大板镇大板村，建设集旅游服务、休闲度假、行政办公、商业居住等功能于一体的旅游小镇。建设户外拓展基地，包括野外生存训练、自驾营地、真人 CS、素质拓展等。

（10）温泉养生文化旅游集聚区，阜新市四通八达的高速公路网使之成为辽西地区的交通枢纽，连接东北和华北的第二条重要通道。阜新文化旅游主要围绕其玉石文化、宗教禅修文化、温泉文化等开展而来。

（四）大连辐射区重点建设的文化旅游产业集聚区

大连辐射区包括大连、营口、盘锦。重点建设的文化旅游产业集聚区包括：金州新区文化旅游集聚区、普湾新区普兰店市文化旅游集聚区、旅顺口区文化旅游集聚区、甘井子区文化旅游集聚区、金石滩文化旅游集聚区、鲅鱼圈文化旅游集聚区、红海滩浪漫文化产业集聚区、三岔关古城文化产业园。

（1）金州新区文化旅游集聚区，金州新区内的大黑山是城中之山，是国家森林公园、国家地质公园和省级风景名胜区，承载着金州古城丰富的历史文化，是新区旅游发展规划"一心三带"中的轴心区。

（2）普湾新区普兰店市文化旅游集聚区，普兰店市的人文景观十分丰富。始建于东汉光武帝年间，位于星台镇境内享誉盛名的巍霸山城（吴姑城）旅游风景区。双塔镇九龙山南坡的双塔摩崖石刻，是普兰店市境内另一处保护完好的辽宁重点文物保护单位。大谭镇的白云观是著名的旅游景点。

（3）旅顺口区文化旅游集聚区，旅顺军港自然条件得天独厚，是一处举世闻名的天然良港。它的地理位置极其险要，易守难攻，历来为兵家必争之地。当年，日、俄殖民者曾为争夺此地多次激战。新中国成立后，旅顺港已成为中国人民解放军海军的重要基地。军港位于火车站外，游客到此可观览海军战舰的威严风采。如今军港东侧已辟为公园对外开放，园内的铜狮是旅顺口的标志。

（4）甘井子区文化旅游集聚区，营城子汉墓坐落于甘井子区营城子镇幕城驿与沙岗子村之间。这里背靠群山，前迎渤海，山地丰腴，山清水秀。被国务院定为国家重点保护单位的营城子汉代壁画墓，是辽南已发现的唯一砖砌壁画墓，也是全世界所罕见的。

（5）金石滩文化旅游集聚区，运动休闲类，以高尔夫、狩猎射击为主体。主题娱乐类，以发现王国主题公园为主体。度假休闲类，以温泉度假村为主体。生态观光类，以奇石景观、现代农业观光园为主体。文化艺术类，以蜡像馆、赏石馆为主体。商务会议类，以国际会议中心为主体。

（6）鲅鱼圈文化旅游集聚区，营口是东北地区最近出海港口城市，是环渤海地区与哈大高速、沈大高速唯一交会城市。鲅鱼圈文化旅游集聚区主要依托营口西海岸线良好的沙滩环境、生态环境和悠久的鱼文化展开。

（7）红海滩浪漫文化产业集聚区，以红海滩湿地、辽河口为依托衍生的湿地生态文化、渔民文化、码头文化是盘锦一大亮点。盘锦作为辽河入海口，区位交通优势明显，旅游发展潜力巨大。

（8）三岔关古城文化产业园，规划区内有三岔河、古长城、烽火台、战争遗址、唐王征东蟹桥等历史传说，是重要关口，历史文化资源厚重，需完善基础设施和旅游服务配套，打造盘锦历史文化旅游核心。

五、优化辽宁文化旅游产业集聚区的现有条件和基础

随着经济社会的发展和人民生活水平的提高，精神文化消费需求日益增强，文化旅游产业集聚区必将快速发展，通过发挥集聚效应拉动产业升级，更好地满足居民和旅游者不断增长的消费需求，促进就业，增加经济收入。

目前，辽宁文化旅游产业集聚区的现有条件和基础已较为坚实。市场、技

术、基础设施、社会文化、劳动力供给、制度法制环境不断完善，政府、科研机构、金融机构、中介服务、旅游企业融合不断增强。具体优势表现为：

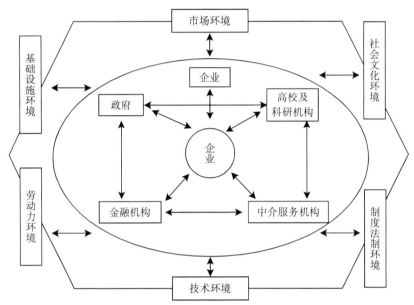

图 9-3　辽宁文化旅游产业集聚区发展现状

（一）政策支持

在世界文化旅游产业集聚区发展方兴未艾，国家大力推进文化产业发展的背景下，辽宁文化旅游产业集聚区的区域布局调整面临良好的外部环境和难得的战略机遇。辽宁出台了一系列推动文化旅游产业发展的政策，这一系列政策，对加快文化旅游产业集聚区的集约化、集群化、规模化发展，为历史底蕴深厚、文化资源丰富的辽宁优化文化旅游产业集聚区发展提供了良好契机。

（二）经济基础

近年来，辽宁经济保持又好又快发展，经济总量不断壮大，产业结构不断优化，文化传媒、现代商贸等产业不断壮大，产业布局进一步优化；文化消费持续扩大，居民家庭消费性支出中教育、文化、娱乐消费所占比例不断上升；发展环境不断完善，万元地区生产总值能耗逐步下降，企业自主创新能力、科技成果运用能力进一步增强。经济的繁荣带动了消费总量的增加和消费结构的升级，为优化文化旅游产业的集聚区发展奠定了坚实的基础。

（三）产业支撑

从统计数据看，近几年来辽宁文化、旅游产业发展迅速，增长速度快，特别是文化与旅游融合发展，逐渐成为国民经济新的增长点，形成了良好的产业支撑基础。

（四）文化传承

辽宁历史悠久，文化积淀深厚。红山文化遗址的考古发现，早在5000~7000年前辽宁先民就在这里创造了具有关东文化特征，可与仰韶文化、河姆渡文化相媲美的红山文化。底蕴深厚、独具魅力的文化资源为文化旅游产业的发展提供了主体、载体、空间和氛围。

六、优化发展辽宁文化旅游产业集聚区的意义

（一）有利于发挥区域文化资源优势

有利于发挥区域文化资源优势，促进文化资源优化配置，加快文化与旅游产业的融合。文化旅游产业集聚区要有独特的产业定位，要按照比较优势原则选择合适的切入点。在全省范围内对文化旅游产业集聚区实施合理布局，有助于充分利用具有地区特色的文化旅游资源，发挥区域文化资源优势，有效促进资源整合，形成对各种文化资源的吸纳能力和辐射能力，实现文化旅游资源的优化配置和产业的优化组合。

（二）有利于发挥文化旅游产业集聚区的组织功能

有利于发挥文化旅游产业集聚区的组织功能，实现集聚效应。当前，辽宁文化旅游产业集聚区还处在发展初期，组织结构上存在着产业集中度低、规模效益差、产业关联度低等问题，打造文化旅游产业集聚区有助于促进辽宁文化创意产业结构的合理化，能够为企业的兼并、收购、联合、重组提供有利条件，从而加快资本集聚进程，推动产业纵向联合和横向联合，提高产业关联度，实现规模经济和产业融合。

（三）有利于加快文化旅游产业自身的发展

有利于加快文化旅游产业自身的发展，提升辽宁旅游产业的综合竞争力。按照集聚发展的要求，各地区在结合文化资源禀赋和产业发展现状的基础上，选择具有比较优势和发展潜力的文化旅游项目和产品作为引领，带动其他相关产业要素的集聚，提升综合竞争力。

七、发展辽宁文化旅游产业集聚区的政策建议

（一）加强政府主导和统筹

加强政府主导和统筹，为辽宁文化旅游产业集聚区发展提供切实可靠的保障。强化政府公共服务职能，成立创意产业发展指导小组，加强对辽宁文化旅游产业集聚区的规划工作，统筹协调推进重大项目建设，合理规划功能定位准确、特色优势突出的辽宁文化旅游产业集聚示范基地和产业园区。

切实加强宏观指导和管理，为文化旅游产业园区、文化旅游企业提供从项目研发到市场开拓、服务管理等一条龙服务。编制《辽宁文化旅游产业集聚区发展项目的投资指导目录》，为产业投资提供依据。按照最新的国家统计标准，结合省内实际情况，构建系统的统计指标体系，准确把握各个集聚区总体水平、整体效益等数据，对辽宁文化旅游产业集聚区发展态势、经济效益等进行综合评价，为制定更加完善的产业政策提供可靠的依据。

（二）提高政策引导与扶持力度

提高政策引导与扶持力度，促进辽宁文化旅游产业集聚区的协调发展。根据辽宁各地不同的文化旅游资源禀赋和基础，因地制宜，发挥优势，推动辽宁文化旅游产业集聚区的大发展和大繁荣。加快出台一系列支持文化旅游产业集聚区发展的税收、财政优惠政策，不断提高政府采购文化旅游相关产品和服务的比例，支持特色项目、原创性产品、文化旅游精品的发展。加强政府资金扶持和引导作用，设立文化旅游产业集聚区发展专项资金，重点支持文化旅游产业公共技术服务平台和重大创意项目的建设。

（三）健全人才培养和引进机制

健全文化旅游产业集聚区人才培养和引进机制，加快文化旅游产业人才队伍建设。人才是文化旅游产业集聚区发展的核心资源，文化旅游产业发展比较落后的地区尤其要重视人才的培养和引进。应加快建立人才培养基地，培养文化旅游产业复合型人才。支持辽宁大学、东北大学、东北财经大学、沈阳师范大学等省内重点高校有针对性地设立与文化旅游产业相关的学科专业，为辽宁文化旅游产业发展培养专门人才。加强校企合作，通过联合建设文化旅游产业集聚区人才培养基地，大力培养既懂得项目设计，又精通经营管理、市场营销的高层次人才。注重引进国内外优秀人才，尤其要强调高端人才的引进，营造有利于吸引并留住人才的政策环境和良好氛围，打造高素质的文化旅游专业人才和经营管理人才队伍。

（四）推进公共服务平台建设

推进公共服务平台建设，优化文化旅游资源要素配置。为更好地为辽宁文化旅游产业集聚区发展提供各项公共服务，应通过建设网络信息平台、知识产权平台、人才培训平台、投资咨询平台、展示交易平台、项目设计平台等，引导文化旅游产业在不同子空间上进行特色化、差异化的集聚，促进文化旅游产业资源的优化配置。

（五）着力打造区域特色品牌

着力打造区域特色品牌，提升辽宁文化旅游产业集聚区知名度。打造区域特色品牌是占领文化旅游产业集聚发展高地的基本要求。依托各地区已有的人文、历史、文化等方面的基础，打造区域特色品牌，充分发挥品牌效应，促进区域资源的整合，提升创意产业整体实力和竞争力水平。在积极打造品牌的同时，还应进一步扩大品牌影响力，推动品牌走出辽宁，走向国内外市场，依托品牌的知名度和美誉度带动辽宁文化旅游产业集聚区的成长。利用媒体、网络等营销途径，借助博览会、展销会平台，通过举办各种文化节、旅游节等系列创意活动，提升品牌影响力。

第十章 辽宁旅游工艺品与纪念品的原真性保护及开发

本书围绕建设中国第一旅游商品基地，以旅游购物为核心，加快建设旅游购物综合集散服务中心、海产品购物中心、玉石宝石购物中心、生态旅游纪念品购物中心、学习型旅游购物中心、湿地旅游购物中心、异国风光购物中心、民俗文化旅游购物中心等多个旅游购物中心，重点打造沈阳市（旅游购物综合集散服务中心）、大连市（辽南地区第一大海产品）、鞍山市（中国第一玉器之都）、抚顺市（中国第一琥珀之都）、本溪市（中国第一枫叶之都）、丹东市（中国第一边境城市）、锦州市（中国第一爱国主义教育基地）、阜新市（中国第一玛瑙之都）、辽阳市（中国第一皮草之都）、盘锦市（中国第一湿地之都）等 14 个示范城市旅游购物中心，将辽宁旅游购物建设成为国内一流的"多彩缤纷辽宁，旅游购物天堂"。

一、发展背景、资源条件和现状基础

（一）发展背景

旅游商品（纪念品和工艺品）是旅游业的一个重要组成部分，它与旅游吸引物、旅游服务设施、旅游交通共同构成旅游业的四大支柱。发展旅游商品不仅体现在对经济的推动作用上，更重要的是体现在能否最大限度地吸引旅游者购物上，这是衡量一个国家旅游业发展程度的重要标志。旅游商品收入在旅游业总收入中的比重，通常能够衡量一个国家、一个地区旅游业经济效益的好坏，旅游纪念品已经成为世界旅游的新宠。据统计，世界旅游业发达的国家和地区，其旅游商品销售收入占旅游外汇总收入的比重达 40%~60%，而我国旅游商品收入在旅游业中的比重却徘徊在 20%左右。很多外来游客未能满足在中国购物的需求，我国旅游商品的开发滞后于旅游业的发展，是旅游业中的一条"短腿"。旅游纪念品产业也是一个投资少、见效快、收益大的一环，其生产经营对提高旅游业的经济效益具有重要作用。

纪念品是对一段美好旅程的见证，世界上一些旅游业发达的国家或地区对旅游纪念品的开发也非常重视，富有特色，甚至有些具有极高的收藏与鉴赏价值。比如，巴厘岛的蜡染布、威尼斯的慕拉诺玻璃、波斯地毯、威尔士的波特梅里恩陶器、瑞士的水晶和军刀以及俄罗斯的套娃等，不断吸引人们前去旅游，同时旅游纪念品也得到了很大的发展。

表 10-1　世界各地优秀旅游纪念品

名称	地区	介绍
蜡染布	印度尼西亚巴厘岛	如果你走在巴厘岛，到处可见穿着鲜艳蜡染布的女士，如果你走进集市，你也会随处可见小贩在兜售鲜艳的蜡染布。这是一种由融化的蜡染成的纺织物，颜色独特而鲜艳，为什么不带一件回去呢
慕拉诺玻璃	意大利威尼斯	慕拉诺玻璃有悠久的历史。据说所有的玻璃工人都是 1291 年从威尼斯逃出来的，因为他们担心木屋被烧着。之后在慕拉诺成立了玻璃商店，成为欧洲主要的玻璃生产商
西南珠宝	中国西南地区	如果你去中国西南地区旅游，你会有机会一览这里的项链、饰扣式领带、手链和皮带。在圣达菲购买这些可能比较贵，去户外的集市或网上购买
波斯地毯	伊朗（波斯）	伊朗的地毯是全世界最好的。这得益于古波斯家族对其倾注了大量的心血，制造一条地毯需要几个月甚至几年。其他有些国家也模仿他们的设计
波特梅里恩陶器	英国威尔士	波特梅里恩陶器是由"淘气设计者"苏珊—威廉姆斯—埃丽斯和她的丈夫于 20 世纪 60 年代创立的。波特梅里恩受到广泛承认的是由古代植物书籍启发而设计的植物园
意大利鞋子	意大利	米兰是世界时尚首都。意大利大部分时尚品牌如古琦、范思哲、普拉达在米兰都有总部。如果想省钱，也可以试试在网上买
澳大利亚迪吉里杜管	澳大利亚	迪吉里杜管在 1500 年以前就是澳大利亚的本土产物，通过不断的震动嘴唇和一种特殊的呼吸方法来发出声音。迪吉里杜管是一种用澳大利亚硬木制成的乐器
瑞典水晶	瑞典	吹制玻璃是 2 世纪中期之前在瑞典的欧瑞诗首先制造的。欧瑞诗的玻璃制作创立于 1898 年，但是直到 1925 年巴黎的一次展览会上才大放光芒。瑞典到处都是高质量的玻璃和水晶制品，但也有低成本的次品
爱尔兰毛衣	爱尔兰	爱尔兰毛衣曾经是手织的，现在一般是机器或是手织机织，大部分都是奶油色。即使你在寒冷的南极，爱尔兰毛衣一样会保暖
嵌套娃娃	俄罗斯	嵌套布娃娃是一系列尺寸逐渐缩小的布娃娃套在一起，在俄罗斯或有过俄罗斯历史的地方，如希特卡和阿拉斯加都可以买到
西班牙橄榄油	西班牙	西班牙是橄榄油出口大国，橄榄油是地中海食物的重要成分，橄榄油中的不饱和脂肪酸有助于增加良性胆固醇，减少恶性胆固醇
墨西哥陶器	墨西哥	墨西哥制造陶器的历史在哥伦比亚到达美洲之前就开始了，现在已经成为墨西哥重要的手工艺品之一。但是只有在普埃布拉和阿特里斯克、乔鲁拉附近制造出的陶器才最正宗，因为这里的天然黏土很适合做陶器

续表

名称	地区	介绍
瑞士军刀	瑞士	瑞士军刀包括刀片、镊子、螺旋锥、开瓶器、起子、指甲钳、剪刀和锯子，可以开罐头或啤酒，是一种多用途的工具。新的版本还有闪存盘、数字显示时钟、数码测高仪、MP3 等
意大利浓缩咖啡壶	意大利	米兰工程师路易吉·贝瑟拉于 1901 年申请了第一个制造浓缩咖啡的咖啡壶，不管你是想要拿铁、卡布奇诺或摩卡，它都可以办到
智利红辣椒	智利	智利红辣椒协会是一个非营利组织，致力于对红辣椒的研究。游客可以看到家家户户都挂着红辣椒
美国纳帕谷葡萄酒	美国	加州纳帕谷有 300 多个葡萄酒酿酒庄，种植各种葡萄，如卡百内红葡萄、霞多丽白葡萄、梅洛等。每年都会有大约五百万人来这里品尝美味的食物和葡萄酒
瑞士表	瑞士	瑞士是欧洲钟表的主要供应商，虽然后来美国也参与了手表的制造，但是瑞士的手表依然是手表行业中的佼佼者
巴厘岛的木龙雕刻	印度尼西亚巴厘岛	巴厘岛到处都是艺术的氛围，这里几乎每个人都可以做蜡染布、演奏音乐、跳舞或制作木雕。雕刻龙有着非常特殊的意义，因为在印度尼西亚的文化中龙是神圣和仁慈的象征
波罗的海琥珀项链	波罗的海地区	去波罗的海地区旅游的人们肯定会买一些当地用矿床制成的珠宝，因为这里是最大的琥珀沉积地。波罗的海地区指的是波罗的海沿岸的国家，包括丹麦、爱沙尼亚、拉脱维亚、德国、波兰和瑞典
苏格兰威士忌	英国苏格兰	苏格兰北部有很多威士忌酿酒庄，尤其是斯佩塞，有雅伯莱、百富、格兰利威和麦卡伦。苏格兰威士忌是用饮用水和麦芽酒蒸馏出来的
秘鲁葫芦雕刻	秘鲁	秘鲁葫芦雕刻的历史可以追溯到四千年前。工匠把成熟后的葫芦外层绿皮去掉，然后晒干，之后在晒干的葫芦上雕刻

　　近年来，我国旅游业得到了迅猛发展。随着我国旅游业的发展，旅游商品的生产和销售也得到了一定的发展。旅游纪念品和工艺品也已经成为我国旅游商品的主要组成部分，并形成了一个相对独立的生产、经营体系，旅游纪念品和工艺品的创汇额也有了很大幅度的增长。在此背景下，2009 年 12 月 1 日，国务院印发《关于加快发展旅游业的意见》国发 [2009] 41 号，该意见明确提出要推动旅游产品多样化发展。杭州市为了加快旅游纪念品的开发，促进旅游商品产业的发展，下发了《关于杭州市旅游纪念品开发专项资金管理办法的通知》；新疆更是将旅游商品产业列为农民增收的支柱产业；江西和青海分别举办了特色旅游纪念品设计大赛；厦门市旅游局更是举办了"全球征集厦门旅游纪念品"的活动，这都充分说明了旅游纪念品已经成为旅游业发展的重要组成部分。作为东北老工业基地的辽宁，历史悠久，还是满族文化的发祥地，文化旅游资源非常丰富，具备发展旅游商品产业的实力。更为重要的是，辽宁将分别在沈阳、大连、丹东、锦州、盘锦市打造大规模的旅游销售中心，向游客提供和出售旅游商品。旅游商品销售不仅给辽宁的旅游商品提供了一个面向市场的平台，也可以通过集中展示，

打造辽宁旅游的文化品牌。正是由于有了与市场直接对接的平台，作为辽宁旅游产业链上的重要一环，旅游纪念品才可以得到充分的开发，成为辽宁旅游产业的重要支柱。

（二）资源条件

一是旅游基础资源丰富，类型多样。辽宁拥有悠久的历史，也是一个多民族集聚的地区，民俗文化和民族工艺品种类繁多。辽西地区的辽代建筑，充分代表了辽宁的悠久文化。不仅有辽代的民俗文化，同时作为最后一个封建王朝——满清的发祥地，其文化多样性、独特性、融合性的特点也尤为明显。辽东以生态主题旅游资源为主，辽西则以工业主题旅游资源为主，辽西北铁岭则以东北民间艺术——二人转闻名，辽西南则以特色的海洋文化主题资源为主，类型多样。沈阳还拥有皇家建筑——沈阳故宫。

二是民间艺术活动众多，特色各异。正是因为辽宁悠久的历史文化，在社会发展中，形成了众多的民间艺术活动。沈阳市的东北大鼓和辽宁鼓乐、海城和锦州的高跷、瓦房店市的皮影戏、铁岭市的东北二人转、鞍山市的喇叭戏、阜蒙县的蒙古族民歌、丹东市的唢呐艺术、大连市的龙舞、铁岭市的朝鲜族农家乐、本溪县的民间社火、沈阳市的锡伯族喜利妈妈信俗、锦州市的木偶戏、阜蒙县的蒙古族乌力格尔、铁岭市的指画艺术、阜蒙县的蒙古泽津婚礼、铁岭市的朝鲜族面具舞、喀左的天成观庙会、辽宁的烙画艺术、大石桥市的迷镇山庙会、沈阳市苏家屯区的朝鲜族传统说唱艺术、铁岭市的朝鲜族盘嗦里等。辽宁民间艺术旅游纪念品大批涌现，包括各种民间艺术活动的图集、影集等，依托现有的艺术活动，开发独具特色的旅游纪念品。

三是工艺种类繁多，特色鲜明。新中国成立之初，辽宁作为东北的重工业基地，承担起中国工业生产的重任，因此，遗留下很多古老的工业生产的工艺程序，有的甚至不带有现代机械化的痕迹。如岫岩的玉雕工艺品、阜新的玛瑙雕、岫岩和锦州的满族刺绣、沈阳市的蒸馏酒传统酿造技艺、岫岩的剪纸、沈阳市的建筑彩绘（传统地仗彩画）、盖州的风筝、本溪市的本溪桥头石雕、沈阳市的老龙口白酒传统酿制技艺、锦州市的道光廿五白酒传统酿制技艺、盘锦市的民间香蜡制作技艺、抚顺的煤精雕刻、沈阳市的沈阳胡魁章刻工艺和古建筑彩绘技艺、大连的马驷骥根艺、营口的木浮雕工艺等。

四是产业发展较强，出口创汇众多。辽宁拥有6个滨海城市，拥有天然的航运交通优势，作为东北的第一大城市，拥有国际化的机场，辽宁境内的高速公路已基本能够到达每个城市，陆路交通优势明显。仅以岫岩玉雕产业为例，从业人员4万多人，销售商达到1800多户，产业产值8亿元，每年上缴的税收为1.5

亿元，年出口创汇达到 1000 万美元，产品销售范围达 40 多个国家和地区；本溪的辽砚现有企业 13 家，从业人员达到 500 人，年生产总值将近 6000 万元；大连的大青集团，其青铜制造工艺品近年来有了快速的发展，青铜雕塑制品畅销国内外，总资产超过 1.4 亿元，近三年来平均年利润率增长 30%，拥有雕塑艺术创作、制作人员 500 余人。

五是各地区积极重视旅游纪念品和工艺品的开发，发展效果较好。比如喀左县的利州工业园区，其规划面积将近 400 亩，总建筑面积 26 万平方米，由紫砂文化公园、紫陶艺术博览园、现代紫陶物流中心三部分组成。全县有紫砂文化生产企业及家庭作坊 45 家，其中紫砂花盆生产企业 15 家，紫砂工艺制品厂 20 家，形成了以紫砂壶、紫砂壁画、泥人雕塑、黑陶雕塑为主的四大紫砂工艺品系列。另有 18 家从事广场砖、外墙劈开砖生产的企业正在入驻和建设。目前，全县紫砂文化产业实现销售收入 1.5 亿元，实现利税超过 3000 万元，安排劳动力就业达到 3000 多人。

（三）现状基础

辽宁作为满族的发祥地，具有浓厚的满族文化气息。经过改革开放 20 多年的发展，辽宁旅游业取得了骄人的成绩，特别是近几年在新景点、新线路、新服务上，每年都有很大的进步。但是辽宁旅游商品市场的发展却一直不尽人意，主要是旅游纪念品普遍存在做工粗糙，缺乏特色等问题，难以满足市场需求，严重影响着辽宁旅游市场的发展。

随着旅游业的蓬勃发展，旅游纪念品越来越引起人们的重视。一方面，传统旅游纪念品和古老的民间工艺美术得到很好的保存、恢复和发展；另一方面，"千佛一面"的单调局面已被冲破，许多地区的旅游纪念品正走上民俗个性化的道路，走向繁荣。其特征为紧紧依靠地区的民俗文化，充分利用当地民俗资源和技艺优势，表现地方特色和民俗个性，并逐渐形成了有特色的品牌性旅游纪念品。但放眼整个辽宁，仍然发现民俗旅游纪念品在开发上存在诸多不足，主要体现在：

一是富含特色的旅游纪念品少，各地产品雷同现象严重。目前，辽宁大部分景区的旅游纪念品都可以在其他相似的景区买到，千篇一律。一些景区景点的购物点充斥着大量的仿制文物、劣质书画、儿童玩具等纪念品，这些纪念品无地区或民族特色，缺乏收藏价值，质量低劣，使旅游者的购买欲望大大减退，很难引起游客的购买兴趣，严重影响辽宁的旅游形象。如庄河冰峪沟景区的购物点，充斥着大量的仿制纪念品，并没有当地的特色，很难引起旅游者的购买欲望。

二是旅游工艺品创新少，缺乏时代特色。辽宁的旅游纪念品并不少，如岫岩的玉雕、本溪的辽砚、抚顺的煤雕、喀左的紫砂、阜新的玛瑙、沈阳的羽毛画等都是闻名遐迩的旅游纪念品。辽宁作为全国旅游大省，并不缺乏具有民俗特色的旅游纪念品，真正缺乏的是创意。旅游工艺品的开发仍然主要靠传统的生产工艺，没有或很少融入现代文化观念和现代科技与工艺，无论是制作材质的选用，还是寓意主题的取舍，抑或是造型的创意革新均无多大的建树，缺乏时代特色。如沈阳的羽毛画，十年以前卖的是故宫大政殿，十年后的今天，市场上卖的依然是故宫大政殿。十年一个模样，没有一点市场的创意、时代的气息。

三是旅游纪念品生产缺乏市场意识、质量意识和营销意识。目前辽宁省内大多数旅游纪念品生产企业只盲目生产，忽略市场需求，不能以旅游者的需求作为旅游纪念品生产及销售的导向和基础设计、生产适销对路的纪念品。市场上缺少品牌响亮，能够吸引广大旅游者的纪念品。对旅游纪念品没有高水平的营销策划。无论是价格的确定还是销售渠道的选择和沟通策略都处于无序状态。

四是市场混乱，且分布不合理。旅游纪念品市场还不够规范，秩序比较混乱，存在暴利宰客、假冒伪劣商品泛滥、产品标识不合格、以假乱真、以次充好、强买强卖等现象。当前辽宁的旅游纪念品市场，大多集中在各大宾馆、酒店和旅游景区（点），这种分散的市场网络，不利于市场管理，价格高低不一，质量出现以次充好等现象。这不仅有损辽宁市场声誉，还直接影响了市场交易。此外，有些小景点周围就设有几十个旅游纪念品购物点。这种过多、过滥的市场现象，可能会促使导游为了多拿回扣，私自改变游览行程，增加购物次数和时间，严重影响了游客的旅游心情，也是游客对购物产生反感和畏惧心理的原因。

五是专业人才缺乏，市场运作资金匮乏。目前，市场上缺乏专业、权威的鉴定、市场营销等行业的人才，在运作资金不足的情况下更要面对二级市场热、一级市场冷的倒挂局面，画廊等市场主体的发展困难，造成艺术品经营市场基础不稳固。

六是缺乏促销手段，服务有待改善。现阶段，辽宁的旅游纪念品在销售方式上还停留在没有完善的购物场所、销售人员服务态度差、服务标准低、服务水平差的层次，严重地影响了旅游纪念品的销售。主要原因是服务的硬件严重不足，此外，旅游纪念品的附加值发掘不够，这是许多旅游纪念品滞销的主要原因。最后，在服务的软件方面，服务人员业务水平低，对游客的消费心理和消费特点，缺乏市场调研。

二、发展优势、关键挑战和基本研判

（一）发展优势

一是历史悠久，文化底蕴深厚。早在远古时代，辽宁地区就有人类劳动、繁衍、生息活动。在营口大石桥金牛山发现的金牛山人化石及其遗址，距今已有28万年，是迄今为止辽宁地区发现的最古老的一处人类栖息地。在朝阳市喀左发现的鸽子洞遗址及出土的石器，属于旧石器时代中期古人类遗址，距今5万年左右。约在7000年前，辽宁地区开始进入新石器时代，沈阳新乐遗址出土的大量器物，显示了辽宁在原始社会末期的繁荣景象。朝阳牛河梁红山文化遗址，距今约5000年，从出土的祭坛、积石冢、神庙和女神彩塑头像、玉雕猪龙、彩陶等重要文物得出，这里存在一个初具国家雏形的原始文明社会，标志着辽宁地区是中华民族文明的起源地之一。

二是地理区位得天独厚。辽宁位于中国东北地区的南部，是中国东北经济区和环渤海经济区的重要接合部。辽宁是东北地区通往关内的交通要道，也是东北地区通向世界、连接欧亚大陆桥的重要门户和前沿地带。2小时交通圈内拥有日韩、京津塘、环渤海、山东半岛等消费能力极强、人口聚集近3亿的财富圈，是辽宁旅游发展可以依托和积极争取的"客源库"。

三是目的地依托优势。依托辽宁大沈阳经济带，以及中国最佳旅游城市、年接待近5000万游客的大连，具有很好的联动发展和市场分享条件。大连既可以作为辽宁旅游产品的集散中心，又可以借助其品牌号召力带来大量客源。

四是物产资源优势。"棒打狍子，瓢舀鱼，野鸡钻进饭锅里"这"三大奇"讲的是关东丰富的物产。人参、貂皮、鹿茸是著名的"关东三宝"。辽宁境内拥有一条跨省的河流——辽河，辽河经过近年来的治理，已经摘掉污染的帽子，辽河内有大量的水资源物种。辽宁有多个滨海城市，拥有大量的海鲜产品。这些都将为辽宁旅游纪念品的发展提供条件。

五是独特的清代满族文化优势。清代是我国历史发展的一个重要阶段，近年来热播的有关清代题材的"清宫剧"的文学影视作品成为一道独特风景线，深受广大观众喜爱，说明清代优秀文化已经融入中华民族优秀文化之中，并被采用典型化手法进行表现。虽然清代距今很近，但满族文化作为一种已存在千百年的物质形态，成为清代文化元素旅游纪念品开发的基础，例如服装、饰品、民居、图腾、生活用品、音乐、舞蹈等，这些已经形成了清代满族特有的旅游文化资源。

六是政策环境优势。党中央和国务院制定的"振兴东北老工业基地"发展战略，把东北振兴和西部大开发放在同等重要的地位。充分发挥东北地区旅游资源丰富且独具特色的优势，大力发展旅游业，扩大老工业基地的金融、保险、商贸、旅游等服务领域的对外开放是东北振兴的应有之义。东北有望继珠三角、长三角、京津唐地区之后，成为中国经济第四个增长极。借此"东风"，辽宁老工业基地的旅游发展前景蕴含无限商机。

七是旅游交通优势。辽宁境内共有 36 条铁路干支线，拥有客车 1758 辆，铁路密集程度居全国首位，全省远载客汽车 2217 万辆，客运线路 2450 条，98%的乡镇和 79%的村通汽车。沈大、沈抚、沈丹、沈铁和沈山高速公路相继建成，省内各个市均通高速公路。全省拥有沈阳桃仙机场和大连周水子 2 个国际机场和 4 个民用机场，有国际航线 12 条，基本上形成了通往国内六大城市和亚洲主要城市的航空运输网络。另外，拥有客运船舶 147 艘，2.5 万个客位，可为国内外旅游者提供方便客运的旅游服务。哈大高铁的开通，有效地促进辽宁旅游的快速发展。

（二）关键挑战

一是季节约束性问题。辽宁地处东北地区，冬季天气寒冷，旅游的发展具有很明显的季节性，11 月到 4 月是旅游淡季。旺季主要集中在夏季，冬季偏冷对旅游者形不成吸引力。

二是旅游纪念品原真性问题。旅游纪念品的发展，必须加入现代化的气息，但采用现代的制作工艺，容易造成旅游纪念品失去原有的寓意。因此，旅游纪念品在跟随现代化发展的同时，也面临失去原真性的风险。

三是品牌遮蔽问题。辽宁各个地区各自为政，旅游纪念品的品牌知名度不同，知名度低的纪念品品牌既受到省内知名度高的产品品牌的遮蔽，同时又受到全国甚至世界范围内同质产品的品牌遮蔽的影响。

四是同质化发展问题。辽宁省内少数民族众多，但是清朝的满族仍然是主流，所以在发展满族的旅游纪念品时，就会面临省内其他地区同质化发展的挑战。

五是城市形象定位问题。优秀的旅游纪念品可以涵盖这个城市的文化，关系着城市的总体形象定位问题。但是，目前辽宁省内很多城市的形象定位问题都没有解决，所以发展旅游纪念品对于城市形象定位是一个挑战。

六是网上交易问题。艺术品网上交易作为一种新的业态，是市场发展的必然趋势，一产生就展示了巨大的活力，对传统交易方式产生了巨大的冲击。必须到旅游目的地才能购买的旅游纪念品和艺术品，现在可以不用到达旅游目的地，直接在网上购买，这无疑是对传统旅游产品市场的一种冲击。因此，如何应对网上交易的大浪潮，对旅游地的纪念品和艺术品经销商来说非常重要。

（三）基本研判

辽宁是老工业基地，拥有丰富的矿产资源，辽宁是清朝满族文化的发祥地，拥有独特的历史文化，依托东北、环渤海客源等核心优势。在世界旅游业的快速发展阶段，环渤海经济圈、东北经济体、俄罗斯经济体快速发展的大背景下，依托巨大的客源市场，辽宁应充分发挥各地的特色资源，开发富含当地特色的旅游纪念品，对重点地区进行重点打造，将辽宁建成具有旅游纪念品整体体系、各地区各具当地特色又协调发展的旅游商品集散地，成为辽宁旅游纪念品的新名片。

一是传统矿产资源优势不突出，但可开发具有文化特色的旅游纪念品。辽宁是老工业基地，新中国成立之初，为国家的经济发展做出了不可磨灭的贡献，随着资源的开发，相继出现了一些资源枯竭型城市，传统的矿产资源优势不再，但是开发矿产资源遗留下了工业遗址，这些遗址对于那些老年游客来说，都是抹不掉的记忆，可以为旅游纪念品的开发提供资源条件。

二是整体文化资源不突出，但是发展旅游纪念品整体体系等潜力巨大。辽宁境内并没有著名的、独有的文化资源，但是面对国内缺乏旅游纪念品的体系，辽宁可以率先提出辽宁旅游纪念品的整体体系。依托省内各个地区的特色文化，整合文化资源，提炼出最能代表辽宁的旅游纪念品主题。各个地区依据这个主题，开发适合当地的旅游纪念品，形成各个地区旅游的协同发展，共同形成辽宁的名片。

三是工业遗产资源优势突出，有利于打造全国首个工业遗产主题的旅游纪念品基地。辽宁工业遗址数量众多，现有161处工业遗产，其中沈阳、大连、鞍山、抚顺、本溪、丹东、营口、阜新、辽阳、盘锦、铁岭、葫芦岛均有一定数量的工业遗产，便于形成产业集聚区，有利于借助集聚优势，协同发展，引领国内工业旅游纪念品新潮流。有能够反映当时繁荣景象的图片集等初级旅游纪念品，这在全国尚属首例。

四是工业遗产蕴含悠久的历史，具备很高的旅游开发潜力。发展工业遗产旅游需要平衡企业和旅游者双方的利益，通过开展工业遗产旅游实现企业预期目标，同时满足游客旅游需求，实现双赢的局面。旅游商品是旅游业的重要组成部分，工业遗产旅游开发应重视旅游购物市场的开拓。企业可把生产的产品转化为旅游商品，反过来还可将纪念品转化为企业的宣传品，在纪念品上标记企业的标识、图案、文字。例如，沈阳老龙口酒博物馆可以将酿酒工艺和品牌形象结合起来，寓传授知识与娱乐购物于一体，既展示了中华民族传统酒文化，又提高了老龙口酒的知名度，实现经济效益和社会效益的双赢。

五是滨海城市众多，有利于打造滨海旅游的黄金大道。六个城市各具特色，可以进行联合开发。丹东以生态旅游纪念品为主题，大连以海洋旅游纪念品为主题，营口以饮食旅游纪念品为主题，盘锦以生态农业旅游纪念品为主题，锦州以后工业时代滨海旅游纪念品为主题，葫芦岛以新兴的滨海古城旅游为主题。成立辽宁滨海大道六城市旅游联合体，进行联合营销，是为联合开发辽宁滨海旅游资源成立的一个旅游合作组织。整合滨海城市的旅游资源，共同打造旅游精品，促进沿海经济带内旅游的快速发展。

三、发展定位、总体目标和战略路径

从辽宁区域发展的战略布局、环渤海经济圈、沈阳经济区、辽宁旅游产业结构转型升级来谋划发展定位；面向新经济、文化经济、旅游商品经济、旅游购物经济的趋势，充分把握旅游市场的需求，致力于打造中国第一旅游商品基地，建成国内知名的旅游购物目的地。

（一）发展定位

以全省购物、全景旅游、全程精品为理念，整合资源，全程旅游购物、欣赏美景，形成全省旅游购物的基地。以中、高档旅游购物为主导，推动旅游商品产业与其他产业的融合发展，建设旅游商品创意研发区、旅游商品生产加工区、旅游商品销售区等分布格局，形成研发、生产、加工、销售等多功能集聚的空间形态。全省就是一个大的旅游购物基地，是一个中国第一的旅游商品基地。

中国旅游商品基地的具体内涵包括：旅游商品创意研发区、旅游商品生产加工区、旅游商品购物消费区、旅游商品文艺展览区。

（二）总体目标

以沈阳、大连、丹东、朝阳、铁岭、辽阳、锦州为重点，大力发展辽宁旅游纪念品和工艺品，整体上提升辽宁 14 个城市的旅游购物发展水平，重点建设 14 个城市的旅游纪念品和工艺品的生产销售基地，使辽宁旅游纪念品和工艺品之间相互呼应，形成"中国第一旅游商品基地"的知名旅游购物品牌，全面提升辽宁旅游产业竞争力，并成为全国知名的旅游商品基地。

（三）发展思路

相对于一般的旅游商品，旅游纪念品有两项特点：地域性和纪念性。地域性源于独特的地域环境及其造成的文化隔离所形成的地域文化，在发展旅游业的过程中，这种地域性对于游客有着独特的吸引力；纪念性是旅游纪念品的纪念意义和纪念价值，这种纪念意义和纪念价值源于旅游过程的经历、体验或信仰。同时两者有着内在的联系，前者是构成后者的重要条件，即地域性对于构成旅游纪念品的纪念性有着重要意义。因此，本章基于辽宁旅游纪念品的纪念性和地域特性的分析，提出辽宁旅游纪念品的发展思路。

立足于旅游的经历及体验的过程，将旅游纪念品的纪念性融入旅游本身。辽宁有着悠久的历史文化传统、秀美异常的自然景观以及自然与人文密切融合的山水文化，每一项都可以为纪念品的开发提供丰富的素材。可以通过确立主题意象，借助传统技艺或现代技术，结合现代人的审美心理等其他因素进行开发。此类主题可借助特定景点或地域的文学艺术创作、神话传说、趣闻轶事、历史典故等。如沈阳的"东北大鼓"、铁岭的"东北二人转"、锦州的剪纸，可以以东北民间艺术创作为主题进行各类产品开发。而东北大秧歌可选用的主题就更为广泛，从民族特色，到舞台化产品，都可以进行旅游纪念品的开发。

立足于地域文化，进行深度开发，增强旅游业发展的深度和广度。所谓地域文化，是指在一定地域内的文化现象及其空间组合特征。对于旅游地来说，旅游纪念品最重要的并不是其实物价值，而是一种虚拟价值——对于特定地域文化的概括与传达。因此，传达地域文化是将旅游纪念品作为旅游业整体重要的组成部分提出，使旅游纪念品也成为重要的旅游吸引物，从而大大增强旅游业发展的深度和广度。

立足原有传统的地域品牌，振兴再发展。所谓振兴再发展是针对旅游业发展而加大传统地域品牌服务于旅游业的力度。如沈阳的老龙口蒸馏酒传统酿造技艺，深度开发适合现代需要的酒类旅游纪念品，成为沈阳酒的名片。"玛瑙之都"阜新，适当发展现代审美需求的旅游纪念品，在原有资源的基础上，进行创新发展，从而带来旅游业的再发展。

立足于新的角度重新审视手工艺的发展。抚顺琥珀雕刻、营口木浮雕工艺、岫岩满族民族刺绣等工艺的制作车间里，全是手工制作，这是由于低档工艺品受到市场的挤压而被迫向高级工艺品方向发展，但同时这对于保存和发扬传统技艺有着非常重要的意义。而在各种现代化商品已非常普及的今天，工艺品所具有的实用价值已大大减弱，它已演化为一种文化符号，人们购买民间刺绣的目的大多是为了房间装饰、收藏以及作为礼品送人。手工制作所产生的人文价值以及传统产品的纯粹性是机械制作无法替代的，现在消费者更多的是追求心理上的满足。以传统产品开发旅游纪念品时，传统手工艺能使产品更具收藏和纪念价值。当然，这种手工制作可以以展示的方式成为开发旅游纪念品的重要部分，使游客对其产生文化和心理上的认同感。

（四）开发模式

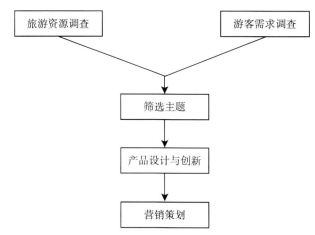

图 10-1　旅游纪念品开发模式

其中旅游资源调查可依照 1992 年国家旅游局资源开发司和中国科学院地理研究所共同制定的《中国旅游资源规范》进行。根据旅游资源调查结果和游客需求调查结果，筛选出最具开发价值的特色旅游资源，作为当地旅游纪念品的开发主题，进行概念性开发规划。纪念品的设计必须以旅游者的购物心理和购物审美为基础，除包括纪念品主体设计外，还包括包装装潢设计和命名等。由于纪念品都具有生命周期，所以，旅游纪念品开发是一个动态的过程，必须结合市场的变化进行创新，提出旅游纪念品创新的具体路径。营销策划包括价格策略、销售环境策划和促销策划。

一是建立新式旅游纪念品营销模式。改变传统的开发思路，改变"有什么开发什么"这种没有系统的规划和缺乏市场细分的开发模式，从产品开发转向市场开拓，进而通过培育和引导旅游纪念品消费市场，有效促进旅游纪念品的开发，在满足旅游者需求的同时能很好地带动整个旅业业的发展。转变传统的"推式"营销模式，采取"拉式"营销，即旅游纪念品开发要以旅游者的需求为核心，加强与旅游者的沟通交流，了解他们的购物需求，考虑到他们的承受能力，进而引导旅游者合理消费。而且在旅游纪念品开发及营销的过程中，注重双向的交流反馈，通过开发有特色的旅游纪念品，建立良好的购物途径，改变旅游者的消费行为，实现旅游纪念品的特色性开发。旅游纪念品的营销开发，要以政府部门的宏观规划为指导，培育企业的创新能力，提高旅游从业人员的素质，将以上所有因素与地方特色文化相配合，可为旅游纪念品的开发及营销提供一个良好的支撑。

二是明确具体的旅游纪念品开发途径。旅游纪念品的开发过程中要注重对一些民俗旅游纪念品加工工艺进行创新和改革，使地方传统工艺能够继续传承和发扬，开发生产出一些工艺精湛又具有地方特色的民俗文化旅游纪念品。目前，辽宁开发的旅游纪念品包装的满意度较低，包装粗糙，缺乏新意。因此，开发新的具有创意的包装形式，能够增加旅游纪念品的附加值。文化旅游纪念品是一个地域文化的象征，包装形式独特的旅游纪念品，一方面能够宣传当地优秀的民俗文化，扩大对旅游地的形象宣传，另一方面也能够提升整个地区旅游纪念品的档次，满足旅游者对旅游纪念品更高层次的需求，开发出包装新颖，符合大众需求的文化旅游纪念品。

（五）战略路径

一是培育创新能力，实施品牌战略。首先，根据目前辽宁旅游产业的发展现状，要注重加强省内地区民俗工艺之间的融合，充分挖掘辽宁旅游资源，找准独特之处，开发出独具地方特色的旅游纪念品，细分旅游纪念品种类，开发出独具优势的旅游纪念品品牌，从而实现旅游商业资源优化配置和旅游经济效益的最大化，有效避免品牌之间的重复发展和低水平竞争。其次，要加强知识产权的保护，培育健康的旅游纪念品市场。旅游纪念品的生产和经营活动中的许多环境涉及著作权的保护，如一些民族艺术、2013年全运会吉祥图案、旅游雕塑等，都能通过法律予以保护。对已经申请专利的旅游纪念品，要加强保护，防止不正当竞争。最后，通过与一些科研机构及高等院校进行联系和合作，加强对传统工艺的传承、创新和提高。可以设立专门的旅游研究机构，主要从事市场调查、产品设计以及新产品的开发等工作。也可以调动全社会的力量，采取公开征稿的方式，尊重和支持民间艺人参与旅游纪念品的开发，鼓励旅游纪念品进行民间科研，选出最佳方案进行生产开发。

二是以市场为导向，满足消费者的需求。首先，旅游纪念品主要为旅游者及旅游活动服务，因此要充分考虑到旅游者的审美情趣和购物走向。比如中国人偏爱大件、成双成对的商品，而外国人正好相反，他们追求具有民族特色的精致小巧、古色古香的旅游纪念品。同时，旅游纪念品的包装也应该注重人文关怀，包装设计轻巧、美观、牢固，不仅可以起到保护旅游纪念品、方便携带的功能，同时还可以增加旅游纪念品的艺术美感。其次，开发高品质的旅游纪念品离不开精湛的科技和工艺技术。旅游纪念品优良的品质是以精湛的技术手段为前提的，设计精美的旅游纪念品必须通过精湛的技术才能取得理想的效果。而目前辽宁旅游纪念品市场上销售的大量工艺粗糙的旅游纪念品，降低了旅游纪念品的收藏和欣赏价值，在很大程度上降低了旅游消费者的购买欲望。最后，大力发展专项旅游纪念品。专项旅游纪念品从旅游主题的角度入手，如沈阳的羽毛画、锦州的剪纸、阜新的玛瑙、岫岩的玉器等。通过建立专项旅游专线，将不同等级的旅游资源串联起来，将专项旅游纪念品和大众旅游纪念品有机结合起来，强化参与性和娱乐性。

三是发挥自身优势，走集群化发展。相比国内一线城市，辽宁应继续发挥自身优势，打造特点鲜明、上规模的艺术品集群化发展。辽宁历史悠久，有着鲜明的地域文化特点，从古至今都是中华文化的重要组成部分。新中国成立后，沈阳又一次会集了来自四面八方的人才，社会风尚别具特色，工业文化举世闻名，留下了可观的、别具特色的资源。辽宁形成以鞍山岫岩玉、阜新玛瑙、本溪辽砚、大连大清集团的青铜工艺品为主，以朝阳紫砂、阜新煤雕、锦州满族刺绣、辽阳女娲石和铁岭美术工笔画为辅的具有辽宁特色的工艺美术品牌；培育和打造沈阳鲁园古玩市场、盛京古玩市场、锦州古玩城、阜新玛瑙宝石城等民间工艺品市场。

四是实施行业自律，强化政策扶持。建立相应的法规和政策，对旅游纪念品设计、生产以及销售等环节进行宏观调控和统一管理，严格把控管理质量，同时对价格进行监督，加强政府在整个行业的主导作用，通过政府的宏观调控和具体措施使市场竞争与发展秩序规范化、有效化。针对旅游纪念品在设计、生产、销售三大环节衔接上的问题进行改革和协调，使其能够相互融合，相互促进，形成统一整体。首先，注重行业自律，强化法治管理。对旅游纪念品的从业人员，通过成立行业协会，培育整个行业从业人员的自律观念，加强职业道德教育，使其能够自觉遵守法律法规；通过政策导向来优化产业结构；通过提供市场信息来引导旅游企业的资金投向和规模；通过增加信贷投入来扩大企业的生产能力，从而能够有效增加旅游纪念品的资金供给。其次，实行优惠政策扶持。在资金政策方面，尤其在研制开发的起步阶段，省政府可以安排适当的资金投入，来培育旅游纪念品销售市场。最后，确保旅游纪念品的开发、生产以及销售等几个环节协调发展，共同促进辽宁旅游纪念品市场的发展，打造东北旅游纪念品基地。

四、示范城市

（一）示范城市

城市名称	发展定位	发展要点	支撑项目
沈阳市	服务于中国第一旅游商品基地的总体定位，以中心集散地位优势，利用沈阳市的行政中心地位优势，充分发挥沈阳特色旅游纪念品和艺术品的资源潜力，整合沈阳市的旅游纪念品和艺术品综合集散服务中心，打造辽宁旅游购物综合集散服务中心	①突出旅游购物集散中心的功能，构建游客旅游购物集散系统。②建立全方位的辐射网点，提供旅游集散、旅游咨询、游客维权等综合服务。②建立不老林糖生产、加工、运输、销售基地，打造中低端的旅游购物中心，将其定位为沈阳旅游纪念品的城市名片。③完善旅游购物要素体系，形成由高档购物中心、经济型购物中心、中档购物中心等构成的旅游购物设施体系；以高档购物中心、彩石镶嵌画、高档白酒等高档旅游购物中心；以"小商品·大世界"为载体的主题类旅游购物中心。④明确沈阳市的城市定位，进而确定沈阳旅游纪念品和工艺品的城市定位，打造旅游纪念品和工艺品市场"活"起来。⑤依托沈阳经济区入市进行联合营销，进行深度营销，使沈阳市旅游纪念品和工艺品的营销体系。⑥加大宣传力度，积极开展各种旅游纪念品和工艺品的开发活动，多种方式进行宣传	龙之梦旅游购物集散中心、"小商品·大世界"的注入、太原街旅游购物中心建设、中街等商业步行街的建设、举办旅游纪念品设计大赛、旅游商品博览会等
大连市	服务于中国第一旅游商品基地的总体定位，以海产品购物基地为主体，充分利用大连市的滨海城市地位，发挥天然的自身优势，整合大连市的海洋产品资源，设计独具特色、符合大连产品资源的旅游纪念品系列产品，定位为一浪漫的旅游纪念品，形成辽南地区第一大海产品购物中心	开发女骑警纪念品、蚊纹盘鲍，作为大连市旅游纪念品系列产品，作为大连市旅游纪念品的城市名片。①突出大连市的浪漫特色，构建大连市旅游纪念品名片。②完善大连市旅游纪念品的营销体系，形成旅游纪念品产业链上旅游企业的整合营销，突出大连旅游工艺纪念品的品牌产品。③建立蚊纹盘鲍人工养殖基地园区，打造高端纪念品设计园区，蚊纹盘鲍发展成为大连市旅游食品纪念品中的代表，住一条龙服务，将蚊纹盘鲍纪念品集聚区、蚊纹盘鲍购物服务，形成吃、住一条龙服务。④优化大连市旅游购物环境，协调旅游纪念品产业链上的各个旅游企业之间的关系	大型海产品加工基地、旅游纪念品购物中心、旅游纪念品设计园区、旅游纪念品集聚区、蚊纹盘鲍纪念品集聚区

续表

城市名称	发展定位	发展要点	支撑项目
鞍山市	服务于中国第一旅游商品基地的总体定位，以玉器工艺品为发展方向，以玉器工艺品销售为主体功能进行开发，形成高、中、低档次的玉器工艺品，塑造"中国第一玉器之都"的品牌形象，打造"中国第一玉器之都"的旅游城市名片	①建设中国玉器工艺品设计、生产、加工、销售基地，汇集工艺品展览、工艺品交易博览会等功能于一体，打造中国第一玉器、玉器工艺品为主体功能的旅游购物消费中心。②建设以高档玉器工艺品为主体能传递送功能在内的产品体系，打造中国玉器销售消费中心。③成立鞍山市岫岩满族自治县玉器展览会等供专业培训和相关鉴别的服务，举办大型玉器展览会等。④大力支持鞍山玉器工艺品产业的发展，促进玉器产业的发展，尤其是玉器工艺品的设计。⑤规范玉器工艺品销售的市场，优化旅游购物的环境，配套快捷各种咨询和购物基础设施	玉器工艺品设计、生产、加工、销售综合中心，举办中国玉器工艺品设计大赛，吸引大型玉器投资玉器工艺品的开发
抚顺市	服务于中国第一旅游商品基地的总体定位，以"琥珀昆虫"为主体进行整体开发，小型旅游纪念休闲开发，形成大、中、低档，以"琥珀昆虫"的品牌形象，打造"中国第一琥珀之都"的城市名片	①建设"琥珀昆虫"的开采、加工、销售基地，汇集工艺品的鉴定展览等功能于一体，打造中国第一琥珀之都。②以高档旅游消费市场为核心，开发中高档的琥珀产品，形成多个市场。③依托抚顺市有"煤玉"支撑的棋精，开发低档的旅游产品，提升抚顺市的高档旅游购物市场水平。④形成以"琥珀昆虫、煤玉"人参等为主体的高档消费市场，配套深度加工，形成高档旅游消费产品。⑤建立人工参养殖基地，稳定人参市场的供给水平	旅游纪念品和工艺品销售中心、高档旅游消费综合中心、旅游交通建设、旅游工艺品设计、加工基地
本溪市	服务于中国第一旅游商品基地的总体定位，致力于打造"中国枫叶之都"，以创意思维、艺术手法，规划设计打造"中国枫叶之都"的平台，塑造"中国枫叶之都"的品牌形象，打造本溪市的旅游纪念品和工艺品的城市名片	①整体打造文化艺术创意村镇，以创意思维规划建设本溪市的街道、乡村，建筑、道路、广场、公共设施、公共绿地、休闲场所等，把整个城市的设计融入枫叶元素。②创建一个集各类摄影人才的画家村。③培育辽砚旅游购物市场，运用新的加工技术，打造辽砚旅游品牌。④建立稳定的旅游枫叶摄影基地，吸引全国各地旅游摄影爱好者聚集于此，打造中国最大叶摄影基地。⑤加快发展各类创意发展平台的创意机构，出台各类文化创意机构进驻的奖励措施及政策，吸引各类创意艺术创意企业或机构，优化旅游购物环境，加快旅游购物基础设施的建设等	文化艺术创意村镇、旅游摄影枫叶摄影基地、旅游摄影爱好者村镇等
丹东市	服务于中国第一旅游商品基地的总体定位，重点面向赴朝鲜艺术家合作，塑造辽宁"第一边境城市"的品牌形象，成为辽宁"第一边境城市"	①建设赴朝旅游购物中心，拉动赴朝鲜旅游者的文化消费，打造赴朝鲜旅游纪念品和工艺品。②开发具有朝鲜文化元素的旅游纪念品和工艺品，设计具有异国风情的艺术品。③营造边境城市的环境氛围，推进丹东市成为购买朝鲜纪念品的基地，打造中国第一边境城市。④城市建筑处在置上置一边境城市的地理位置，加强与朝鲜文化元素，充分利用中国最大工艺品生产加工，打造丹东本地的旅游名片。⑤扶持桦树叶工艺品加工，打造丹东桦树叶的旅游名片	赴朝旅游基地、朝鲜旅游纪念品和工艺品销售基地、朝鲜旅游摄影、丹东桦树叶工艺画生产基地

续表

城市名称	发展定位	发展要点	支撑项目
锦州市	服务于中国第一旅游商品基地的总体定位，以战争文化和革命教育为主题，塑造"近现代战争"的主题形象。无分利用重要的交通地理位置，为现代人打造开发战争文化和革命教育产品的旅游明信片	①依托辽沈战役纪念馆，开发具有爱国主义性质的学习型旅游纪念品。②依托锦州市民间剪纸和契丹文化，设计独具特色的旅游纪念品和工艺品。③创意设计锦州市定位，依托城市定位，进行宣传营销，设计锦州市旅游纪念品和旅游纪念品行业标识，进行宣传营销。④加强旅游纪念品和工艺品加强宣传力度，利用各种媒体加强特色旅游纪念品和工艺品的宣传，提高锦州市旅游纪念品和工艺品的浓烈情调及鲜明的艺术特色	旅游纪念品购物中心、爱国主义教育学习型旅游纪念品主义设计机构、旅游纪念品设计生产型加工企业
阜新市	服务于中国第一旅游商品基地的总体定位，以玛瑙为发展方向，形成高、中、低档的玛瑙工艺品，塑造"中国第一玛瑙之都"的品牌形象，打造"中国第一玛瑙之都"的旅游城市名片	①建设阜新玛瑙的开采、加工、销售基地，汇集玛瑙的鉴定、展览等功能于一体，打造中国第一玛瑙购物之都。②建设高、中、低档玛瑙宝石旅游消费购物中心，加强旅游购物基础设施的建设，开发抚顺的旅游工艺品市场，提升抚顺市的玛瑙旅游购物服务水平。③依托阜新市成立的玛瑙协会，举办大型的玛瑙旅游商品博览会。④加强玛瑙的深度加工，形成高档旅游消费产品。⑤优化阜新市旅游纪念品和工艺品的旅游购物环境，加强市场规范	玛瑙销售中心、高档旅游消费综合中心、旅游交通等基础设施的建设、玛瑙开采、设计、加工基地
辽阳市	服务于中国第一旅游商品基地的总体定位，致力于打造"中国第一皮草之都"，建设东北最大的皮草销售中心，塑造"中国第一皮草之都"的品牌形象，宣传"中国第一皮草之都"的城市名片	①建设辽阳市皮草城，形成东北皮草产业聚集区，集皮草的加工、销售功能于一体。②启动辽阳市冬季旅游购物节活动，打响"中国第一皮草之都"的名号，对其他皮草市场形成强力冲击。③扩大皮草之都的市场规模，加强旅游购物硬件设施建设，以及一些旅游购物基础设施的建设。④出台相应的优惠政策，吸引商业投资皮草城的项目，建设皮草旅游购物综合中心及批发零售中心。⑤健全全辽阳市皮草市场的营销体系	建设皮草产业加工、生产园区，皮草产业创意园区，建设皮草城
盘锦市	服务于中国第一旅游商品基地的总体定位，打造"中国第一湿地之都"，以红海滩湿地为主题的旅游纪念品设计，加以"苇海蟹滩"的升美景观，开发独具特色的旅游纪念品	①依托特色的红海滩湿地，开发设计具有湿地文化特色的旅游纪念品。②全力塑造"中国第一湿地之都"的旅游品牌，加大宣传力度，构建湿地文化纪念品品牌。③完善旅游购物线路，开通旅游专线，推出"中国第一湿地之都"旅游文化特色盘锦湿地文化旅游纪念品。④举办小企业评选盘锦湿地产业链，拉长旅游产业链条，促进旅游经济发展。⑤建立生态自然保护基地，保护众多的国家级野生动物，开发野生动物系列的旅游纪念品	盘锦湿地文化旅游纪念品设计大赛、城市之间的旅游专线建设

五、设施建设、行动计划和原真性保护

（一）主要设施建设

一是基本购物设施的建设。基本购物设施是旅游者购物必备的设施，主要指各种购物商店及具体的内部设施。传统购物街，在大城市有自然形成的传统购物街，也有为了发展旅游而特别设置的旅游购物场所，这些购物街地方特色突出，文化氛围浓郁，现代购物场所，是城市中心的现代化购物设施，如百货商场、大型购物中心、连锁店等一般规模大、商品选择数量多、购物条件舒适。

二是旅游购物商店建设。旅游购物商店作为直接面向旅游者，为旅游者提供旅游购物服务的重要场所，在社会经济和旅游业发展中起着重要的作用。旅游购物商店属于零售领域，目前，各种零售业态的企业或个人进入到这一领域，呈现出激烈的竞争格局。根据商店的主要目标市场和独立程度，旅游购物商店可以划分为三种：专营商店，是专门销售或主要销售旅游商品的商店，几乎全部的企业收入来自于旅游商品的销售；附属商店，是指各酒店、景区等旅游企业设置的商品部、商场、购物中心等；兼营商店，是面对广大城市居民的社会商业，如百货商店、大型超市、购物中心等。

三是餐饮、娱乐设施的建设。现代消费者的购物不再是单纯的购物，而是一种休闲娱乐活动、一种享受。营造这种休闲的氛围需要配备餐饮、娱乐等辅助设施，如特色餐饮店、咖啡厅、图书馆、电影院、溜冰场等，这些功能的提升使购物空间更具吸引力，成为当地居民和游客旅游购物的集散地。

四是导购系统的建设。旅游者在异地购物需要商店、商品方面的有关信息。现在很多旅游购物商店有全方位的导购服务系统，如一个有特色的导购图，在场所、形态、规模等方面实现标准化，并与周边环境相协调；展览厅，介绍商店的概况或几种推荐重点商品；信息中心或资讯室，可以为远程顾客提供服务。

五是便利系统的建设。旅游购物商店除了要配备洗手间、休息室、停车场等一些便利设施之外，针对游客这一流动顾客的特殊需要还要增设其他设施，如设立邮局，邮寄那些体积大、易碎、不易携带的商品；设立银行，方便旅游者兑换货币、信用卡交易等。

六是高中低档兼备的旅游购物设施的建设。不同消费层次的旅游者的购物需求不一样。因此，辽宁旅游购物设施场所的建设，应结合各地区接待游客客源地的经济情况，建设高中低档兼备的旅游购物商店，以满足不同档次旅游者的购物需求。但应以中低档次为主，以便适应大众消费需求。有针对性地建设一些高档的旅游购物场所，提供一些质优价高的旅游商品，以满足少数高消费水平的旅游者的需求。

七是体验型旅游购物环境的建设。旅游的核心问题就是体验。体验旅游购物是指旅游者在旅游购物过程中，全方位参与旅游购物产品的设计与制作，与员工互动，体验旅游文化，使体验成为旅游商品的一部分，从而获得完美的体验享受的购物形式。旅游购物者大多属于非计划性享受购物者。大多旅游者逛商店之前并没有很明确的目标和计划，只有当收到高质量、高品位、体验型的购物环境的感染时，才会把注意力转向其他销售的商店，兴奋激动时产生了购买欲望。为了适应旅游购物市场的需求，增强辽宁各地区旅游购物的竞争力，辽宁各地区具备条件的旅游购物经营机构应根据不同的旅游购物类型，设计相应的购物体验场景。使旅游者在体验环境下购买旅游商品，让旅游者参与体验，增加旅游商品的附加值，促使旅游者购买。

（二）主要行动计划

一是编制实施旅游纪念品开发规划，明确发展的优势。规划是对未来整体性、长期性、基本性问题的思考、考量和设计未来整套行动的方案。旅游纪念品开发要制定发展规划，以便全面分析旅游纪念品发展的现状，找出存在的问题，明确发展的优势以及确立今后的发展目标，在宏观上、战略上、方向上对旅游纪念品的开发工作做出规划，对重点解决的问题及发展目标做出规定，促进旅游纪念品的开发工作。明确辽宁旅游纪念品和艺术品发展的战略步骤及容易出现的重点问题，以纪念品和艺术品的市场规律与趋势为基础，同时，进一步明晰辽宁纪念品和艺术品的发展目标、定位、布局及战略措施。

二是勇于创新，提高旅游纪念品的设计水平。旅游纪念品的开发要重视产品的创新，经常搞一些高水平的"旅游商品创新设计大赛"，激发企业创新设计的积极性，鼓励优秀的新产品脱颖而出。充分发挥"旅游纪念品开发专家顾问委员会"的作用，探索、建立、推荐旅游商品设计单位，为专家和企业之间搭建交流平台，为企业的旅游纪念品设计、开发、销售出谋划策，促进旅游纪念品开发再上新台阶。继续抓好研发基地建设，对具有自身特色和一定研发能力及规模的企业，发展成专业研发基地。

三是争创品牌，提升旅游纪念品的市场竞争力。辽宁旅游纪念品的开发必须树立品牌意识和打造无形资产的概念，通过旅游纪念品的品牌化，迅速提升其知名度和美誉度，既能促进旅游纪念品的销售，又保护了游客的合法权益。实施品牌战略，必须从质量上下苦功。对每件旅游纪念品的设计和制作，力求做工精美、造型别致、包装讲究，以激发顾客的购买欲望，要让游客拿着爱不释手，送人送得出手。旅游纪念品的设计，必须汲取辽宁各种文化的精华，与各个地区的特色结合起来，开发出一条有特色的品牌之路。

四是建设一支高质量、现代化的开发科研队伍。发挥特长，应发挥集咨询创意、研发设计、制作加工、营销服务为一体的专业礼品公司的优势，让这批业务精、实力强、理念新的专业公司成为开发旅游纪念品的"领头羊"。凝集一批专业的技术人才——有创意、美工、雕刻、三维电脑和网络专业人员等，技术实力雄厚、专业人才济济，能聚集旅游纪念品的自主研发能力和综合开发力量。获取丰富的经验积累——在长期为客户设计制作的各种个性化礼品中，应多设计适销对路的好产品，题材丰富、领域广泛，可以为开发旅游纪念品找到合适的切入点。培养卓越的敬业团队——历经营销锤炼，培养一支技能成熟、思想开拓、尽职尽责的员工队伍，有一丝不苟的品质观念和追求卓越的品牌理念，为开发有特色、有品位、有质量的旅游纪念品提供了良好的条件和基础。

五是建立旅游纪念品的准入制度。准入是从源头、从质量抓起。辽宁应建立旅游纪念品两级准入制度：一是纪念品原型开发的准入，只有具有地域性和原创性的旅游纪念品才可能入市流通，这是旅游纪念品的生命之源；二是纪念品品牌的准入，视觉形象统一、包装完整且适度、质量上乘的旅游纪念品才能参与激烈的旅游市场竞争，有利于打造与辽宁文化旅游强省相匹配的名牌优势企业，这是旅游纪念品的发展动力。

六是建立旅游纪念品开发创新基地。目前辽宁旅游纪念品的技术含量低，缺乏旅游纪念品的增值成分。要改变这一现状，首先要加大对旅游纪念品生产供应的技术研究和改进力度，增加旅游纪念品的技术含量，以培养旅游购物中的名牌和精品；其次应加大对旅游纪念品包装的设计创新力度，以此来提高纪念品本身的品位和价值。

七是建立评估、鉴定及良好的监管机制。辽宁艺术品拍卖市场交易过程中保险、鉴定、评估、定价等环节都没能很好地解决，特别是鉴定与评估问题最为突出。在依照市场发展规律建立起良好的鉴定模式后，重要的是进一步整合，建立定价机制，价值分析与评估是基础，市场价格是重要的参考，核心是建立一种能整合价值评判标准与推动市场定价资源的市场机制，进一步遏制虚假交易，维护辽宁艺术品市场的形象。

八是加强旅游纪念品市场的建设和规范。优化旅游纪念品购物环境，建立旅游纪念品销售网络。有重点地树立和强化一批独具辽宁特色的名牌旅游纪念品，在重点旅游城市或景区建设旅游商品、旅游纪念品购物中心和大型免税商场。

（三）强化原真性保护

原真性是旅游纪念品开发的根本，旅游纪念品开发是原真性的发展与延伸。原真性保护得好，旅游纪念品开发会获得持续性的收益，原真性保护得不好，旅游纪念品开发只能获得暂时性的收益。旅游纪念品的开发适度可行，原真性就会可持续发展；旅游纪念品开发过度混乱，原真性会遭受不可挽回的损失。

一是规划先行，注重政府规制的作用。对于原真性尚未造成破坏或破坏较小的地区，规划前成立切实可行、实用性强的综合型策划团队，既有政府官员代表把握方向，又有规划专家学者科学设计，更吸引当地百姓积极参与，经过多次反复论证后再执行。旅游资源具有稀缺性、准公共品、外部经济、信息不对称等方面的特性，决定了政府要对旅游纪念品进行价格、进入等方面的经济规制和质量、环境及安全等方面的社会规制。这可以约束旅游经营者带来的负外部性。强制执行对原真性的保护可以实现旅游业的可持续发展，并获得经济、社会和环境效益。

二是适度处理好政府规制和市场经营的关系。在原真性已经破坏的地区，大多是因为政府规制失灵而导致旅游纪念品市场化过度开发。我国的经济、政治、法治、公民素质等均与西方发达国家不同，要充分发挥政府在宏观规划、国有资产监督和管理方面的主导作用，以允许旅游纪念品经营权适度出让等方式，处理好政府和市场的关系。

三是正确引导和规范旅游经营者和旅游者。旅游纪念品必须依托一定的旅游活动，其存在才有意义。所以旅游经营者要注重人与商品的和谐关系，避免无中生有地开发设计一些不存在的历史文化。积极引导旅游经营者重视旅游纪念品对于旅游活动的重要意义，开发有文化的旅游纪念品。规范旅游者的行为，更多地体现在对当地文化的尊重上。

第十一章　辽宁红色旅游资源评价与发展思路

　　红色旅游，主要是指以中国共产党领导人民在革命和战争时期建立丰功伟绩所形成的纪念地、标志物为载体，以其所承载的革命历史、革命事迹和革命精神为内涵，组织接待旅游者开展缅怀学习、参观游览的主题性旅游活动。辽宁以沈阳九一八历史博物馆、抚顺雷锋纪念馆、丹东抗美援朝纪念馆、锦州辽沈战役纪念馆等著名爱国主义教育基地为主体的红色旅游资源非常丰富，包括抗日战争时期、解放战争时期、抗美援朝时期、社会主义建设时期四大类200多处爱国主义教育基地和红色旅游区、点。充分挖掘和利用辽宁革命历史文化资源发展红色旅游，对于保护和利用革命历史文化遗产、开展爱国主义教育、弘扬民族精神、建设社会主义先进文化、推动老工业基地振兴和构建和谐辽宁、培育和发展旅游业新的经济增长点，具有重要的现实意义和深远的历史意义。

一、红色旅游资源评价与内涵拓展

（一）红色旅游资源概况

　　辽宁红色旅游资源十分丰富，且特点鲜明，主要具有4大特点：

　　一是内涵丰富、特色鲜明。全省现有一大批各级爱国主义教育示范基地，全省现有国家级爱国主义教育示范基地17个、省级35个、市级179个，涵盖了抗日战争、解放战争、抗美援朝、社会主义建设四个时期。

　　二是综合基础条件良好。绝大部分红色旅游资源位于旅游功能比较完善的大中城市，已构成辽宁红色旅游骨干体系，年接待游人规模在50万~100万人次，发展红色旅游有很大的潜力和优势。

　　三是与其他旅游资源融合较好，有利于红色旅游与山海风光游、宗教文化游、历史文化游等相互衔接。

四是已经具有一定的开发基础。"沈阳—锦州—葫芦岛—秦皇岛"线列入国家30条"红色旅游精品线路"之中;沈阳九一八历史博物馆、沈阳抗美援朝烈士陵园、大连关向应纪念馆、抚顺平顶山惨案遗址纪念馆、抚顺战犯管理所旧址陈列、丹东抗美援朝纪念馆、丹东鸭绿江断桥、锦州辽沈战役纪念馆、锦州黑山阻击战景区、葫芦岛塔山阻击战纪念馆10个景区列入国家第一批100个"红色旅游经典景区",2011年,抚顺雷锋纪念馆、朝阳赵尚志纪念馆、本溪东北抗联史实陈列馆、东北老工业基地转型发展系列景区(本溪市本溪湖中国近代煤矿工业遗址园、阜新市海州国家矿山公园、抚顺市露天矿史陈列馆)被列入全国第二批"红色旅游经典景区",形成了抗日救国、辽沈战役、抗美援朝、伟人风范、浩气长存和爱国将领张学良6大红色旅游产品系列。

(二)发展红色旅游的有利条件

1.区位交通优势

辽宁位于东北三省的南部,东北与吉林省接壤,西北与内蒙古自治区为邻,西南与河北省毗邻,以鸭绿江为界河与朝鲜民主主义人民共和国隔江相望,南濒浩瀚的渤海与黄海,是东北唯一一个既沿海又沿边的省份。辽宁是中国东北经济区和环渤海经济区的重要接合部,是东北地区通往关内的交通要道,也是东北地区和内蒙古连接欧亚大陆桥、通向世界的重要门户和前沿地带。

辽宁地处东北亚地区、全国和东北的战略要地,海、陆、空立体交通发达,区位交通优势十分明显。主要体现在:①处于东北经济区和环渤海经济圈的重要接合部,拥有沿海、沿边的地缘优势;②东北地区通往关内的交通要道,是东北地区的经济中心和重要出海口,是东北地区和内蒙古通向世界、连接欧亚大陆桥的重要门户和前沿地带;③作为东北亚的空港枢纽,随着中国经济崛起,日益成为东北亚经济区的中心;④处于中、日、朝、韩、俄、蒙等多元文化交融碰撞的地带,有条件打造成多元文化的交流中心;⑤省内交通网络发达,城城互通高速公路,城市与主要景区之间道路也比较畅通。

辽宁拥有全国密度最高的铁路、四通八达的公路、通往世界各地的港口和机场。全省交通以铁路为主,以省会沈阳为交通枢纽,呈放射状向东西南北延伸,是沟通东北三省和内蒙古及关内的纽带和桥梁。铁路干线有京哈线、沈大线、沈吉线、锦承线、沈丹线等,还有不少铁路支线网络分布全省。公路交通在全国率先实现高速公路覆盖所有地市级城市。高速公路以沈阳为中心建成了京沈、沈大、沈丹、沈哈、沈吉、沈通、沈承等高速公路和沈阳过境高速公路网络。2013年,全省高速公路通车营运里程已突破4000公里。辽宁还是我国环城高速公路标准最高的省区之一,3.5小时内即可到达省内所有城市。海上交通方面,大连、丹东、营口等港口与中国沿海主要港口通航。大连港是东北第一大港，有客轮发往天津、秦皇岛、蓬莱、烟台、威海、上海等地，鸭绿江口的丹东大东港和辽河口的营口港、鲅鱼圈港也是黄海、渤海上的重要港口。航空方面，辽宁现有沈阳、大连、丹东、锦州、朝阳和长海民用机场6处，开通了连接日本、韩国、俄罗斯、朝鲜、新加坡、德国、美国、澳大利亚、中国香港、中国台湾等国家（地区）和国内100多个城市的定期航线以及到其他国家和地区等地的不定期包机航线。

2. 红色旅游资源与各类旅游资源融合较好

辽宁是东北唯一的临海省，旅游资源特色鲜明，发展潜力巨大，综合优势较强。主要体现在：

一是有大批在全国乃至世界具备竞争优势的旅游资源，如海洋、世界遗产、城市和商业资源、民俗文化、近代历史文化等。

二是气候资源、温泉资源、山水生态资源、产业、边境风情等资源在区域有较强的比较优势。

三是商务会展、体育旅游、主题公园、节庆旅游等产品不断开发和创新，可以引领时代潮流。

四是可充分整合利用区域资源，打造成各类旅游的区域体验中心基地。

五是发挥组合优势，进行综合开发，打造旅游产业集群。

辽宁是旅游资源大省。按照国家《旅游资源分类、调查与评价》标准，辽宁旅游资源类型上主要包括8主类，35亚类，139个基本类型。自然资源和文化资源禀赋兼容并蓄，现有世界文化遗产6处，国家级文物保护单位128处，国家级非物质文化遗产53项，国家风景名胜区9处，国家地质公园5处，国家森林公园29处，国家级自然保护区12处，国家地质公园5处，国家级爱国主义教育基地17个；有省级文物保护单位296处，省级非物质文化遗产102处，省级风景名胜区14处，省级森林公园41处，省级自然保护区29处，省级爱国主义教育示范基地35个；有大小岛屿848个，海滨浴场72处，温泉108处，重要湿地和湿地公园7处；还有艺术表演团体65个，博物馆61个，文化馆和艺术馆122个；还有近几年开发建设的高水准的大型文化设施、商务会展、运动康体、温泉度假设施、旅游节会活动等300多处资源体。全省已有国家A级景区237处（分别为5A级3家、4A级61家、3A级112家、2A级53家、1A级8家）；还有全国工农业旅游示范点58处。国家A级景区、全国工农业旅游示范点数量位居全国前列。这些丰富的旅游资源与红色旅游资源在空间上具有较好的组合优势，从而有利于红色旅游与原有的山海风光游、宗教文化游、历史文化游等旅游类型相互衔接，满足游客的多种旅游需求，有利于各地区之间进行区域合作，资源整合，从而产生聚集效应。

3. 丰富的客源条件支撑

从国内市场来看，辽宁距北京、天津较近，北京不仅是全国的政治、文化中心，同时也是具有相对较高素质群体的中心城市。北京和天津在全国的人均收入中属于高收入城市，人均消费高于全国平均消费水平，消费群体成熟。同时，辽宁城市化水平在全国名列前茅，全省 14 个城市都荣获"中国优秀旅游城市"的称号，大连荣膺"中国最佳旅游城市"称号，辽宁平均文化程度仅低于京、津、沪三市，高于全国平均水平。从国际市场来看，辽宁与目前中国三大客源国（日本、韩国、俄罗斯）之间的距离非常近，而且由于历史原因，辽宁的部分中小城市与这些国家有着长期的联系，客源地对辽宁更了解，更关注。近几年，辽宁旅游客源市场进一步扩大。2012 年，全省接待国内外游客达到 3.67 亿人次，旅游总收入达到 3940 亿元，具备了发展红色旅游的客源市场条件。

4. 政策扶持优势

国家于 2004 年启动"红色旅游"工程。2004 年，中央办公厅、国务院办公厅印发了《2004—2010 年全国红色旅游发展规划纲要》；2004 年 11 月由国家发改委牵头正式出台《"红色旅游"景区建设规划》；2005 年 2 月，国家旅游局将 2005 年确定为"红色旅游年"。党中央、国务院、国家发改委、国家旅游局联合推介旅游产品，并出台了一系列扶持措施，其中包括资金扶持，为红色旅游开发提供了坚实的平台。为贯彻中央精神，2005 年 6 月，辽宁成立了"红色旅游领导小组"，省委宣传部、省发改委、旅游局已联合制定"红色旅游发展纲要"及活动方案。2011 年，国家又组织编制了《2011~2015 年全国红色旅游发展规划纲要》，就发展红色旅游的指导思想、总体思路、总体布局和主要措施做出明确规定。根据发展纲要的思路，辽宁围绕抗日战争、解放战争、抗美援朝和社会主义建设等主题，打造辽宁中部、辽宁西部、辽宁东部、辽宁南部四大红色旅游区，将开发建设相对成熟的红色旅游区点在本区域或跨区域连点成线，将红色旅游线路与省内绿色生态、蓝色海洋、金色历史文化、银色冰雪温泉等资源进行科学整合，使其产生叠加吸引力，实现优势互补。并策划出勿忘国耻、抗日救国主题系列游，辽沈战役主题系列游，抗美援朝、保家卫国主题系列游，伟人风范主题系列游，浩气长存主题系列游、爱国将领张学良专题系列游和共和国建设成就等几大红色旅游系列活动。全省将着力打造"辽沈战役"、"抗美援朝"、"雷锋精神"和"振兴老工业基地"等具有强烈震撼力的全国一流红色旅游精品。

（三）发展红色旅游的制约因素

1. 红色旅游产品展示手段比较单一，降低了对游客的吸引力

辽宁有的红色旅游景点目前提供的产品基本上只是用简单的图片展示和橱窗式的文物陈列，静态观光内容居多，缺乏包装，缺乏声、光、电等现代化的"动态式"、"参与式"展示，景点内容陈旧，讲解枯燥乏味，不适合现代审美观念和旅游者的消费偏好，与市场需求差距很大，因而也就缺乏对游客的吸引力。

2. 宣传促销乏力，限制了红色旅游品牌的打造

搞好宣传推广是促进红色旅游发展的重要环节。辽宁的红色旅游景区在市场营销方面投入不足、力度不大。营销方式比较单调，过分依赖旅行社等中介组织。对市场缺乏真正的研究，没有在市场细分的基础上实行个性化促销，对消费群体定位模糊，缺乏大规模、连续性、轰炸式宣传，与其他红色旅游名胜区联手宣传、打造品牌的活动更是少之又少。

3. 高素质红色旅游人才的缺乏，制约了红色旅游的长远发展

由于红色旅游产品包含着丰富的政治历史文化内涵，对从业人员有着更高的要求。目前，从业人员总体学历水平、文化素质和业务素质都偏低，尤其缺乏高层次的规划、策划、市场开发和管理等专业人才，缺乏高素质的导游人员。

4. 体制不顺，阻碍了红色旅游资源的开发

在体制方面，旅游产业机构还不够合理，计划经济痕迹尚未完全消除，管理上的条块分割现象依然存在，一个景点的主管部门涉及旅游、文化、宗教及文物保护等方面，往往互相掣肘，效率不高。

（四）对红色旅游发展的深化认识

近年来，红色旅游发展实践充分证明，红色旅游已真正成为新形势下广大人民群众深刻了解中国共产党领导中国人民的革命史、创业史、奋斗史，坚持党的领导、巩固党的执政地位的政治工程；已真正成为弘扬伟大民族精神、加强全民爱国主义教育特别是青少年思想道德教育、建设社会主义核心价值体系、促进文化大发展大繁荣的文化工程；已真正成为推动革命老区经济发展，提高老区人民生活水平的经济工程。党中央国务院做出的发展红色旅游的重要战略决策，已经取得了突出的社会效益和经济效益。为此，要从确保党和国家事业长远发展的战略高度充分认识新形势下发展红色旅游的重大意义。

在深入贯彻落实科学发展观、构建社会主义和谐社会的新形势下，强化党的执政意识、巩固党的执政基础，是红色旅游健康持续发展的根本动力；坚持社会效益放在首位，综合发挥"三大工程"功能，是红色旅游健康持续发展的基本要求；党委领导、政府负责、社会协同、公众参与是红色旅游健康持续发展的重要保证；坚持遵循旅游发展规律，统筹规划、量力而行，因地制宜、融合发展，是红色旅游健康持续发展的根本方法。

（五）红色旅游的内涵拓展

1. 拓展红色旅游的概念内涵

传统的红色旅游是指组织接待旅游者开展缅怀革命事迹、参观游览革命圣地的主题性旅游活动，随着时代的发展，红色旅游的内涵也在不断地拓展。在中国共产党领导下长期革命战争中形成的革命优良传统、革命精神与在革命老区留下的大量的革命遗址、遗迹和纪念物是红色旅游，新时代中所形成的全心全意为人民服务的雷锋精神、工业发展中所形成的不怕困难力争上游的拼搏精神以及辽宁在新中国成立后成为"共和国长子"的奋斗史都是红色旅游的内涵。

2. 拓展辽宁红色旅游的国际化内涵

辽宁的红色旅游资源与其他地区相比有一个显著的特点，就是国际因素比较多。这主要是因为战争时期的东北常年处于外国的殖民统治，殖民者在此留下了许多遗迹。辽宁要重视这些遗迹的开发，加大对国际市场的宣传力度，积极发展红色旅游的国际市场。这些红色旅游景区渗透着其他国家的历史与文化，因此，对国外游客而言，对其吸引力要远大于其他省的红色旅游文化产品。

二、发展红色旅游的总体思路

（一）指导思想

以邓小平理论和"三个代表"重要思想为指导，以社会主义核心价值体系建设为根本，以爱国主义和革命传统教育为主题，深入挖掘红色旅游思想文化内涵，不断丰富发展内容，积极创新发展方式，进一步增强红色旅游的时代感和现实感。红色旅游作为政治工程、文化工程，必须突出强调其在加快构建社会主义核心价值体系中的重要作用，把发展红色旅游作为贯彻落实科学发展观的一项政治任务抓紧抓好，紧紧围绕"振兴老工业基地，建设旅游强省"的总体目标，将开展红色旅游与社会主义、爱国主义教育结合起来，使辽宁的红色旅游区成为社会主义精神文明教育的重要基地。遵循旅游产业发展规律，将开展红色旅游与经济建设紧密结合起来，促进红色旅游资源比较集中的辽宁西部地区经济的快速发展；将红色旅游与绿色旅游、蓝色旅游、银色旅游、金色旅游结合起来，形成辽宁"五彩旅游"品质超群的鲜明特征，成为展示辽宁新形象的重要窗口；将缅怀学习与参观游览、休闲度假、商务会展紧密结合起来，推动辽宁旅游产业的全面快速发展。通过发展红色旅游，推进全省旅游业与政治教育、文化建设、经济发展的有机结合。

（二）基本原则

1. 坚持把社会效益放在首位

要使发展红色旅游同弘扬革命传统、培育民族精神相结合，同加强和改进青少年思想道德建设相结合，同有效保护和利用革命文物相结合，同资源保护和生态建设相结合，同推动老区经济社会协调发展相结合，寓教于旅游之中，实现社会效益和经济效益的和谐统一。

2. 坚持因地制宜

要充分利用现有设施和条件，实事求是地确定重点建设项目，把握好建设规模和标准，严格按照基本建设程序，避免过度开发对革命历史文化遗产及其环境造成损坏，做到朴素实用、功能完善。

3. 坚持统筹协调

注意做好红色旅游区规划与相关区域的城乡规划以及交通建设、环境保护、风景名胜和文物保护等专项规划的衔接。整合相关旅游资源，把发展红色旅游与发展生态旅游、民族文化旅游、工农业旅游等密切结合，形成综合型、复合型的旅游产品，增强红色旅游的吸引力和感染力。

4. 坚持多方参与

遵循旅游产业发展规律，要充分发挥中央和地方两个积极性，行政手段和经济手段相结合。公共性质建设项目的投入由中央和地方财政共同承担，经营性质建设项目的投入通过市场运作方法加以解决。

（三）发展目标

充分利用辽宁红色旅游资源，按照红色、绿色、蓝色、银色、金色"五彩旅游"相结合的原则进行开发建设和区域布局，牢牢把握市场机遇，通过几年的努力，力争实现列入全国红色旅游经典景区名录的重点景区基础设施和环境面貌全面改善，重要革命历史文化遗产得到有效保护，红色旅游宣传展示和研究能力明显增强，配套服务更加健全，广大人民群众参与红色旅游的积极性和满意度显著提升，综合效益更加突出。2015 年，全省红色旅游年出行人数 3500 万~4000 万人次，收入 300 亿元，年递增分别达到 15% 以上，红色旅游年出行人数和收入分别占全省旅游接待总人数的 8%和总收入的 5%以上。力争完成以下几个目标任务，以取得良好的社会效益和经济效益。

1. 建设四个重点红色旅游区

以辽宁红色旅游资源比较集中的地区为主，按照旅游六大要素的要求，高标准搞好重点红色旅游区建设，在辽宁的中部、西部、南部建设具有影响力和吸引力的红色旅游基地。

（1）辽宁中部红色旅游区：辽宁中部红色旅游区是全省红色旅游区的中心，包括沈阳九一八历史博物馆、张氏帅府纪念馆、抗美援朝烈士陵园、中共满洲省委旧址等；抚顺雷锋纪念馆、平顶山惨案遗址、战犯管理所；本溪东北抗联史实陈列馆、东北老工业基地转型发展系列景区（本溪市本溪湖中国近代煤矿工业遗址园、抚顺市露天矿史陈列馆）等重要的红色旅游景区点；以及鞍山、辽阳、铁岭等地的红色旅游区点。

（2）辽西红色旅游区：包括辽沈战役纪念馆、东北野战军锦州前线指挥所旧址、黑山阻击战纪念馆、塔山阻击战纪念馆、朱瑞将军烈士陵园、朝阳赵尚志纪念馆等的系列红色旅游区点，以及阜新市海州国家矿山公园。

（3）辽东红色旅游区：包括丹东抗美援朝纪念馆、鸭绿江断桥、抗美援朝烈士陵园、志愿军空军指挥所旧址等抗美援朝系列的红色旅游景区点；丹东大鹿岛甲午战争纪念地；本溪、桓仁、宽甸等东部山区的抗联遗址系列。

（4）辽南红色旅游区：包括旅顺口爱国主义教育基地、关向应故居纪念馆、营口西炮台遗址等红色旅游景区点。

2. 培育十个"红色旅游经典景区"

在辽宁著名的爱国主义教育基地的基础上，按照《规划纲要》对"红色旅游经典景区"的要求，根据外部通达条件以及所在地拥有的其他旅游资源，将沈阳九一八历史博物馆、张氏帅府纪念馆、大连旅顺口近代战争史迹、抚顺雷锋纪念馆、抚顺战犯管理所、本溪东北抗联史实陈列馆、丹东抗美援朝纪念馆及鸭绿江桥、锦州辽沈战役纪念馆、阜新国家矿山公园和朝阳赵尚志纪念馆十个红色旅游经典景区，培育成内涵丰富、品牌突出、特色鲜明、国内知名的"红色旅游经典景区"。同时，使景区点的年接待规模都达到 30 万人次以上。

3. 编排三条红色旅游重点线路

（1）重点旅游区内的近距离线路。在中、西、东、南部四个重点红色旅游区之内，或相邻近区域间，围绕"红色旅游经典景区"形成一日游为主的红色旅游精品线路，如"沈阳—抚顺（包括新宾）、锦州—葫芦岛、大连—丹东、抚顺—本溪—丹东"等，一日游将是省内红色旅游活动的主打产品。

（2）重点旅游区间的中长旅游线路。在中、西、东、南部四个重点红色旅游区之间，连接每个区域内的"红色旅游经典景区点"，整合相关联的其他旅游资源，形成省内精品红色旅游线路；如"大连—丹东—本溪—抚顺—沈阳、沈阳—锦州—葫芦岛、大连—营口—盘锦—锦州—葫芦岛"等。

（3）形成跨省区的红色旅游线路。外延省内的红色旅游线路，东连吉林、黑龙江，北接内蒙古，西连京津冀，南连山东半岛。如东北地区解放战争旅游线路"长春—四平—沈阳—锦州—葫芦岛"、东北抗联日旅游线路"黑龙江—吉林长白山—宽甸—新宾—抚顺—沈阳"、环黄渤海红色旅游线路"威海—青岛—烟台—大连—营口—盘锦"等。

4. 开发五个主题系列的红色旅游产品

以全省"红色旅游经典景区"为主要载体，开发反映不同主题系列的红色旅游产品。以沈阳九一八历史博物馆、旅顺万忠墓纪念碑、旅顺的平顶山惨案遗址等为载体，开展"勿忘国耻、振兴中华"系列游；以辽沈战役纪念馆、黑山阻击战纪念馆、塔山阻击战纪念馆等为载体，开展"胜利序曲，辽沈战役"访习游；以抚顺新宾三块石抗联根据地遗址、本溪的汤沟抗联西征会议遗址、杨靖宇抗联遗址、宽甸天桥沟抗联遗址等为载体，开展"抗联英雄、白山黑水"故地游；以沈阳抗美援朝烈士陵园、丹东抗美援朝纪念馆、鸭绿江断桥等为载体，开展"抗美援朝、保家卫国"回顾游；以抚顺雷锋纪念馆为载体，开展"寻找雷锋足迹、体验雷锋精神"教育游。同时，开展多种多样的红色旅游产品和红色旅游文化纪念活动，打造成全国一流的、具有震撼力的红色旅游品牌。

5. 实现旅游资源整合

发展红色旅游，不仅要靠"红色"吸引，还要与绿色生态旅游、蓝色海洋旅游、历史文化金色旅游、冰雪温泉银色旅游，以及工业文化旅游等结合起来，还要与邻近省区搞好区域联合、扬长补短形成跨区域的红色旅游产品和红色旅游线路。

6. 加强红色旅游队伍建设

提高从业人员综合素质。按照国家5年轮训一遍的要求，制订专项培训计划，重点开展红色旅游管理人员、导游员和讲解员分级分期专门培训。省内有条件的旅游院校要开设与红色旅游相关的课程和专题班。吸收和培养一批红色旅游研究、规划、设计、管理等各方面的专门人才，建立红色旅游专家库。鼓励教师、大学生和离退休干部等参与红色旅游志愿服务。

（四）开发思路

立足辽宁深厚的红色历史文化底蕴，发挥辽宁红色旅游资源丰富、资源品质高、具有一定的国际性等优势，以线路串联聚合精品景区，培育特色红色旅游城镇，将辽宁的红色旅游打造成为在全国有影响力的红色旅游品牌，拓展成为与城市、工业相融合的旅游产品。总体来说，辽宁红色旅游的提升和突破在于占据多个制高点。

一是挖掘整理抗日战争、解放战争、抗美援朝战争等战争、战役以及英雄人物资源，串联开发系列战争纪念地、军事博物馆、纪念馆、名人故居等景点，着力进行主题化开发，形成红色旅游的优势品牌，占据全国军事主题红色旅游制高点。

二是依托沈阳九一八历史博物馆、旅顺日俄监狱旧址、抚顺雷锋纪念馆、本溪东北抗联史实陈列馆、丹东抗美援朝纪念馆、锦州辽沈战役纪念馆、朝阳赵尚志纪念馆等景点的提升建设和大力推广，占据近现代红色旅游的制高点。

三是依托东北老工业基地转型发展系列景区（沈阳铁西工业区遗产地、抚顺市露天矿史陈列馆、抚顺露天煤矿工业遗产地、本溪市本溪湖中国近代煤矿工业遗址园、阜新市海州国家矿山公园、铁岭蒸汽机车工业遗产地）等众多老工业基地的历史遗产，加强整合和提升开发，占据工业遗产游制高点。

（五）发展任务

（1）建设红色旅游精品体系。从打造 10 个"红色旅游经典景区"入手，通过统筹规划、整合资源和基础设施建设，重点推出 3 条"红色旅游精品线路"，着力培育 4 个"重点红色旅游区"，形成辽宁红色旅游发展大格局。

（2）建设红色旅游配套交通体系。结合辽宁干线公路及农村公路建设规划，重点建设红色旅游景区（点）与主要干线公路的连接线，切实改善交通条件。

（3）建设红色旅游资源保护体系。按照保护为主、抢救第一的方针，加强对重点革命历史文化遗产的挖掘、整理，加大保护设施建设和环境整治力度，使重要的文物、遗址、纪念地、名人故居、文献、建筑等得到妥善保护。

（4）建设红色旅游宣传推广体系。充分发挥各级党政部门、企业单位优势，统筹规划，利用多种宣传方式，打造红色旅游的形象品牌。

（5）建设红色旅游产业运作体系。改革传统的管理模式，充分利用市场机制，采取灵活的政策措施，鼓励社会参与红色旅游的开发经营。

三、全省总体布局及重点项目

（一）总体布局

1. 辽宁"红色旅游"五大系列

抗战之旅：展示九一八事变到抗日战争胜利，日本军国主义阴谋策动侵华战争，血腥涂炭中国人民的罪行，以及中国共产党领导东北各族人民顽强抗击侵略者，赢得抗战胜利的精品景点。包括沈阳的九一八历史博物馆等。

缅怀之旅：展示解放战争和抗美援朝战争期间，中国共产党领导辽沈人民和解放军、志愿军浴血奋战，打败国民党和美帝国主义侵略者，赢得胜利的精品景点。包括沈阳的东北解放纪念碑等。

励志之旅：展示近代以来老一辈无产阶级革命家、历史名人和社会主义建设先进人物曾生活、学习、工作、视察过的历史遗迹的精品景点。包括沈阳的毛泽东视察高坎纪念馆等。

寻根之旅：展示历史文明进程中，沈阳及周边城市的历史遗迹及具有地域风情、民族特色、人文景观的精品景点。包括沈阳的新乐遗址博物馆等。

振兴之旅：展示从改革开放到国家实施振兴东北老工业基地战略以来，辽宁所经历的历史巨变的诸多精品景点。包括沈阳和大连等城市的城市规划展示馆等。

2. 辽宁"红色旅游"的四大旅游区

根据省发改委的思路，辽宁将围绕抗日战争、解放战争、抗美援朝等主题，打造出四大红色旅游区，如辽宁中部区包括九一八历史博物馆、张氏帅府、抚顺战犯管理所、三块石抗联遗址等；辽西区包括锦州辽沈战役纪念馆、葫芦岛、塔山阻击战纪念馆等；辽东区包括抗美援朝纪念馆、鸭绿江断桥、河口断桥、青山沟、天桥沟、天华山抗联遗址等；辽南区如旅顺口等。

3. 辽宁"红色旅游"的旅游线路

抗战之旅的旅游线路为："沈阳—大连—阜新—朝阳—抚顺—锦州—盘锦—鞍山—辽阳—丹东—本溪。"

缅怀之旅的旅游线路为：解放战争时期的"葫芦岛—锦州—沈阳—本溪"；抗美援朝时期的"沈阳—丹东"。

4. 辽宁"红色旅游"景区

抗战之旅的景区：沈阳九一八历史博物馆、中共满洲省委旧址纪念馆、张学良旧居陈列馆、苏军阵亡将士纪念碑、沈阳审判日本战犯特别军事法庭、美英盟军战俘营陈列馆;鞍山的三道沟日伪埋藏死难矿工遗址;抚顺的平顶山惨案遗址纪念馆、抚顺战犯管理所旧址陈列馆;本溪的东北抗日联军一军西征会议旧址、辽宁东北抗联史实陈列馆;丹东的天华山大边沟抗联遗址、青山沟抗联遗址、天桥沟抗联遗址;营口的西炮台遗址。

缅怀之旅的景区:沈阳的东北解放纪念碑、秀水河子战役纪念馆、抗美援朝烈士陵园、小英雄谢荣策烈士陵园;丹东的抗美援朝纪念馆、鸭绿江断桥;锦州的辽沈战役纪念馆、黑山阻击战纪念馆。

励志之旅的景区:沈阳的毛泽东视察高坎纪念馆、周恩来少年读书旧址(东关模范小学)、刘少奇旧居陈列馆、陈云旧居陈列馆;鞍山的黄显声将军故居、张学良将军出生地纪念馆;抚顺的雷锋纪念馆;丹东的大鹿岛甲午海战古战场;辽阳的曹雪芹纪念馆;铁岭的周恩来少年读书旧址纪念馆。

寻根之旅的景区:沈阳的新乐遗址博物馆、燕国大将秦开雕像、沈阳故宫、清昭陵、清福陵、辽宁博物馆;抚顺的清永陵、赫图阿拉城;丹东的虎山明长城遗址;锦州的锦州市博物馆;铁岭的铁岭市博物馆。

振兴之旅的景区:沈阳的沈阳市城市规划展示馆、铁西新区、浑南新区、农业高新技术开发区、棋盘山旅游开发区、金廊银带;丹东的大梨树现代农业园区;营口的营口港。

其中,沈阳九一八历史博物馆、沈阳抗美援朝烈士陵园、大连关向应故居纪念馆、抚顺平顶山惨案纪念馆、抚顺战犯管理所旧址陈列馆、丹东抗美援朝纪念馆、鸭绿江断桥景区、锦州辽沈战役纪念馆、黑山阻击战纪念馆、葫芦岛塔山阻击战纪念馆等被国家发改委列入辽宁首批拟重点建设的旅游项目。

(二)重点建设项目

按照红色旅游发展的理念,建设 10 大红色旅游精品项目:

1. 沈阳九一八历史博物馆及系列红色旅游点

(1)区域特点与开发现状。九一八历史博物馆位于辽宁沈阳市大东区望花南街,是为警示后人勿忘九一八国耻而修建的。馆内以丰富的史料向人们介绍了日本帝国主义发动九一八事变、奴役中国人民的罪行和沦陷区人民的苦难生活及不屈不挠的斗争事迹。该馆通过丰富翔实的文字资料和珍贵的历史图片,揭露了日本帝国主义制造九一八事变,发动侵略战争的罪恶阴谋。"抗日英烈纪念馆"内设有抗战简介、英名永存、纪念活动、回忆怀念、影音作品、纪念场所、英烈传奇、敬献鲜花、参观留言 9 个栏目,展现了中国人民反抗日本帝国主义侵略所进行的长期而艰苦卓绝的奋斗历程和不怕牺牲英勇抵抗的豪迈气概,再现了杨靖宇、左权、张自忠和王二小等抗日英烈的英雄壮举，激励广大青少年勿忘国耻，为实现中华民族的伟大复兴而努力奋斗。

（2）发展定位与主要特色。"勿忘国耻，复兴中华"——沈阳九一八历史博物馆，应该成为广大市民、中小学生、社会各界人士经常光顾的爱国主义教育基地，成为时刻提醒人们勿忘国耻的"警钟"，激发人们爱国激情的原动力。

（3）发展思路与重点项目。抗日英雄蜡像馆：以杨靖宇、赵尚志、赵一曼、王二小、解麟阁、八女投江等众多抗日英雄的事迹为原型，建造抗日英雄蜡像馆，展示抗日英雄的光辉事迹。

抗日战争影视厅：放映故事片《肉搏》（1933 年摄制）、故事片《中华儿女》（1939 年摄制）、黑白故事片《赵一曼》（1950 年摄制）、黑白故事片《自有后来人》（1963 年摄制）、彩色故事片《哈尔滨大谋杀》（1985 年摄制）、彩色故事片《八女投江》（1987 年摄制）、彩色故事片《步入辉煌》（1994 年摄制）、电视连续剧《赵尚志》、电视连续剧《东北抗联》等电影和电视剧，销售相关影音制品、书籍和画册。

"追寻抗日英雄足迹"红色旅游线路：沈阳九一八历史博物馆可与杨靖宇将军纪念馆、赵尚志将军殉难地标志碑、解麟阁烈士墓碑、东北抗日联军第三路军第三支队烈士纪念碑、八女投江烈士群雕、东北抗日暨爱国自卫战争烈士纪念塔等东北地区的抗日纪念景点联合起来，开发一条"追寻抗日英雄足迹"的红色旅游线路。

把九一八申报为"国耻日"：沈阳市规定，每年 9 月 18 日晚，在九一八历史博物馆残历碑广场上举行"勿忘九一八"撞钟鸣警仪式。东三省以及其他一些城市这一天也拉起了防空警报，以告诫民众勿忘国耻。可以向国家申请，把这一天定为"国耻日"，全民默哀 3 分钟，同时拉响防空警报。

2. 周恩来活动旧址系列红色旅游点

（1）区域特点与开发现状。周总理少年时期曾于 1910 年（当年 12 岁）随伯父到奉天省（今辽宁）银州（今铁岭市）入银岗书院读书。旧址为二进院落，主要建筑有：前楼、后楼、礼堂，前后楼均为二层砖木结构前廊式建筑，券拱形门窗。楼前有宽阔的操场。半年后转入奉天府（今沈阳市）东关模范学校。奉天官立东关模范小学前楼二楼西侧第一间教室就是他少年时期的读书处。周恩来同志在这里读书期间，接触到进步教师，阅读了进步书籍，并立志要为"中华之崛起"而读书。

1978 年 1 月，中共辽宁省委和沈阳市委决定在该址建立周恩来少年读书旧址纪念馆。该馆前教学楼二楼为周恩来同志少年时代展览室。展览室内陈列着周恩来同志当时的照片、手稿及其用过的桌椅等。1979 年 9 月 28 日，周恩来同志全身石雕像在前教学楼前落成。石雕像高四米，用整块白花岗石雕成，展现了周恩来同志的光辉形象。周恩来总理认为这三年"是我生活和思想转变的关键"，并深情地称这片曾养育他的土地为他的第二故乡。2006 年 7 月，周恩来的侄子周秉军到周恩来少年读书旧址纪念馆参观，提笔写下一段话："铁岭是周恩来革命的起程地"。

（2）发展定位与主要特色。"为中华之崛起而读书"——作为广大青少年学习周恩来光辉思想，树立"为中华之崛起而读书"的正确人生观的教育基地。

（3）发展思路与重点项目。作为中华人民共和国的开国元勋、党和国家的主要领导人，周恩来总理的卓著功勋、崇高品德和光辉人格深深铭记在全国人民心中。总理少年时代就立下的"为中华之崛起而读书"的理想激励了一代又一代中华学子。除了组织学生和游客前来参观周总理学习和生活的地方外，可考虑在周总理诞辰纪念日举办一些纪念活动以缅怀周总理。周总理一生曾有多篇诗文流传于世，如《春日偶成》（两首）、《送蓬仙兄返里有感》、《雨中岚山——日本京都》、《雨后岚山》、《大江歌罢掉头东》、《生别死离》、《赤光的宣言》、《千古奇冤》、《为江南死国难者志哀》、《为刘志丹陵题诗》等。可组织学生在东关模范学校举办朗诵《东关模范学校第二周年纪念感言》以及周总理的诗词，举办"周总理诗词书法"展览，组织"周总理诗词书法"比赛等活动。

开发"周总理网上纪念馆"，将周总理的生平事迹、历史档案、新闻报道、相关图片、书籍、诗词书法、电影、歌曲都搬上网络，方便人们缅怀、学习和交流。

把周恩来少年读书旧址（东关模范小学）与沈阳的毛泽东视察高坎纪念馆、刘少奇旧居陈列馆、陈云旧居陈列馆等联合起来，开发一条"缅怀伟人"红色旅游线。

3. 张学良系列纪念地

（1）区域特点与开发现状。张学良系列纪念地包括以下三处景点：

张氏帅府：又称"大帅府"、"小帅府"，是奉系军阀首领张作霖及其长子、著名爱国将领张学良的官邸和私宅。始建于 1914 年，占地 29146 平方米，总建筑面积 27570 平方米。由东院、中院、西院和院外的不同风格的建筑群组成，既有中国传统式的，又有中西合璧式的，还有罗马式、北欧式、日本式的，是我国近代优秀建筑群之一。

张学良出生地：在张学良先生的出生地台安县桓洞镇张家窝堡，已经建立纪念馆，保留有房前的老井、大柳树，房后的大枣树。

东北大学：东北大学旧址位于辽宁沈阳市皇姑区北陵大街东侧，始建于1923 年 4 月，1928 年 8 月张学良将军兼任校长。东北大学是一所具有爱国主义光荣传统的大学，1931 年九一八事变后，被迫先后迁徙北平、西安、四川等地。东北大学旧址建筑采用中西结合的建筑形式，主要建筑各具特色，保存完好，为近代优秀建筑群，具有较高的历史、艺术、科学价值。

（2）发展定位与主要特色。作为缅怀"爱国爱乡决不后人"的爱国将领张学良的重要基地，号召人们学习张学良将军的爱国主义和民族主义思想。

（3）发展思路与重点项目。时任全国政协主席贾庆林在"西安事变"七十周年讲话中称"西安事变"为"崇高的爱国义举"，张学良、杨虎城两位将军被誉为"有大功于抗战事业"的中华民族的"千古功臣"。应该把沈阳"大帅府"以及其他与张学良将军有关的历史遗迹进行整理和保护，以供国人学习和缅怀张将军的爱国主义事迹和民族主义思想。

东北陆军讲武堂：具有百年历史的东北陆军讲武堂原址位于沈阳中捷友谊厂院内。据有关史料记载，东北陆军讲武堂是东北地区创办最早、规模最大、影响最广、培养军事人才最多的军事教育机构，它与保定陆军军官学校、黄浦军官学校和云南讲武堂并列为中国近代四大军官学校。张学良将军为其首批毕业生，共产党高级将领吕正操和马本斋也是其培养出的人才。应保护好东北陆军讲武堂遗迹，在其原址上进行恢复性重建。

可考虑把张学良出生地台安县桓洞镇张家窝堡、沈阳张氏帅府、东北大学旧址以及修复后的东北陆军讲武堂等组合起来，开发一条追忆张学良将军的红色旅游线路。还可考虑把西安的张学良公馆、贵州的"阳明洞"等组合进来。

4. 大连旅顺红色旅游系列景点

（1）区域特点与开发现状。旅顺口是我国历史上的海上门户，现有中国近代史上记载中日甲午战争和日俄战争以及日本侵华战争的各种工事、堡垒、监狱等战争遗迹多处。旅顺目前已建成国家级爱国主义教育基地 1 处，省级爱国主义教育基地 3 处，市级爱国主义教育基地 14 处，区级爱国主义教育基地 26 处，是进行爱国主义教育的天然课堂。

旅顺口区清南子弹库：满清末年，历经两次鸦片战争的冲击，清廷政府的部分官员开始领教到"西洋"坚船利炮的厉害，洋务运动开始兴起。1880 年，在北洋大臣李鸿章的力主下"大清帝国"开始着手在旅顺修建军港。为增强防卫能力，先后在陆地海岸构筑了多处炮台，配备了近百门火炮——仅在模珠礁炮台就置炮 8 门。另为战时需要还建起多座弹药库，南子弹库就是其中主要的一座。库藏弹药主要供应附近海岸炮台使用，甲午战争中，此库发挥了一定的作用，至今这座地穴式的弹药库依然保存完整，属市级文物保护单位和爱国主义教育基地，子弹库内陈铸铁古炮和中、俄各个历史时期的炮弹及不同型号火炮等。

旅顺口区万忠墓纪念馆：纪念馆位于辽宁大连市旅顺口区九三路，是为纪念

1894 年中日甲午战争中惨遭日军杀害的近 2 万名中国同胞而于中日甲午战争 100 周年之际新建的。该馆主要分为"甲午战争前的旅顺口"、"甲午战争与旅顺口的陷落"、"震惊中外的旅顺惨案"、"旅顺万忠墓"四部分。整个陈列真实地反映了中日甲午战争时期，日本侵略军在旅顺制造惨无人道的大屠杀的罪恶行径，时刻提醒着人们牢记历史，勿忘国耻。是全国百家爱国主义教育示范基地之一。

旅顺口区日俄监狱旧址：旅顺日俄监狱旧址位于中国辽宁大连市旅顺口区向阳街 139 号。是 1902 年由沙皇俄国始建，1907 年日本扩建而成。监狱围墙内，占地面积 2.6 万平方米，有各种牢房 275 间，可同时关押 2000 多人。还有检身室、刑讯室、绞刑室和 15 座工场。监狱围墙外，有强迫被关押者服苦役的窑场、林场、果园、菜地等。总占地面积 22.6 万平方米。这座由两个帝国主义国家在第三国先后建造的监狱，是帝国主义列强侵华和反人类的铁证，其野蛮和残忍程度在世界上罕见。

旅顺口区苏军烈士陵园：1945 年苏军进驻旅顺后，在原沙俄公墓的基础上扩建而成，占地 48000 平方米，是我国最大的一座外籍烈士陵园。整个陵园以坐落在中心的纪念塔为界，分成东西两部分。东部安葬的主要是第二次世界大战后期在解放我国东北战争中及新中国成立后于抗美援朝战斗中牺牲的苏军官兵和 1945~1955 年苏军驻防旅顺期间死亡的官兵及其家属；西部是原沙俄公墓，距今已有百年的历史。陵园、纪念塔和旅顺区内其他的苏军胜利塔、中苏友谊塔等共同组成了"二战"重要历史遗迹系列，充分体现了"胜利、友谊、纪念"的主题。

此外，东鸡冠山北堡垒是 1904 年日俄两军争夺的主要战场之一。战争结束后，日本"满洲战绩保存会"于 1916 年建立东鸡冠山北堡垒碑。碑高 6 米，以青色花岗岩筑成，碑名由日本将领鲛岛重雄书写。现在它已成为帝国主义列强在中国犯下滔天罪行的历史见证。

（2）发展定位与主要特色。"露天红色博物馆"——旅顺近现代红色旅游资源十分丰富，可把旅顺着力打造成中国乃至世界近代史上的"露天红色博物馆"。

（3）发展思路与重点项目。旅顺的红色旅游景点历史悠久、类型多样、跨越时间较长，涉及从清末一直到抗美援朝的遗址，也涉及俄国侵略者和日本侵略者在中国所犯下的罪行，而且红色旅游景点随处可见。旅顺应打好红色旅游这张牌，推动旅顺旅游业的快速发展。要研究推出一个红色旅游的整体形象，做好红色旅游的宣传推广工作；保护好红色旅游资源并进一步挖掘其精神内涵；完善红色旅游基础设施建设和配套服务设施的建设。

对旅顺红色旅游景点进行分类整合，以时间为顺序，以史实为依托，形成"近代的屈辱"、"殖民地的悲哀"、"旅顺的新生"等主题产品。

旅顺是国家级重点风景名胜区、国家级自然保护区、国家森林公园和历史文化名城，因此，旅顺的红色旅游应与生态旅游、休闲度假旅游相结合，打造红色生态旅游和红色休闲旅游产品。

5. 大连关向应故居纪念馆

（1）区域特点与开发现状。关向应故居纪念馆位于金州区向应镇关家村大关屯，改扩建新馆于 2006 年落成，占地面积 5.2 万平方米，由关向应纪念馆、关向应故居、关向应延安故居、红三军指挥所、关向应雕塑、满族风情馆、办公区七个部分组成，其中，新馆室内展区以关向应投身革命为党为国鞠躬尽瘁的人生经历为主题，设有"从满族农家走出的革命青年"、"在国民党统治区工作"、"开辟湘鄂川黔革命根据地"、"带领红二方面军胜利完成长征"、"创建晋绥抗日根据地"、"鞠躬尽瘁光辉永存"等内容，浓缩了关向应一生辉煌业绩和光辉历程。纪念馆先后被辽宁省委宣传部、中共中央宣传部（简称中宣部）授予"爱国主义教育示范基地"称号，被中宣部、国家发改委等 17 个部委纳入全国 100 家红色旅游经典景区，为省级重点文物保护单位。

（2）发展定位与主要特色。"瞻仰建国功勋，学习伟人风范"——关向应作为少数民族（满族）出身的我党我军卓越的政治工作领导人和优秀指挥员，在短暂而辉煌的一生中，为中国人民的解放事业建立了不朽的功勋。他"忠心耿耿，为党为国"（毛泽东语），是"模范的共产党员，终身为革命奋斗，百折不屈，死而后已"（朱德语）。

（3）发展思路与重点项目。充分利用已有资源如电视剧《关向应》、《关向应传》和《纪念关向应》纪念册等扩大关向应的影响力，进一步对与关向应有关的历史事件进行搜集整理，挖掘其精神内涵，对关向应纪念馆的讲解内容进行丰富并对讲解人员进行培训。

制作关向应生平事迹壁画，并设立献花台和签名台，以便观众通过敬献鲜花和留言的方式，抒发肺腑之言、表达对伟人的缅怀和崇敬之情。充分应用高科技手段，在展览相应位置安设多媒体触摸屏、等离子电视等以拓展陈列的信息量。完善旅游服务设施，如在展室各处和回廊及展厅出口设置供观众休息的条凳；可在展厅两侧墙背后安置一定数量的充电插座，供观众免费使用；在纪念馆内修建供残疾人使用的卫生间。

建立网上"关向应纪念馆"，将关向应的生平事迹、档案资料、相关图片、书籍、电影和电视都搬上网络，便于人们缅怀、学习和交流。

6. 抚顺平顶山惨案遗址纪念馆和抚顺战犯监狱旧址陈列馆

（1）区域特点与开发现状。平顶山惨案遗址纪念馆：距抚顺市区南约 4 公里的东洲区平山街南昌路 17 号，是国内保存最好的"二战"期间日本帝国主义屠杀中国平民的现场。1932 年 9 月 16 日日军制造了震惊中外的"平顶山惨案"。

1951 年 3 月，为了纪念"平顶山惨案"中死难的同胞，抚顺市人民政府在惨案旧址建立"平顶山殉难同胞纪念碑"，1971 年建"平顶山殉难同胞遗骨馆"，馆内陈列有在现场发掘出的殉难同胞遗骨 800 余具以及部分遗物。1988 年 1 月 31 日，国务院将"平顶山惨案"遗址公布为全国重点文物保护单位，将原"平顶山殉难同胞遗骨馆"改称"平顶山惨案遗址纪念馆"。

抚顺战犯监狱旧址陈列馆：位于抚顺市高尔山下，原是日本侵略者在侵华战争中，为了囚禁中国抗日志士和爱国同胞于 1936 年修建的一所旧监狱，当时称"抚顺典狱"。1986 年 7 月 10 日，根据国际、国内友好人士和社会团体的请求，经公安部、外交部、中国人民解放军总政治部报请国务院批准同意抚顺战犯管理所修缮完工后，作为战犯管理所旧址，对外开放。现为省级文物保护单位、爱国主义教育示范基地。

（2）发展定位与主要特色。"勿忘国耻，倡导和平"——平顶山惨案遗址纪念馆展示了日本侵略军在中国犯下的滔天罪行，告诫民众勿忘国耻；抚顺战犯监狱旧址陈列馆展示了中国政府本着革命人道主义精神改造战犯、宣传和平的政策。这两者形成了鲜明的对比，可联合起来作为开展爱国主义教育的重要基地。

（3）发展思路与重点项目。在开展抚顺红色旅游活动时，要与沈阳九一八历史博物馆、杨靖宇抗战遗址等结合起来，以使人们更深切地感受到侵略者的残忍和爱国志士的英勇，更真切地体会到和平的来之不易，更加热爱自己的祖国并为祖国的繁荣昌盛而奋斗。

在平顶山惨案遗址纪念馆可运用声、光、电、多媒体等现代技术，模拟场景、光纤动态主体沙盘、综合多媒体场景画、自动控制技术和布展技术相结合，真实再现"平顶山惨案"的整个过程。

抚顺战犯管理所作为第二次世界大战反法西斯斗争胜利后关押战争罪犯的监狱，是当今世界上现存的保护比较完整的唯一一处战犯羁押场所。曾经在反法西斯斗争中，发挥过重大作用，是中国人民抗日战争取得最后胜利的一个重要标志。同时具有宣传和平，颂扬中华民族美德，讴歌中国共产党伟大政策，弘扬民族精神，反对侵略战争，抨击敌对势力的重要作用。既是日本侵略者为镇压我国爱国同胞修建的监狱，又是我国政府改造日本战犯的场所；既是清王朝的发祥地，也是末代皇帝改造的地方，从一个侧面集中反映了我国近代历史发展的全过程。因此，抚顺战犯监狱旧址陈列馆，可选择一些牢房展示日本侵略者对待中国抗日志士和爱国同胞的照片、报道、文章和纪录片，陈列侵略者所使用的刑具，还可通过蜡像再现侵略者对爱国将士的惨无人道；在另外一些牢房，则通过各种方式和活动展示人民解放军改造日伪军战犯和国民党战犯的情景，以形成鲜明对比。还可展示末代皇帝溥仪的自传以及战犯们所写的悔过书；设立审判战犯的模拟法庭等。

7. 抚顺雷锋纪念馆

（1）区域特点与开发现状。抚顺雷锋纪念馆是全国爱国主义教育示范基地、全国青少年教育活动基地、全国学雷锋研究中心、国家 4A 级旅游景点和全国重点烈士建筑物保护单位。纪念馆建于 1965 年，是世界唯一为一名普通士兵建造的大型纪念馆。纪念馆由雷锋纪念碑、雷锋墓、雷锋塑像和雷锋事迹陈列馆 4 组纪念性建筑物组成。自建成后，先后在全国 50 多个城市举办了《雷锋精神永恒》大型展览，很好地起到了弘扬主旋律，发扬模范榜样的作用。

（2）发展定位与主要特色。"学习雷锋好榜样"——缅怀雷锋，学习和宣传"雷锋精神"，体会"先人后己"、"助人为快乐之本"、"为人民服务是无限的"的精神。

（3）发展思路与重点项目。在中国，"雷锋"就是好人好事的代名词，是一个伴随几代人成长的精神符号，也曾经是很多人青少年时期的理想和追求，但很多新一代的青少年不知雷锋是谁，雷锋纪念馆应义不容辞地承担起宣传雷锋事迹、传播雷锋精神的责任。

雷锋事迹影视厅：让游客选择观看电影《雷锋》、《雷锋之歌》、《离开雷锋的日子》、《少年雷锋》、《雷锋专号》、《伟大的战士》以及《雷锋是谁》等影片，购买相关的影碟、书籍（如《雷锋日记》）和画册。

成立"雷锋基金"：用于奖赏和资助需要救助的贫困学生、见义勇为的人士以及其他需要资助的社会人士。对基金进行严格管理，开设专门账户，设专人收取支出款项，并定期对外公示，接受社会监督。

对雷锋传人的相关事迹进行展示，让人们对雷锋有一个更为完整的认识，如张峻（拍摄雷锋第一人）、张玉敏（演雷锋第一人）、史宝光（雷锋事故现场勘定人）、赵玉瑞（雷锋入党介绍人）、刘景凤（教会雷锋开车的人）、陈雅娟（雷锋生前辅导过的学生，现为抚顺烟草专卖局副局长）、邓凤兰（全国劳动模范、全国人大代表）、雷锋家园带头人杜连伟、《好人日记》主人公陶莺以及雷锋班、雷锋连、雷锋团等。

开发"雷锋网上纪念馆"，将雷锋的生平事迹、相关图片、书籍、电影、歌曲搬上网络，便于人们缅怀、学习和交流。

踏勘雷锋生活和战斗过的重要地方并设立参观点，组织旅游者追寻雷锋走过的足迹。在每年 3 月 5 日"学雷锋日"举行各种纪念活动。

8. 东北抗联系列抗战遗志

（1）区域特点与开发现状。东北抗联遗址纪念地：位于辽宁丹东天桥沟，这里曾是著名抗日英雄杨靖宇将军战斗过的地方。东北抗联遗址纪念地占地 1000

余平方米，依山傍水，分为上下两区：下区为纪念碑区，由《西征胜利歌》、《抗联密营遗址碑文》和《建碑纪实》三块巨形碑组成。上区为瞻仰区，塑杨靖宇将军全身雕像和展示杨靖宇将军生平事迹。

辽宁东北抗联史实陈列馆：东北抗联史实陈列馆在辽宁本溪满族自治县，为东北抗联在辽宁进行抗战活动的重要区域，是抗日民族英雄杨靖宇率领抗联第一路军抗击日寇的主要战区。陈列馆陈列面积 3000 平方米，共分序厅、主展厅、英烈厅 3 个部分。陈列布展以"林海雪原，抗联英雄"为主题，以东北抗联重要历史事件、历史人物、历史战役为线索，系统地反映了东北抗日联军 14 年的艰苦斗争历史。

丹东天华山大边沟抗联遗址：位于丹东市宽甸县灌水镇与本溪、凤城的交界处，是杨靖宇创建的抗联秘密营地。沟内的"石门"、"石龙"抗联遗址是开展红色旅游，也是进行爱国主义教育和革命传统教育的好课堂。

此外，还有本溪老秃顶子抗联遗址（现存哨所、练兵场和密营等遗址）、本溪老和尚帽子山抗联遗址、本溪望溪公园革命烈士纪念碑、本溪南芬万人坑、丹东青山沟抗联遗址、天华山抗联遗址、朝阳赵尚志纪念馆和王老凿抗日遗址等。

（2）发展定位与主要特色。"弘扬民族魂，寻迹抗联路"——以杨靖宇将军革命遗址和纪念馆为核心，整合相关红色旅游资源，打造辽宁抗联红色之旅。

（3）发展思路与重点项目。在1931~1945年的抗战斗争历史上，东北抗联具有极其重要的战略意义。在此期间，抗联战士表现出了中国人民不畏强权，敢于反抗压迫的民族英雄气概，可以说抗联精神是一种纯粹的民族精神。东北抗联14年艰苦卓绝的斗争历程，是在没有任何援助的情况下，以最简陋的装备去抵御日本侵略者最先进的装备的战斗史。通过红色旅游的形式让抗联精神发扬光大。辽宁是东北抗联的主要活动场所，目前，需要对抗联的历史过程、抗联的革命精神以及相关的景观和遗址进行深入挖掘与保护性开发。

由于东北抗联景点较为分散，因此需要交通等基础设施和旅游配套设施的建设，改善旅游者吃、住、行、游、购、娱的环境。同时由于东北抗联景点内容和形式显得较为单一，应尽量将红色旅游与各地的生态旅游和农业旅游结合起来，丰富旅游者的行程，更好地带动当地旅游和经济的发展。

抗联英烈形象展馆：主要展示抗联在辽宁地区的主要将领、知名人物画像、塑像、蜡像等；展示领袖对抗联英雄的题词题字、名人书画、抗联遗址遗迹纪念碑、东北抗联书籍、影视作品及教育和纪念活动等。

"重走抗联路"红色旅游产品：把杨靖宇以及辽宁其他东北抗联景点和遗址整合起来，开发"重走抗联路"的红色旅游产品。让人们通过登山、野营、徒步穿越等各类户外运动来体验抗联精神；通过采访、募捐、摄影等社会活动挖掘抗联文化。让广大的游客通过亲身体验来感受东北抗联艰苦卓绝的战斗生活，感受他们不畏艰难、不怕牺牲、英勇顽强的革命精神，激励广大游客爱家乡、爱祖国的情怀和不忘国耻、振兴中华的气概。这除了是向个人的极限进行挑战，更是用亲身体验的方式回顾这段特殊的历史，真切地感受先烈艰苦而伟大的革命历程，以教育世人牢记历史不忘国耻。

开发"东北抗联游戏"：把东北抗日联军、日军、伪军以及老百姓作为游戏角色，以东北抗联的遗址作为游戏中的标志性地点，让人们模拟战争，从游戏中来体会抗联精神、熟悉抗联事迹和抗联遗址。

抗联英雄网上纪念馆：将杨靖宇等抗联英雄的生平事迹、档案资料、相关图片、书籍、诗词书法、电影、歌曲搬上网络，便于人们缅怀、学习和交流。

进一步可与吉林和黑龙江的东北抗联景点联合，开发东北抗联红色旅游线路。

9. 锦州辽沈战役纪念馆及系列红色旅游点

（1）区域特点与开发现状。辽沈战役纪念馆是反映辽沈战役历史的纪念性博物馆，坐落在辽宁锦州市辽沈战役革命烈士陵园北侧，创建于 1959 年，新馆于 1988 年 10 月建成开放，占地 5.1 万平方米，建筑面积 1.1 万平方米。馆内设有战史馆、支前馆、烈士馆和全景画馆。陈列内容全面反映了东北三年解放战争的历史，突出展示了辽沈战役的胜利进程，揭示了战役胜利的诸多因素及伟大意义。

辽沈战役纪念馆是全国著名的爱国主义教育基地和观光旅游胜地。先后被命名为"全国青少年教育基地"、"全国爱国主义教育基地"、"全国中小学爱国主义教育基地"、"全国百个爱国主义教育示范基地"和"辽宁爱国主义教育示范基地"、"辽宁国防教育基地"。

目前，锦州境内重要的战争遗址有锦州市西北郊牤牛屯的东北野战军锦州前线指挥所驻地、锦州市内的配水池战斗遗址、帽山观察所遗址、白老虎屯战斗遗址、梁士英烈士舍身炸碉堡处遗址、黑山阻击战 101 高地遗址等 20 处，以及主题性纪念馆两处，纪念陵园 4 处，纪念碑（塔）30 多座。这些丰富的历史文化资源为锦州市开发辽沈战役红色旅游奠定了坚实基础。

（2）发展定位与主要特色。弘扬"辽沈战役"精神。以辽沈战役纪念馆为龙头，整合辽沈战役红色旅游资源，开发"解放战争"的红色旅游精品线路，倾力打造以弘扬"辽沈战役"精神为主旋律的红色旅游品牌。

（3）发展思路与重点项目。第一，要对辽沈战役的相关景点和遗址进行保护性开发。

第二，鉴于目前各遗址点都是孤立地存在着，可以考虑以"辽沈战役精神"为核心把它们"串"起来，形成独具特色的辽沈战役红色旅游精品线路。例如，可以把葫芦岛市的塔山阻击战纪念馆和塔山烈士陵园纳入辽沈战役红色旅游线路。

第三，对于辽沈战役纪念馆，可考虑将博物馆、纪念地和现代园林结合，实现博物馆、陵园、主题公园三项功能的统一，将爱国主义教育基地和旅游景区结合，实现教育功能和旅游功能的统一，打造一个融教育、博览、旅游、休闲于一体的大型军事文化主题公园。

第四，建造辽沈战役英雄蜡像馆以展示英雄们的光辉事迹，还可以设立辽沈战役影音厅，通过播放电影录像的方式让人们感受辽沈战役的精神，同时可销售相关的影像制品。

第五，辽沈、平津、淮海三大战役作为中国人民解放战争中标志性战役已载入中国革命光荣史册，可以沿着当年"三大战役"胜利之路，以平津、辽沈、淮海为中心，联合全国有关旅行社和经典红色旅游景区及红色旅游精品线，通过组织红色旅游专列、包机的形式开展"三大战役"红色之旅系列主题活动。

10. 丹东抗美援朝纪念馆及鸭绿江断桥

（1）区域范围与开发现状。抗美援朝纪念馆：全国唯一一座全面反映抗美援朝战争的专题纪念馆。纪念馆坐落在丹东市中心北部风景秀丽的英华山上，与朝鲜民主主义人民共和国新义州市隔江相望。由纪念塔、陈列馆、全景画馆三大主体建筑构成。纪念塔高 53 米，正面为邓小平题写的塔名，背面刻有记述中国人民志愿军光辉业绩的塔文。陈列馆通过 700 余幅照片、1000 多件文物以及图表、沙盘、绘画、模型、雕塑等，全面、真实、客观地反映了抗美援朝战争和抗美援朝运动的伟大史事。全景画馆陈列着长 132 米、高 18 米的全景画《清川江畔围歼战》，人们在旋转看台上观看，犹如身临其境，深为志愿军指战员浴血奋战的英雄气概所感动。

鸭绿江断桥：为鸭绿江上诸多桥中第一座桥，由当时日本朝鲜总督府铁道局所建。始为铁路桥，十二孔，长 944.2 米。1950 年 11 月至 1951 年 2 月经美军飞机多次轰炸，桥毁为废桥。中方所剩四孔残桥保留至今，习惯称"断桥"，1993年 6 月动工修整，辟为旅游景点，命名为"鸭绿江断桥"，意在保留历史原貌。

（2）发展定位与主要特色。"抗美援朝，保卫和平"——全国唯一一座全面反映抗美援朝战争的专题纪念馆，展示中国人民志愿军在抗美援朝期间的爱国主义和革命英雄主义精神。

（3）发展思路与重点项目。对抗美援朝期间发生的英雄事迹和英雄人物进行深入挖掘，以各种方式展现他们英勇奋战、保家卫国的爱国主义精神和伟大的国际主义精神。

抗美援朝英雄蜡像馆：以在抗美援朝战争中起主导作用的将领如彭德怀将军，战斗英雄如黄继光、邱少云、杨根思、毛岸英等，以及国际主义战士罗盛教等为原型，成立抗美援朝英雄蜡像馆，向人们展示抗美援朝中各个阶段发生的重要事件以及英雄们的光辉事迹。

抗美援朝影视厅：抗美援朝题材的电影已拍了整半个世纪，曾经激励和感动了几代中国人，成为爱国主义的活教材。志愿军英雄们打击侵略者的荧幕形象在今天依然唤醒人们记忆中久违的热情与激动，大型纪录电影《抗美援朝》、电影《上甘岭》、《北纬三八度线》、《奇袭》、《打击侵略者》、《英雄儿女》、《长空比翼》、《烽火列车》、《斩断魔爪》、《打击侵略者》、《较量》等记录了那段激情燃烧的岁月，游客可通过抗美援朝电影来回眸那些日行渐远的光荣时刻。

"做一日志愿军"旅游活动：让游客穿上志愿军的服装，体验志愿军的日常军事训练、唱志愿军歌等；设计舞台剧，让游客进行角色扮演等。

四、开发措施

（一）加强组织领导，明确责任分工

根据《规划纲要》的要求及省委、省政府领导的批示，健全完善辽宁红色旅游工作协调小组，由分管副书记或分管副省长任组长，省委宣传部、省发改委、省旅游局三家牵头单位负责人任副组长，省教育厅、民政厅、财政厅、住建厅、交通厅、文化厅、文物局、广电局、沈阳铁路局、东北民航管理局为成员单位，并将省总工会、共青团省委、省妇联、老干部局、驻沈部队等吸纳为成员单位。领导小组负责研究解决全省红色旅游发展中的重大问题，检查、督导全省规划纲要和全省工作方案的实施落实。

省有关部门之间要加强沟通、密切合作、明确分工、各司其职。宣传部门负责审定重大宣传报道和陈列内容，指导广播、影视、报刊和网络等媒体搞好宣传推广工作，为发展红色旅游创造良好的社会舆论氛围；发展改革部门负责组织协调红色旅游基础设施建设，做好项目审核和投资计划安排；旅游部门负责红色旅游发展中旅游工作的组织协调及规划指导、线路组织、宣传促销、管理服务和人员培训工作；财政部门负责从现有财政渠道组织协调红色旅游相关区域规划编制、宣传推广、教育培训和革命文物保护、展示经费；民政部门负责组织落实本系统与红色旅游相关的烈士陵园、纪念馆建设改造有关的项目计划，加强烈士陵园和纪念馆的管理；交通部门负责做好与发展红色旅游相配套的交通项目计划安排和建设；铁路、民航部门要配合红色旅游做好有关车次、航班的组织调度工作；建设部门负责做好红色旅游区（点）规划与当地城乡建设规划、风景名胜区总体规划相关内容的审定和衔接，做好相关风景名胜资源保护开发管理工作；文化部门负责组织革命历史题材文艺和文学创作，指导组织与红色旅游相关的文艺演出活动；文物部门负责相关革命文物保护规划编制和文物征集、展陈、维修等方案的制定落实。各有关部门要按照分工要求，制定相应的方案，提出具体措施，推动红色旅游发展工作认真落到实处。

各级党委和政府要加强组织领导，建立工作协调机制，落实相关责任，并制定具体工作方案，充分调动各方面的积极性，在人力、物力、财力等方面加强统筹保障，将发展红色旅游的各项工作做实做好。

（二）统一规划布局，分级组织实施

为保证全省红色旅游持续、协调、健康发展，按照《规划纲要》的要求，宣传部门、发展改革部门、旅游部门要加强对红色旅游区域开发建设的指导与协调，严格控制相同题材和内容的项目，防止低水平的重复建设，杜绝庸俗化和过度商业化。全省的四个重点红色旅游区和三条红色旅游精品线路规划由省旅游局带头，同省委宣传部、省发改委等相关部门和地方组织编制，形成《辽宁红色旅游专项规划》。各有关县市和相关部门依据《规划纲要》制定操作方案并组织实施。

（三）开展纪念活动，创造红色亮点，推动红色旅游的发展

结合建党、建军、建国等重要节假日，围绕建设和谐辽宁、振兴老工业基地，开展主题鲜明、有较大社会影响的纪念活动，创造红色亮点，推动红色旅游的发展。

每年3月5日，毛泽东主席为雷锋同志题词周年之际，在抚顺雷锋纪念馆举办主题为"学习雷锋精神，为振兴辽宁做贡献"的活动，以此项活动为牵动，拉开全省开展红色旅游的序幕。

每年7月27日，抗美援朝胜利周年之际，举办以"中朝友谊，维护世界和平"为主题的活动。

每年9月3日，全国抗日战争胜利周年之际，与全国抗战主题相呼应，举办以抗日战争为主题的系列纪念活动。

每年9月12日，锦州解放纪念日，举办以"弘扬革命精神，打好振兴辽宁老工业基地"为主题的活动。

每年9月18日，九一八事变纪念日，举办"勿忘国耻，警钟长鸣"纪念活动。这些大型红色旅游纪念活动要纳入全省红色旅游活动中，统一策划，统一包装，集中宣传，形成品牌。

要结合加强青少年思想道德建设、大学生思想政治教育，结合保持共产党员

先进性教育，结合公民素质教育，实施三个"百万红色游"工程，寓教于乐，寓教于游。从 3 月 5 日学习雷锋纪念日开始，启动三个"百万红色游"活动，即组织百万大中小学生，组织百万共产党员，组织百万工人、农民、解放军战士参观游览红色旅游区活动。三个"百万红色游"工程，主要通过参加"一日游"或"两日游"等红色旅游活动来实现，从而推动全省红色旅游的全面深入开展。

（四）加强宣传推广，开拓客源市场

要采取多种形式做好红色旅游整体形象的宣传，以宣传部门为主，组织主要新闻媒体开辟专栏，拍摄专题片，刊登专题文章，组织作家编写以红色旅游为题材的作品，拍摄电视剧，宣传红色旅游资源；旅游管理部门把红色旅游资源的宣传纳入旅游宣传的计划中，通过制作光盘、画册，发布媒体广告、说明会和组织红色旅游景点景区参加旅游交易会等方式，加大红色旅游产品的宣传推广；红色旅游景区点结合重大纪念日，适时地推出主题突出、富有招徕性的纪念活动，并与教育部门、党团组织、工会、妇联以及企事业单位的爱国主义教育活动对接；旅行社加强对专题红色旅游线路和复合型旅游线路的推介，积极组织省内外游客参加辽宁的红色旅游。通过一系列的宣传促销，形成全方位的宣传攻势，扩大红色旅游的影响，形成红色旅游氛围，逐步建立稳定的客源市场。

（五）搞活红色旅游经济，提高综合效益

以大旅游、大市场、大产业的理念指导辽宁旅游经济工作，充分利用全省的旅游资源，整合红色、绿色、蓝色、银色、金色"五色"旅游资源，形成瞻仰访习、观光游览、休闲度假相结合的多种复合型旅游产品。红色旅游参观点应降低门票价格或免费对公众开放，从而吸引更多的游客，实现更大的社会效益，而与之相关的其他旅游景区点和经营性项目，应努力搞活经营，增加游客消费，创造更好的经济效益。

（六）开展红色旅游教育和培训，做好职场规范管理

辽宁省旅游局配合辽宁省委宣传部，编写辽宁红色旅游教材和宣传手册。省和各市旅游局组织开展红色旅游资源管理人员、导游员和讲解员的培训，编写及推广使用专门的红色旅游导游词和解说词。旅游部门会同相关部门净化红色旅游环境，规范红色旅游秩序，严肃红色旅游纪律，确保全省红色旅游的安全、质量、秩序和效益。

附录1 辽宁部分红色旅游景区（点）名录

一、沈 阳

九一八历史博物馆——沈阳市大东区望花南街
张氏帅府博物馆暨辽宁近现代史博物馆——沈阳市
中共满洲省委旧址与刘少奇旧居纪念馆——沈阳市
奉天战俘营——沈阳市大东区
周恩来少年读书旧址——沈阳市
沈阳抗美援朝烈士陵园——沈阳市于洪区陵东街上岗子1号
沈飞航空博览园——沈阳市

二、大 连

关向应故居纪念馆——金州区
旅顺口区

三、鞍 山

张学良出生地纪念馆——台安县
黄显生将军故居——岫岩县

邓铁梅东北民众抗日自卫军诞生地——岫岩县
鞍山烈士纪念馆——千山区千山镇七岭子村
空军航空兵第一师荣誉馆——鞍山市
海城 65547 部队历史荣誉馆——鞍山海城市
英雄山烈士纪念碑——鞍山市千山区汤岗子镇
鞍钢炼铁总厂孟泰纪念馆——鞍山市
鞍钢化工总厂雷锋纪念馆——鞍山市
王崇伦创造万能工具胎的加工车间——鞍山市

四、抚　顺

平顶山惨案遗址纪念馆——抚顺市
抚顺战犯管理所——抚顺市
三块石抗日联军遗址（森林公园）——抚顺市
清海柳党支部遗址——抚顺市清原县南山城镇三间房村
岗山抗日联军遗址——抚顺市新宾县响水河镇

五、本　溪

东北抗日联军西征会议遗址——本溪市草河掌镇汤沟风景名胜区
南芬万人坑纪念地——本溪市
杨靖宇抗联遗址——桓仁满族自治县八里甸子镇
苗可秀故居——本溪市南芬区下马塘镇苗家村
望溪公园革命烈士纪念碑——本溪市望溪公园

六、丹　东

抗美援朝纪念馆——丹东市

鸭绿江断桥——丹东市
抗美援朝遗迹及毛岸英纪念馆——宽甸县长甸镇河口村
河口断桥——宽甸县长甸镇河口村
水丰万人坑——宽甸拉古哨村碑碣子沟门西山坡
天桥沟抗日联军遗址——宽甸县双山子镇黎明村
天华山抗日联军遗址——宽甸县灌水镇大边沟村
青山沟抗日联军遗址——宽甸县青山沟镇青山沟村

七、锦　州

萧军纪念馆——凌海市
大广济寺古建筑群——锦州市
辽沈战役纪念馆——锦州市北京路五段一号
黑山阻击战纪念馆——锦州市黑山镇
塔山阻击战纪念馆——葫芦岛市连山区塔山乡
辽沈战役指挥所——凌海市翠岩镇牦牛屯村
义县革命纪念公园——义县

八、营　口

西炮台遗址风景区——营口市

九、阜　新

海州国家矿山公园——阜新市
孙家湾万人坑——阜新市城区南部

十、辽　阳

李兆麟故居——灯塔市铧子镇小荣官屯村
辽阳弓长岭区万人坑——弓长岭区

十一、铁　岭

银岗书院——铁岭市区

十二、朝　阳

赵尚志纪念馆——朝阳县尚志乡
陈镜湖烈士陵园——建平县富山镇富山
北票万人坑——北票矿业集团
王老凿抗日遗址——朝阳县清风岭

十三、盘　锦

侵华日本关东军护路守备队——盘山县
爱国将领张学良将军的故乡——大洼县东风镇
解放战争时期盘锦革命根据地——大洼县九龙屯
中日甲午末战殉国将士墓——大洼县
喜彬纪念碑——盘山县

十四、葫芦岛

九门口长城——葫芦岛市绥中县李家堡乡

葫芦岛港——葫芦岛市龙港区

附录2 辽宁文化旅游名录

一、辽宁国家级非物质文化遗产保护名录

国家级非物质文化遗产42处：民间文学共6处；民间音乐共6处；民间舞蹈共6处；传统戏剧共6处；曲艺共6处；民间美术共7处；传统技艺共1处；传统医药共1处；民俗共3处。其中：

第一批：民间文学3处；民间音乐3处；民间舞蹈6处；传统戏剧5处；曲艺4处；民间美术4处；民俗1处。

第二批：民间文学2处；民间音乐2处；民间舞蹈6处；传统戏剧1处；曲艺1处；民间美术2处；传统技艺1处；传统医药1处；民俗1处。

第三批：民间文学1处；民间音乐1处；曲艺1处；民间美术1处；传统医药1处；民俗1处。

第一批

序号	编号	项目名称	申报地区或单位
1	Ⅰ—18	古渔雁民间故事	辽宁大洼县
2	Ⅰ—19	喀左东蒙民间故事	辽宁喀喇沁左翼蒙古族自治县
3	Ⅰ—20	谭振山民间故事	辽宁新民市
4	Ⅱ—39	辽宁鼓乐	辽宁辽阳市
5	Ⅱ—67	千山寺庙音乐	辽宁鞍山市
6	Ⅲ—2	抚顺地秧歌	辽宁抚顺市
7	Ⅲ—9	海城高跷、辽西高跷	辽宁海城市、锦州市
8	Ⅲ—24	朝鲜族农乐舞	辽宁本溪市
9	Ⅳ—28	京剧	辽宁
10	Ⅳ—51	评剧	辽宁沈阳市
11	Ⅳ—91	皮影戏	辽宁瓦房店市、凌源市
12	Ⅳ—92	木偶戏（辽西木偶戏）	辽宁锦州市

续表

序号	编号	项目名称	申报地区或单位
13	V—6	东北大鼓	辽宁沈阳市
14	V—35	东北二人转	辽宁黑山县、铁岭市
15	V—40	乌力格尔	辽宁阜新蒙古族自治县
16	Ⅶ—16	剪纸（医巫闾山剪纸）	辽宁锦州市
17	Ⅶ—29	岫岩玉雕	辽宁岫岩满族自治县
18	Ⅶ—30	阜新玛瑙雕	辽宁阜新市

资料来源：http://www.gov.cn/zwgk/2006-06/02/content_297946.htm（第一批）国发〔2006〕18 号

第二批

序号	编号	项目名称	申报地区或单位
19	Ⅰ-52	北票民间故事	辽宁北票市
20	Ⅰ-53	满族民间故事	辽宁文学艺术界联合会民间文艺家协会
21	Ⅱ-105	蒙古族民歌（阜新东蒙短调民歌）	辽宁阜新蒙古族自治县
22	Ⅱ-121	笙管乐（复州双管乐、建平十王会）	辽宁瓦房店市、建平县
23	Ⅳ-100	海城喇叭戏	辽宁鞍山市
24	Ⅴ-57	北京评书	辽宁鞍山市、本溪市、营口市
25	Ⅶ-56	石雕（煤精雕刻）	辽宁抚顺市
26	Ⅶ-80	满族刺绣（岫岩满族民间刺绣、锦州满族民间刺绣）	辽宁岫岩满族自治县、锦州市古塔区
27	Ⅷ-144	蒸馏酒传统酿造技艺（板城烧锅酒传统五甑酿造技艺）	辽宁沈阳市
28	Ⅹ-89	朝鲜族花甲礼	辽宁丹东市
第一批国家级非物质文化遗产扩展项目名录			
1	Ⅱ-37	唢呐艺术（杨小班鼓吹乐棚）	辽宁丹东市
2	Ⅲ-4	龙舞（易县摆字龙灯）	辽宁大连市金州区
3	Ⅲ-9	高跷（盖州高跷、上口子高跷）	辽宁盖州市、大洼县
4	Ⅲ-24	朝鲜族农乐舞	辽宁铁岭市
5	Ⅳ-91	皮影戏（岫岩皮影戏、盖州皮影戏）	辽宁鞍山市、盖州市
6	Ⅴ-6	东北大鼓	辽宁锦州市、瓦房店市、岫岩满族自治县
7	Ⅶ-16	剪纸（庄河剪纸、岫岩满族剪纸、建平剪纸、新宾满族剪纸）	辽宁庄河市、岫岩满族自治县、建平县、新宾满族自治县
8	Ⅹ-54	民间社火（本溪社火、义县社火、朝阳社火）	辽宁本溪满族自治县、义县、朝阳县

资料来源：http://www.gov.cn/zwgk/2008-06/14/content_1016331.htm（第二批和第一批拓展）国发〔2008〕19 号

第三批

序号	编号	项目名称	申报地区或单位
1	I –109	锡伯族民间故事	辽宁沈阳市
2	V –102	盘索里	辽宁铁岭市
拓展项目			
1	II –97	海洋号子（长海号子）	辽宁长海县
2	VII –96	建筑彩绘（传统地仗彩画）	辽宁沈阳市
3	IX –12	蒙医药（血衰症疗法）	辽宁阜新蒙古族自治县
4	X –85	民间信俗（锡伯族喜利妈妈信俗）	辽宁沈阳市

资料来源：http://www.gov.cn/zwgk/2011–06/09/content_1880635.htm（第三批和拓展）国发〔2011〕14 号

二、辽宁省级非物质文化遗产保护名录

辽宁省级非物质文化遗产保护名录共 199 处，其中民间文学 20 处、民间音乐 26 处、民间舞蹈 27 处、传统戏剧 29 处、曲艺 18 处、杂技与竞技 14 处、民间美术 35 处、传统手工技艺 19 处、民俗 11 处。其中：

第一批共 59 处，包括民间文学 5 处、民间音乐 9 处、民间舞蹈 11 处、传统戏剧 11 处、曲艺 9 处、民间美术 10 处、传统手工技艺 3 处、民俗 1 处。

第二批共 54 处，包括民间文学 8 处、民间音乐 10 处、民间舞蹈 6 处、传统戏剧 4 处、曲艺 6 处、杂技与竞技 2 处、民间美术 10 处、传统手工技艺 3 处、民俗 5 处。

第三批共 41 处，包括民间文学 3 处、民间音乐 5 处、民间舞蹈 6 处、传统戏剧 5 处、曲艺 2 处、杂技与竞技 1 处、民间美术 7 处、传统手工技艺 4 处、传统医药 4 处、代表民俗 4 处。

第四批共 35 处，包括民间文学 3 处、民间音乐 1 处、民间舞蹈 3 处、传统戏剧 2 处、杂技与竞技 7 处、民间美术 7 处、传统手工技艺 10 处、民俗 2 处。

第一批（辽政发〔2006〕23 号）（共 60 处）

序号	项目名称	申报地区或单位
1	谭振山民间故事	新民市
2	喀左东蒙民间故事	喀喇沁左翼蒙古族自治县
3	"古渔雁"民间故事	大洼县
4	医巫闾山民间文学	北镇市
5	北票民间文学	北票市

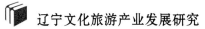

序号	项目名称	申报地区或单位
6	长海号子	长海县
7	阜新东蒙短调民歌	阜新蒙古族自治县
8	复州双管乐	瓦房店市
9	千山寺庙音乐	鞍山市
10	辽宁鼓乐	省群众艺术馆
11	丹东鼓乐	丹东市
12	辽阳鼓乐	辽阳市
13	丹东单鼓	丹东市
14	岫岩单鼓	岫岩满族自治县
15	海城高跷秧歌	海城市
16	满族地秧歌	抚顺市
17	辽西高跷秧歌	锦州市太和区
18	上口子高跷秧歌	大洼县
19	盖州高跷秧歌	盖州市
20	朝阳民间秧歌	朝阳县
21	金州龙舞	大连市金州区
22	本溪朝鲜族农乐舞（乞粒舞）	本溪市
23	本溪社火	本溪市
24	辽西太平鼓	绥中县
25	义县社火	义县
26	奉天落子	沈阳市和平区
27	沈阳评剧（韩、花、筱）	沈阳市
28	沈阳京剧（唐派）	沈阳市
29	复州皮影戏	瓦房店市
30	鞍山皮影戏	鞍山市千山区
31	海城皮影戏	海城市
32	岫岩皮影戏	岫岩满族自治县
33	盖州皮影戏	盖州市
34	锦州皮影戏	锦州市古塔区
35	凌源皮影戏	凌源市
36	海城喇叭戏	鞍山市
37	辽西木偶戏	锦州市
38	沈阳东北大鼓	沈阳市
39	复州东北大鼓	瓦房店市
40	岫岩东北大鼓	岫岩满族自治县
41	鞍山评书	鞍山市
42	本溪评书	本溪市

续表

序号	项目名称	申报地区或单位
43	陈派评书	锦州市
44	黑山二人转	黑山县
45	铁岭二人转	铁岭市
46	蒙古族乌力格尔	阜新蒙古族自治县
47	庄河剪纸	庄河市
48	岫岩剪纸	岫岩满族自治县
49	医巫闾山满族剪纸	锦州市
50	建平剪纸	建平县
51	盖州风筝	盖州市
52	指画艺术	铁岭市
53	沈阳"面人汤"	沈阳市皇姑区
54	岫岩玉雕	岫岩满族自治县
55	本溪桥头石雕	本溪市
56	阜新玛瑙雕	阜新市
57	老龙口白酒传统酿制技艺	沈阳市
58	道光廿五白酒传统酿制技艺	锦州市
59	民间香蜡制作技艺	盘锦市
60	蒙古勒津婚礼	阜新蒙古族自治县

资料来源：http://www.ln.gov.cn/zfxx/zfwj/szfwj/zfwj2006/201109/t20110908_698402.html

第二批（辽政发〔2007〕24 号）（共 54 处）

序号	编号	项目名称	申报地区或单位
1	Ⅰ-1	沈阳东陵满族民间故事	沈阳市东陵区
2	Ⅰ-2	沈阳新民民间故事	新民市
3	Ⅰ-3	沈阳民间传统灯谜	沈阳市沈河区
4	Ⅰ-4	庄河民间故事	庄河市
5	Ⅰ-5	抚顺满族民间故事	抚顺市
6	Ⅰ-6	本溪满族民间故事	本溪满族自治县
7	Ⅰ-7	辽阳王尔烈民间传说	辽阳市
8	Ⅰ-8	辽东满族民间故事	辽宁民间文艺家协会
9	Ⅱ-1	白清寨传统唢呐	沈阳市苏家屯区
10	Ⅱ-2	大连吹咔乐	大连市
11	Ⅱ-3	金州古琴音乐	大连市金州区
12	Ⅱ-4	复州鼓乐	瓦房店市
13	Ⅱ-5	大连新金民歌	普兰店市
14	Ⅱ-6	普兰店鼓乐	普兰店市
15	Ⅱ-7	庄河双管乐	庄河市
16	Ⅱ-8	岫岩满族民间歌曲	岫岩满族自治县
17	Ⅱ-9	建平十王会	建平县

序号	编号	项目名称	申报地区或单位
18	Ⅱ-10	建昌鼓乐	建昌县
19	Ⅲ-1	本溪全堡寸跷秧歌	本溪满族自治县
20	Ⅲ-2	丹东上打家什高跷	丹东市
21	Ⅲ-3	辽阳地会	辽阳市
22	Ⅲ-4	铁岭朝鲜族面具舞	铁岭市
23	Ⅲ-5	喀左天成观庙会	喀喇沁左翼蒙古族自治县
24	Ⅲ-6	兴城满族秧歌	兴城市
25	Ⅳ-1	评剧（沈阳鑫艳玲）	沈阳评剧院
26	Ⅳ-2	京剧（本溪徐派毕谷云）	本溪市
27	Ⅳ-3	宽甸八河川皮影戏	丹东市
28	Ⅳ-4	黑山皮影戏	黑山县
29	Ⅴ-1	新民二人转	新民市
30	Ⅴ-2	庄河东北大鼓	庄河市
31	Ⅴ-3	锦州西城派东北大鼓	锦州市
32	Ⅴ-4	营口评书	营口市
33	Ⅴ-5	辽阳二人转	辽阳市
34	Ⅴ-6	建昌大鼓	建昌县
35	Ⅵ-1	金州梅花螳螂拳（六合棍）	大连市金州区
36	Ⅵ-2	辽阳逍遥门武功	辽阳市文圣区
37	Ⅶ-1	瓦房店东岗剪纸	瓦房店市
38	Ⅶ-2	普兰店传统手工布艺技艺	普兰店市
39	Ⅶ-3	岫岩满族民间刺绣	岫岩满族自治县
40	Ⅶ-4	新宾满族剪纸	新宾满族自治县
41	Ⅶ-5	抚顺煤精雕刻	抚顺市
42	Ⅶ-6	凤城满族荷包	丹东市
43	Ⅶ-7	锦州满族民间刺绣	锦州市古塔区
44	Ⅶ-8	营口陈氏面塑工艺	营口市
45	Ⅶ-9	铁岭王千石雕	铁岭县
46	Ⅶ-10	烙画艺术	辽宁艺术研究所
47	Ⅷ-1	沈阳胡魁章制笔工艺	沈阳市沈河区
48	Ⅷ-2	东北古建筑传统地仗（油饰）	沈阳市彩绘技艺
49	Ⅷ-3	古建筑彩绘技法	沈阳市苏家屯区
50	Ⅸ-1	海城庙会	海城市
51	Ⅸ-2	丹东朝鲜族寿礼	丹东市
52	Ⅸ-3	大石桥迷镇山庙会	大石桥市
53	Ⅸ-4	蒙古勒津安代	阜新蒙古族自治县
54	Ⅸ-5	建昌灯会	建昌县

资料来源：http://www.ln.gov.cn/zfxx/zfwj/szfwj/zfwj2007/201109/t20110908_698344.html

Ⅰ代表民间文学；Ⅱ代表民间音乐；Ⅲ代表民间舞蹈；Ⅳ代表传统戏剧；Ⅴ代表曲艺；Ⅵ代表杂技与竞技；Ⅶ代表民间美术；Ⅷ代表传统手工技艺；Ⅸ代表民俗。

第三批（辽政发〔2009〕15 号）（共 41 处）

序号	编号	项目名称	申报地区或单位
1	Ⅰ-14	何钧佑锡伯族民间故事（长篇）	沈阳市于洪区
2	Ⅰ-15	薛天智民间故事	沈阳市于洪区
3	Ⅰ-16	铁岭朝鲜族民间故事	铁岭市
4	Ⅱ-20	朝鲜族传统说唱艺术	沈阳市苏家屯区
5	Ⅱ-21	辽南古诗词吟咏	大连市金州区
6	Ⅱ-22	金州单鼓音乐	大连市金州区
7	Ⅱ-23	本溪鼓乐	本溪市
8	Ⅱ-24	朝鲜族盘索里	铁岭市
9	Ⅲ-17	张氏皇苑龙舞龙技艺	沈阳市沈北新区
10	Ⅲ-18	复州高跷秧歌	瓦房店市
11	Ⅲ-19	本溪县太平秧歌	本溪满族自治县
12	Ⅲ-20	营口津式高跷	营口市
13	Ⅲ-21	铁岭伞灯秧歌	铁岭市
14	Ⅲ-22	凌源高跷秧歌	凌源市
15	Ⅳ-17	沈阳关氏皮影	沈阳市沈北新区
16	Ⅳ-18	庄河皮影戏	庄河市
17	Ⅳ-19	陈桂秋评剧表演艺术	锦州市
18	Ⅳ-20	凌海民间皮影	凌海市
19	Ⅳ-21	金开芳评剧表演艺术	沈阳师范大学附属艺术学校
20	Ⅴ-16	沈阳相声	沈阳市
21	Ⅴ-17	蒙古勒津好来宝	阜新蒙古族自治县
22	Ⅵ-3	大刀张举刀拉弓杂技表演艺术	锦州市
23	Ⅶ-21	初春枝满族剪纸	沈阳市和平区
24	Ⅶ-22	马驷骥根艺	大连市中山区
25	Ⅶ-23	抚顺琥珀雕刻制作工艺	抚顺市
26	Ⅶ-24	黑山玛瑙雕	黑山县
27	Ⅶ-25	营口木浮雕工艺	营口市
28	Ⅶ-26	彰武民间剪纸	彰武县
29	Ⅶ-27	西丰满族剪纸	西丰县
30	Ⅷ-7	书画装裱修复技艺	沈阳市
31	Ⅷ-8	普兰店田家黄酒酿造技艺	普兰店市
32	Ⅷ-9	本溪永隆泉满族传统酿酒工艺（铁刹山酒）	本溪满族自治县
33	Ⅷ-10	千山白酒酿造技艺（麸曲酱香酿酒法）	辽阳市
34	Ⅸ-1	德记号中医药文化	大连市金州区
35	Ⅸ-2	海城苏氏正骨	鞍山市
36	Ⅸ-3	蒙古勒津蒙医药	阜新蒙古族自治县
37	Ⅸ-4	张懋祺中医整复点穴骨盆复位疗法	大连市
38	Ⅹ-8	锡伯族喜利妈妈	沈阳市沈北新区

续表

序号	编号	项目名称	申报地区或单位
39	X-9	旅顺放海灯	大连市
40	X-10	蒙古勒津祭放包	阜新蒙古族自治县
41	X-11	广佑寺庙会	辽阳市

资料来源：http://www.ln.gov.cn/zfxx/zfwj/szfwj/zfwj2009/201109/t20110908_698203.html

Ⅰ代表民间文学；Ⅱ代表民间音乐；Ⅲ代表民间舞蹈；Ⅳ代表传统戏剧；Ⅴ代表曲艺；Ⅵ代表杂技与竞技；Ⅶ代表民间美术；Ⅷ代表传统手工技艺；Ⅸ代表传统医药；Ⅹ代表民俗。

第四批（辽政发〔2011〕26号）（共35个）

序号	编号	项目名称	申报地区或单位
1	Ⅰ-17	锡伯族民间故事	沈阳市沈北新区
2	Ⅰ-18	王树铮民间故事	新民市
3	Ⅰ-19	辽西古战场传说	朝阳市
4	Ⅱ-25	蒙古勒津马头琴音乐	阜新蒙古族自治县
5	Ⅲ-23	锡伯族灯官秧歌	沈阳市沈北新区
6	Ⅲ-24	金州狮舞	大连市金州新区
7	Ⅲ-25	哨口高跷	朝阳市双塔区
8	Ⅳ-22	抚顺皮影戏	抚顺市
9	Ⅳ-23	喀左皮影戏	喀左县
10	Ⅵ-4	朝鲜族传统"掷栖"竞技游戏	沈阳市
11	Ⅵ-5	沈阳北市"摔跤"	沈阳市和平区
12	Ⅵ-6	螳螂拳	沈阳市皇姑区
13	Ⅵ-7	锡伯族欻嘎拉哈	沈阳市沈北新区
14	Ⅵ-8	凤城满族珍珠球	凤城市
15	Ⅵ-9	通背拳	沈阳体育学院
16	Ⅵ-10	鸳鸯拳	沈阳体育学院
17	Ⅶ-28	桃核微雕	大连市西岗区
18	Ⅶ-29	孤山泥塑	丹东市
19	Ⅶ-30	传统锡雕	锦州市凌河区
20	Ⅶ-31	传统泥塑彩绘	黑山县
21	Ⅶ-32	朱月岚剪纸	阜新市细河区
22	Ⅶ-33	蒙古勒津刺绣	阜新蒙古族自治县
23	Ⅶ-34	朝阳红土泥塑	朝阳市
24	Ⅷ-11	辽菜传统制作技艺	沈阳市
25	Ⅷ-12	老边饺子传统制作技艺	沈阳市
26	Ⅷ-13	马家烧麦制作技艺	沈阳市沈河区
27	Ⅷ-14	桃山白酒传统酿造技艺	法库县
28	Ⅷ-15	大连老黄酒酿造技艺	大连市
29	Ⅷ-16	海城牛庄馅饼制作技艺	海城市

序号	编号	项目名称	申报地区或单位
30	Ⅷ-17	本溪松花石砚雕刻技艺	本溪市
31	Ⅷ-18	凤城老窖酒传统酿造技艺	凤城市
32	Ⅷ-19	锦州小菜制作技艺	锦州市凌河区
33	Ⅷ-20	沟帮子熏鸡制作技艺	北镇市
34	Ⅹ-12	铁岭朝鲜族秋夕节	铁岭市
35	Ⅹ-13	辽西朱碌科"黄河阵"	建平县

资料来源：http：//www.ln.gov.cn/zfxx/zfwj/szfwj/zfwj2011/201204/t20120426_865675.html

Ⅰ代表民间文学；Ⅱ代表民间音乐；Ⅲ代表民间舞蹈；Ⅳ代表传统戏剧；Ⅴ代表曲艺；Ⅵ代表杂技与竞技；Ⅶ代表民间美术；Ⅷ代表传统手工技艺；Ⅸ代表传统医药；Ⅹ代表民俗。

三、辽宁国家级文物保护单位名录

辽宁国家文物保护单位共有 53 处，沈阳市 10 处、大连市 6 处、鞍山市 2 处、抚顺市 4 处、本溪市 2 处、丹东市 2 处、锦州市 5 处、营口市 4 处、阜新市 2 处、辽阳市 2 处、朝阳市 9 处、葫芦岛市 5 处；沿海 6 市共 22 处，占全省总数的 41.5%。

序号	地区	保护单位
1	沈阳市	沈阳故宫
2		清昭陵
3		福陵
4		张学良旧居
5		新乐遗址
6		叶茂台辽墓
7		东北大学旧址
8		高台山遗址
9		石台子山城
10		锡伯族家庙
11	大连市	中苏友谊纪念塔
12		旅顺监狱旧址
13		大连俄国建筑
14		大连中山广场近代建筑群
15		万忠墓
16		关东厅博物馆旧址

序号	地区	保护单位
17	鞍山市	海城仙人洞遗址
18		析木城石棚
19	抚顺市	平顶山惨案遗址
20		永陵
21		赫图阿拉故城
22		抚顺战犯管理所旧址
23	本溪市	五女山山城
24		庙后山遗址
25	丹东市	凤凰山山城
26		鸭绿江断桥
27	锦州市	奉国寺
28		北镇庙
29		崇兴寺双塔
30		广济寺古建筑群
31		广宁城
32	营口市	玄贞观
33		金牛山遗址
34		石棚山石棚
35		西炮台遗址
36	阜新市	查海遗址
37		阜新万人坑
38	辽阳市	辽阳壁画墓群
39		辽阳白塔
40	朝阳市	万佛堂石窟
41		朝阳北塔
42		牛河梁遗址
43		东山嘴遗址
44		袁台子墓
45		冯素弗墓
46		云接寺塔
47		佑顺寺
48		长城—燕长城遗址
49	葫芦岛市	兴城古城
50		姜女石遗址
51		万里长城—九门口
52		圣水寺
53		中前所城

资料来源：http://baike.baidu.com/view/163959.htm

四、辽宁省级文物保护单位名录

辽宁共公布了5批省级文物保护单位名单，即第四批、第五批、第六批、第七批、第八批，共296处。

第四批省级文物保护单位共99处，其中，革命遗址及革命纪念建筑物7处、石窟寺3处、古建筑及历史纪念建筑物47处、古遗址34处、古墓葬8处。

第五批省级文物保护单位共21处，其中，古建筑及历史纪念建筑物7处、古遗址11处、古墓葬3处。

第六批省级文物保护单位共56处，其中，古遗址12处、古墓葬8处、古建筑16处、石窟寺及石刻2处、近现代重要史迹及代表性建筑18处。

第七批省级文物保护单位共65处，其中，古遗址30处、古墓葬11处、古建筑14处、石窟寺及石刻1处、近现代重要史迹及代表性建筑9处。

第八批省级文物保护单位共56处，其中，古遗址19处、古墓葬5处、古建筑9处、石窟寺及石刻5处、近现代重要史迹及代表性建筑18处。

第四批省级文物保护单位（辽政发〔1988〕100号）（共99处）

（一）革命遗址及革命纪念建筑物（7处）

编号	分类号	名称	时代	地址
1	1	关向应故居	1902年	大连市金州区向应乡关家村
2	2	中共满洲省委旧址	1927~1929年	沈阳市和平区皇寺路二段福安里十九号
3	3	阜新万人坑	1935~1945年	阜新市太平区孙家湾南山
4	4	抚顺战犯管理所旧址	1950年	抚顺市新抚区
5	5	抗联第一路军西征会议遗址	1936年	本溪县草河掌胡家堡汤池子
6	6	旅顺苏军烈士陵园	1945年	大连市旅顺口区水师营镇三里桥村西
7	7	中国人民志愿军第十三兵团炮兵指挥所旧址	1950年	丹东市内
		平顶山惨案遗址（注一）	1932年	抚顺市露天区平山街
		东北野战军锦州前线指挥所旧址（注二）	1948年	锦县翠岩乡犄牛屯村

（二）石窟寺（3 处）

编号	分类号	名称	时代	地址
8	1	望海寺摩崖造像	金	大连市金州区双塔乡马屯村
9	2	海棠山摩崖造像	清	阜新县大板乡
10	3	千佛山摩崖造像	清	彰武县大四家子乡

（三）古建筑及历史纪念建筑物（47 处）

编号	分类号	名称	时代	地址
11	1	石棚峪石棚	青铜	营口县官屯乡石棚峪
12	2	磨石沟塔	辽	兴城市红崖子乡磨石沟村
13	3	妙峰山双塔	辽	绥中县永安乡塔子沟村妙峰山上
14	4	八塔子塔	辽	义县前阳乡八塔子村西
15	5	广胜寺塔	辽	义县城内西南角
16	6	安昌岘塔	辽	锦西市暖池塘镇安昌岘村
17	7	朝阳南塔	辽	朝阳市双塔区南塔街
18	8	无垢净光舍利塔	辽	沈阳市皇姑区塔湾街
19	9	天盛号石拱桥	金	凌源县天盛号乡天盛号村东渗津河上
20	10	大玄真宫祖碑	元	阜新县新民乡上排山楼村
21	11	康泰真墓碑	元	喀左县大城子镇五家子村
22	12	盖县钟鼓楼	明	盖州镇南街
23	13	三学寺	明	海城市西南
24	14	首山清风寺	明	辽阳市西南首山南坡
25	15	北镇鼓楼	明	北镇县广宁镇内
26	16	兴城文庙	明	兴城市城内
27	17	三台子烽火台	明	绥中县沙河乡三台子村
28	18	前所城	明	绥中县前所镇
29	19	长安寺	明	沈阳市沈河区中央路三段长安里 6 号
30	20	《创建大奠堡记》碑	明	宽甸县永甸乡坦甸村
31	21	九门口长城	明	绥中县李家堡乡
32	22	慈恩寺	清	沈阳市沈河区大南街二段慈恩里一号
33	23	清泉寺	清	新金县星台乡吴姑城内
34	24	卧鹿山石庙	清	岫岩县杨家堡乡松树秧村
35	25	莲花山圣水寺	清	锦西市杨杖子镇南莲花山
36	26	朝阳关帝庙	清	朝阳市双塔区东大街
37	27	佑顺寺	清	朝阳市双塔区南塔街
38	28	惠宁寺	清	北票市下府乡下府村

续表

编号	分类号	名称	时代	地址
39	29	万祥寺	清	凌源县宋杖子乡康官村
40	30	天成观	清	喀左县大城子镇内
41	31	圣经寺	清	彰武县大四家子乡
42	32	慈清寺	清	铁岭市龙首山北峰
43	33	山西会馆	清	海城市西关
44	34	琉璃影壁	清	海城市公园内
45	35	无量观	清	鞍山市千山公园北沟
46	36	银岗书院	清	铁岭市红旗街
47	37	旅顺监狱旧址	1898~1945 年	大连市旅顺口区元宝房
48	38	沈阳天主教堂	1912 年重建	沈阳市沈河区小南街
49	39	黑山天主教堂	1906 年重建	黑山县城内北街
50	40	笔架山古建筑群	近代	锦县天桥乡王家窝铺村
51	41	张氏帅府	1914~1931 年	沈阳市沈河区沈阳路二段文兴里
52	42	彭家公馆	近代	辽阳市东四道街
53	43	营口海关	近代	营口市辽河南岸
54	44	牛庄居留民团役所旧址	近代	营口市站前区
55	45	元帅林	1929~1931 年	抚顺县章党乡高力营村南
56	46	葫芦岛筑港开工纪念碑	1930 年	锦州市葫芦岛区
57	47	兴城温泉别墅	1902 年	兴城市温泉街路北

（四）古遗址（34 处）

编号	分类号	名称	时代	地址
58	1	鱼化石产地	中生代	凌源县小城子乡大新房子村小洼屯西北
59	2	庙后山遗址	旧石器	本溪县山城子乡山城子村
60	3	仙人洞遗址	旧石器	海城市孤山满族镇孤山村
61	4	查海遗址	新石器	阜新县沙拉乡查海村
62	5	新乐遗址	新石器	沈阳市皇姑区黄河大街 2 号
63	6	后洼遗址	新石器	东沟县马家店乡三家子村
64	7	东山嘴遗址	新石器	喀左县兴隆庄乡东山嘴村东
65	8	敖包山遗址	新石器	建平县三家子乡南营村南
66	9	团山遗址	青铜	开原县八棵树镇陈家村南
67	10	丰下遗址	青铜	北票市东官营子乡小三家村
68	11	霍家地城址	战国	建平县烧锅营子乡下霍家地村
69	12	牧羊城城址	战国至汉	大连市旅顺口区铁山乡刁家村南
70	13	汉长城址（八家子农场小五家子至孤家子乡桃吐村）	汉	建平县八家子农场、奎德素乡张家营子乡、孤家子乡

续表

编号	分类号	名称	时代	地址
71	14	张家营子城址	汉	建平县张家营子乡张家营子村南
72	15	榆树林城址	汉	建平县榆树林乡城子坡
73	16	安杖子城址	汉	凌源县凌河乡安杖子村
74	17	永陵南城址	汉	新宾县永陵镇南
75	18	刘家堡城址	汉	凤城县凤山乡利民村
76	19	邰集屯城址	汉	锦西市邰集屯乡
77	20	塔山山城	高句丽	沈阳市苏家屯区陈相屯塔山
78	21	娘娘城山城	高句丽	岫岩县杨家堡乡娘娘城村
79	22	催阵堡山城	高句丽	铁岭县催阵堡乡催阵堡村北
80	23	龙潭寺山城（包括龙潭寺）	高句丽	开原市威远乡陈家村北
81	24	红帽子城址	辽	阜新县红帽子乡
82	25	八家子城址	辽	建平县八家子乡
83	26	黑城子城址	辽	北票市黑城子乡黑城子村
84	27	小塔子城址（包括宝塔寺塔）	辽	康平县郝官屯乡小塔子村
85	28	八面城城址	辽金	昌图县八面城镇南
86	29	四面城城址	辽金	昌图县四面城乡四面城村
87	30	汇官屯窑址	辽金	辽阳市东太子河南岸汇官村
88	31	赫甸城址	明	宽甸县青椅山乡赫甸村
89	32	费阿拉城（旧老城）	清	新宾县永陵镇二道河子村南
90	33	东京城城址	清	辽阳市东京陵乡新城村
91	34	旅顺口日俄战争遗址（包括：东鸡冠山北堡垒、望台炮台、二〇三高地、电岩炮台）	1904~1905 年	大连市旅顺口区

（五）古墓葬（8 处）

编号	分类号	名称	时代	地址
92	1	米仓沟将军墓	高句丽	桓仁县雅河乡米仓沟村
93	2	上古城子墓群	高句丽	桓仁县六合乡
94	3	袁台子壁画墓	东晋	朝阳县十二台子乡袁台子村
95	4	叶茂台墓群	辽	法库县叶茂台乡叶茂台村西山
96	5	耶律仁先家族墓	辽	北票市小塔子乡莲花山村
97	6	龙岗墓群	辽	北镇县富屯乡龙岗子村
98	7	朱梅墓	明	绥中县李家乡石牌坊村
99	8	东京陵	清	辽阳市东京陵乡东京陵村

资料来源：http://www.ln.gov.cn/zfxx/zfwj/szfwj/zfwj2003yq/201109/t20110908_698635.html

注一：此遗址与平顶山殉难同胞纪念碑（辽宁人民政府一九六三年公布第一批文物保护单位 7~7 号）系一整体，这次将此遗址并入该项。

注二：此地点为新查证的"辽沈战役遗址"（辽宁人民政府一九六三年公布第一批文物保护单位 5~5 号）之一，这次将此处并入该项。

第五批省级文物保护单位（辽政发〔1997〕6 号）（共 21 处）

（一）古建筑及历史纪念建筑物

编号	分类号	名称	时代	地址
1	1	东北大学原址	1923 年	沈阳市皇姑区北陵大街 45 号
2	2	横山书院	1844 年	大连市瓦房店市复州城镇西街路北
3	3	原大连市政厅达鲁尼市政府大楼	1900 年	大连市中山区烟台街北端
4	4	香岩寺	明清	鞍山市千山南沟西部
5	5	姑嫂石棚	青铜	鞍山市岫岩满族自治县兴隆乡兴隆村
6	6	瑞应寺	清	阜新市阜新蒙古族自治县佛寺乡
7	7	关氏世传碑	元	葫芦岛市建昌县娘娘庙乡石桥子村

（二）古遗址

编号	分类号	名称	时代	地址
8	1	大嘴子遗址	青铜	大连市甘井子区大连湾镇
9	2	萨尔浒城和界藩城	明清	抚顺市抚顺县李家乡、章党乡
10	3	高俭地山城	高句丽	本溪市桓仁满族自治县木盂子镇高俭地村
11	4	前阳洞穴遗址	旧石器	丹东市东港市前阳镇山城村
12	5	虎山遗址	高句丽、明	丹东市宽甸满族自治县虎山乡虎山村
13	6	九连城城址	金元明	丹东市振安区九连城镇九连城村
14	7	勿欢池遗址	青铜	阜新市阜新蒙古族自治县勿欢池镇
15	8	北洞遗址	青铜	朝阳市喀左蒙古族自治县平房子乡北洞村
16	9	五连城城址	青铜	朝阳市建平县罗卜沟乡大房申村
17	10	达拉甲城址	战国	朝阳市建平县老官地乡达拉甲村
18	11	沙锅屯遗址	新石器	葫芦岛市南票区沙锅屯乡下庙村

（三）古墓葬

编号	分类号	名称	时代	地　址
19	1	四平山积石墓	新石器	大连市甘井子区营城子镇
20	2	岗上楼上墓地	春秋	大连市甘井子区营城子镇后牧村
21	3	冯素弗墓	北燕	朝阳市北票市西官营子乡西官营子村

资料来源：http：//www.ln.gov.cn/zfxx/zfwj/szfwj/zfwj2003yq/201109/t20110908_698648.html

注：巍霸山城（高句丽）与 1988 年省政府公布的省级文物保护单位清泉寺合并为一个省级文物保护单位，名称为：巍霸山城和清泉寺。

第六批省级文物保护单位（辽政发〔2004〕34号）（共56处）

（一）古遗址（共 12 处）

序号	分类号	名称	时代	地址
1	1	石台子山城	汉至唐	沈阳市东陵区棋盘山风景区内
2	2	高台山遗址	新石器	沈阳新民市高台子乡高台子村
3	3	小珠山遗址	新石器	大连市长海县广鹿岛
4	4	上马石遗址	新石器时代	大连市长海县大长山岛镇三官庙村
5	5	鞍山驿堡	明	鞍山市千山区东鞍山镇
6	6	黑沟山城	汉至唐	抚顺市新宾满族自治县红庙子乡四道沟村
7	7	汉代列燧（五处）	汉	抚顺市顺城区前甸镇果树村、詹家村、新北村、靠山村、前甸村
8	8	琉璃寺西山遗址	辽	锦州北宁市富屯乡新立屯村
9	9	大市镇边堡城址	明	锦州北宁市大市乡大一村
10	10	新立辽代建筑遗址	辽	锦州北宁市富屯乡新立村
11	11	松树嘴子城址	汉	朝阳市朝阳县东大屯乡松树嘴子村
12	12	清柳条边遗址（沈阳二段，抚顺、锦州各一段）	清	沈阳新民市于家窝堡乡北边村、侯家围子村 抚顺市清原满族自治县大孤家镇北岔沟村 锦州市黑山县白厂门镇头台村

（二）古墓葬（共 8 处）

序号	分类号	名称	时代	地址
13	1	郑家洼子青铜短剑墓	青铜时代	沈阳市于洪区扬士乡郑家三委
14	2	石棚沟石棚	青铜时代	大连普兰店市安波镇俭汤代家村
15	3	台子屯石棚	青铜时代	大连瓦房店市松树镇台子屯
16	4	施家沟墓地	东汉至唐	抚顺市顺城区河北乡施家村
17	5	关山辽墓	辽	阜新市阜新蒙古族自治县大巴镇关山种畜场
18	6	柳家画像石墓	金	辽阳市辽阳县隆昌乡柳家村
19	7	北园三号墓	东汉	辽阳市白塔区纸板南委
20	8	鹅房壁画墓	东汉至魏	辽阳市文圣区东兴街

（三）古建筑（共 16 处）

序号	分类号	名称	时代	地址
21	1	辽滨塔	辽	沈阳新民市公主屯镇辽滨塔村
22	2	沈阳东、南、北塔（含法轮寺）	清	沈阳市大东区东塔街、东陵区南塔街、于洪区北塔街
23	3	沈阳南清真寺	清	沈阳市沈河区小西路清真南路 23 号

续表

序号	分类号	名称	时代	地址
24	4	锡伯族家庙	清	沈阳市和平区皇寺路 178 巷 2 号
25	5	永丰塔	辽	大连瓦房店市复州镇
26	6	中会寺	清	鞍山市千山区千山风景区内
27	7	大安寺	清	鞍山市千山区千山风景区内
28	8	祖越寺	明清	鞍山市千山区千山风景区内
29	9	银塔	金	鞍山海城市接文镇西塔子沟
30	10	班吉塔	辽	锦州凌海市班吉塔镇班吉塔村
31	11	高山台烽火台	明	阜新市彰武县五峰镇高山台村
32	12	双塔寺双塔	辽	朝阳市朝阳县木头城子镇郑杖子村
33	13	青峰塔	辽	朝阳市朝阳县西营子乡五十家子村
34	14	黄花滩塔	辽	朝阳市朝阳县大平房镇黄花滩村
35	15	灵山寺	清	葫芦岛市连山区山神庙乡凉水井子村
36	16	城隍庙	明	葫芦岛兴城市古城内

(四) 石窟寺及石刻 (共 2 处)

序号	分类号	名称	时代	地址
37	1	巨型玉石造像	现代	鞍山市铁东区玉佛山风景区内
38	2	铁刹山石刻	近代	本溪市本溪县南甸镇沟口村

(五) 近现代重要史迹及代表性建筑 (共 18 处)

序号	分类号	名称	时代	地址
39	1	奉天驿旧址	近代	沈阳市和平区胜利南街 2 号
40	2	东三省官银号旧址	近代	沈阳市沈河区朝阳街 21 号
41	3	奉天基督教青年会旧址	近代	沈阳市沈河区朝阳街 151−1 号
42	4	辽宁总站旧址	近代	沈阳市和平区总站路 100 号
43	5	英国汇丰银行奉天支行旧址	近代	沈阳市沈河区十一纬路 100 号
44	6	杨宇霆公馆旧址	近代	沈阳市大东区魁星楼路 6 号
45	7	苏军胜利塔	近代	大连市旅顺口区斯大林路
46	8	南子弹库旧址	清	大连市旅顺口区模珠礁南岸
47	9	关东厅博物馆旧址	近代	大连市旅顺口区列宁街 42 号
48	10	老铁山灯塔	1893 年	大连市旅顺口区铁山镇老铁山上
49	11	龙凤矿竖井	1936 年	抚顺市东洲区龙凤街龙凤矿内
50	12	鸭绿江断桥	1950 年断	丹东市振兴区滨江中路
51	13	俄国领事馆旧址	清	营口市站前区八田地街
52	14	正隆银行旧址	1906 年	营口市站前区菜市街

续表

序号	分类号	名称	时代	地址
53	15	满洲银行营口支行旧址	1934 年	营口市西市区劳资街
54	16	上海瑞昌城总号营口分号旧址	1912 年	营口市西市区渔市街
55	17	牛庄邮便局旧址	清	营口市站前区菜市街
56	18	甲午战争田庄台遗址群（战场遗址、清军坟遗址、古炮台遗址）	清	盘锦市大洼县田庄台镇、高家乡马连村、碾房村

资料来源：http://www.newander.com/guji/wenbaodanwei/liaoning.htm

第七批省级文物保护单位（辽政发〔2007〕22 号）（共 65 处）

（一）古遗址（共 30 处）

序号	分类号	名称	时代	地址
1	1	顺山屯遗址	新石器	沈阳市康平县胜利乡顺山屯村
2	2	吴家村遗址	新石器	沈阳市沈北新区石佛寺乡石佛寺村
3	3	白店子石棚	青铜	大连庄河市市吴炉乡小房身村
4	4	得利寺山城	汉至唐	大连瓦房店市得利寺镇得利寺村
5	5	双砣子遗址	青铜	大连庄甘井子区管城子镇后牧村
6	6	北沟遗址	青铜	鞍山市岫岩满族自治县岫岩镇西北管子村
7	7	英城子山城	汉至唐	鞍山海城市八里镇英城子村
8	8	石湖石柱	青铜	鞍山市岫岩满族自治县朝阳乡荒地村
9	9	本溪水洞遗址	青铜	本溪市本溪满族自治县小市镇谢家营子村
10	10	下古城子遗址	汉至唐	本溪市桓仁满族自治县桓仁镇平原城村
11	11	边牛山城	汉至唐	本溪市溪湖区歪头山镇边牛村
12	12	九龙山城	明	本溪市本溪满族自治县碱厂镇九龙口村
13	13	李家堡子山城	汉至唐	本溪市本溪满族自治县草河口镇李家堡子镇
14	14	小城子山城	汉至唐	丹东市宽甸满族自治县牛毛镇小城子村
15	15	江沿台堡遗址	明	丹东市振安区楼房镇石城村
16	16	大吴台遗址	新石器	锦州市很闪现大兴乡大吴台村
17	17	高林台汉城址	汉	阜新市阜新蒙古族自治县阜新镇西扣莫村
18	18	西营子古城址	青铜	阜新市阜新蒙古族自治县大五家子镇大家生村
19	19	西南城子遗址	辽	阜新市彰武县四堡子乡兴隆沟村
20	20	七家子城址	辽	铁岭市昌图县七家子乡七家子村
21	21	沙河南岗遗址	青铜	铁岭市西丰县振兴乡沙河村
22	22	张楼子山城	汉至唐	铁岭市铁岭县李千户镇张楼子村
23	23	南城子山城	青铜	铁岭调兵山市晓南镇泉根沟村
24	24	安德州城址	辽	朝阳市朝阳县西营子乡五十家子村
25	25	白狼县故城址	汉	朝阳市喀喇沁左翼蒙古族自治县平房子真黄道营子村
26	26	建州城址	辽	朝阳市龙城区大平房镇黄花滩村

续表

序号	分类号	名称	时代	地址
27	27	龙山县故城址	汉	朝阳市喀喇沁左翼蒙古族自治县白塔子镇白塔子村
28	28	黄家店城址	战国	朝阳市喀喇沁左翼蒙古族自治县山咀子镇黄家店村
29	29	柳城遗址	汉	朝阳市朝阳县柳城镇袁台子村
30	30	药王庙古城址	辽	葫芦岛市建昌县药王庙镇

（二）古墓葬（共 11 处）

序号	分类号	名称	时代	地址
31	1	望江楼墓地	汉至唐	本溪市桓仁满族自治县雅河乡南边石哈达村
32	2	雅河墓群（大青沟墓群、联合墓群、弯弯川墓群、雅河村墓群）	汉至唐	本溪市桓仁满族自治县雅河乡大清沟村、联合村、弯弯川村、雅河村
33	3	东山大石盖墓	青铜	丹东凤城市草河经济管理区管家村
34	4	前山墓地	汉至唐	锦州市太和区新民乡前山村
35	5	蛇山子汉墓群	汉	锦州市黑山县段家乡蛇山子村
36	6	上王家壁画墓	汉	辽阳市太子河区望水台街道上王家村
37	7	北园二号壁画墓	汉	辽阳市白塔区铁西街道北园村
38	8	三道壕三号墓	汉	辽阳市白塔区铁西街道办事处
39	9	东门里壁画墓	汉	辽阳市文圣区东顺城街道
40	10	南郊路壁画墓群	汉	辽阳市文圣区南郊街
41	11	东大杖子古墓群	战国	葫芦岛市建昌县碱厂乡东大杖子村

（三）古建筑（共 14 处）

序号	分类号	名称	时代	地址
42	1	石河烽火台	明	大连市金州区石河满族镇石河村
43	2	永安烽火台	明	大连普兰店市皮口镇新台子村
44	3	牛庄太平桥	清	鞍山海城市牛庄镇北关
45	4	马郡单堡	明	抚顺市抚顺县救兵乡马郡村
46	5	孤山新堡	明	本溪市本溪满族自治县东营坊乡新城子村
47	6	闾山观音阁	清	锦州北镇市广宁城医巫闾山大阁风景区
48	7	铁塔山铁塔	清	营口盖州市东城办事处农民村
49	8	仙人岛烽火台	明	营口盖州市仙人岛村
50	9	老城清真寺	清	铁岭开原市老城镇东大街
51	10	铁岭白塔	辽	铁岭市银州区广裕街
52	11	东平房塔	辽	朝阳市龙城区大平房镇东平房村
53	12	四官营子小塔	辽	朝阳凌源市四官营子镇魏杖子村
54	13	三学寺碑	金	朝阳市双塔区二其营子村
55	14	缸窑岭明性寺	清	葫芦岛市南票区缸窑岭镇

（四）石窟寺及石刻（共 1 处）

序号	分类号	名称	时代	地址
56	1	新立时刻	辽	锦州北镇市新立村

（五）近现代重要史迹及代表性建筑（共 9 处）

序号	分类号	名称	时代	地址
57	1	中山广场及周围建筑群（中山广场雕像、大和旅馆旧址、东洋拓殖株式会社奉天支店旧址、滨正金银行奉天支店旧址、奉天警察署旧址、朝鲜银行奉天支店旧址、三井银行大楼旧址）	近代	沈阳市和平区中山广场
58	2	旅顺船坞旧址	近代	大连市旅顺口区港湾街
59	3	龙引泉遗址	清	大连市旅顺口区水师营街道三八里村
60	4	锦州副都统衙门旧址	清	大连市金州区城东中段路
61	5	伪满东行宫遗址	近代	丹东市振兴区浪头镇
62	6	凤凰城守尉衙署旧址	近代	丹东凤城市凤凰城经济管理区城后街
63	7	辽河油田第一口深井	近代	盘锦市大洼县东凤镇黄金带屯
64	8	牛庄俱乐部旧址	近代	营口市站前区菜市街
65	9	李兆麟将军故居	近代	辽阳灯塔市铧子镇后屯村

资料来源：http：//www.ln.gov.cn/zfxx/zfwj/szfwj/zfwj2007/201109/t20110908_698342.html

第八批省级文物保护单位（辽政发〔2008〕18 号）（共 56 处）

（一）古遗址（共 19 处）

序号	分类号	名称	时代	地址
1	1	公主屯后山遗址	青铜	沈阳新民市公主屯镇公主屯村
2	2	石佛寺城址	辽	沈阳市沈北新区石佛寺乡石佛寺村
3	3	城山山城	汉至唐	大连庄河市城山镇沙河村万德屯
4	4	郭家村遗址	新石器	大连市旅顺口区铁山街道郭家村
5	5	北吴屯遗址	新石器	大连庄河市黑岛镇西阳宫村北吴屯
6	6	张店汉城址	汉	大连普兰店市铁西办事处花儿山张店村
7	7	南山城遗址	汉	抚顺市清原满族自治县南山城镇
8	8	小荒沟遗址	汉	本溪市桓仁满族自治县古城镇小荒沟村
9	9	花尔楼遗址	青铜	锦州市义县稍户营子镇花尔楼村
10	10	向阳岭遗址	青铜	锦州市义县头道河乡范家屯村向阳岭屯
11	11	四道沟遗址	新石器	锦州凌海市巧鸟乡四道沟村
12	12	水手营子遗址	青铜	锦州市松山新区水手营子村

序号	分类号	名称	时代	地址
13	13	平顶山石城址	青铜	阜新市阜新蒙古族自治县紫都台乡双井子村平顶山屯
14	14	小五喇叭城址	辽	阜新市彰武县两家子乡小五喇叭村
15	15	古城子山城	汉至唐	铁岭开原市八棵树镇古城子村
16	16	曲家黑城城址	辽	铁岭市昌图县曲家乡黑城子村
17	17	天德玉振山城	辽	铁岭市西丰县天德乡
18	18	开原王皋城城址	明	铁岭开原市李家台乡王皋城村
19	19	土城子城址	汉	朝阳市朝阳县大庙乡卧佛沟村

（二）古墓葬（共 5 处）

序号	分类号	名称	时代	地址
20	1	小关屯石棚	青铜	大连市金州区向应镇小关家村
21	2	老铁山—将军山积石墓	青铜	大连市旅顺口区铁山街道老铁山、将军山
22	3	高丽墓子墓群	汉至唐	本溪市桓仁满族自治县浑江水库东南部
23	4	老砬背洞穴墓地	青铜	本溪市本溪满族自治县南甸镇马城子村
24	5	喇嘛洞三燕文化墓地	汉至唐	朝阳北票市南八家乡

（三）古建筑（共 9 处）

序号	分类号	名称	时代	地址
25	1	李家塔	明	抚顺市抚顺县上马乡李家村
26	2	赵家塔	明	抚顺市抚顺县上马乡赵家村
27	3	青塔寺塔	明	锦州市义县七里河镇松林堡村
28	4	新立屯关帝庙	清	锦州市黑山县新立屯镇
29	5	北镇清真寺	明	锦州北镇市广宁镇
30	6	古塔寺砖塔	明	锦州市古塔区士英南街
31	7	望儿山塔	明	营口市鲅鱼圈区熊岳望儿山上
32	8	玉清宫	清	朝阳市朝阳县羊山镇肖家店村
33	9	魁星楼与孔庙牌坊	清	丹东凤城市凤凰城经济管理区凤城一中院内

（四）石窟寺及石刻（共 5 处）

序号	分类号	名称	时代	地址
34	1	柏林川石刻	明	丹东市宽甸满族自治县灌水镇柏林川村
35	2	大鹿岛毛文龙碑	明	丹东东港市孤山镇大鹿岛中部
36	3	乾隆碑	清	锦州凌海市班吉塔镇地藏寺村北
37	4	蛇盘山多宝塔及摩崖造像	清	锦州市黑山县芳山镇东大山南坡
38	5	铁岭小屯李成梁家族墓石像生	明	铁岭市铁岭县李千户乡小屯村西

（五）近现代重要史迹及代表性建筑（共 18 处）

序号	分类号	名称	时代	地址
39	1	原沈阳铸造厂翻砂车间	1956 年	沈阳市铁西区卫工北街 14 号
40	2	沈阳二战盟军战俘集中营旧址	1942~1945 年	沈阳市大东区青光街
41	3	海城同泽中学	民国	鞍山海城市区
42	4	张氏家宅	民国	鞍山市台安县达牛镇岳家村
43	5	鸭绿江浮桥	1950 年	丹东市振安区
44	6	任国桢故居	近代	丹东市振安区同兴镇变电村
45	7	辽东省人民政府旧址	现代	丹东市元宝区天后宫街 46 号
46	8	中共沟帮子铁路党支部活动旧址	1923~1930 年	锦州北镇市沟帮子经济开发区铁路中学院内
47	9	萧军墓	现代	锦州凌海市凌河公园东北角
48	10	张作相官邸	近现代	锦州市太和区小岭子机场
49	11	太古轮船公司营口分公司旧址	1890 年	营口市西市区
50	12	辽工大俄式建筑群	现代	阜新市中心
51	13	铁岭殷家屯侵华日军军事工程设施旧址	1939~1945 年	铁岭市铁岭县与铁岭经济开发区交界处
52	14	阿吉胜利钟楼	近现代	铁岭市铁岭县阿吉镇胜利村
53	15	侵华日本关东军护路守备队旧址	1932 年	盘锦市双台子区胜利街东段
54	16	郜家住宅	民国	葫芦岛兴城市古城内南一街
55	17	周家住宅	民国	葫芦岛兴城市古城内南二街
56	18	张学良别墅	民国	葫芦岛市龙岗区

资料来源：http：//www.ln.gov.cn/zfxx/zfwj/szfwj/zfwj2008/201109/t20110908_698228.html

五、辽宁文化旅游景区名录
（截止到 2012 年 12 月）

    辽宁共有 85 家文化旅游景区，其中国家 4A 级 33 家、3A 级 20 家、2A 级 29 家、A 级 3 家，沿海 6 市 49 家，占全省总数 57.6%，其中 4A 级文化景区 17 家，占全省 4A 级景区总数 51.5%。

序号	名称	地点	级别
1	棋盘山国际风景旅游开发区	沈阳市	AAAA
2	沈阳故宫博物馆	沈阳市	AAAA
3	沈阳九一八历史博物馆	沈阳市	AAAA
4	沈阳张氏帅府博物馆	沈阳市	AAAA
5	沈阳三农博览园	新民市	AAAA
6	辽宁博物馆	沈阳市	AAAA
7	沈阳北陵公园	沈阳市	AAAA
8	沈阳东陵公园	沈阳市	AAAA
9	金石滩国家旅游度假区	大连市	AAAA
10	大连现代博物馆	大连市	AAAA
11	大连东鸡冠山景区	大连市旅顺口区	AAAA
12	大连世界和平公园	大连市	AAAA
13	大连白玉山景区	大连市旅顺口区	AAAA
14	大连旅顺日俄监狱旧址博物馆	大连市旅顺口区	AAAA
15	鞍山玉佛苑	鞍山市	AAAA
16	千山国家风景名胜区	鞍山市	AAAA
17	抚顺赫图阿拉城	抚顺市	AAAA
18	雷锋纪念馆	抚顺市	AAAA
19	五女山风景区	本溪市桓仁县	AAAA
20	广佑寺景区	辽阳市	AAAA
21	丹东五龙山风景区	丹东市	AAAA
22	丹东凤凰山国家风景名胜区	丹东市	AAAA
23	丹东抗美援朝纪念馆	丹东市	AAAA
24	锦州北普陀山风景名胜区	锦州市	AAAA
25	锦州市博物馆	锦州市	AAAA
26	锦州辽沈战役纪念馆	锦州市	AAAA
27	笔架山风景区	锦州市	AAAA
28	锦州市义县奉国寺景区	锦州市	AAAA
29	锦州北镇市医巫闾山大芦花风景区	锦州市	AAAA
30	阜新市海棠山风景区	阜新市	AAAA
31	清河省级旅游度假区	铁岭市	AAAA
32	兴城古城	葫芦岛市兴城	AAAA
33	九门口水上长城	葫芦岛市绥中县	AAAA
34	新乐遗址博物馆	沈阳市	AAA
35	仙子湖风景区	沈阳市	AAA
36	老龙口酒博物馆	沈阳市	AAA
37	沈阳铸造博物馆	沈阳市	AAA
38	慈恩寺	沈阳市	AAA

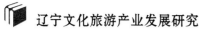
续表

序号	名称	地点	级别
39	南关天主教堂	沈阳市	AAA
40	中华寺	沈阳市	AAA
41	金龙寺国家级森林公园	大连市	AAA
42	大连大学博物馆	大连市	AAA
43	少帅陵	鞍山市台安县	AAA
44	抚顺战犯管理所陈列馆	抚顺市	AAA
45	元帅林	抚顺市	AAA
46	大孤山风景名胜区	丹东市	AAA
47	营口熊岳望儿山旅游区	营口市	AAA
48	铁岭市周恩来少年读书旧址纪念馆	铁岭市	AAA
49	铁岭博物馆	铁岭市	AAA
50	中国铁煤蒸汽机车博物馆	调兵山市	AAA
51	城子山	铁岭市西丰县	AAA
52	朝阳凤凰山国家级森林公园	朝阳市	AAA
53	盘锦知青总部	盘锦市	AAA
54	实胜寺	沈阳市	AA
55	太清宫	沈阳市	AA
56	五龙山旅游风景区	沈阳市法库县	AA
57	沈阳古陨石旅游区	沈阳市	AA
58	水洞风景区	沈阳市	AA
59	工人村生活馆	沈阳市	AA
60	七星山风景区	沈阳市	AA
61	蓬瀛宫	沈阳市	AA
62	城山古城旅游区	大连庄河市	AA
63	白云山风景区	大连市	AA
64	龙潭湾风景区	鞍山市岫岩县	AA
65	药山风景区	鞍山市岫岩县	AA
66	罗汉圣地	鞍山市	AA
67	铁刹山风景区	本溪市	AA
68	义县万佛堂石窟	锦州市义县	AA
69	宜州化石馆	锦州市义县	AA
70	营口西炮台遗址	营口市	AA
71	瑞应寺风景区	阜新市	AA
72	阜新千佛山风景区	阜新市彰武县	AA
73	辽阳博物馆	辽阳市	AA
74	辽阳白塔公园	辽阳市	AA
75	调兵山明月禅寺	铁岭调兵山市	AA

续表

序号	名称	地点	级别
76	槐树洞	朝阳市	AA
77	清风岭	朝阳市	AA
78	喀左天成观	朝阳市	AA
79	朝阳喀喇沁王陵景区	朝阳市	AA
80	惠宁寺	北票市	AA
81	莲花山圣水寺	葫芦岛市兴城	AA
82	葫芦岛市人文纪念公园	葫芦岛市	AA
83	卧鹿山效圣寺	鞍山市岫岩县	A
84	辽阳市曹雪芹纪念馆	辽阳市	A
85	葫芦岛灵山寺	葫芦岛市	A

资料来源：（辽宁省旅游局网站）

六、辽宁文博院馆名录

辽宁共有文博院馆 49 个，其中，沈阳市 2 个、本溪市 7 个、丹东市 3 个、营口市 7 个、阜新市 5 个、辽阳市 4 个、铁岭市 3 个、朝阳市 6 个、盘锦市 7 个、葫芦岛市 5 个；沿海 6 市共 22 个，占全省总数的 44.9%。

城市	序号	名称
沈阳市	1	张氏帅府博物馆（盛京皇城）
	2	民俗民族文化演艺中心（北市场街和西塔街）
本溪市	3	高句丽文化博物馆（高句丽文化产业园）
	4	高句丽民俗文化展示馆（高句丽文化产业园）
	5	"玉寒宫"地质博物馆（辽东台湾养生圈）
	6	道教博物馆（铁刹山道教文化产业园）
	7	青云山美术馆（平顶山都市休闲运动中心）
	8	辽砚展览馆（平顶山都市休闲运动中心）
	9	砚博物馆（财神寺度假区）
丹东市	10	文化艺术中心（加勒比乐园）
	11	"鸭绿江传奇"大剧院（永甸"中朝风情"文化旅游小镇）
	12	阿里郎大剧院（阿里郎休闲乐园）
营口市	13	葡萄酒文化博览中心（营口橡山·波尔多酒文化休闲度假村）
	14	鱼文化展览馆（营口仙人岛新区鲤鱼岛）
	15	水族馆（营口仙人岛新区鲤鱼岛）

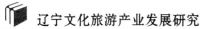

续表

城市	序号	名称
营口市	16	海洋科技馆（营口仙人岛新区鲤鱼岛）
	17	石头美术馆（鲅鱼圈石家沟书家村）
	18	啸聚当代艺术博物馆（鲅鱼圈石家沟书家村）
	19	世界敬母博览园（望儿山敬母文化旅游区）
阜新市	20	风电科普馆（丁香湖温泉旅游度假区）
	21	蒙古族民俗博物馆（温泉旅游综合体）
	22	成吉思汗纪念馆（温泉旅游综合体）
	23	蒙古族歌舞表演大观园（敖包文化风情园）
	24	蒸汽机车展览馆（海州国家矿山公园）
辽阳市	25	中国温泉文化博物馆（弓长岭中国温泉文化博览园）
	26	辽代古塔博物馆（东京城历史文化园区）
	27	汇官屯瓷窑博物馆（燕洲城旅游综合体）
	28	辽阳市博物馆（太子河汉魏文化园）
铁岭市	29	铁煤蒸汽机车博物馆（蒸汽机车文化产业园）
	30	雷锋展馆（横道河子文化旅游观光长廊）
	31	满族文化会馆（横道河子文化旅游观光长廊）
朝阳市	32	佛教文化博物馆（凤凰山文化旅游产业示范区）
	33	红山文化博物馆（红山文化旅游产业园）
	34	辽西民俗展览馆（红山文化旅游产业园）
	35	北方民族文化博物馆（中国北方游牧民族文化创意产业园）
	36	滨湖文化博物馆（滨湖新区文化旅游综合体）
	37	清风岭抗战纪念馆（清风岭红色文化园区）
盘锦市	38	辽河湿地环保中心（辽河文化产业园）
	39	辽河文化博物馆（辽河文化产业园）
	40	辽河渔文化馆（辽河文化产业园）
	41	海洋馆（盘锦海洋文化国际休闲度假旅游区）
	42	渔文化博物馆（二界沟渔人风情小镇）
	43	李龙石纪念馆（盘锦市历史民俗文化风景旅游区）
	44	三岔关军事博物馆（辽河文化三岔關景区）
葫芦岛市	45	佛教精品艺术展览馆（兴城古城—觉华岛佛教文化产业园）
	46	佛教文化博览馆（兴城古城—觉华岛佛教文化产业园）
	47	方城军事文化馆（兴城古城—觉华岛佛教文化产业园）
	48	秦汉文化博物馆（绥中文化创意产业园）
	49	五福工艺美术馆（葫芦山庄福文化产业园）

七、辽宁工业遗产名录

辽宁共有工业遗产 161 处：沈阳市 13 处、大连市 18 处、鞍山市 24 处、抚顺市 35 处、本溪市 12 处、丹东市 7 处、营口市 11 处、阜新市 2 处、辽阳市 11 处、盘锦市 8 处、铁岭市 8 处、葫芦岛市 12 处；沿海 6 市共有 56 处，沿海 6 市占全省比例为 35%。应有数据 161 处；可查数据：77 处。

序号	名称	地点
1	奉天纺纱厂办公楼旧址	沈阳市（应有 13 处）
2	沈阳铸造厂大型一（翻砂）车间	沈阳市
3	铁西工人村历史建筑群	沈阳市
4	北陵水源地旧址	沈阳市
5	大亨铁工厂	沈阳市
6	肇新窑业公司办公楼	沈阳市
7	杨宇霆电灯厂旧址	沈阳市
8	南满洲电气株式会社旧址	大连市（应有 18 处）
9	满铁扇形机车库旧址	大连市
10	沙河口净水厂旧址	大连市
11	大连福岛纺织株式会社旧址	大连市
12	旅顺船坞局旧址	大连市
13	满洲重机株式会社金州工厂旧址	大连市
14	昭和制钢所对炉山配水塔旧址	鞍山市（应有 24 处）
15	鞍钢 01 号变电站旧址	鞍山市
16	鞍钢轧辊厂车间建筑群	鞍山市
17	钢绳厂拉丝车间旧址	鞍山市
18	大孤山露天铁矿	鞍山市
19	小黄旗铅矿冶炼厂遗址	鞍山市
20	永安东泵房	抚顺市（应有 35 处）
21	东公园净水房	抚顺市
22	炭矿长住宅旧址	抚顺市
23	电力株式会社旧址	抚顺市
24	萝卜坎炼铁炉	抚顺市
25	龙凤矿竖井	抚顺市
26	搭连运煤漏	抚顺市
27	龙凤矿办公楼	抚顺市

续表

序号	名称	地点
28	西露天矿	抚顺市
29	本钢一铁厂旧址	本溪市（应有 12 处）
30	本溪湖煤矿第四矿井	本溪市
31	本溪湖煤铁有限公司旧址	本溪市
32	彩屯煤矿竖井	本溪市
33	刘家沟侵华日军兵工厂遗址	本溪市
34	高炉山大烟囱遗址	本溪市
35	桓仁发电厂	本溪市
36	安东水道元宝山净水厂旧址	丹东市（应有 7 处）
37	浪头镇冶炼厂大烟囱	丹东市
38	五一八内燃机配件厂	丹东市
39	富国瓦厂烟囱	丹东市
40	丹东市机床开关厂旧址	丹东市
41	东大碴子矿井	丹东市
42	林家堡子矿洞	丹东市
43	营口造纸厂	营口市（应有 11 处）
44	营口盐化厂旧址	营口市
45	东亚烟草株式会社旧址	营口市
46	日本三菱公司旧址	营口市
47	亚细亚石油公司旧址	营口市
48	熊岳印染厂旧址	营口市
49	营口 501 矿旧址	营口市
50	海州露天煤矿	阜新市（应有 2 处）
51	阜矿宾馆	阜新市
52	满蒙棉花株式会社旧址	辽阳市（应有 11 处）
53	满洲水泥株式会社辽阳工厂旧址	辽阳市
54	原日本陆军造兵厂第二制造所旧址	辽阳市
55	昭和制钢所水线	辽阳市
56	金家原日本煤铁矿办公楼旧址	辽阳市
57	田庄台变电所旧址	盘锦市（应有 8 处）
58	荣兴变电所旧址	盘锦市
59	吉家节制闸遗址	盘锦市
60	天一抽水站遗址	盘锦市
61	平安抽水站遗址	盘锦市
62	新开河排水闸	盘锦市
63	辽河油田第一口探井	盘锦市
64	马克顿河闸	盘锦市

续表

序号	名称	地点
65	铁岭火车站蒸汽机车库旧址	铁岭市（应有8处）
66	原昌图农机修造一厂旧址（八面城）	铁岭市
67	铁煤集团晓南矿	铁岭市
68	铁煤集团大明煤矿	铁岭市
69	铁煤集团大兴煤矿	铁岭市
70	铁煤集团大隆矿	铁岭市
71	庙山东竖坑矿址	葫芦岛市（应有12处）
72	柴屯锰矿	葫芦岛市
73	西竖坑矿址	葫芦岛市
74	杨家杖子矿区索道	葫芦岛市
75	岭前竖井	葫芦岛市
76	杨家杖子日式建筑群	葫芦岛市
77	葫芦岛锌厂筹建工程指挥所旧址	葫芦岛市

资料来源：http://www.ln.gov.cn/qmzx/ggzjhh_99803/wwbl/201212/t20121225_1029472.html

八、辽宁工业旅游示范点名录

辽宁工业旅游示范点共有21处，沿海6市共有8处，占全省的38%。

序号	名称	入选年限
1	沈飞航空博览园	2004
2	大连珍奥生命园	2004
3	大连路明发光科技股份有限公司	2004
4	大连明清家具艺术品有限公司	2004
5	鞍钢工业之旅	2004
6	抚顺矿业集团西露天矿	2004
7	辽宁五女山米兰酒业有限公司	2004
8	丹东太平湾发电厂	2004
9	辽宁道光廿五集团满族酿酒有限责任公司	2004
10	大连港	2005
11	大连长兴酒庄酒文化博物馆	2005
12	大连华丰集团	2005
13	沈阳老龙口酒博物馆	2005
14	沈阳妙味食品有限公司	2005

续表

序号	名称	入选年限
15	沈阳可口可乐饮料有限公司	2005
16	阜新十家子镇玛瑙城	2005
17	辽阳窝水库	2006
18	沈阳中顺汽车有限公司工业园	2006
19	沈阳乳业有限责任公司工业园	2006
20	锦州沟帮子尹家熏鸡总厂工业园	2006
21	铁岭铁煤蒸汽机车博物馆	2006

资料来源：http://www.cnta.gov.cn/

九、辽宁特色风情小镇名录

辽宁共有特色风情小镇 103 个。

序号	名称	主题
1	牛庄	漫步古镇品古韵
2	中华寺村	千年古寺的灵秀神奇
3	张强镇	辽北的繁华"穷"镇
4	桓仁镇	国歌素材取自这里
5	雅河乡	"地下迷宫"世所罕见
6	北甸子	名不虚传的"冰酒之乡"
7	富屯乡	寻访大辽帝国印记
8	大市镇	历时百年的边堡风情
9	中安镇	在此活捉廖耀湘
10	八面城	徽钦二帝的那些传说
11	满都户镇	皇族开创的乐土家园
12	佟二堡	"皮草之花"盛开
13	西大窑镇	燕州古城的前世今生
14	西马峰镇	努尔哈赤在此神奇脱险
15	丁家房	辽北的"世外桃源"
16	十家子镇	中国玛瑙"第一乡"
17	沈阳兴隆台	锡伯族人的根
18	田庄台镇	辽河古渡话沧桑
19	汤岗子	李世民曾在这里洗涤征尘
20	大刘家镇	大红樱桃高高挂
21	复州城镇	千年岁寿古风存

续表

序号	名称	主题
22	石佛乡	曹操在此破强敌创霸业
23	养马甸子	《奇袭》外景地
24	熊岳镇	千年古镇书写神奇
25	大城子镇	伯夷、叔齐不食周粟
26	赛马镇	如此多娇的山水小镇
27	东港	看落霞与孤鹜齐飞
28	孤山镇	邓世昌血洒黄海
29	二界沟镇	传唱渔雁诗篇
30	东风镇	乱世枭雄张作霖的故乡
31	荣兴镇	辽南"农垦史"的缩影
32	前阳镇	辽东边陲第一镇
33	桥头镇	"辽砚之乡"美名传
34	调兵山	金兀术在此点兵
35	靠山镇	幸福像花儿一样
36	步云山	山水画廊千娇百媚
37	桂云花	满山开遍映山红
38	蓉花山镇	古色古香的"李家大院"
39	英额门镇	和坤故里的边门风情
40	西丰	沉睡百年的皇家围场
41	尚志乡	血脉传承的英雄故里
42	上园镇	第一只鸟从这起飞
43	吴炉镇	日本前首相爱吃这里的鱼
44	仙人洞镇	来"小桂林"看美景
45	王家镇	小屿珊瑚列画屏
46	大营镇	飞瀑流泉的"水世界"
47	虹螺岘	"干豆腐之乡"名满天下
48	首山镇	清风古寺钟声悠扬
49	哈尔套	"社会主义大集"的前世今生
50	大板镇	摩崖石刻巧夺天工
51	许屯镇	神奇山水哺育"卫星之父"
52	前当堡镇	千娇百媚的"荷花之乡"
53	通远堡	消失的古驿站
54	火连寨镇	阿骨打食梨凯旋
55	永陵镇	弥漫着王气的沧桑古镇
56	温泉寺（希尔斯）温泉小镇	温泉小镇
57	汤沟森林温泉小镇	温泉小镇
58	大川生态温泉小镇	温泉小镇
59	沈溪新城青龙山温泉小镇	温泉小镇

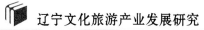

续表

序号	名称	主题
60	太子河新城凤凰山温泉小镇	温泉小镇
61	明山区同泉温泉小镇	温泉小镇
62	溪湖区东风湖温泉小镇	温泉小镇
63	南芬华宝温泉小镇	温泉小镇
64	桓仁五女山温泉小镇	温泉小镇
65	明山卧龙温泉小镇	温泉小镇
66	福源泉温泉小镇	温泉小镇
67	北醉幽庄小镇	风情小镇
68	御翔和	风情小镇
69	曲院风河小镇	风情小镇
70	九曲河家傲小镇	风情小镇
71	莲花都小镇	风情小镇
72	蘅芜苑小镇	风情小镇
73	双玉小镇	文化小镇
74	七星郡小镇	文化小镇
75	皇家锡伯族小镇	文化小镇
76	莱茵小镇	风情小镇
77	岸花集小镇	风情小镇
78	郊居殿小镇	风情小镇
79	马翁勒斯小镇	风情小镇
80	东方玫瑰小镇	风情小镇
81	鹏辉庄园小镇	风情小镇
82	盛景玫瑰庄园小镇	风情小镇
83	敛才园小镇	风情小镇
84	保利川小镇	风情小镇
85	丰硕园小镇	风情小镇
86	琥珀郡小镇	风情小镇
87	金美盛小镇	风情小镇
88	达善纳小镇	风情小镇
89	宝汇小镇	风情小镇
90	达晨汇小镇	风情小镇
91	福入堂小镇	风情小镇
92	新都汇小镇	风情小镇
93	乐口汇小镇	风情小镇
94	马耳山风景区	风情小镇
95	麓山国家小镇	风情小镇
96	新民市半岛旅游综合体	风情小镇
97	新民市双湖水城建设	风情小镇

续表

序号	名称	主题
98	温查牛满族风情村	风情小镇
99	欧式农业庄园	风情小镇
100	庄园旅游、采摘、垂钓	风情小镇
101	海城牛庄古镇旅游综合开发项目	风情小镇
102	青山沟山河风情小镇	风情小镇
103	黑山龙湾温泉风情小镇	风情小镇
103	永安长城"古村落"休闲养生小镇	风情小镇

十、辽宁文化旅游产业集聚区名录

辽宁共有文化旅游产业集聚区 45 处，其中，鞍山市 1 处、本溪市 3 处、朝阳市 3 处、大连市 4 处、丹东市 2 处、抚顺市 5 处、阜新市 2 处、葫芦岛市 6 处、锦州市 3 处、辽阳市 3 处、盘锦市 2 处、沈阳市 6 处、铁岭市 4 处、营口市 1 处；沿海 6 市共 18 处，占全省总数的 40%。

序号	名称	地点
1	鞍山千山文化旅游产业集聚区	鞍山市
2	溪东养生文化旅游集聚区	本溪市
3	溪中民俗文化旅游集聚区	本溪市
4	溪西康体养生旅游集聚区	本溪市
5	凤凰文化旅游集聚区	朝阳市
6	红山文化旅游集聚区	朝阳市
7	大凌河文化旅游集聚区	朝阳市
8	金州新区文化旅游集聚区	大连市
9	普湾新区文化旅游集聚区	大连市
10	旅顺口区文化旅游集聚区	大连市
11	甘井子区文化旅游集聚区	大连市
12	鸭绿江休闲文化旅游集聚带	丹东市
13	都市休闲旅游集聚区	丹东市
14	沈抚新城娱乐文化旅游产业集聚区	抚顺市
15	兴京文化旅游产业集聚区	抚顺市
16	海城市文化旅游集聚区	抚顺市
17	新宾满族自治县文化旅游集聚区	抚顺市
18	永陵文化旅游产业集聚区	抚顺市新宾县

续表

序号	名称	地点
19	温泉养生文化旅游集聚区	阜新市
20	红山文化旅游产业集聚区	阜新市建平县
21	灵山寺宗教文化产业集聚区	葫芦岛市
22	北港葫芦文化休闲旅游综合产业集聚区	葫芦岛市
23	绥中文化产业集聚区	葫芦岛市
24	滨海综合文化旅游集聚区	葫芦岛市
25	小虹螺山文化旅游聚集区	葫芦岛市
26	兴城明代文化旅游产业集聚区	葫芦岛市兴城
27	锦州世博园文化产业集聚区	锦州市
28	医巫闾山养生文化集聚区	锦州市
29	锦州都市文化旅游集聚区	锦州市
30	太子河文化旅游集聚区	辽阳市
31	弓长岭温泉综合度假集聚区	辽阳市
32	佟二堡皮装裘皮创意产业集聚区	辽阳市
33	红海滩浪漫文化产业集聚区	盘锦市
34	三岔关古城文化产业集聚区	盘锦市
35	棋盘山国际文化旅游产业集聚区	沈阳市
36	苏家屯文化旅游集聚区	沈阳市
37	沈北新区文化旅游集聚区	沈阳市
38	新民市文化旅游集聚区	沈阳市
39	北市场文化旅游集聚区	沈阳市
40	沈北新区生态文化旅游产业集聚区	沈阳市沈北新区
41	凡河文化旅游度假集聚区	铁岭市
42	调兵山辽金文化旅游集聚区	铁岭市
43	黑土地文化休闲旅游集聚区	铁岭市
44	盛京皇家度假文化旅游集聚区	铁岭市
45	鲅鱼圈文化旅游集聚区	营口市

资料来源：www.ln.gov.cn

十一、辽宁文化旅游街区名录

辽宁共有文化旅游街区 64 处，沈阳市 6 处、大连市 6 处、鞍山市 1 处、抚顺市 1 处、本溪市 6 处、丹东市 2 处、锦州市 2 处、营口市 4 处、阜新市 6 处、辽阳市 4 处、铁岭市 9 处、朝阳市 5 处、盘锦市 4 处、葫芦岛市 8 处；沿海 6 市共 22 处，占全省总数的 34.4%。

城市	序号	名称
沈阳市	1	老北市—西塔民族风情街区
	2	七星山文化旅游综合体
	3	新民市半岛旅游综合体
	4	兴隆现代城市商业综合体
	5	蒲河高端温泉商务会所群落
	6	北市场特色商业街
大连市	7	大连文化时尚街区（天津街、俄罗斯风情街、日本风情街）
	8	青云文化食客街
	9	金石水晶商业大道
	10	世茂御龙海湾综合体
	11	阳光海岸"游艇码头"
	12	李家沟阳光海岸旅游综合体
鞍山市	13	宝玉石交易中心
抚顺市	14	上夹河根艺文化街
本溪市	15	大燕民俗风情街（松蓬沟大燕民俗风情园）
	16	满韵商业街区（观音阁新城）
	17	特色商品街（汤沟温泉养生度假区）
	18	满城书画商业街区（观音阁新城）
	19	笑林街（康体动感世界主题游乐园）
	20	辽砚文化商品一条街（财神寺度假区）
丹东市	21	灵感街区（中心）（绿江艺术部落）
	22	朝鲜餐饮一条街
锦州市	23	北镇特产购物街（北镇）
	24	风情商业街区（北镇医巫闾山温泉休闲旅游度假村）
营口市	25	营口百年商埠文化街区
	26	沙河亲水饮食街（营口橡山·波尔多酒文化休闲度假村）
	27	渔人码头
	28	快活林创意商街（鲅鱼圈石家沟书家村）
阜新市	29	地方特色饮食一条街（玛瑙养生休闲旅游区）
	30	国际酒吧一条街（玛瑙养生休闲旅游区）
	31	旅游客栈一条街（玛瑙养生休闲旅游区）
	32	玛瑙玉街（玛瑙养生休闲旅游区）
	33	异国风情街（关山民俗养生文化旅游区）
	34	敖包文化风情园
辽阳市	35	汉代风格古镇集市（太子河汉魏文化园）
	36	欢乐嘉年华休闲娱乐街（欢乐嘉年华）

续表

城市	序号	名称
辽阳市	37	民俗餐饮、演艺街区（民俗风情度假村）
	38	东北皮革交易基地
铁岭市	39	黑土地文化快车
	40	熊官屯餐饮一条街（凡河文化旅游谷）
	41	明代商业街（十里花溪度假区）
	42	李成梁影视基地（十里花溪度假区）
	43	满族风情影视城（横道河子文化旅游观光长廊）
	44	雷锋文化广场（横道河子文化旅游观光长廊）
	45	大甸子羊汤风情饮食街（大甸子特色乡村旅游度假区）
	46	祈福太平文化长廊（大甸子特色乡村旅游度假区）
	47	开原丝关御路旅游带
朝阳市	48	仿古一条街慕容街（凤凰山文化旅游产业示范区）
	49	女神主题文化广场（红山文化旅游产业园）
	50	北国特色餐饮娱乐区（中国北方游牧民族文化创意产业园）
	51	北票市奇石加工销售中心（滨湖新区文化旅游综合体）
	52	清风岭影视城（清风岭红色文化园区）
盘锦市	53	渔雁码头餐饮休闲街（湿地文化旅游综合体）
	54	滨海商业带（盘锦海洋文化国际休闲度假旅游）
	55	渔人酒吧街（二界沟渔人风情小镇）
	56	明清风情街（盘锦市历史民俗文化风景旅游区）
葫芦岛市	57	觉华岛养生斋食街（兴城古城—觉华岛佛教文化产业园）
	58	龙湾商务时尚休闲区（北方时尚文化创意园区）
	59	比基尼广场（北方时尚文化创意园区）
	60	兴城海鲜一条街（兴城滨海养生度假旅游综合体）
	61	个性品牌联盟创业街（兴城综合文化产业园）
	62	五福养生长寿街（葫芦山庄福文化产业园）
	63	五福广场（葫芦山庄福文化产业园）
	64	武圣广场（小虹螺山旅游服务综合体）

十二、辽宁文化旅游节会名录

　　辽宁文化旅游节会活动 102 处，沿海 6 市共有 43 处，沿海 6 市占全省比例为 42.2%。

序号	名称	举办地点
1	千山区葡萄文化节	鞍山市千山区
2	千山文化民俗庙会	鞍山市千山区
3	中国（鞍山）首届玉佛文化国际旅游节	鞍山市
4	2013中俄（鞍山）"汤岗子温泉"国际文化旅游节	鞍山市
5	中国（鞍山）首届玉佛文化国际旅游节	鞍山市玉佛苑区
6	汤岗子温泉养生国际论坛	鞍山市
7	中国鞍山玉文化节	鞍山市
8	海城国际民间文化艺术节	鞍山市
9	五女山风情节	本溪市桓仁五女山
10	中国桓仁·五女山文化旅游节	本溪市桓仁县
11	中国本溪山水生态文化旅游节	本溪市
12	第七届中国本溪国际枫叶节	本溪市本溪满族自治县
13	本溪市平山区第二届饮食文化节	本溪市平山区
14	中国五女山高句丽文化节	本溪市
15	中国国际枫叶文化节	本溪市
16	中药养生文化旅游月	本溪市
17	朝阳市首届文化旅游节	朝阳市
18	首届牛河梁红山文化旅游节	朝阳市
19	第十一届"凌河之夏"文化艺术节	朝阳市
20	"三燕古都美丽朝阳"朝阳市首届文化旅游节	朝阳市
21	建平县第二十一届文化艺术节（天秀山文化旅游节）	朝阳市建平县
22	千佛洞乡村旅游节	朝阳市千佛洞风景区
23	清风岭影视文化旅游节	朝阳市清风岭风景区
24	朝阳凤凰山佛教文化节	朝阳市
25	化石奇石博览会	朝阳市
26	喀左东蒙民间艺术文化节	朝阳市
27	大凌河文化节	朝阳市
28	首届大连国际葡萄酒饮食节	大连市
29	大连国际婚庆文化旅游节暨婚庆文化博览会	大连市
30	大黑石九九登高文化节	大连市金州区
31	大连国际沙滩文化节	大连市
32	大长山群岛国际钓鱼节	大连市
33	广鹿岛马祖文化旅游节	大连市长山群岛
34	大连时尚文化创意周	大连市
35	金石滩国际沙滩文化节	大连市
36	国际啤酒文化节	大连市
37	国际服装文化节暨狂欢节	大连市
38	2013中朝经贸文化旅游博览会	丹东市

续表

序号	名称	举办地点
39	国际旅游商品展览会	丹东市
40	虎山长城国际户外挑战赛	丹东市
41	鸭绿江国际旅游文化节	丹东市
42	中朝文化旅游节	丹东市
43	生态文明博览会（宽甸）	丹东市
44	抚顺满族文化旅游节	抚顺市
45	第三届新宾满族民俗节	抚顺市
46	2013中国（抚顺）满族风情国际旅游节	抚顺市
47	第四届抚顺县四季乡村饮食节	抚顺市抚顺县
48	中国（抚顺）满族风情文化旅游节	抚顺市
49	雷锋文化节	抚顺市
50	抚顺欢乐旅游节	抚顺市
51	第二届阜新玛瑙文化旅游节	阜新市
52	中国·阜新敖包文化旅游节	阜新市阜蒙县
53	阜新海棠山旅游文化周	阜新市海棠山风景区
54	中国移动葫芦岛第四届艺术节	葫芦岛市
55	连山第三届文化旅游节	葫芦岛市
56	葫芦岛福文化旅游节	葫芦岛市
57	葫芦岛国际泳装文化艺术节	葫芦岛市
58	闾山食品文化节	锦州北镇市
59	闾山文化旅游节	锦州北镇市
60	青岩寺传统庙会	锦州北镇市
61	锦州国际民间艺术节	锦州市
62	锦州民间文艺节	锦州市
63	奉国寺玉佛节	锦州市
64	万佛堂春节庙会	锦州市
65	国际民间艺术节	锦州市
66	大芦花庙会	锦州市
67	2013中国锦州世界园林博览会开幕式	锦州市
68	世界海洋城市论坛	锦州市
69	红色文化旅游节	锦州市
70	妈祖文化旅游节	辽宁和澳门合办
71	辽阳广佑寺金秋旅游文化庙会	辽阳市
72	辽阳佛教文化旅游节	辽阳市
73	佟二堡裘皮皮装购物旅游节	辽阳市
74	辽宁国际温泉旅游文化节	辽阳市
75	太子河文化旅游节	辽阳市

续表

序号	名称	举办地点
76	2013"美丽中国之旅辽宁行"春季旅游暨最美湿地观鸟月	盘锦市
77	第六届中国盘锦国际湿地旅游周	盘锦市
78	中国湿地文化旅游节	盘锦市
79	盘锦渔文化旅游节	盘锦市
80	辽河文化节	盘锦市
81	中国沈阳皇寺庙会	沈阳市
82	2013中国沈阳国际旅游节	沈阳市
83	第十七届中国沈阳国际冰雪节	沈阳市
84	中国东北精品文化博览会	沈阳市
85	沈阳清文化国际旅游节	沈阳市
86	沈阳工业旅游节	沈阳市
87	铁岭民间艺术节	铁岭市
88	中国·辽宁（铁岭）第二届湿地莲花旅游节	铁岭市
89	国际蒸汽机车旅游节	铁岭市
90	第八届大甸子羊汤文化旅游节	铁岭市
91	荷花文化旅游节	铁岭市莲花湖
92	银州区饮食文化节	铁岭市银州区
93	铁岭县大甸子羊汤文化旅游节	铁岭县大甸子镇
94	乡村文化旅游节	铁岭县熊官屯镇
95	2012熊官屯葡萄采摘文化旅游节	铁岭县熊官屯镇
96	辽金文化旅游节	铁岭市
97	营口望儿山母亲节	营口市
98	2013中国（营口）国际海滨温泉旅游节	营口市
99	第八届辽宁冰雪温泉旅游节	营口市
100	鲅鱼圈国际商务旅游节	营口市
101	国际海滨文化旅游节	营口市
102	营口首届乡村旅游节	营口市

十三、世界文化遗产名录

序号	名称	地点	时间
1	周口店北京猿人遗址	北京	1987.12
2	长城	中国	1987.12
3	敦煌莫高窟	甘肃	1987.12

续表

序号	名称	地点	时间
4	明清皇宫	北京故宫；沈阳故宫	北京 1987.12；辽宁 2004.7
5	秦始皇陵及兵马俑坑	陕西	1987.12
6	承德避暑山庄及周围寺庙	河北	1994.12
7	曲阜孔府、孔庙、孔林	山东	1994.12
8	武当山古建筑群	湖北	1994.12
9	布达拉宫（大昭寺、罗布林卡）	西藏	1994.12
10	福建土楼	福建	2008.7.7
11	丽江古城	云南	1997.12
12	平遥古城	山西	1997.12
13	苏州古典园林	江苏	1997.12
14	颐和园	北京	1998.11
15	天坛	北京	1998.11
16	大足石刻	重庆	1999.12
17	明清皇家陵寝	明显陵（湖北）、清东陵（河北）、清西陵（河北）；明孝陵（江苏）、十三陵（北京）；盛京三陵（辽宁）	2000.11；2003.7；2004.7
18	皖南古村落（西递、宏村）	安徽	2000.11
19	河南洛阳龙门石窟	河南	2000.11
20	都江堰—青城山	四川	2000.11
21	云冈石窟	山西	2001.12
22	高句丽王城、王陵及贵族墓葬	吉林，辽宁	2004.7.1
23	澳门历史城区	澳门	2005
24	安阳殷墟	河南	2006.7.13
25	开平碉楼与古村落	广东	2007.6.28
26	河南郑州登封"天地之中"历史建筑群	河南	2010.8.2
27	元上都遗址	内蒙古自治区	2012.6.29
28	云南哈尼梯田	云南	2013.6.22

十四、辽宁世界文化遗产名录

序号	名称	时间
1	沈阳故宫	2004.7
2	盛京三陵（清昭陵、清福陵、清永陵）	2004.7
3	高句丽王城、王陵及贵族墓葬	2004.7
4	九门口长城	2002.11